종교와 불평등

부산외국어대학교 중남미지역원 HK+ 연구총서

종교와 불평등

라틴아메리카 종교 차별에 대한 사회문화적 고찰

조영현, 임두빈, 김윤경, 이남섭, 홍인식 지음

책을 펴내며

    종교는 인간이 경험하는 초월적인 세계, 신과 관련된 신념 체계와 의례 등과 관계되는 문화의 한 현상라고 할 수 있다. 따라서 문화뿐 아니라 정치, 경제, 예술 등 사회의 전 영역에 관계된다. 이런 종교는 개인적 차원에서 불확실한 삶에 대한 믿음과 위로, 안정감을 주는 역할을 하지만 사회적으로도 윤리와 질서를 잡아주고, 구성원들의 정체성 형성의 토대가 될 뿐 아니라 사회를 통합시키는 기능도 한다. 라틴아메리카에서 유명한 축제들은 모두 사회 통합적 성격을 갖는다. 그러나 이 축제들은 대다수가 종교에서 파생된 것들이며, 특히 가톨릭교회와 관련이 깊다.

    종교는 신앙과 세계관, 이념 등 정신적인 것뿐 아니라 물질세계 전반에 영향을 미친다. 종교가 언급하는 평화와 자비, 정의는 또한 대결과 분열이 가져온 상처들을 치유하는 역할도 하지만, 지나친 신념이나 교리에 대한 확신은 다른 믿음, 신념체계, 세계관에 대한 차별과 배척을 낳기도 한다. 이런 면에서 보면 종교는 가장 비관용적이거나 불관용적인 특징을 가지고 있다. 우리가 역사에서 확인할 수 있는 가장 강력하고 지속적인 적대는 종교 간 적대이며, 그것은 종교와 교리를 명분으로 한 전쟁으로 나타났음을 쉽게 찾아볼 수 있다.

대항해시대를 개막한 포르투갈과 스페인은 새로운 항로를 따라 자신들의 종교도 전파했다. 정복 전쟁은 곧 서구의 하느님과 원주민 전통신들 간의 전쟁으로 일종의 종교 전쟁이기도 했다. 정복 후 이루어진 식민화 과정은 선교 루트를 따라 이루어졌기 때문에 종교가 핵심이었다. 식민지 도시를 일구면서 원주민들의 부락이나 도시는 파괴되었고 그 자리에 찬란한 서구 문화의 위용을 드러내는 대성당들이 들어섰다. 서구 문명의 힘을 그리스도교의 대성당들이 상징하고 있었다. 이 종교적 기념비들은 원주민들이 수천 년간 존중했던 성지와 피라미드 신전을 딛고 우뚝 서 있었다. 이후 수백 년간 원주민들의 종교는 배척되고 억압당했다. 브라질과 카리브해, 그리고 북미 지역으로 유입된 흑인 노예들을 따라 아프리카 토속 신앙들이 들어왔지만, 이런 종교는 미신이나 우상으로 치부되었다. 지배자인 유럽인들에게 유일한 종교는 오직 그리스도교였다. 라틴아메리카의 종교 문화는 이런 배경 위에서 성립되었다. 포르투갈과 스페인은 이들 종교를 통제했지만 원주민과 흑인들의 종교적 요소들이 모두 사라진 것은 아니었다. 종교는 유구한 세월을 통해 집단적으로 형성되고 고착화되기 때문에 하루아침에 바뀌지 않는 특성이 있다. 가장 변화가 힘든 것 중에 하나가 종교인 이유가 여기에 있다. 원주민과 흑인들의 종교는 가톨릭 종교 문화 뒤에 숨어 살아남았다.

가톨릭적 외형에 원주민과 아프리카 흑인들의 신앙이 스며들 수 있었다. 따라서 라틴아메리카에서 보이는 종교적 특징은 혼합주의적인 양상을 보인다.

과거 1960-1970년대에는 가톨릭교회가 군사 정권과 민주화나 인권 문제로 충돌하면서 세계의 이목을 집중시켰다면, 이제는 개신교의 확산과 이로 인한 정치사회적 변화가 중요한 관심을 받고 있다. 브라질의 보우소나루 대통령의 사례처럼 개신교와 연결된 정치적 변화는 사회문화적 변화를 함께 추동하는 양상이다. 멕시코의 경우도 마찬가지이다. 기존 종교 패권을 독점하던 가톨릭과 새롭게 부상하는 신흥 강자인 개신교 간 갈등과 탄압, 적대와 충돌이 증가하고 있다. 결국 라틴아메리카 종교 지형의 변화는 사회, 정치, 경제 영역의 변화를 동반할 수밖에 없다. 복음주의와 오순절교 계통 개신교의 확산은 라틴아메리카 사회를 예전과는 다른 양상으로 바꾸고 있는 것이다. 이처럼 종교 영역에서도 차별과 불관용, 적대와 탄압은 밀접히 연결되어 있고, 다양한 사회문화적 불평등의 뿌리에 종교가 있음을 알 수 있다.

부산외국어대학교 중남미지역원은 〈라틴아메리카 평등과 불평등의 변증법〉이라는 HK+ 사업의 선도연구를 통해 라틴아메리카의 불평등한 현실과 그것을 극복해 보려는 시도를 종합적으로 분석하고 있다. 특히 인종, 이주, 젠더, 종교, 개발과 환경, 법과 제도 등과 관련된 불평등 현상과 사회문화적 원인들에 대해 고찰한다. 올해는 2단계 1년차에 해당하며 종교와 관련된 불평등에 대해 연구한다. 그 성과 중 일부를 일반 독자와 공유하기 위해 쉽게 풀어쓴 것이 이 책이다.

이 책은 총 10장으로 구성되어 있고 크게 두 부분으로 나눌 수 있다.

1부는 라틴아메리카 가톨릭교회와 관련된 불평등 문제와 그 현실을 다룬다. 조영현은 제1장 「라틴아메리카 가톨릭교회와 불평등 문제」에서 라틴아메리카 가톨릭교회가 불평등이나 가난의 문제를 어떻게 인식하고 있는지 분석한다. 특히 가톨릭교회 내부 진보 노선을 대표하는 세 그룹의 시각을 중심적으로 언급한다. 첫째, 1968년 메델린에서 개최된 제2차 라틴아메리카주교회의가 인식했던 사회 문제로서의 불평등과 가난을 라틴아메리카 주교들이 정리하고 승인한 최종 문서를 통해 분석한다. 둘째, 라틴아메리카 고유 신학으로 인정받는 해방신학과 이 신학을 대표하는 신학자들의 작품 속에서 불평등과 가난이 어떻게 언급되는지 그 핵심적인 내용을 정리한다. 여기에는 주로 해방신학의 아버지로 불리는 구스타보 구티에레스 신부의 작품을 주로 다룬다. 셋째, 평생을 라틴아메리카에서 사목한 아르헨티나 출신 프란치스코 교황이 강조하는 사회경제적 불평등 문제와 가난한 사람들의 문제를 살펴본다. 라틴아메리카 가톨릭교회의 진보 노선을 대표하는 제2차 라틴아메리카주교회의의 문서, 해방신학, 프란치스코 교황의 문서나 담화는 모두 가난과 불평등이 심각한 사회 문제이며 동시에 하느님 나라와 공존할 수 없는 악으로 인식하고 있음을 확인할 수 있다. 이 진보 노선은 공통적으로 불평등과 가난이 인간의 존엄성을 심각하게 위협하는 질병이라고 확신한다. 따라서 이 문제에 대한 개선이나 치유를 위해 교회도 적극적인 실천에 나서야 필요성이 있다고 주장한다.

김윤경은 제2장 「식민시대 가톨릭교회와 원주민: 종교적 불평등과 그 양상」에서 정복 이후 식민시대 누에바 에스파냐(Nueva Espana) 원주민에 대한 가톨릭교회의 종교적 지배와 그에 대한 원주민의 대응이 어떠했는지 잘 보여 준다. 특히 가톨릭교회의 우상 파괴와 성인 숭배를 중심으로 가톨릭교회와 원주민 사이에서 벌어진 종교적 불평등이 어떤 양상을 보이며 원주민들의 삶과 사회를 왜곡시켰는지 드러낸다.

16세기부터 라틴아메리카에서 가톨릭은 정복자의 종교였으며, 원주민 전통 신앙은 피정복민의 종교였다. 그러므로 라틴아메리카에서 가톨릭과 원주민의 전통 신앙은 처음부터 불평등한 관계로 시작할 수밖에 없었다. 이러한 종교적 불평등 관계는 약자, 즉 원주민의 전통 신앙에 대한 파괴와 억압으로 나타났다. 결국 원주민들은 종교적 불평등 관계 속에서 강제에 의해서 또는 자발적으로 가톨릭을 받아들였다. 가톨릭교도가 되는 것은 적어도 원주민이 종교적으로는 불평등 관계에서 벗어나서 유럽인들과 동등하게 되는 것을 의미했다. 하지만 원주민들은 개종으로 종교적 불평등 관계에서 벗어나면서도, 자신들의 종교적 정체성은 완전히 포기하지 않았다. 그들은 타협과 절충을 통해서 그것을 유지하려고 했다. 결국 '원주민의 가톨릭화'와 '가톨릭의 원주민화'가 동시에 진행되는 결과를 낳았다. 그러나 원주민들이 가톨릭교도가 됨으로써 전통 신앙은 사라지고 종교적 불평등 관계도 사라진 듯했지만, '원주민적인 가톨릭'이라는 절충적인 형태 속에서도 불평등 관계는 지속되었다.

홍인식은 제3장 「아르헨티나의 종교적 차별에 있어서 사회적 관행에 대한 성찰」에서 아르헨티나에서 가톨릭교회 이외의 종교인들에게 행하는 차별적인 사회 관행에 대해 다룬다. 아르헨티나의 헌법으로부터 시작해서 사회 구성원들 사이에 만연된 종교-인종적 차별과 불평등에 대해 언급한다. 가톨릭교회는 초기부터 다른 종교와 구별되었으며 불평등한 관계, 다시 말하면 우월적 위치를 차지하고 있었다. 이러한 가톨릭교회의 위상은 아르헨티나를 비롯한 라틴아메리카 지역에서 종교적 차별과 불평등 관계의 사회화 현상을 촉진하였으며, 차별에 대한 사회적 관행의 출발점이 되었다. 이런 관행은 종교 기관의 등록 문제와 종교 행사 장소에 대한 제한과 차별, 장례, 종교 단체에 대한 세금 부과와 지원금에서의 차별만을 의미하지 않는다. 이 글은 이슬람과 아랍에 대한 혐오와 교육 기관과 직장에서의 종교 차별, 대중매체의 종교에 대한 편향성 등 아르헨티나 사회에서 발생하고 있는 종교 차별적이며 불평등한 사회 관행의 다양한 양상을 잘 보여 준다.

임두빈은 제4장 「종교로 본 브라질의 사회적 불평등의 기원」에서 브라질의 사회적 불평등의 기원에 종교가 중요한 위치를 차지하고 있음을 보여 준다. 먼저 담론을 구성하는 주요 요소로서의 종교를 다루고, 브라질 사회와 정체성 형성에 커다란 영향력을 행사했던 가톨릭교회의 빛과 그림자를 역사적 관점에서 서술한다. 단기간에 이루어진 전교의 성과는 선교사들의 의심할 수 없는 신앙에 대한 열정을 보여 주지만, 동시에 종교가 강압적 지배와 억압의 도구였음을 드러낸다. 특히 뚜삐-과라니를 비롯한 다양한 부족의 정신세계를 지배하는 힘으로서의 가톨릭의 모습이 그렇다. 오랫동안 가톨릭은 남미 대륙의 대부분을 차지하는 브라질에서 통치를 가능하게 하는 토대였다. 이 글은 원주민에 대한 지배뿐 아니라 노예 무역을 통한 흑인에 대한 통제를 중요하게 언급한다. 흥미로운 것은 수많은 사람들이 자신의 종교를 지키기 위해 고난을 겪었고 상대에게 박해를 받아 온 역사를 갖고 있지만, 반대로 박해와 차별을 하면서 종교가 불평등의 기원으로 작동하기도 한다는 점이다. 이 글의 특징은 사회 문제 해결 방법으로 브라질 문화의 특징인 제이칭뉴 (jeitinho)를 다룬다는 점이다. 이미 '고장 난 사회적 엘리베이터'를 근본적으로 고치거나 교체하지 못하고 고작 '제이칭뉴'라는 미봉책으로 그때마다 수리해서 타고 있는 모습이 인상적으로 그려진다. 이런 점에서 브라질 사람들이 가진 내세에 대한 믿음이 현실 세계의 불합리를 견디어 내는 힘임을 잘 알 수 있다.

조영현은 제5장 「쿠바 혁명 정권과 가톨릭교회의 관계 변화: 적대와 차별의 대상에서 대화 상대자로」에서 20세기 라틴아메리카 역사에서 가장 극적인 장면 중 하나인 쿠바 혁명을 통해 들어선 피델 카스트로 정권과 가톨릭교회의 관계를 다루고 있다. 특히 쿠바 혁명 후 혁명 주도 세력의 이념이 공산주의로 기울면서 생겨났던 종교 정책이 파생시킨 문제점들을 분석하고 있다. 혁명 정부는 서구자본주의와 밀접히 연결되어 있고, 기득권 세력이 되어 버린 가톨릭교회를 견제하고 탄압하는 적대적이고 차별적인 정책을 취했다. 외국 성직자들을 추방하고, 일부 교회들을 폐쇄하는 것에 머물지 않고 성직자들과 신도들에 대한 사회정치적 참여를 제한했다. 사회적 영향력이 컸던 가톨릭에 대한 견제는 산테리아와 같은 종교들과 비교해도 더 차별적이었다. 한마디로 쿠바 가톨릭교회는 '침묵의 교회'로 전락하고 말았다. 그러나 1989년 베를린 장벽의 붕괴 이후 냉전 체제가 사라지자 쿠바 혁명 정권은 종교에 대한 관용적 태도로 전환하며 가톨릭에 대한 유화적 태도를 취하게 된다. 가톨릭교회도 적극적으로 자신들의 활동 영역을 넓히고 쿠바 사회에서 유일한 시민사회 세력의 역할을 수행하는 데 그치지 않고, 쿠바 내 정치범 석방이나 미국과 쿠바의 국교 정상화 과정을 중재하는 등 영향력을 확대했다. 이글은 공산주의 사회에서 가톨릭교회가 적대와 차별의 대상에서 어떻게 대화상대자로 부상했는지 그 과정을 잘 보여 주고 있다.

이 책의 2부는 라틴아메리카의 불평등과 개신교의 역할에 대해 분석한다. 홍인식은 제6장 「라틴아메리카 신은사운동과 신사도개혁운동의 권력 불평등 구조에 관하여」에서 가톨릭교회의 권력 구도를 위협하고 있는 신은사운동의 권력 지향성과 이에 따라 발생하는 내부의 권력 불평등 구조를 다룬다. 이 글은 신은사운동과 신사도개혁운동의 배후에 있는 영성의 문제와 정치 사회적 동기, 다시 말하면 권력 지향성에 나타나는 권력의 독점과 불평등 구조를 비판적으로 분석한다. 신은사운동과 신사도적개혁운동에서 나타나고 있는 후기근대적 영성과 권력 지향적인 모습이 어떻게 교회의 선교와 사회 권력 불평등 구조를 만들어 내고 있는지를 보여 주고 있다. 라틴아메리카 정치 분야에서의 약진과 경제적 부상도 괄목할 만하다. 이런 움직임 뒤에는 신은사운동이라는 배경이 있다. 신은사운동으로부터 시작된 계시의 민주화와 권력의 민주화 현상은 라틴아메리카 사회의 변화 가능성에 대하여 희망을 갖게 만든다. 그러나 신은사운동의 급성장과 더불어 나타난 신사도(新使徒)의 출현은 민중 중심의 권력 평등 구조를 심각하게 훼손하기도 한다. 이처럼 이 글은 라틴아메리카의 신은사운동과 신사도적개혁운동이 권력 불평등 구조 심화에 미치는 영향에 대해 비판적으로 다루고 있다.

김윤경은 제7장 「라틴아메리카 개신교의 성장과 가톨릭의 대응」에서 멕시코 치아파스주의 예를 통해서 개신교의 성장 과정을 살펴보고, 가톨릭과 개신교의 종교적 불평등 관계가 어떤 형태를 띠며 나타나고 있는지 설명하고 있다. 멕시코는 다른 나라보다 개신교도의 수가 상대적으로 많은 편은 아니다. 하지만 사파티스타 운동이 일어난 치아파스 주에서는 개신교의 선교 활동이 아주 활발하게 일어나면서 개신교가 빠르게 성장했다. 개신교 성장의 배경을 살펴보면, 가톨릭교회의 분열과 사회경제적 위기가 그 바탕에 깔려 있다. 경제 위기로 인해서 원주민 대다수가 극심한 빈곤에 시달리게 되었다. 이러한 문제가 가장 심각하게 제기되었던 곳이 바로 치아파스주였다. 하지만, 가톨릭교회는 원주민들의 현실을 개선하는 데 큰 도움을 주지 못했다. 이러한 상황에서 원주민에게 '구세주'로 다가갔던 것이 개신교였다. 개신교 선교사들은 가톨릭 사제들보다 적극적으로 원주민의 현실적인 문제를 해결하는 데 앞장섰다. 개신교의 성장은 예수 복음의 전파라는 종교의 본질적인 문제보다는 정치적 · 경제적 요인과 밀접한 관련이 있음을 알 수 있다. 개신교는 피지배 관계에 놓여 있는 약자들, 특히 가난한 원주민의 종교로 성장하고 있다. 이렇게 멕시코에서는 가톨릭과 개신교의 관계가 종교적 불평등의 관계를 맺고 있다. 신자 수가 개신교보다 압도적으로 많고 막강한 권력을 가지고 있는 가톨릭이 아직은 신자 수도 적고 권력도 없는 개신교보다 우월하고 지배적인 위치를 차지하고 있다. 그 결과, 개신교도들에 대한 탄압과 추방이 곳곳에서 나타나고 있다. 오늘날 라틴아메리카에서도 여러 지역에서 가톨릭교도들과 개신교도들 간에 충돌이 벌어지고 있다. 가톨릭이 기존의 정치 권력 및 다양한 경제적 이권과 결합해 있으므로, 가톨릭교회와 신자들은 그것을 지키기 위해서 종교적 약자인 개신교를 억압하며 탄압하고 있다. 종교적 다원주의를 인정하면서 종교 갈등을 해결하려는 노력이 이루어지고 있기는 하지만 현실과 이상 사이의 간극은 커 보인다. 이러한 종교적 불평등 관계가 사라지지 않는 한, 앞으로도 종교적 갈등은 피하기 어려워 보인다.

임두빈은 제8장 「브라질 사회 불평등과 정치 도구로서의 복음주의 기독교의 부상」에서 브라질 사회 불평등 문제를 정치 도구로서 현실 세계에 개입한 종교의 모습을 통해 보여 준다. 브라질에 이식된 주요 종교의 패러다임 변화를 살펴본 뒤, 중요한 역사적 변곡점에서 현직 대통령의 언어 사용을 분석함으로써 브라질 정치 지형의 변화와 사회 불평등 문제에 개입한 종교의 영향력 정도를 파악한다. 보우소나루 대통령은 브라질의 재민주화 이후 겨우 수립됐던 좌파 진보 정권을 부패 척결의 이름으로 타파하고 '새로운 브라질'을 재건한다는 취지로 지지를 받고 등장했으나 그가 말한 새로운 브라질은 아직 가보지 않은 미래가 아니라 현실 세계 정치에 적극적으로 개입한 특정한 종교의 종교관이 지향하는 과거로 회귀함에 불과하다는 사실을 보여 주고 있다.

이남섭은 제9장 「라틴아메리카의 불평등과 역사적 개신교의 역할」에서 라틴아메리카의 역사적 개신교가 불평등 개선에 어떠한 역할을 했는가를 다룬다. 역사적 개신교의 시대별 대응 방식과 사회적 성격을 대표적인 국가별 사례를 통해 분석한다. 이 글은 역사적 개신교의 역할이 '개혁의 입장에서 해방의 입장으로' 발전되어 왔다고 주장한다. 역사적 개신교는 자발적 가난이라는 혁신적 입장으로 인하여 교회는 양적으로 가난해졌으나 사회는 삶의 질이 개선되고 상대적으로 평등해지는 역할을 했다는 것이다. 결과적으로 역사적 개신교는 미비하나마 '자유와 평등사회를 향한 예언자적 소수'로서 구조적 불평등의 개선에 공헌했음을 보여 준다.

이남섭은 제10장 「라틴아메리카의 불평등과 보수적 개신교의 역할」

에서 라틴아메리카의 보수적 개신교가 불평등의 개선에 어떠한 역할을 했는가를 다룬다. 보수적 개신교는 사회 문제 개입에 반대하는 입장을 보이거나 사회 문제에 무관심한 태도를 보였다. 그러나 나중에는 사회 문제와 정치 문제에 적극적으로 개입해 불평등 문제의 해결을 주장하는 쪽으로 완전히 전환했다. 보수적 개신교 안에도 불평등 문제의 해결 방식에 대한 다양한 입장차가 존재한다. 특징적인 것은 소수의 교회는 외형적으로 성장해 부자가 되었으나, 다수의 사회는 더 가난해지고 불평등해지는 경향을 보였다는 점이다.

이와 같이 이 책은 라틴아메리카 종교와 관련된 차별과 불평등 문제를 집중 조망하고 있다. 라틴아메리카에서 종교적 차별과 배제, 불관용 문제를 해결하기 위한 국가 차원의 노력들이 가시화되고 있다. 그러나 법적으로나 제도적으로 보완이 이루어지고 있음에도 불구하고 현실과 이상 사이의 간극이 커 보이는 것은 부정할 수 없는 사실이다. 브라질과 멕시코, 아르헨티나를 비롯한 다양한 지역의 사례들과 여러 종교 간 사회문화적 관계들을 언급하는 이 책이 라틴아메리카에 관심을 가진 사람들에게 이 대륙에 대한 지식과 이해의 지평을 넓히는 데 자그마한 도움이 되길 기대해 본다.

필자들을 대표하여

조영현

제 1 부

라틴아메리카 가톨릭교회와
불평등의 현실

제 1 장

라틴아메리카 가톨릭교회와 불평등 문제

/

조영현

/

1 불평등이 만연한 대륙 라틴아메리카

비록 20세기 후반부터 신도 수의 감소라는 도전에 직면해 있긴 하지만, 라틴아메리카에서 가톨릭은 아직도 대다수의 주민들이 믿는 종교이다. 또한 이 지역에는 세계 가톨릭 인구의 40%에 해당하는 약 4억 2,500만 명의 신도들이 살고 있다. 브라질은 이미 세계에서 가장 많은 가톨릭 신도가 살고 있는 국가가 된 지 오래다. 유럽을 두고 가톨릭의 대륙이라고 불렀지만 이제는 라틴아메리카가 그 이름을 물려받았다. 아르헨티나 출신 교황이 등장해도 놀랍지 않은 이유가 여기에 있다. 그러나 이 대륙은 절대 다수가 신도들로 구성된 지역이지만, 가톨릭의 이상인 평화와 정의가 정착될 기미가 보이지 않는다. 일부 국가에서는 연일 시위와 폭력이 계속되고 있다. 극단적 가난과 불평등 상황이 지속되자 사회적 불만은 반정부 시위로 이어지면서 정치적 불안까지 고조시키고 있다.

불행하게도 라틴아메리카 대륙은 세계에서 불평등 비율이 가장 높은 지역으로 알려져 있다. 21세기 초반 10년 반 동안 이 지역 국가들이 상당한 발전을 이루었지만 여전히 세계에서 가장 불평등한 대륙이다. 원자재 값 상승과 중국 시장의 특수로 인한 경제 호황에도 불구하고 불평등 지수는 경제협력개발기구(OECD) 평균보다 월등히 높았다. 지니계수를 기준으로 하면 현재의 불평등은 1980년대 초반 관찰된 수준에 근접한다. 빈곤율은 2000년에서 2010년 사이 분명히 감소했지만 이러한 상황에서 탈출한 인구의 15%는 대개 최소 임곗값을 약간 넘는 생활을 하고 있다. 반면 대부분의 국가에서 상위 10%는 이미 국민소득의 최대 50%를 차지한다(Jürgen Burchardt, 2012, 3). 현재는 코로나19 대유행으로 인해 이런 불평등 상황이 더욱 악화되는 경향을 보이고 있다. 극심한 불평등은 소득과 자산의 측면에서 나타날 뿐만 아니라 토지와 교육, 건강 또는 사회보장과 같은 필수 공공재에 대한 불평등한 접근에서도 드러난다.

가난과 불평등은 사회악의 뿌리다. 라틴아메리카에서 가난, 시위, 폭력, 내전, 봉기 등 갈등과 대립이 계속되는 이유가 여기에 있다. 하루하루 극심한 가난 속에서 생존 투쟁을 벌이는 다수의 주민과 극소수의 부유한 자들 사이의 간극은 좁혀지지 않고 그 사이를 갈등과 불신, 폭력이 메우고 있는 것이다. 일찍이 라틴아메리카 교회는 다른 지역 교회들과 달리 이 문제의 심각성을 인식했다. 가난과 불평등 문제가 단순히 사회경제적 문제에 머무는 것이 아니라 신도들의 신앙과 인간 간의 조화로운 공존의 삶을 저해한다는 것을 깨닫고 목소리를 높였다. 가톨릭 내 진보적 색채를 띤 세력들의 주장은 정치 사회적 파장을 일으키기도 하고 종교가 정치에 개입한다는 오해를 불러일으키기도 했다. 때로는 교회 내부뿐 아니라 정권과의 갈등을 부르기도 했다.

이 글은 라틴아메리카의 진보적 목소리를 담고 있는 메델린 제2차 라틴아메리카주교회의 문서와 이 지역에서 자생적으로 출현한 해방신학, 그리고 평생을 이 불평등한 대륙에서 사목 활동을 한 라틴아메리카 출신 교황 프란치스코가 바라보는 불평등과 가난의 문제를 다룬다.

2 제2차 라틴아메리카주교회의와 불평등 문제

제2차 바티칸 공의회의 슬로건은 한마디로 쇄신과 현대화[1]였다. 교회사에 있어 하나의 전환점이 된 제2차 바티칸 공의회는 가톨릭교회가 세계와 분리되고 고립되어 가던 위기의 상황에서 소집되었다. 공의회 이전의 교회는 상대주의나 실증주의와 같은 근대 사상, 과학 발전, 무신론의 확산, 자유주의와 공산주의의 확대, 세속화 현상으로 인해 위협받고 있었고 무기력한 상태였다. 교회는 세계가 타락했다고 보고 대화보다 단죄의 태도로 일관했다. 그러나 요한 23세 교황은 '세계 안에 교회'라는 정체성을 분명히 하기 위해 공의회를 소집했다. 그는 가톨릭교회가 세계와의 대화를 통해 확산되는 근대성을 수용해야 한다는 생각을 가진 인물이었다. 제2차 바티칸 공의회는 거룩한 교회와 세속을 구분하

---

1 '현대화'를 의미하는 아조르나멘토(aggionarmento)는 공의회 정신과 주제를 압축적으로 표현한 용어이다. 이 용어 속에는 교회의 쇄신과 현대 세계로의 적응이란 의미가 함축되어 있다.

지 않고, 세속 안으로 들어가 시대의 징표를 해석하고 하느님의 뜻을 찾고자 노력했다. 이 공의회 문서 중에서도 가장 중요한 〈사목 헌장〉 첫 머리는 다음과 같이 세계와 인간적인 것을 긍정하는 글로 시작한다.

> 기쁨과 희망(Gaudium et Spes), 슬픔과 번뇌, 특히 현대의 가난한 사람과 고통에 신음하는 모든 사람들의 그것은 바로 그리스도를 따르는 신자들의 기쁨과 희망이며 슬픔과 번뇌인 것이다. 진실로 인간적이라면 신자들의 심금을 울리지 않는 것은 있을 수 없다(〈사목 헌장〉, 1항).

이것은 교회가 피안의 세계나 종교 자체를 위해 존재하는 것이 아니라 지금 이 세계와 가난하고 고통받는 사람을 위해 존재한다는 것을 장엄하게 선포한 것이었다.

> 저개발국가를 거론함에 있어서 교회는 자기 본연의 모습 내지 마땅히 정립해야 할 자기 모습을 보여 줘야 한다. 다시 말해서 만인의 교회, 특히 가난한 자들의 교회로 나타나야 한다(구티에레스, 1990, 362).

현대 세계에 대한 개방성, 기독교의 일치와 함께 가난한 자의 교회라는 주제는 제2차 바티칸 공의회 논의 내용 중 가장 핵심적인 부분을 구성한다. 당시 유럽 교회에게는 현대 세계에서 확산되는 무신론과 신앙에 대한 도전 문제가 중요했던 반면, 라틴아메리카를 비롯한 제3세계 교회에는 억압과 착취, 가난과 불평등 문제가 중요한 이슈로 부상하고 있었다. 이런 흐름이 공의회에도 반영되어 가난한 자들의 교회라는 문제를 성찰하는 계기가 되었다. 가톨릭교회는 이 공의회를 통해 가난한 사람들에게 개방된 교회라는 사목 방향을 설정했다.

제2차 바티칸 공의회 이후 선출된 바오로 6세 교황은 1967년에 제3세계 주민들과 민족들의 발전을 촉구하는 회칙 〈민족들의 발전〉을 발표했다. 이 회칙은 부국과 빈국 사이의 갈등 문제를 지적하고 자본주의가 내포하는 부정적 측면을 지적했다. 이 문서는 제2차 라틴아메리카주교회의를 준비하는 이 지역 교회에 많은 영향을 끼쳤다.

1968년 8월 콜롬비아 메델린에서 개최된 이 주교회의는 라틴아메리카의 가난, 불의, 불평등과 같은 심각한 현실을 직접적으로 성찰한 종교회의였다. 공의회에서 제기한 '가난한 교회'라는 주제를 발전시킬 수 있었던 것은 대다수 라틴아메리카 주교들이 이 문제의식을 공유하고 있었기 때문이었다. 메델린 주교회의는 세계적으로 68운동[2]과 같이 사회 변혁과 혁명의 기운이 만연한 시기에 개최된 것으로 라틴아메리카 교회사에 새로운 이정표가 되었다. 이 모임에서 채택된 최종 문서는 라틴아메리카 현실에 토대를 둔 고유한 신학과 사목의 출현을 예고했다. 제2차 라틴아메리카주교회의는 권위주의 정권에 의한 군사독재와 정치적 억압, 경제적 가난, 사회적 불평등 속에서 생활하는 수많은 주민들의 비인간적인 삶의 조건에 대해 성서와 복음의 메시지로 성찰했다. 구체적으로 가난과 정의, 제도화된 폭력, 불의와 신앙의 정치적 차원 등에 대해 다루

---

2 68운동은 1968년 3월 프랑스 청년들의 베트남전쟁 참전에 대한 항의에서 촉발되어 프랑스 전역의 대학생과 노동자들에게까지 확대된 반체제, 반문화 운동이다. 그러나 이 움직임은 베트남전쟁 차원에 국한되지 않고 다양한 시대문제와 결합되어 있었다. 프랑스를 비롯해 미국, 독일, 스페인, 체코, 슬로바키아, 멕시코, 일본 등 세계 각지 젊은이들을 체제에 대한 저항과 억압으로부터의 해방을 추구하는 투쟁으로 이끌었다.

었다. 라틴아메리카 대륙은 만연한 빈곤, 불의, 불평등, 종속과 해방 문제를 고민하며 심각하게 논쟁하는 지역이었다.

주교들은 불의한 현실과 가난의 상황에서 해방을 요구하는 수많은 민중들의 소리 없는 함성을 듣고 있었다.

> 라틴아메리카 주교단은 라틴아메리카에 존재하는 엄청난 사회 불의 앞에서 무관심할 수 없다. 그 사회 불의는 민중의 절대 다수를 비인간적인 비참한 생활을 해야 하는 고통스러운 가난 속에 붙잡아 놓는다(라틴아메리카주교회의, 1989, 185).

역대 교황 중 최초로 라틴아메리카를 방문한 바오로 6세 교황은 제2차 라틴아메리카 주교단 총회 개막 연설에서 사회적으로 열악한 여건에서 살아가는 가난한 사람들의 권익의 회복과 생활을 향상하는 데 교회가 기여할 수 있음을 언급했다. 라틴아메리카 교회를 대표하는 150명가량의 주교들과 다수의 신학자들은 신앙의 빛에 비추어 시대의 징표 속에서 하느님의 뜻과 계획을 찾고자 했다. 그들은 하느님의 뜻을 라틴아메리카 민중들의 열망과 외침 속에서 찾으려 했다. 그들도 라틴아메리카의 주민들처럼 변혁의 필요성에 대해 공감하고 있었다.

> 라틴아메리카는 분명히 변혁과 발전의 표지를 보이고 있다. 그 변혁은 굉장히 빠르게 이루어지고 있지만, 그 외에도 경제적인 차원으로부터 종교적인 차원에 이르기까지 인간의 모든 차원에 걸쳐 이루어지고 있다.
> 그것은 우리가 전면적인 해방, 온갖 예속으로부터의 해방, 인격적 성숙, 집단적 통합을 바라는 열망으로 가득 찬 우리 대륙의 새로운 역사적 시점에 들어서고

있음을 가리키고 있다(라틴아메리카주교회의 ,1989, 38).

당시에 라틴아메리카 주교들이 희망한 것은 이 지역 주민들이 인간답지 못한 생활 조건에서 벗어나는 것이었고, 보다 인간다운 환경으로 나아가는 것이었다. 메델린 문헌은 이 점에 대해 다음과 같이 언급한다.

인간답지 못한 생활 조건에 처해 있는 사람들을 꼽아 보면, 우선 생명 유지에 필요한 최저보상도 받지 못하는 물질 결핍에 억눌리는 사람들과 지나친 자애심 때문에 윤리적 빈곤에 자신을 묶어 놓은 사람들이 있고, 다음은 사유권과 권력의 남용, 노동자 착취, 부정한 상거래로써 조성된 불합리한 사회구조 밑에서 신음하는 사람들이 있다. 여기에 대하여 보다 인간다운 조건을 말해 본다면, 먼저 빈곤에서의 해방과 생활에 필요한 재화 획득에로의 진보, 사회악의 제거, 지식의 증대, 정신적 문화의 획득이라 하겠다. 다음은 인권의 존중, 청빈에의 노력, 공동복지를 위한 협력, 평화의 소망 같은 것을 들 수 있다(라틴아메리카주교회의, 1989, 39).

라틴아메리카 주교단은 이 대륙의 신도들과 민중이 처한 삶에 대해 숙고했다. 이 회의를 준비한 실무자들의 손에는 통계 자료와 논문, 사회학적 논쟁거리들이 들려 있었다. 고개만 돌리면 보이는 가난한 이들의 참상은 이미 무시할 수준을 넘어서고 있었다. 라틴아메리카 전 대륙에 군사독재의 그림자가 드리워져 있었고, 인권 유린, 가난과 불평등, 불의가 팽배해 있었다. 따라서 주교들은 정의라는 관점에서 먼저 라틴아메리카의 현실을 점검했다. 메델린 문헌의 1장은 다음과 같이 시작한다.

라틴아메리카인의 상황에 관한 연구 업적은 많이 나와 있다. 그 모든 연구에는 라틴아메리카 민중 대다수를 소외시키는 비참한 생활 상태가 묘사되어 있다. 그런 비참한 생활 상태는 집단적인 현상으로서 하늘을 향하여 부르짖는 불의라고 하겠다(라틴아메리카주교회의, 1989, 45).

그들은 라틴아메리카 민중이 불의의 상황에 놓여 있고 정의에 목말라 하고 있음을 간파한 것이다. 주교들은 '제도화된 폭력' 상황에 대해 다음과 같이 묘사한다.

생활에 필요한 것을 빼앗기고, 뜻대로 무슨 일을 시작할 수도 없고, 책임 있는 무슨 직업을 택할 수도 없으며, 문화적 현상이나 사회적 내지 정치적 활동에 참여할 가능성마저 거부당한다면 그것은 제도화된 폭력이라 부를 불의의 상황이다(라틴아메리카주교회의, 1989, 67-68).

주교들은 이런 상황을 그냥 지켜만 볼 수 없다고 보고, 총체적 변혁의 필요성을 강조했다. 그들은 이런 상황을 외면하거나 부인할 때 닥쳐올 미래를 이미 알고 있었다. 왜냐하면 이 대륙 전체에서 아지랑이처럼 스멀스멀 피어오르는 '폭력의 유혹'을 보고 있었기 때문이다. 주교들은 특히 기득권층에서 자신들의 특권을 놓지 않으려고 불의하게 사용하는 폭력을 문제시 하고 다음과 같이 경고하기도 했다.

필요하고도 절실한 변혁을 반대하기 위하여 교회의 평화적인 입장을 악용하지 말도록 호소한다. 만일 그런 특권층 사람들이 자기 특권을 집요하게 유지하려

들고, 특히 폭력적인 수단을 동원하여 그 특권을 보호하려 한다면, 그들은 역사 앞에서 '절망을 딛고 일어서는 폭력적 혁명'에 대하여 책임을 져야 할 것이다(라틴아메리키주교회의, 1989, 68).

가톨릭교회는 이미 회칙 〈민족들의 발전〉에서 천명한 민중의 저항권을 상기시켰다. 개인에게서 나왔든 구조적 문제에서 파생된 것이든 "인간의 기본권을 유린하고 국가의 공동선을 극도로 해치는, 명백한 폭군적 압제가 오래 지속되는 경우(31항)"에는 혁명적 반란이 정당화될 수 있다는 점을 다시 강조하며 경고한 것이다. 메델린에 모인 주교들은 민중에게 보내는 메시지에서 다음과 같이 선언했다.

> 우리에게 기술적인 해결책이 있는 것도 아니고 병을 고칠 수 있는 확실한 처방이 있는 것도 아닙니다. 우리는 다만 문제를 느끼고, 그 요구를 감지하고, 고뇌를 함께 나누고, 길을 발견해 내며, 협력하여 해결책을 모색하고 마련해 내는 데 협동하고자 할 따름입니다(라틴아메리카주교회의, 1989, 31).

주교들은 불의와 사회적 불평등의 결과뿐만 아니라 원인을 직시하려고 했다. 이것은 결국 사회적 변혁과 정치적 변혁까지 상정하는 것이었다. 주교들이 볼 때 정치적 권력이 정당화되는 것은 공동선이라는 목적이 충족되는 것을 전제로 할 때이다. 그러나 라틴아메리카에서는 권위의 행사가 공동선을 저해하는 방향으로, 그리고 특권 계층의 이익을 대변하고 옹호하는 체제를 유지하거나 지지하는 쪽으로 작동하고 있었다.

메델린에 모인 주교들은 계급 사이의 긴장과 내부적 식민주의 문제를 지적하며 다음 사항들을 언급했다. 특히 갖가지 형태의 소외, 점증하는 좌절감, 지배집단과 지배계층이 자행하는 억압 형태, 특정한 지배계층에 의해 행사되는 권력 남용, 억압당하는 계층의 점증하는 의식화, 사회계급 사이의 지나친 불평등 문제 등을 강조했다. 그들은 불평등과 관련해서는 다음과 같이 지적했다.

특히, 배타적인 형태는 아닐지라도 극소수 사람들이 거의 모든 것(문화, 재산, 권력, 특권)을 차지하고 절대 다수는 가진 것이 거의 없는 식으로 계급의 양극화 현상을 그 특징으로 삼고 있는 나라일수록 그런 불평등이 심각하다. 교황은 그 같은 현실을 콜롬비아 농민에 대하여 언급하면서 이렇게 묘사하고 있다: "나는 커다란 라틴아메리카 대륙에서 경제적 내지 사회적 발전이 불평등하게 이루어졌음을 알고 있습니다. 그리고 그 발전을 처음부터 주도적으로 추진한 사람은 막대한 혜택을 본 반면에, 거의 항상 비참한 생활 수준에 머물러 있도록 버림받은 사람과 때로는 거칠게 취급당하고 착취당하는 원주민들은 무시당하고 있음을 알고 있습니다"(라틴아메리카주교회의, 1989, 60).

또한 주교들은 국내 문제뿐 아니라 국제적 긴장과 외부적 식민주의를 언급하며 국제 무역의 점증하는 왜곡 현상, 경제적 자본과 인적 자원의 해외 도피, 납세 의무의 회피와 이익금과 배당금의 도피, 외채의 누적, 국제적 독점과 금전의 국제적 제국주의, 그리고 정치적 간섭 문제들도 지적했다. 주교들은 이것들이 라틴아메리카의 총체적이고 상대적인 빈곤화에 영향을 준 것으로 파악했다. 특히 가장 먼저 언급하는 것은 국제 무역의 불평등 구조였다.

교환 조건의 상대적인 평가절하로 말미암아, 원자재가 제조 상품의 가격에 비하여 점점 더 가치가 떨어진다. 그것은 원자재를 생산하는 나라는——특히 단일한 원자재만 생산하는 나라의 경우——항상 가난한 나라로 머물러 있는 반면, 산업국은 점점 더 부유해짐을 뜻한다(라틴아메리카주교회의, 1989, 62).

1968년 메델린에 모인 주교들은 교회가 가난한 사람들과 연대해야 한다는 의무감을 인식하고 있었다. 따라서 가난한 사람들에 대한 우선적 선택과 연대감을 사목 지침 항목에서 언급했다. 특히 가난한 사람과 함께하는 교회는 가난한 교회여야 한다는 점을 분명히 하며 다음과 같이 선언했다.

우리 구세주 그리스도께서는 비단 가난한 사람을 사랑하셨을 뿐 아니라, 부유하시면서도 가난해지셨고, 가난 속에서 생활하셨고, 가난한 사람들에게 해방을 선포하시는 일에 당신 사명을 집중하였으며, 당신 교회를 사람들 사이에 가난의 표지로 세우셨다(라틴아메리카주교회의, 1989, 188).

동시에 그동안 교회가 가난의 표지가 되지 못했던 점에 대해 다음과 같이 언급했다.

또한 교계, 성직자, 수도자가 부자이고 부자와 결탁해 있다는 불평까지 우리에게 들려온다. 그 점에 관해서 우리는 많은 경우 외양과 실재가 혼동되고 있다는 것을 정확히 밝혀 줘야 한다. 교회의 교계가 부유하다는 인상을 주는 원인은 많다. 커다란 건물, 본당 사제관, 수도원 건물이 주위 사람들의 집보다 크고 좋을 때, 성직자와 수도자들이 사용하는 승용차가 사치스러울 때, 옛날부터 물려받은 의상을 입고 있을 때, 그런 것들이 원인이 되어 성직자와 수도자를 부자로 보는 현상이 생겼다(라틴아메리카주교회의, 1989, 185).

메델린 문헌은 신도들도 이런 사회 현실을 직시하고 사회변혁을 이루는 데 일조해야 함을 역설하고 있다. 이 문헌은 결국 부조리와 불의, 불평등이 만연한 곳에는 평화가 없으며, 하느님이 배척된다는 점을 분명히 밝혔다는 점에서 커다란 의의가 있다. 미카엘 뢰비는 1960년대 가톨릭 신도들과 성직자들의 해방운동과 그 투쟁을 해방그리스도교(Liberationist Christianity) 운동이란 용어로 압축해서 표현했다(2012, 62-92). 이런 움직임을 가톨릭교회가 집단적 성찰을 통해 문서로 수렴한 것이 메델린 문헌이라고 할 수 있다. 제2차 라틴아메리카주교회의가 강조하는 것은 결국 '해방'과 변혁에의 '참여'라는 두 글자였다. 이런 의미에서 라틴아메리카 20세기 교회사는 메델린 이전과 이후로 나뉜다고 할 수 있다. 뒤이어 개최된 주교회의 모임들은 메델린 정신을 유지하느냐 아니면 후퇴하느냐에 따라 판단되기 때문이다.

이런 주교들과 신학자들의 집단적 사색은 결국 해방신학이 싹틀 수 있는 충분한 배양액이 되어주었다. 이 모임에서 주교들의 머리를 지배한 용어는 해방이란 단어였다. 이런 의미에서 메델린 최종 문서가 '해방신학의 대헌장'이란 칭호를 가진 것은 매우 적절한 것이다. 사실상 이 주교회의는 제2차 바티칸 공의회의 정신과 성과를 가장 잘 적용하고, 가시화시킨 회의였다고 평가받고 있다(Berryman, 1987, 23-27).

하지만 1979년 멕시코의 푸에블라 주에서 열린 제3차 라틴아메리카주교회의는 양상이 매우 복잡했다. 쇄신과 변화, 참여라는 모토로 가톨릭교회의 변혁을 추구하던 진보 노선의 약진에 대해 못마땅했던 전통 사목과 보수 사상에 익숙한 주교들이 제동을 걸기 시작했다. 라틴아메리카주교회의 사무총장인 콜롬비아의 로페스 트루히요(López Trujillo) 대주교와 독일 예수회 출신 로저 베케만스(Roger Vekemans) 신부 주도로 진행된 보수화 움직임은 푸에블라 주교회의에서 심각한 갈등을 초래했다. 이 종교 회의는 교회 내 보수와 진보 간의 긴장과 대립의 장이 되었다(Smith, 1994, 271-285). 그럼에도 불구하고 보수 노선 주교들도 "가난한 자들에 대한 우선적 선택"이란 사목적 원칙까지 파기하지는 못했다.

1970년대가 라틴아메리카 가톨릭교회의 진보 노선에게 전성기였다면, 1980년대는 교회의 진보 노선이 교황청으로부터 강력한 견제를 받는 시기였다. 동시에 이 기간은 진보 노선의 대표격인 해방신학의 영향력이 급격히 확산되는 시기였다. 교황청의 해방신학에 대한 직접적인 탄압은 공교롭게도 이 신학에 대한 관심을 촉발시키는 계기가 되었다.

3 라틴아메리카 해방신학과 불평등 문제

해방신학은 가난한 사람들의 현실에서 탄생했다. 특히 해방신학자들이 가난한 사람들과 만나고 그들의 삶을 체험하면서 부상하게 되었다. 이 신학자들은 교회가 가난한 사람들에게 빵을 선사하는 것에 머물러서는 안 되고, 이 대륙이 왜 이토록 가난한지 물어야 한다고 주장했다. 그들은 불의와 가난 등에 대항한 투쟁은 광의의 의미에서 해방과 구원을 앞당기는 일이라고 여겼다. 사실상 라틴아메리카에서 가난은 단순한 경제적 결핍 문제가 아니라 생명을 위협하는 요소였다.

라틴아메리카는 정복과 식민 과정에서 고통을 겪은 대륙이다. 천연자원이 풍부하고 아름다운 자연환경을 보유한 이 대륙이 가난해진 여러 이유가 있지만, 먼저 에두아르도 갈레아노가 『수탈된 대지』(1999)에서 잘 지적했듯이 제국주의와 식민주의의 영향이 컸다. 종속 이론가들이 주장한 것처럼 내부적 식민주의와 세계자본주의 체제에 종속된 현실도 무시할 수 없다. 해방신학은 내적 식민주의와 외적 식민주의가 이 지역에서 인간의 기본권을 억압하고 짓밟는 폭력의 최종 원인이라고 지적한다(구티에레스, 1987, 50).

해방신학자들은 불의, 고통, 가난이 만연한 상태나 현실을 언급하며 이것들이 하느님의 뜻과는 무관한 것임을 분명히 천명했다. 그들은 가난과 억압, 불평등 문제의 원인에 대해 탐구했다. 수많은 가난한 사람들과 역사의 희생자들이 절규하는 땅에서 사회적 발전을 이야기할 때 일정한 희생은 불가피하다는 논리를 펼치는 기득권 세력에 대항했다. 해방신학의 선구자로 불리는 구스타보 구티에레스 신부는 자기 목소리를 내지 못하고 억압당하고 차별당하는 사람들의 역사를 복원하고 고통스러운 삶의 현장에서 복음의 뜻으로 삶과 신앙을 성찰하려 했다. 그는 해방신학을 다음과 같이 정의했다.

해방신학은 역사적 실천(Praxis: 의식화된 의식적인 행동과 실천)으로부터 출발하여, 이 세상의 가난한 사람들과 착취당한 계급들과 주변화(종속과 예속과 억압과 착취로 인해 낙후되고 밀려난)된 문화들의 해방 실천과 전복(顚覆)하려는 실천으로부터 출발하여 신앙을 이해해 보려는 시도이다(구티에레스, 1987, 65).

1959년 소수의 젊은이들이 주도해 성공한 쿠바 혁명은 전 대륙에 혁명의 불길이 타오르도록 만들었다. 왜냐하면 이 사회주의적 혁명은 라틴아메리카에 새로운 정치적 전망을 열어 놓았기 때문이다. 이 시기는 한마디로 변혁의 시기였다. 게릴라에 의한 무장투쟁이 고조되었고, 정치적 변화가 빠르게 이루어졌다. 혁명의 필요성에 대한 인식이 빠르게 확산되고 있었고, 사회변혁을 꿈꾸는 사람들이 사회주의를 지향하고 있었다. 대학생들은 기존 사회 질서를 총체적으로 문제시 했으며, 자신들이 사는 현실을 변혁하려고 게릴라 운동이나 노동 운동에 적극적으로 가담하고 있었다. 마르크스주의에 경도된 학생들은 신앙과 신학이 세계 변혁을 위해서 무슨 역할을 하느냐고 따져 물었다. 해방신학은 이런 젊은이들의 질문에 부응해야 했다.

카밀로 토레스(Camilo Torres) 같은 엘리트 사제들도 직접 총을 들고 게릴라 운동에 가담하는 일이 발생했다. 그는 사회학을 공부하며 자신의 조국인 콜롬비아가 참혹한 현실에 빠진 이유를 깨달았다. 사회 현실을 인식한 후 사회구조를 바꿀 수 있는 것은 혁명밖에 없다고 확신하기 시작했다. 기득권층이 갖고 있는 것을 다수의 가난한 사람들에게 나누어주는 것이 혁명의 본질이라고 생각한 것이다(홍인식, 2016, 46). 그리고 전 대륙에서 교회의 변화와 사회의 변혁을 주장하는 골콘다(Golconda)나 제3세계사제들(Sacerdotes por el Tercer Mundo)과 같은 진보적인 사제단들이 결성되기 시작했다.[3] 메델린 주교회의에서 강조한 것처럼 시급하고 근본적인 변혁을 교회 내에서도 요구하는 목소리가 튀어나왔다.

구스타보 구티에레스는 "신학은 말씀의 빛을 받아서 그리스도교 신앙 실천(praxis)에 대해 비판적으로 고찰하는 것"이라고 정의하고 실천적 신학의 필요성을 강조했다(구티에레스, 1990, 31). 그에게 가난과 불평등은 불의한 사회 체제에서 기인하는 것이었다. 소수가 부당하게 부를 독점하는 체제와 이를 끊임없이 뒷받침하는 기득권 세력을 문제시 했다. 그동안 교회가 현세보다 '피안의 세계'를 강조한 잘못이 있다는 것을 지적하며, 교회도 불의한 현실을 타파하는 데 게을렀던 것에 대해 다음과 같이 반성했다.

오랫동안—그러나 지금도 많은 사람들이—라틴아메리카 그리스도교 신자들이 지상적 임무들을 매우 소홀히 해온 것은 사실이다. 지금까지 종교적 영성과 교육은 죽은 다음의 '피안의 세계'를 참된 생명의 장소로 여겼고, 현세 생활은 우리의 영원한 운명을 결정해 줄 시험 기간을 거치는 일종의 무대쯤으로 생각해 왔다(구티에레스, 1987, 68).

구티에레스는 역사적으로 볼 때 그리스도교가 서양 문화, 백인 종족, 지배계급과 긴밀히 결탁해 왔음을 지적했다. 이것은 결국 불의, 불평등 체제의 고착화에 라틴아메리카 가톨릭교회가 기여했음을 인정한 것이

---

3 1968년 이후 결성되기 시작한 라틴아메리카 사제단들의 활동들에 대해서는 Jo Young Hyun의 *Sacerdotes y transformación social en Perú(1968-1975)*를 참조.

다.[4] 가톨릭교회는 토착민 인디오와 노예로 끌려온 흑인들의 처지를 생각할 때 구원과 해방의 표지가 되지 못했던 것이다. 오히려 정복자들과 지배자들이 손쉽게 이용할 수 있는 도구였다. 이 점을 구티에레스는 다음과 같이 언급했다.

> 그리하여 서방 세계와 그리스도교 세계라는 이름으로 자기들 이익을 보호하고 자기들에게 유리하게 조작된 질서를 방비하기 위하여 교회를 이용하려는 자들에게는, 그야말로 교회는 손쉬운 먹이가 되어 왔고 유쾌한 노리개가 되어 왔다(구티에레스, 1987, 47-48).

메델린 주교회의 이전까지의 교회는 고통을 인내하는 신도들의 모습을 이상화시키는 면이 있었다. 그리고 일부 성직자들은 비인간적이고 억압적이며 인권을 침해당하는 현실의 정치 상황까지 축복해 주며 동조하는 모습을 보이기도 했다. 가톨릭교회는 라틴아메리카가 불평등과 가난이 만연한 대륙이 되는데 일정 부분 책임이 있었다. 성직자들은 불의한 체제를 정당화하는 후원자 역할을 했으며, 스페인 행정 당국, 군부, 상류층 기득권 세력과 결탁한 지배층에 위치해 있었다. 애초에 정복과 선교가 같이 진행되고 국왕이 종교와 정치 영역을 동시에 지배한 것자체가 문제였다. 이 상황에서 종교는 순수한 종교적 대의를 유지하기

---

4 여기에는 프란치스코 교황이 언급한 것처럼 라틴아메리카에서 가톨릭교회가 빛과 그림자가 있었음을 언급할 필요가 있다. 가톨릭교회는 선교와 교육, 문화 증진에 기여했지만 동시에 문명 파괴, 억압, 지배가 고착화되는 데 영향을 미쳤기 때문이다. 라스 카사스 신부처럼 교회가 원주민의 인권과 복지를 위해 투쟁하기도 했지만 교회가 정복자와 지배자들과 공조한 측면도 있음을 부정할 수 없다.

어려웠다.

구티에레스는 사회 문제에 대한 예언자적 기능을 상실한 교회가 민중의 고통을 일시적으로 마비시켜 잊게 하는 아편의 기능을 수행할 수 있다는 점을 인정했다. 그러나 동시에 종교는 아편이 아닌 해방의 도구여야 한다는 점도 강조했다. 그래서 해방신학자들은 민중이 이해할 수 있는 언어로 신학을 정립하려 노력했다.

라틴아메리카 교회는 지난 450년간 자신의 고유한 신학이 없이 유럽 신학에 종속되어 있었다. 이 지역 교회는 유럽에서 전수해 준, 민중의 삶과 유리된 신학과 신앙을 그대로 답습했다. 이런 신학은 불평등하고 가난에 찌든 현실에 대해 아무런 의문도 갖지 못하게 했다. 사후 구원 중심의 교리나 신학은 신도들에게 불의한 현실을 수용하게 하는 데는 도움이 되었지만, 그것을 변혁할 마음을 먹지 못하게 했다. 그러나 해방신학자들은 이런 수동적 태도를 조장하는 기존 전통 신학에 반기를 들었다.

해방신학은 기존 체제와 질서 내에서 시도된 개혁은 모두 실패했음을 잘 인식하고 있었기 때문에 기존 상황을 근본적으로 무너뜨리고 새로운 사회를 건설해야 한다는 혁명적 전망을 가지고 있었다. 따라서 구티에레스는 개발신학 혹은 발전신학이 담지 못하는 혁명적 내용을 설명하기 위해 '해방'이라는 전망에서 전개하는 신학을 연구한 것이다. 구티에레스는 해방 개념에 대해 다음과 같이 설명한다.

해방이라는 개념은 남미 대륙을 짓누르는 불의의 뿌리 자체를 파헤치려는 신학적 차원의 노력을 의미했으며, 그리고 현재 진행 중인 역사적 조건들 안에서 구원의 개념을 이해하려는 신학적 차원의 노력을 의미했다. 또 해방이라는 개념은, 인권과 하느님 자녀들로서의 생존 조건을 되찾기 위해 싸우는 민중의 생활 속으로 그들 중 한 사람이 되어 오시는 주님의 거저 주시는 (무상의) 선물인 구원의 개념을 이해하려는 신학적 차원의 노력을 의미했다(구티에레스, 1987, 223-224).

해방신학의 논리에 동조하는 성직자, 수도자, 평신도 지도자들은 가톨릭교회가 교회 내부 구조를 철저히 개혁해야 할 필요와 함께 혁명의 소용돌이 속에 있는 이 대륙에서 교회가 필요한 활약을 해야 한다고 인식하고 있었다. 진보적인 성직자뿐 아니라 진보적인 가톨릭 신도들은 불의, 불평등, 가난의 상황을 극복하기 위해 해방을 위한 투쟁에 몰입하기 시작했다. 이것은 결국 정권과의 충돌을 불렀고, 교회 탄압의 빌미가 되었다. 레오나르도 보프와 베리만은 이 과정을 '포로 생활'이라 불렀다(Berryman, 1987, 90-102). 1964년부터 1978년까지 집계된 자료에 따르면, 라틴아메리카에서는 41명의 성직자가 암살되고, 11명이 실종됐다. 같은 기간 485명이 당국에 체포되었고, 46명은 고문의 고초를 겪었다. 또한 253명의 성직자가 추방당했다(Berryman, 1987, 94).

해방신학자들은 국내 체제의 변화뿐 아니라, 국제 체제에 대한 변화의 필요성을 역설했다. 라틴아메리카를 저개발 상태에 빠트린 선진국 세계와 맺는 종속관계에 대해 비판했다. 구티에레스는 "사실상 라틴아메리카의 저개발은 대부분 서구 사회의 자본주의 개발의 부산물이다"라고 주장했다(구티에레스, 1990, 144).

급진적 노선을 보인 해방신학은 종속자본주의 세계 체제 자체가 불의하다고 보고, 신식민주의적 자본주의를 배척했다. 콜롬비아 교회의 진보 노선을 표방한 사제단은 다음과 같이 천명했다.

> 우리는 솔직히 신식민주의적(新植民主義的) 자본주의를 배척하는 바이다. 왜냐
> 하면 그것이 우리 국민이 당면하고 있는 심각한 문제를 해결할 능력이 없기 때
> 문이다. 우리는 모종의 사회주의 노선의 사회를 건설하기로 우리의 노력과 활
> 동을 경주하지 않을 수 없다. 사회주의형(社會主義型)의 사회만이 동료 인간에
> 대한 인간의 착취 행위를 일체 배제할 수 있으며, 아울러 이 시대의 역사적 조류
> 와도 부합할 뿐더러 콜롬비아인들의 특수한 성격과도 상합한다고 보는 바이다
> (구티에레스, 1990, 147).

해방신학의 큰 틀을 잡은 구티에레스는 가난이란 개념이 매우 다의
적임을 잘 알고 있었다. 그는 가난이 무엇보다 물질적 빈곤임을 명확히
했다. 인간이 인간답게 살아가기 위해서 꼭 필요한 경제적 재화가 결핍
된 상태를 가난으로 보았다. 이것은 가난을 종교적 이상으로 여겼던 전
통적 해석과는 거리를 두는 입장이었다. 물질적 빈곤에 대해 적극적 가
치를 부여했던 과거의 종교적 표현에 대해 의심하고 거부했다. 왜냐하
면 물질적 빈곤은 인간다운 생활을 방해하는 상황을 의미하기 때문이
다. 구티에레스가 긍정한 것은 가난이 아니라 청빈한 삶이었다. 청빈과
가난은 근본적으로 다른 것으로, 타인들에게 증거가 되는 모범적인 삶
의 자세는 빈곤(destitution)이 아니라 복음적 청빈(poverty)이기 때문이
었다. 그는 성서에서 보여 주는 가난은 인간 품위를 떨어뜨리는 창피스
러운 처지이며, 이것은 하느님의 뜻에 위배되는 상황이라는 점을 분명
히 했다(구티에레스, 1990, 376). 성서의 예언자들이 고발한 불의는 가난

과 비참, 억압과 불평등과 연결된 것이었다. 이런 것들은 모두 인간의 못된 행동 때문에 파생되는 것으로 보았다. 구약에서 출애굽 체험은 모세가 유대 백성을 이집트 노예 살이, 가난, 소외, 착취에서 해방시킨 경험을 다룬다. 여기서 해방의 과정은 참다운 인간 품위가 실현되는 땅으로 인솔하는 과정을 그리고 있다.

구티에레스의 견해에 따르면 한 사회 내에서 집단적 가난과 불평등이 존재한다는 것은 인간 간의 유대에 균열이 생기는 것이고 친교가 깨지는 것을 의미한다. 그렇기 때문에 사랑과 유대를 방해하는 가난은 죄의 표상이 된다. 불의와 불평등은 정의의 나라의 상징을 의미하는 하느님 나라와 공존할 수 없는 것이다. 가난은 악(惡)이요, 인간을 모욕하는 처지인 것이다(구티에레스, 1990, 372-373).[5]

구티에레스에게 가난은 우리 모두가 책임지고 변혁해야 할 사회체제나 구조의 부산물이었다. 그는 라틴아메리카 사회의 문제를 다음과 같이 진단한다.

이 엄격한 과학적 탐구는 라틴아메리카 대다수 사람들이 지배계급에 의하여 착취당하고 있다는 사실로부터 출발하고, 남미 대륙이 외부에 있는 풍요로운 나라들인 구미 중심국들에게 경제, 사회, 정치, 문화적으로 종속(예속)되어 있다

5 성서에서 가난을 긍정적으로 언급한 부분은 정신적 가난, 즉 하느님 뜻에 자기를 개방하는 능력을 의미할 때이다. 메델린 문헌은 가난의 의미를 세 가지로 구분했다. 첫째, 가난은 인간적으로 살아가는 데 필요한 재화의 결핍이다. 이 가난은 인간을 욕되게 하는 처지를 말한다. 둘째, 야훼의 가난한 이들을 주제로 한 정신적 가난이다. 이것은 하느님께 자신을 개방하는 태도를 말한다. 셋째는 참여와 연대로서의 가난이다(라틴아메리카주교회의, 1989, 186-187).

는 자각으로부터 출발한다. 외부적인 종속과 내부적인 독재가 라틴아메리카 사회구조의 특징을 이루고 있다(구티에레스, 1987, 81).

그러면서 해방신학은 가난과 불의, 불평등의 처지를 개선하는 데 그리스도교인들이 앞장서야 한다는 점을 분명히 했다. 이런 상황을 바꾸는 것이 정의의 하느님인 야훼의 뜻에 부합하는 것으로 보았다.

해방신학자들은 메델린에 모인 주교들이 강조한 '가난한 사람들'에 대한 하느님 사랑의 우선성에 동조한다. 그들은 성서의 하느님이 과부, 고아, 이방인 등 당시의 가난한 사람들과 소외된 사람들의 친구가 되었다는 점을 강조했다. 그리스도교가 가난한 사람들을 우선적으로 배려하고 선택하는 이유가 그들이 윤리적으로 선한 사람이거나 정의로워서가 아니라 하느님이 특별히 관심을 가진 사람들이기 때문이라는 점도 분명히 했다. 성서는 지상에서 버림받고 단죄받은 가난한 사람들에게 복음이 전파되었고, 이런 사람들이 복음을 전달받아야 할 장본인이라고 말하고 있다(구티에레스, 1987, 12) 구티에레스는 다음과 같이 가난한 사람들, 하느님의 편애, 그리고 해방 문제를 연결한다.

성서의 하느님께서는 역사를 다스리시는 하느님이실 뿐 아니라, 정의와 인권이 확립되는 방향으로 역사를 이끌어 가시는 하느님이심을 명심해야 한다. 더욱이 섭리의 하느님은 가난한 사람들을 편드시는 하느님이시고, 가난한 사람들을 종살이와 억압에서 해방시키시는 하느님이시다(구티에레스, 1987, 16).

해방신학자들은 성서를 통해 억압받는 자, 가난한 자, 체제의 희생자에게 보인 예수의 태도를 통해 알 수 있다고 주장한다.

구티에레스는 라틴아메리카와 같이 가난과 불평등이 만연한 곳에서 그리스도교인들이 가난한 자들의 해방을 이끌어내지 못하고 불의한 상황을 개선하는 데 기여하지 않는다면 무가치한 신학이 될 것이라고 평가한다. 이런 측면에서 해방신학은 올바른 신앙과 함께 올바른 실천을 강조하는 신학이라고 할 수 있다.

구티에레스가 가난과 불평등이 만연한 현실을 문제 삼는 것은 가난과 불평등 그 자체가 인간의 존엄성을 심각하게 손상시키기 때문이다. 그는 라틴아메리카에서 복음을 전하는 데 가장 큰 걸림돌로 가난과 비참한 현실을 지적했다.

절대 다수 라틴아메리카 사람들이 살아가고 있는 가난과 비참한 생활과 착취의 현실은 의심할 여지 없이, 이 남미 대륙에서 복음을 선포하는 데 있어 가장 근본적인 도전이 되어 있다. 무엇보다도 푸에블라 주교회의가 강조한 것처럼, 라틴아메리카 사회가 소위 그리스도교 사회임을 고려할 때 더욱 그렇다(구티에레스, 1987, 186).

1980년대 대부분의 해방신학자들은 라틴아메리카의 가난과 불평등을 극복하기 위한 체제로 자본주의보다는 '민주적 사회주의' 체제를 선호했다. 그리고 이 지역의 현실에 부합하는 '라틴아메리카적 사회주의'를 언급했다. 그러나 구티에레스를 비롯한 대부분의 해방신학자들은 사회주의가 완전한 사회 체제라고는 생각하지 않았다. 단지 제3세계 가난한 사람들의 입장에서 보았을 때 자본주의보다 사회주의가 조금 더 낫다고 본 것뿐이다(조영헌, 2009, 197). 브라질의 해방신학자 레오나르도 보프는 다음과 같이 설명했다.

> 해방신학은 자신의 샘에서 물을 마신다. 이 신학은 억눌린 이들과 함께하는 투쟁에서 출발해 마르크스주의 전통의 일부 범주들을 수용했다. 이 범주들은 대다수를 비참함과 비인간화로 몰아넣으면서 축적하는 사악한 논리의 가면을 벗기는 데 기여했고 또한 현재도 기여하고 있다. 해방신학에서 영감을 받은 그리스도교 인들은 (무질서의 질서인) 자본주의적 질서 아래서 겪는 고통에서 출발해, 보다 더 존엄한 노동 형태와 모두를 위해 보다 더 나은 삶을 낳는 형태에 도달하기 위한 역사적 대안으로서 민주적 사회주의 문제를 제기했다(보프, 1996, 107)

그러나 보프는 해방신학이 선택한 것은 마르크스주의가 아니라 가난한 사람들임을 분명히 했다. 그에게 마르크스주의는 단지 가난한 사람들이 억눌린 자들이며 불의한 체제와 폭력으로 인해 가난해진 사람들임을 드러내주는 도구였던 것이다. 결국 해방신학이 최종적으로 주장하는 것은 현실 사회주의가 아니라 인간과 인류의 총체적 해방임을 분명히 밝힌 것이다.

4 프란치스코 교황과 불평등 문제

가톨릭교회 인사 측 가운데 가난과 불평등 문제를 가장 강력하게 제기하는 사람은 라틴아메리카 출신인 프란치스코 교황이다. 그의 본명은 호르혜 마리오 베르고글리오(Jorge Mario Bergoglio)이며 아르헨티나의 부에노스아이레스 대교구를 관상하던 추기경이었다. 2013년 교회의 역사상 최초로 비유럽 제3세계권 출신으로서 교황이 된 인물이다. 그는 콘클라베를 거치며 교황직을 수행하는 동안 가난한 이들을 잊지 않기 위해 프란치스코 성인의 이름을 채택했을 만큼 사회 문제를 바라보는 시각도 남달랐다. 그는 교황으로 선출된 후 화려한 궁전을 버리고 일반 아파트에서 수행비서도 없이 평범한 성직자처럼 생활했다. 그리고 같은 해 성목요일에는 로마의 한 교도소를 찾아 죄수들의 발을 씻기고 그곳에 입을 맞추는 예식을 행했다. 이슬람교도에게도 예외는 없었다. 또한 첫 방문지로 불법 이주자들의 밀항지로 유명한 람페두사 섬을 방문하여 아프리카 이주자들을 위로했다. 이 자리에서 교황은 가난과 불평등이 초래하는 인간성 파괴와 공동체 붕괴를 개탄했다.

프란치스코 교황은 세계에서 가장 불평등한 대륙이라는 오명을 쓰고 있는 라틴아메리카 출신답게 세계와 인류의 병이 무엇인지 깊이 성찰하는 지도자이다. 최근에는 코로나19로 인한 팬데믹 상황이 가중시키는 가난과 불평등, 그리고 그것이 초래하는 사회 문제에 대한 염려를 자주 표명하곤 했다. 그는 소수의 선진국들이 코로나19 백신을 독점하는 반면, 아프리카나 중앙아메리카의 국가들처럼 가난한 나라들이 백신을 공급받지 못하는 현실을 개탄했다. 인류 자체의 공동선과 안정성자체가 위협받는 상황에서 국익과 기업의 이윤만을 강조하는 서구 선진국의 태도에 대해 비판한 것이다. 또한 교황은 2020년 8월 26일 코로나19 팬데믹 상황에서 발생하는 노동 불평등과 교육 불평등 문제를 지적했다. 즉 재택근무를 하는 사람들과 화상교육을 받는 학생들이 있는 반면, 재택근무가 불가능한 사람들과 화상교육에 접근할 수 없는 처지에 있는 학생들도 많다는 점을 지적했다. 불평등 문제에 대한 그의 인식은 일반 알현 때의 훈화나 연설을 통해서도 알 수 있지만, 그 자신이 반포한 교회의 공식 문서에 가장 잘 드러난다. 2013년 선포한 사도적 권고인 『복음의 기쁨』(2014)이 가장 대표적인 교황 프란치스코의 문서라고 할 수 있다.

교황 프란치스코는 극단적 경쟁과 신자유주의적 세계화에 대해 경계하고, 돈의 지배와 자본을 인간보다 중시하는 배제적인 경제 시스템을 비판했다. 그의 조국인 아르헨티나는 "병든 경제"의 모습을 잘 보여주는 나라이다. 2002년 경제 위기 이후 계속적으로 반복되는 정치, 경제적 혼란은 결국 공동체 붕괴를 야기하고 있기 때문이다.[6] 그는 현 세계 경제 체제가 단순한 경제적 착취를 심화시키는 것에 머물지 않고 많은 약자들을 사회 밖으로 밀어내는 배제의 체제임을 강조한다. 『복음의 기쁨』 53항은 배제의 체제가 야기하는 불평등 문제를 다음과 같이 지적했다.

"살인해서는 안 된다"는 계명이 인간 생명의 가치를 지키기 위하여 분명한 선을 그어 놓은 것처럼, 오늘날 우리는 "배척과 불평등의 경제는 안 된다"고 말해야

---

6 현재 교황의 조국인 아르헨티나는 인구의 절반이 빈곤층으로 전락한 처지에 있는 나라다. 1910년 1인당 GDP는 프랑스나 이탈리아보다 높은 세계 8위권 부국에 속해 있었다. 그러나 현재 하루 평균 50명 이상의 아동이 영양실조로 사망하고, 정치적 부패와 혼란, 가진 자들의 독식과 경제적 불평등으로 폭력이 증폭되는 악순환에 빠져 있다.

합니다. 그러한 경제는 사람을 죽일 뿐입니다. 나이 든 노숙자가 길에서 얼어 죽은 것은 기사화되지 않으면서, 주가 지수가 조금만 내려가도 기사화되는 것이 말이나 되는 일입니까? 이것이 바로 배척입니다. 한쪽에서는 굶주림에 시달리는 사람들이 있는데도 음식이 버려지고 있는 현실을 우리는 더 이상 가만히 보고 있을 수만은 없습니다. 이는 사회적 불평등입니다. 오늘날 모든 것이 경쟁의 논리와 약육강식의 법칙 아래 놓이게 되면서 힘 없는 이는 힘센 자에게 먹히고 있습니다. 그 결과 수많은 사람들이 배척되고 소외되고 있습니다(『복음의 기쁨』53항).

교황 프란치스코는 이런 불평등과 배제의 구조가 단지 몇몇 나라에만 있는 것이 아니라 세계적 차원에서 전개되고 문제가 해결되기보다되려 악화되고 있음을 지적했다. 그가 비판하는 것 중 하나는 신격화된 시장과 시장만능주의이다. 지나친 돈에 대한 숭배가 감추고 있는 실제 모습은 윤리나 하느님에 대한 거부라고 주장한다. 교황은 돈이 인간에 봉사해야지, 인간이 돈에 노예가 돼선 안 된다는 인식을 가졌다. 그리고 돈과 자본, 시장이 구약의 금송아지처럼 우상화되어 있는 현실을 염려했다. 그는 우상숭배와 물신주의를 연결하고 비인간적인 '경제 독재'를 언급했다. 교황이 직접 저술에 참여한 『복음의 기쁨』은 약자들을 더욱 궁핍한 상황으로 몰아넣는 세계 경제 시스템과 시장 중심의 경제 독재를 비판하고 경고하는 데 많은 장을 할애했다.

고대의 금송아지에 대한 숭배가(출애굽기 32:1-35 참조) 돈에 대한 물신주의라는, 그리고 참다운 인간적 목적이 없는 비인간적인 경제 독재라는 새롭고도 무자비한 모습으로 바뀌었습니다. 금융과 경제에 타격을 입히는 세계적 위기는 그 자체로 불균형을 보여 주고 있으며, 무엇보다도 인간 이해에 대한 심각한 결여를 보여 줍니다. 인간을 인간 욕구의 하나로만, 곧 소비욕의 존재로 전락시키는 것입니다(『복음의 기쁨』, 55항).

프란치스코 교황이 경제 독재를 언급하는 것은 특히 견제 장치 없는 무소불위의 금융 시스템을 의식한 것이었다. 그는 시장의 절대 자율과 금융 투기는 세계적 차원에서 소수의 부자와 다수의 가난한 사람들 사이의 불균형을 야기한다고 비판했다. 상위 1%의 부자들이 세계의 부를 독점하고 다수의 사람들이 가난한 처지로 내몰리는 불평등과 양극화 현실을 개탄한 것이다. 이것은 양극화 심화로 인해 공동선이 붕괴하고 시장의 독재가 강화되는 현실을 우려한 표현이다. 프란치스코 교황은 시장과 자본이 국가와 사회의 통제를 벗어나 보이지 않는 손으로 작동하지만 공동선이라는 목적을 상실하고 인간의 존엄성과 윤리까지 파괴하고 있는 현실을 개탄했다. 따라서 그는 『복음의 기쁨』 57항에서 인간에 봉사하지 않는 금융 제도의 개선을 촉구했다.

교황 프란치스코는 사회 질서를 급격하게 위협하는 시장과 자본의 절대화 풍조를 지적할 뿐 아니라 낙수효과(trickle-down)라는 허상을 선전하면서 밀어붙이는 신자유주의 정책과 이념도 경계했다. 시장 중심의 경제에서 부가 소수 기업에 집중되더라도 경제 성장이 이루어지면 일반인에게까지 부가 확산된다는 낙수효과는 사실이 아니라고 주장했다. 그는 권위주의적인 공산주의의 폐해를 지적하는 만큼 극단적 자본주의의 위험성에 대해서도 우려하는 것이다. 왜냐하면 인정사정없는 자본주의가 물질주의, 소비주의, 개인주의를 강화시키기 때문이다.[7] 특히 그는 지나친 개인주의는 가족의 유대까지 왜곡한다는 점을 비판한다. 교황은 매우 분명히 "역사의 종말"이라는 후쿠야마 교수의 선언이 틀렸다고 선언한다. 정치적으로는 민주주의, 경제적으로는 시장 자유주의의 승리로 인류 역사가 완성되었다는 서구 우파 자유주의자들의 주장이 매우 독선적임을 『복음의 기쁨』 55항에서 분명히 밝히고 있다. 왜냐하면 아직도 인류는 지속가능한 평화나 발전 단계에 도달하지 않았기 때문이다. 인류가 아직도 그것을 달성하기 위한 험난한 여정 중에 있음을 명확히 한 것이다.

프란치스코 교황이 불평등 문제를 인류의 병으로 심각하게 보는 것은 이 불평등이 폭력을 야기하고 평화를 파괴하기 때문이다. 배제된 주민, 인종, 민족, 국가가 있는 곳에는 평화가 정착될 수 없기 때문이다. 따라서 그는 가난의 구조적 원인을 해결하고 불평등과 맞서 싸워야 한다고 주장한다.

---

7 가톨릭교회는 자본주의도 사회주의처럼 완벽하지 못한 정치 체제로 본다. 메델린 문헌은 다음과 같이 언급했다. "자본주의적인 자유주의 체제와 마르크스주의적 체제가 마치 우리 대륙에서 경제적 구조를 변혁시킬 수 있는 가능성을 망라하는 것처럼 보인다. 그 두 체제가 모두 거의 인간의 존엄성을 거스르는 체제이다. 전자는 자본의 수위성, 이윤추구에 있어서 자본의 위력과 무분별한 이용을 전제로 하고 있으며, 마르크스주의 체제는 비록 이념적으로는 인본주의를 표방하고 지지하고 있을지라도, 오히려 집단적 인간을 겨냥하고 있으며, 실제로는 전체주의 성격을 띤 국가 권력의 집중으로 나타난다. 우리는 라틴아메리카가 그 두 가지 선택 사이에서 양자택일에로 치닫고 폐쇄되는 상태를 단죄하며, 이 대륙의 경제를 조종하는 양극단의 세력권 중 어느 하나에 영속적으로 종속되는 상태를 단죄한다"(라틴아메리카주교회의, 1989, 50-51).

가난의 구조적 원인을 해결해야 할 필요성은 절실합니다. 이는 사회 질서를 바로잡아야 하는 시급한 실용적 이유 때문만이 아니라, 사회를 약화시키고 침체시켜 새로운 위기로 이끌기 마련인 병폐에서 사회가 치유되어야 하기 때문입니다. 일부 시급한 요구들에만 대응하는 복지 계획들은 임시방편일 뿐인 것으로 보아야 합니다. 시장과 금융 투기의 절대적 자율성을 거부하고 불평등의 구조적 원인들과 맞서 싸움으로써 가난한 이들의 문제가 근본적으로 해결되지 않는 한, 이 세상의 문제들, 또는 이와 관련된 문제들에 대한 어떠한 해결책도 얻지 못할 것입니다. 불평등은 사회 병폐의 뿌리입니다(『복음의 기쁨』, 202항).

프란치스코 교황은 부자들이 가난한 자들의 결핍을 보면서도 나누지 않는 것은 그들의 생명과 몫을 빼앗는 처사라고 지적하며 부자의 책임에 대해 언급했다(『복음의 기쁨』, 57항 참조). 특히 분배 문제로 인한 불공정과 낭비 풍조는 가난한 사람들에게 고통을 가중시키는 처사라는 점을 분명히 한다. 그리고 부자들이나 일반인들이 가난한 사람들을 위해 연대를 표명할 것을 촉구한다. 왜냐하면 교황은 재산의 사회적 기능과 재화의 보편적 목적이 사적 재산을 소유할 자유에 우선한다고 보기 때문이다. 그는 세계의 모든 재화는 인류의 모든 이를 위한 것이라는 가톨릭 사회 교리 노선을 따르고 있다. 이미 선임 교황 바오로 6세가 1967년 발표한 〈민족들의 발전〉 23항은 아래와 같이 밝히고 있다.

성 암브로시오는 이렇게 말하였다. "네 것을 가난한 이에게 시사하는 것이 아니라 가난한 이의 것을 그에게 돌려주는 것뿐이다. 왜냐하면 모든 사람이 함께 사용하도록 주어진 것을 네가 독점하였기 때문이다. 땅은 모든 사람의 것이지 결코 부자들만의 것이 아니다" 하였다. 사유재산권은 그 누구에게 있어서도 무조건적이며 절대적인 것이 될 수는 없다는 뜻이다. 남들은 생활 유지에 필요한 것도 없는데 자신에게 필요한 것 이상의 재화까지를 자신을 위해서 독점해 둔다는 것은 그 누구에게도 부당한 일이다(《민족들의 발전》, 23항).

프란치스코 교황도 이런 노선을 따라 다수의 사람들이 굶주리는 것은 재화와 소득이 정의롭게 분배되지 않았기 때문이라는 점을 분명히 했다. 가톨릭교회는 사유재산권의 절대화에 반대하고 공공선에 부합하는 조건하에서 사유재산의 권리를 인정한다고 선언한 것이다(『복음의 기쁨』, 189항 참고).

프란치스코 교황이 가난과 불평등에 대해 관심을 가지는 이유는 이것이 경제 문제이기 이전에 신학의 문제라는 확신 때문이다. 가난과 불평등 문제는 하느님 나라의 실현을 바라는 그리스도교가 반드시 다루어야 하는 문제로 보는 것이다. 결국 교황도 진정한 그리스도교가 되려면 가난과 불평등에 무관심할 수 없다는 입장을 보인 것이다. 교황은 가난한 사람들에 대한 무관심은 곧 고통받는 예수 그리스도에 대한 무관심, 더 나아가 하느님에 대한 배신 행위로 인식한 것이다. 따라서 교황은 교회도 가난과 불평등의 구조적 원인을 제거하는 데 일조해야 함을 다음과 같이 강조했다.

모든 그리스도인과 공동체는 가난한 이들이 사회에 온전히 통합될 수 있도록 가난한 이들의 해방과 진보를 위해 하느님의 도구가 되라는 부르심을 받고 있습니다. 이를 위하여 우리는 가난한 이들의 울부짖음을 귀담아 들어주고 그들을 도와주어야 합니다. (……) 가난한 이들에게 귀를 기울이는 하느님의 도구인 우리가 그러한 부르짖음에 귀를 막는다면, 우리는 아버지의 뜻과 그분의 계획을 거스르는 일입니다(『복음의 기쁨』, 187항).

교황은 불평등 문제를 회피하고는 안전한 국가를 지향하는 어떠한 정책이나 시스템도 성공할 수 없다고 주장한다. 불평등이 해소되지 않는 사회는 폭력이라는 사회적 암을 확산시키기 때문이다. 교황은 『복음의 기쁨』 59항에서 다음과 같이 불평등과 폭력의 문제에 대해 언급한다.

오늘날 많은 곳에서 우리는 더욱더 안전한 삶을 요구합니다. 그러나 사회 안에서 그리고 다양한 민족들 사이에 배척과 불평등이 사라지지 않는 한, 폭력이 뿌리째 뽑힐 수는 없을 것입니다. 가난한 이들과 못사는 민족들이 폭력을 유발한다고 비난을 받지만, 균등한 기회가 주어지지 않으면 온갖 형태의 공격과 분쟁은 계속 싹을 틔울 토양을 찾고 언젠가는 폭발하기 마련입니다(『복음의 기쁨』, 59항).

교회 자체가 복잡한 상황 앞에서 각 지역에 알맞은 보편적이고 획일적인 해결책을 제시할 수 없음을 인정하지만 프란치스코 교황은 교회도 세상의 불평등 문제 해소에 대해 노력해야 한다는 점을 분명히 천명했다. 그가 볼 때, 교회가 불평등 극복을 위해 노력하는 것은 정의 실현의 문제이기도 하지만 무엇보다 하느님의 뜻이기 때문이다. 특히 그는 가난한 사람들이 배제되지 않고 사회에 통합될 수 있도록 힘써야 한다는 점을 강조했다. 그러기 위해 교회는 "야전병원"과 같아야 한다고 주장했다. 교황은 인류가 직면한 전쟁 같은 상황 속에서 현대 교회의 역할은 가장 최전선에서 상처받은 세상과 신도들의 치유를 돕는 것이라고 강조했다. 열악한 상황에서 긴급한 생명을 다루는 야전병원처럼 어려운 상황의 교회이지만 자신에게 부여된 사명에 최선을 다해야 함을 전교회 구성원들에게 주문한 것이다. 그러면서 신도들이 원하는 사목자는 관료나 정부의 공무원처럼 행동하는 사제가 아님을 분명히 했다(한상봉, 2014, 135). 이 야전병원이라는 표현은 교회의 처지와 존재 이유를 압축적으로 표현한 것이다. 현 시대를 보면서 위기 의식을 느끼는 교황은 성직자들이 이런 문제 앞에서 구체적인 역할을 하도록 촉구했다.

2022년 2월 7일 로마의 롬바르디아 신학원 공동체의 예방을 받은 자리에서 프란치스코 교황은 성직자들에게 불평등으로 기울어진 운동장을 바로잡는 데 기여하는 존재가 되라고 요청했다. 사제들은 책이나 제의실에 갇혀 지내는 존재가 되지 말고 고통받는 사람들이 있는 곳으로 나가라는 권고인 것이다. 생명의 말씀을 선포하고 복음을 살아내는 교회가 되기 위해서는 먼저 사제가 앞장서서 불평등 해소를 위해 노력해야 한다고 말한 것이다. 그러나 그 노력은 단순히 가난한 사람들에 대한 금전적 도움을 주는 임시방편적 자선 행위를 말하는 것이 아니다. 그것은 사회구조적 변혁을 포함하는 것이다. 한상봉은 "가난한 이들의 삶에 각인된 슬픔과 고뇌를 복음이 주는 기쁨과 희망으로 뒤바꿔 보자는 게 교황의 생각"이라고 주장했다(한상봉, 2014, 4). 이것은 그의 신학 노선이 라틴아메리카의 주교들과 해방신학자들이 선언한 "가난한 사람들에 대한 우선적 선택"과 같은 흐름 안에 있음을 보여 주는 것이다.

5 맺음말

가난과 불평등 문제는 정도의 차이는 있을지언정 인류의 시초부터 계속되던 사회 문제이다. 가난은 하늘도 구원하지 못한다는 말이 있듯이 쉽지 않은 문제이다. 아니 어쩌면 불가능한 일인지 모른다. 그러나 사회악의 뿌리이며 인류의 병인 가난과 불평등 문제는 인류가 평화롭게 공존하기 위해 극복해야 할 과제인 것은 분명하다. 가난과 불평등이 만연한 곳에서는 발전은 고사하고 장기적으로 보았을 때 사회와 국가의 지속가능성조차도 보장할 수 없다. 일찍이 마르크스주의가 이 문제를 해결할 것처럼 보였다. 그러나 현실 사회주의는 이상과 현실의 간극만을 확인한 채 좌절 상태에 빠져 있다.

가톨릭교회도 지상에 하느님 나라의 구현이라는 목표를 가지고 있다. 지상의 하느님 나라는 적어도 불평등과 가난이 없는 나라일 것이다. 신앙인들에게 하느님 나라는 정의와 평화가 강물처럼 흐르는 이상적인 상태를 말한다. 따라서 폭력과 인간성의 말살을 조장하는 사회악과 공존할 수 없다. 따라서 불평등과 가난이 만연한 곳에서 종교는 무력감을 느낄수밖에 없다. 종교, 특히 서구 사회의 대표적인 종교인 가톨릭은 20세기 이후 이 문제에 대해 심각하게 성찰하기 시작했다. 왜냐하면 가난과 불평등 문제도 신학의 주제로 부상하고 있기 때문이다. 그 선두에 라틴아메리카 진보 노선의 가톨릭교회가 있는 것이다.

20세기를 통틀어 진보 노선의 가톨릭교회를 대표한 것은 유럽이나 미국의 교회가 아니라 라틴아메리카의 가톨릭이었다. 20세기 중반까지 진보 신학의 발원지는 프랑스, 독일, 벨기에 등이었다. 제2차 바티칸 공의회를 주도한 것도 유럽 교회일 수밖에 없었던 이유도 여기에 있다. 라틴아메리카의 주교들과 신학자들은 이 공의회 회기 중에 관찰자의 입장이고 배우는 학생의 입장이었다. 그러나 제2차 바티칸 공의회 정신을 현실에 적용하기 위해 가장 빨리 움직인 것은 라틴아메리카 가톨릭교회였다. 공의회 이후 이 대륙은 해방신학이라는 독자적인 신학을 키워냈고, 기초 공동체와 같은 새로운 교회 모델을 개발하면서 사목 분야에서도 미래의 비전을 보여주었다. 라틴아메리카 교회는 20세기 가장 영향력 있는 신학을 탄생시켰을 뿐 아니라, 세계 가톨릭교회를 이끌어가는 인물을 배출시켰다. 교황 프란치스코의 최근 행보는 라틴아메리카라는 배경을 알아야 이해할 수 있다. 그는 제3세계 현실, 특히 가난과 불평등이 만연한 대륙에서 생의 대부분을 보냈기 때문에 그 비참한 상황의 심각성을 잘 알고 있는 것이다.

1980년대 교황청으로부터 해방신학이 탄압을 받으면서 라틴아메리카 가톨릭교회는 가난한 사람들에 대한 우선적 관심이란 사목 방향에서 후퇴한 듯 보였다. 입으로는 가난한 사람들에 대한 사랑을 이야기하고 있었지만 어떠한 실천적 대안도 가지고 있지 못했다. 그저 자선 사업을 확대하고 신도들에게 관심을 호소하는 것 말고는 방법이 없었다. 결국 공의회 이전의 전통적 사목 형태로 되돌아 간 듯 보였다. 산토도밍고에서 개최된 제4차 라틴아메리카주교회의는 메델린 노선에서 명백히 후퇴했다는 평가를 받은 것처럼 신학적, 사목적 차원에서 그 어떤 진전도 없었다. 브라질의 아파레시다에서 열린 제5차 라틴아메리카주교회의도 메델린 주교회의 때처럼 신선한 바람을 일으키지는 못했다.

가톨릭교회가 가난한 사람들에 대한 사목과 관심을 제대로 표명하지 못하는 사이에 개신교는 더 적극적으로 가난한 사람들에게 다가갈 기회를 얻었다. 라틴아메리카에서 대다수 개신교 신자들은 종교가 없었던 사람들이 아니라 가톨릭 신도에서 개종한 사람들로 구성되어 있다. 부유층보다 가난한 사람들이 주로 넘어간 것이다. 현재 라틴아메리카에서 개신교 신도 수의 증가는 가톨릭의 사회문화적 패권과 종교적 영향력을 약화시키고 있다.

라틴아메리카 가톨릭교회는 현재 심각한 위기 상황에 처해 있음을 잘 알고 있다. 사회 문제에 적극적인 관심을 보이는 교황의 등장과 함께 다시 라틴아메리카의 진보 노선의 목소리가 점점 더 커지고 있다. 다시금 불평등과 가난이라는 문제가 가톨릭교회의 중요 관심사로 부상하고 있는 것이다. 향후 라틴아메리카 가톨릭교회의 미래는 이 가난한 사람들의 처지와 불평등 문제가 어떻게 개선되느냐에 따라 크게 영향을 받을 것으로 보인다.

제 2 장

식민시대 가톨릭교회와 원주민: 종교적 불평등과 그 양상

/

김윤경

/

1 들어가는 말

멕시코시티의 중심부에 있는 소칼로(zocalo)에 가면 400년 이상의 역사를 가진 메트로폴리탄 대성당이 우뚝 서 있다. 이 성당은 1521년 코르테스가 아스테카 제국의 수도 테노치티틀란(Tenochititlan)을 정복하고 난 후 1524년부터 지어지기 시작해서 1667년에 문이 열리고 독립 직전인 1813년에 비로소 완성된 거대한 건축물이다. 그러므로 이 성당은 아메리카 가톨릭교회의 역사를 상징적으로 보여 준다. 멕시코를 방문하는 사람이면 누구나 한번쯤 유서 깊은 이 성당을 방문하게 되는데, 그럴 때마다 사람들은 성당의 웅장함과 화려함에 놀라움을 금치 못한다.

더욱 놀라운 것은 이 성당이 건설된 자리가 바로 아스테카 제국의 대신전(Templo Mayor)이 있었던 터라는 사실이다. 코르테스는 테노치티틀란을 정복한 후 이 신전을 부수고 신전 안에 있던 금과 귀금속들은 모두 본국으로 보낸 후, 대신전이 있던 자리에 성당을 짓도록 했다. 당시에 신전이 완전히 파괴되었기 때문에 19세기까지는 이 신전이 어디에 있었는지 알 수 없었다. 20세기 초에 한 고고학자가 대성당 지하에서 대신전의 기단 부분을 발굴하면서 대성당이 건설된 곳이 대신전이 있었던 자리라는 것이 밝혀졌다.

이처럼, 유럽인들이 아메리카에 들어가서 가장 먼저 한 일이 바로 원주민들의 신전을 허물고 신상들을 부수는 일이었다. 그들은 신전이 있었던 자리에 성당을 짓고, 신상을 부수고 십자가를 세웠다. 콜럼버스도 아메리카에 첫발을 내디딘 후 가장 먼저 한 일이 그 땅에 십자가를 꽂는 일이었다. 유럽의 기독교 문명을 대표했던 그들은 명목상 기독교 전파라는 종교적 사명을 가지고 아메리카에 갔고, 그래서 가장 먼저 원주민들의 신전과 신상들을 부수었다.

가톨릭교도였던 유럽인들은 자신들의 사명에 충실했다. 그들은 이교도인 원주민을 개종시키고 원주민이 숭배하는 신상과 신전들은 모두 우상으로 여기고 파괴해야 한다고 생각했다. 그들에게 우상은 하느님 외에 다른 신에게 제사를 지내는 신전이나 신을 형상화한 그 모든 것이었다. 그래서 아메리카에 들어간 가톨릭교회는 정복 직후부터 식민시대 상당 기간까지 원주민의 우상 숭배와 싸워야 했다.

따라서 이 글에서는 정복 이후 식민시대 누에바 에스파냐(Nueva Espana)에서 이루어졌던 가톨릭교회의 우상 파괴와 성인 숭배를 중심으로 가톨릭교회와 원주민 사이에서 벌어진 종교적 불평등이 어떤 양상으로 전개되었는지, 즉 원주민에 대한 가톨릭교회의 종교적 지배와 그에 대한 원주민의 대응이 어떠했는지, 그 과정에서 원주민의 전통 신앙과 가톨릭이 어떻게 결합했는지에 대해 살펴보고자 한다.

2 종교적 불평등의 대상: 가톨릭과 원주민의 전통 신앙

1) '정복자'의 종교, 가톨릭

정복 직전의 에스파냐 교회는 많이 부패하고 타락했다. 고위 성직자들은 대부분 귀족 출신으로 복음 전도보다 자신들의 지위에 더 관심을 기울였다. 그들은 대부분 전사 주교(warrior-bishop)였으며, 여성 편력을 일삼았다. 수도회들도 프란치스코회를 제외하고 규율을 잘 지키지 않았으며, 수도원은 대부분 오락의 장소로 전락하고 말았다. 재속 성직자들도 자질이 부족해서 미사 집전도 한 해에 4차례 정도만 요구할 정도였다. 가톨릭교회가 그 직분을 상실한 채, 갈 길을 잃어버리고 말았다.

가톨릭교회가 타락할 대로 타락했던 에스파냐에서는 유럽의 종교개혁보다 앞서 종교개혁이 진행되었다. 교권 장악에 관심이 있었던 가톨릭 공동왕과 톨레도 대주교이자 추기경이었던 프란시스코 히메네스 데 시스네로스(Francisco Ximenez de Cisneros)가 협력해 개혁을 주도했다. 가톨릭 공동왕은 로마의 관할권을 축소하고 성직자 임명 제청권을 확대할 것을 요청했다. 시스네로스는 기존의 살라망카대학에 더해서 알칼라대학을 신설해 신학 연구를 강화했다. 그리고 성직자의 순결과 사목 활동을 강조했다. 재속 성직자들의 성직 수행 능력 부족은 프란치스코회와 도미니크회 같은 탁발수도회(medicant orders)의 발전을 가져왔다. 13세기 초에 등장한 탁발수도회는 교회의 세속화를 비판하면서 가난하고 청빈한 생활을 통한 교회의 개혁을 주도했다.

이러한 상황에서 아메리카 대륙의 '발견'은 가톨릭교회의 개혁에 대한 새로운 희망을 불러일으켰다. 가톨릭교회는 아메리카 대륙의 선교를 타락한 유럽 교회에서 벗어나 순수했던 초대교회의 모습을 회복할 기회로 여겼다. 여기에 가장 앞장섰던 것이 탁발수도회였다. 탁발수도회들이 초기 아메리카의 "영혼의 정복"에 주도적인 역할을 했다. 1524년 프란치스코 수도회 사제 12명이 아메리카에 도착하면서 아메리카에서 가톨릭교회의 선교가 시작되었다. 그 뒤를 이어 1526년에는 도미니크회 수도회 사제 12명이, 1533년에는 아우구스티노 수도회 사제 7명이 아메리카에 도착했다.

가장 먼저 도착한 프란치스코 수도회는 주요 선교지를 우선 배당받는 특권을 누렸는데, 아스테카 제국의 수도였던 테노치티틀란 지역과 인근의 푸에블라 등 누에바 에스파냐의 중앙 고원 지역을 중심으로 선교 활동을 벌였다. 도미니크회는 프란치스코 수도회가 아직 장악하지 못한 지역이나 이 수도회가 양보해 주는 지역, 즉 누에바 에스파냐의 남동부 지역에 자리를 잡고 선교했다. 1533년에야 도착한 아우구스티노 수도회는 앞서 도착한 두 수도회가 아직 진출하지 않은 지역을 중심으로 활동했는데, 주로 현재의 모렐로스주, 게레로주, 미초아칸주 일부 지역이 그들의 선교 지역이었다.

이렇게 아메리카에 정착하기 시작한 탁발수도회 수사들은 부푼 꿈을 안고 있었다. 그들이 아메리카에서 이루려고 했던 꿈은 아메리카에 천년왕국을 건설하는 것이었다. 그들은 세계의 모든 지역에 선교가 이루어지면 천년왕국이 도래할 것이라는 중세의 종말론자 요아킴의 천년왕국설과 종말론을 신봉하는 사제들이었다.[1] 탁발수도회, 특히 프란치스코회 수사들은 새로운 땅에 사는 원주민 이교도들을 기독교로 개종시키는 것이 「요한 묵시록」에 나와 있는 천년왕국을 건설하는 데 중요하다고 생각했다. 그리고 그들은 아메리카에 순수했던 초대교회의 모습을 재현하고자 했다.

하지만, 탁발수도회는 왕실과 밀접한 관계를 맺고 있었으며, 정복자들과 함께 아메리카로 갔다. 아스테카 제국의 정복자 코르테스는 프란치스코 수도회에 아메리카의 복음화 사업에 착수할 사람들을 보내 달라고 요청했다. 정복 초기 '레케리미엔토(requerimiento)'[2]는 정복자들에게 보증서 역할을 했다. 15세기 말에 교황 알렉산더 6세가 스페인의 가톨릭 공동왕에게 새로 발견한 아메리카 땅에 대한 지배권을 주었으며, 그곳에 사는 원주민을 기독교로 개종시킬 사명도 함께 부여했다. 그리하여 스페인 왕실이 선교 사업을 지휘하게 되었다.

따라서 아메리카 복음화는 식민화와 불가분의 관계를 맺을 수밖에 없었다. 정복자와 성직자가 한 몸이 되어 가톨릭 신앙은 정복을 정당화하는 논리로 작용하게 되었다. 가톨릭 성직자들은 원주민을 기독교도

---

1 조영현(2014), 「16세기 누에바 에스파냐 지역 가톨릭교회의 선교 전략과 '원주민적 그리스도교 문명권에 대한 기획'」, 『이베로아메리카연구』, Vol. 7, No. 1, 324-331쪽.
2 1514년에 발표된 문서로, 스페인 왕실 법률가 팔라시오스 루비오가 교황 알렉산더 6세의 1493년 칙서에 근거해 만든 것이다. 이 문서의 주요 내용은 스페인 국왕의 권위를 인정하고 가톨릭 신앙을 받아들이겠다는 것으로, 이 문서의 내용을 듣는 사람은 누구나 받아들여야 했다.

로 만들기 위해서 원주민에 대한 지배와 예속은 피할 수 없는 것이라고 생각했다. 하느님을 알게 해준 유럽인의 정복은 원주민에게 축복이라고 주장하기도 했다. 이러한 주장은 정복자의 폭력적인 침략 행위도 정당화하는 논리로 발전할 수 있었다.

이러한 관계는 식민시대 내내 지속되었다. 다만 교회가 성장하면서 교회 내에서 어느 집단이 더 식민 정부와 협력적인 관계를 맺는지가 달라질 뿐이었다. 정복 초기와는 달리, 재속 성직자 집단의 힘이 커지자, 1574년에 식민 정부가 재속 성직자의 권한을 강화하고 수도회 소속 성직자의 활동을 제한하는 쪽으로 법령을 선포했다. 재속 성직자들이 원주민 교구를 지배하게 되었고 수도회 소속 성직자들은 변경 지역으로 밀려나게 되었다. 원주민에 대한 지배권이 교회 내에서 수도회 소속 성직자에서 재속 성직자에게로 넘어갔지만, 정복자의 종교로서 가톨릭의 지위에는 변함이 없었다.

2) '피정복민' 원주민과 전통 신앙

그러기에, 가톨릭교회가 원주민에 대해서 가지고 있었던 인식은 정복자들의 인식과 크게 다르지 않았다. 난생 처음 보는 아메리카 원주민을 놓고 정복자들이나 가톨릭교회나 고민이 많았다. '피정복민' 원주민을 어떻게 규정지을 것인가, 원주민의 본성과 능력을 어떻게 평가할 것인가가 당시 유럽인들에게는 중요한 관심사 중 하나였다. 15세기 유럽인들의 지식은 기껏해야 고대 지중해 세계나 근동 지방, 유럽 세계에 한정되어 있었기에, 전혀 다른 세계의 사람들과 문화에 대해서 유럽인들이 낯설어 하고 편견을 가졌던 것은 어쩌면 당연한 일인지도 모른다.

당시 유럽인들은 기본적으로 자신들과 다른 세계, 타자의 세계를 '야만'으로 규정짓고 기독교도가 아닌 사람들을 '사탄', '이단'으로 규정지었다. 그래서 그들에게는 '문명인 기독교도'로서의 사명감이 강하게 자리 잡고 있었다. 아메리카에 발을 들여놓은 순간부터 수도회 사제들은 원주민을 피정복민으로서 기독교도로 개종시켜야 할 대상으로 생각했다.

이러한 점에서 아메리카에 가장 먼저 발을 들여놓았던 콜럼버스와 아스테카 제국을 정복한 코르테스의 생각이 눈길을 끈다. 콜럼버스는 스페인 가톨릭 공동왕에게 보낸 편지에서 원주민이 온순하고 겁이 많으며 종교가 없고, 그래서 그들을 쉽게 기독교도로 만들 수 있을 것이라고 말했다. 코르테스 역시 원주민을 신앙이 없는 미개인으로 봤으며 그들을 기독교로 개종시켜야 할 대상으로 봤다. 예수를 모른 채 사탄의 거짓 종교를 숭배하며 인신 공희 같은 야만적인 행위를 하는 원주민에게 복음을 전파해서 마귀의 지배에서 벗어나게 하는 것이 자신들의 사명이라고 생각했다.

문제는 이러한 원주민을 어떻게 개종시킬 것인가, 그 방법에 관한 것이었다. 이 문제는 원주민을 어떻게 바라봐야 하는 것인가라는 문제와 깊이 연관되어 있었다. 당시 유럽인들은 새로운 세계에서 마주한 원주민을 정복해야 할 대상이자 개종시켜야 할 대상이라고 보는 데에는 동의했지만, 그 방법에서는 달랐다. 그 차이는 원주민을 어떻게 바라보느냐에 달려 있었다.

그래서 스페인에서는 원주민의 본성과 정복 방법에 대한 논쟁이 벌어졌다. 결국 그것은 개종의 수단과 정복 전쟁의 합법성에 관한 논쟁이다. 그 논쟁이 절정에 이른 것이 바야돌리드(Valladolid) 논쟁이었다. 1550년 8월부터 1551년 4월 두 차례에 걸쳐 열린 바야돌리드 논쟁에는 원주민의 법적 대리인 권한을 부여받은 바르톨로메 델 라스 카사스(Bartolome del las Casas)와 엔코멘데로들의 지지를 받은 히네스 데 세풀베다(Gines de Sepulveda)가 대표로 참석했다.

이 논쟁에서 쟁점이 되었던 것은 크게 두 가지였다. 첫 번째는 원주민은 과연 유럽인과 동등한 인간인가라는 것이었다. 당대 유명한 기독교 신학자이자 철학자였으며, 아메리카에 한 번도 간 적이 없었던 세풀베다는 원주민이 천성적으로 열등한 미개인이며, "태생적인 노예"라고 정의했다. 그에 따르면, 원주민은 스페인인보다 열등하며 문자, 기록, 성문법, 화폐도 없는 야만인이었다. 하지만 원주민의 대변자 역할을 했던 라스 카사스 신부는 원주민도 스페인인과 동등한 인간이며, 문자와 언어, 법 등을 가지고 있어서 야만적이지 않다고 주장했다. 그리하여 그는 세풀베다가 원주민을 아리스토텔레스가 정의한 "태생적인 노예"로 보는 것에 반대했다.

이러한 원주민에 대한 두 사람의 다른 견해는 두 번째 논쟁점으로 이어졌다. 그것은 정복 전쟁의 정당성에 관한 것이었다. 세풀베다는 원주민이 미개하므로 그들을 문명화하고 기독교도로 개종시키기 위해서는 전쟁이 필요하다고 주장했다. 원주민의 우상 숭배, 인신 공희 등이 정복 전쟁을 정당화한다고 봤다. 반면에, 라스 카사스는 복음을 전파하기 위해서 전쟁을 해야 한다는 주장은 정당화될 수 없으며, 신앙을 전파하기 위한 유일한 방법은 평화적으로 설득하는 것이라고 주장했다. 그는 원주민에 대한 정복자들의 폭력적인 억압을 비판하면서 평화적인 식민화와 개종을 추구했다.

　그런데 주목해야 할 것은 이 두 사람이 대립하면서도 공유하고 있는 것이 있었다는 점이다. 그것은 스페인이 아메리카를 식민 지배하는 것과 원주민을 가톨릭교도로 개종시켜야 한다는 것이었다. 라스 카사스나 세풀베다나 그리스도교와 유럽의 우월성에 대해서 의심하지 않았다. 단지 그 방법에서 의견이 달랐을 뿐이었다. 라스 카사스는 폭력적인 방법을 쓰는 "악한 스페인인"은 구원받기 힘들고 신에게 벌을 받을 것이며, 그래서 "선한 사마리아인"이 되어야 한다고 주장했다. 그래서 평화적인 방법을 강력히 주장했다. 원주민이 가톨릭교에 대한 이해를 바탕으로 자발적으로 개종하도록 해야 한다고 주장한 것도 결국에는 유럽인의 구원을 위한 것이었다.

　어쨌든 정복자로 온 유럽인들에게 피정복민이었던 원주민들은 자신들의 전통 신이나 우상을 숭배하고 있었다. 원주민 마을에는 주술사들(curanderos)이 최소 1명에서 많게는 10명까지 있었다. 주술사는 주술을 통해서 원주민의 건강과 안녕을 빌어 주고 치료해 주었다. 원주민은 보통 1년에 2회에서 4회까지 마을 제사를 올렸는데 그때 각종 음식뿐 아니라 사람이나 동물의 피와 칠면조와 닭, 개 등을 제물로 바치기도 했다. 이러한 공적인 마을 제사 외에 사적인 영역에서도 원주민은 집에 조상 신을 모시기도 하고 밀빠(milpa)[3]에서 나무나 돌들을 신의 형상으로 만들어 놓고 숭배하기도 했다.

　이렇듯, 정복으로 가톨릭과 원주민의 전통 신앙은 종교적 불평등 관

---

3 메소아메리카 지역의 작물 재배 시스템으로 옥수수 등을 경작한다.

계에 놓이게 되었다. 하나는 정복자의 종교로서 다른 하나는 피정복민의 종교로서 서로 대면을 해야 했다. 그러한 상황에서 가톨릭교회는 원주민에게 폭력적인 방법과 평화적인 방법을 통해서 선교하려고 했다. 그럼, 종교적 불평등의 양상이 어떻게 나타났는지 살펴보도록 하자.

3 종교적 불평등의 양상: 우상 파괴와 성인 숭배

1) 우상 파괴와 종교재판

아메리카에 천년왕국의 건설이라는 기대를 안고 들어간 사제들은 원주민을 가능한 한 빨리, 가능한 한 많이 가톨릭교도로 개종시켜야 한다고 생각했다. 왜냐하면, 그들은 종말론이나 「요한 묵시록」의 예언을 실현하는 것과 원주민의 개종이 밀접한 연관이 있다고 생각했기 때문이다. 정복 이후 특히 프란치스코 수도회 수사들은 세계 모든 지역에 복음이 전파되면 천년왕국이 도래할 것이라고 생각했다. 그래서 그들에게는 아메리카 원주민을 가톨릭교로 개종시키는 것이 천년왕국 건설에 중요하며 시급했다. 수도회 수사들이 원주민들에게 가능한 한 많이 집단으로 세례를 베풀었던 이유가 여기에 있었다.[4]

실제로, 프란치스코 수도회의 한 수사가 1529년에 쓴 편지에 의하

---

4 조영현(2014), 「16세기 누에바 에스파냐 지역 가톨릭교회의 선교 전략과 '원주민적 그리스도교 문명권에 대한 기획'」, 『이베로아메리카연구』, Vol. 7, No. 1, 327-329쪽.

면, 그가 하루에 세례를 베푼 원주민 수가 14,000명이나 되었다. 이는 실로 놀라운 숫자이다. 1531년 누에바 에스파냐 초대 주교였던 수마라가 (Zumáraga) 신부가 카를로스 1세에게 쓴 편지에 의하면, 프란치스코 수도회 수사들이 40일 동안 40만 명이 넘는 원주민을 개종시켰다.[5] 이러한 기록을 볼 때, 당시에 가톨릭 신부들이 원주민들을 얼마나 급하게 개종 시키려고 했는지 짐작할 수 있다. 가톨릭에서 세례는 가장 중요한 예식 중 하나로, 세례 예비자가 충분한 시간을 두고 교리를 배우고 기도문을 이해한 상태에서 장엄한 예식을 통해서 이루어지는 것이 일반적이다. 그런데 긴급한 상황에서 사용되는 방식인 집단 세례를 당시 가톨릭 신부들이 많이 사용했다는 것은 그들의 절박감을 드러내는 것이었고, 그만큼 세례가 형식적이었음을 보여 주는 것이다.

이러한 집단 세례를 위해서 신부들은 원주민의 귀족이나 족장 (caciques)을 먼저 개종하게 하고, 그들을 따라서 나머지 원주민들도 개종하게 하는 방법을 사용했다. 원주민 사회의 공동체성을 활용한 것이다. 그리고 신부들은 원주민과의 소통을 위해서 그들의 언어를 배우고, 그것을 토대로 원주민에게 가톨릭교 교리를 가르치려고 했다. 그리고 선교 활동을 효율적으로 하기 위해서 원주민들을 한 곳에 모으는 콩그레가시온(congregación) 정책이 시행되었다. 그리하여, 독트리나(La Doctrina)라고 불리는 원주민 마을이 새로 건설되거나, 기존의 마을이 재편성되었다.

---

5 Ricard, Robert, *The Spiritual Conquest of Mexico: An Essay on the Apostolate and the Evangelizing Methods of the Mendicant Orders in New Spain 1523-1572*(Berkeley, 1966), p. 126.

이러한 집단 세례에 앞서거나 그것과 나란히 가톨릭 신부들이 진행했던 일은 원주민이 숭배하는 신전과 우상을 파괴하는 것이었다. 그리스도교 문명을 건설하려고 아메리카에 들어간 사제들의 눈에 원주민이 숭배하고 있었던 신전과 우상들은 모든 악의 근원이었다. 그들은 원주민의 영혼 구원을 위해서는 우상들을 파괴하고 그것들에 대한 숭배를 완전히 뿌리 뽑아야 한다고 생각했다. 사제들이 볼 때, 우상 숭배는 악마를 추앙하는 것이고 지옥에 떨어지게 하는 반그리스도교적 행위였다. 그러므로, 우상들을 파괴하는 것이 원주민의 영혼을 구하기 위해서 가장 우선으로 해야 할 일이었다. 그래서 그들은 눈에 보이는 대로 원주민들의 신전과 우상들을 파괴했다. 구체적으로 보면, 마르틴 데 라 코루냐 신부(Fray Martín de la Coruña)는 1529년 6월 27일 서한에서 자기 제자들이 하는 가장 중요한 일이 우상과 신전을 쓸어 버리는 일이라고 말했다. 그리고 1531년 6월 12일 편지에 따르면, 수마라가는 500개가 넘는 신전과 20,000개가 넘는 우상들을 파괴했다.[6] 이러한 기록들을 통해서 당시 가톨릭 신부들이 원주민의 우상과 신전을 파괴하는 데 얼마나 열을 올렸는지 알 수 있다.

그러나 이러한 엄청난 우상 파괴에도 불구하고, 원주민의 우상 숭배는 완전히 사라지지 않았다. 개종한 원주민들조차도 집에서 계속 우상숭배 예식을 올렸다. 어떤 경우에는 한 번에 3-4주 동안 숲속으로 사라져서 비밀의 동굴에서 발체(balché)[7]를 마시고 우상을 숭배하며 그들의

---

6 Ricard, *The Spiritual Conquest of Mexico*, pp. 37-38.
7 고대 마야문명 지역에서 사용되었던 음료로, 사람을 취하게 하고 흥분시키는 작용을 했다.

역사를 노래하기도 했다. 1562년 유카탄 반도에서는 40여 명의 원주민이 동굴에 모여서 비와 농작물에 도움을 주는 것으로 여겨지는 우상을 숭배했다.

교회는 이것을 "악마의 작용"으로 보고, 우상을 숭배하는 마을 혹은 집으로 지목된 곳에 들어가서 조사를 벌이고, 우상과 그와 관련된 서적들을 모아서 불태웠다. 우상 숭배 현장에 쳐들어가서 제사를 중단시키고 관련자들을 체포해 처형하기도 했다. 프란치스코 수도회 신부들은 우상 숭배 하는 원주민들을 무차별적으로 체포하고 가루차(garrucha, 밧줄로 끌어올리는 기구)로 고문을 하기도 했다. 우상 숭배를 하지 않은 경우에도, 원주민들은 고문을 멈추기 위해서 우상 숭배물에 대해 빨리 고백해야 했다.

계속되는 원주민의 우상 숭배에 대한 교회의 탄압은 단지 우상을 파괴하는 것에 그치지 않고 우상을 숭배하는 원주민에 대해 종교재판을 진행하는 것으로까지 이어졌다.[8] 원주민에 대한 종교재판은 주로 교구 소속 재판소에서 열렸는데, 가톨릭교 교리에 어긋나는 행위를 한 원주민은 종교재판에 회부되어 체벌을 받거나 사형을 당했다. 사형당한 원주민은 사등분되어 마을 광장에 내걸리기도 하고, 거리에서 열리는 이단 판결식(auto de fe)[9]에서 처형당하기도 했다. 예를 들어, 테츠코코

8 1571년 이후 원주민에 대한 종교재판이 금지되었으며, 우상 숭배한 원주민에 대해서는 주교가 임명한 교구 법무관 프로비소르(provisor)가 종교 범죄를 조사해서 종교재판과 비슷한 방식으로 처리되었다.

9 auto de fe는 원래 15세기에서 19세기까지 스페인, 포르투갈, 라틴아메리카에서 이교도가 종교재판소에서 재판을 받은 후 공개적으로 벌을 받는 의식의 형태로, "신앙의 행위"를 뜻하는 말이다.

(Tetzcoco)의 족장이었던 돈 카를로스 멘도사 오메토츠친(Don Carlos Mendoza Ometochtzin)은 세례받은 후 집에서 제단과 우상들이 발견되자, 당시 재판관이었던 수마라가 신부가 이단 판결식을 열어 그를 처형했다.[10]

가톨릭교회가 폭력적인 방법을 통해서 우상 파괴 운동을 적극적으로 벌인 결과 17세기 중엽부터는 원주민의 우상 숭배가 점차 약해지기 시작했다. 대신에 가톨릭의 성인 숭배가 자리 잡기 시작했다.

2) 성인 숭배와 가톨릭 축제

가톨릭 신부들은 원주민이 숭배하는 우상들을 파괴하고 대신에 가톨릭의 성인들을 숭배하게 했다. 신부들은 원주민 마을에 있는 신전을 파괴하고 그 자리에 교회를 세운 후 그 안에다 가톨릭 성인들을 모셔 놓았다. 그리고 원주민 마을마다 그 마을의 전통적인 수호신 대신에 가톨릭의 수호성인을 숭배하게 했다. 수호신이 없는 경우에는 신부가 마을의 성격에 맞게 수호성인을 정해 줬다.

유럽의 가톨릭교회에서는 가톨릭 신앙을 지키기 위해서 죽은 순교자들을 숭배하는 전통이 있었다. 순교자들은 하느님과 특별한 관계에 있다고 여겨지면서 성스러운 존재로 숭배 대상이 되었다. 가톨릭교도들은 순교자들을 신과 인간 사이의 중재자 역할을 한다고 생각하면서

---

10 Pedro Carrasco(1975), "La Formación de la Cultura Indígena durante la Colonia", *Historia Mexicana*, Vol. 25, No. 2, p. 199.

성인으로 추대했다. 순교자들은 사람들이 어려움에 처하거나 도움이 필요할 때 의지할 수 있는 보호자로 인식되었다. 또 가톨릭교도들은 성인을 숭배하고 존경하는 것이 인간의 마땅한 의무라고 생각했다. 그리하여 그들은 예수의 어머니 마리아, 베드로, 바오로 등등 가톨릭의 주요 인물들을 성인으로 추대해서 숭배했다.

이러한 전통을 가진 가톨릭 신부들이었기에 그들은 원주민에게 우상 대신 가톨릭 성인들을 수호성인으로 숭배하게 했다. 게다가 가톨릭 신부들은 원주민의 전통 신앙과 가톨릭 간의 유사성에 주목했다. 그들은 원주민들이 수호신을 모시고 있고, 마을별로 숭배하는 수호신이 있다는 것을 알게 되었다. 그래서 가톨릭 신부들은 가톨릭의 성인 숭배가 원주민이 가톨릭을 받아들이는 데 도움이 될 것이라고 생각했다. 그들은 원주민들이 숭배했던 우상들의 빈 자리를 가톨릭 성인으로 채웠다.

한편, 성인 숭배가 이루어지면서 그들을 기리는 축제도 함께 발달하게 되었다. 가톨릭 축제에는 성 주간, 성령 강림 대축일, 사순절, 부활절, 성모 승천, 크리스마스 등을 기념하는 축제가 있었다. 이외에도 원주민 공동체의 수호성인 축일이나 가톨릭 축일을 기념하는 축제를 열었다. 사제는 축제 과정에 참여해 주도하면서 축제 분위기를 돋우었으며, 원주민이 가톨릭 축제 분위기를 느끼고 즐길 수 있게 했다. 축제 기간에 원주민들은 가톨릭 예식에 참여하면서 먹고 마시고 춤추고 악기를 연주하면서 서로 유대를 강화하고 공동체 성원으로서 정체성을 확인하기도 했다.

그런데 축제를 거행하는 데는 비용이 많이 들었다. 가톨릭교회는 이 비용 문제를 해결하기 위해 코프라디아(cofradía)라는 제도를 도입했다. 이 제도는 원래 유럽에서 시작된 것이었는데, 정복 후 가톨릭교회가 누에바 에스파냐로 들어왔다.[11] 정복 초기에는 원주민에게 가톨릭 신앙을 전파하고 그들의 신앙 생활을 유지하는 데 드는 비용을 마련하기 위해 사용되었으나, 원주민의 수가 급감하면서 코프라디아의 수도 줄어들게 되었다. 하지만, 다시 원주민 인구가 늘어나고 성인 숭배와 가톨릭 축제가 활발하게 일어나면서 코프라디아도 다시 증가하게 되었다.

여기서 주목해야 할 것은 코프라디아가 원주민이 가톨릭을 수용하고 그들의 종교성을 강화하는 데 중요한 역할을 했다는 점이다. 원주민들은 코프라디아에 회원으로 소속되어서 비용을 냄으로써 교회의 일원이 되었고 미사나 축제에 참여할 수 있었다. 코프라디아의 회원은 입회비와 매달 고정 회비를 냈으며, 축제가 있을 경우 특별 기부금을 내기도 했다. 이러한 회비를 받고 코프라디아를 운영했던 책임자는 마요르도모(mayordomo)로, 자금이 모자랄 경우 그가 부족한 부분을 충당하기도 했다. 이렇게 모인 자금은 코프라디아의 공동 재산으로 간주되었으며, 그리하여 원주민들은 코프라디아의 재산을 "우리의 재산"이라고 인식하면서 교회에 대한 소속감과 함께 공동체의 일원임을 느꼈다. 한편, 사제는 코프라디아 덕분에 미사를 집전하고 가톨릭 축제를 거행할 수 있었다. 이 제도가 사제에게는 원주민을 가톨릭교도로 개종시키고 그들의 신앙심을 강화하는 데 중요한 경제적 기반이 되었다.

---

11 코프라디아는 교회의 자선 사업이나 신성한 종교 행사를 위해 만들어진 평신도 조직으로서, 지역에 따라 형성 시기가 달랐다. 멕시코 중부에서는 1620-1700년, 오아하카에서는 18세기에 코프라디아가 많이 만들어졌다. 규모도 다양했는데, 목적과 기능에 따라 달랐으며, 한 마을에 여러 개의 코프라디아가 만들어지기도 했다.

4 종교적 불평등에 대한 대응

가톨릭에 대한 원주민들의 대응은 크게 두 가지로 이루어졌다. 그들은 우상 파괴 같은 폭력적인 활동에 대해서는 저항과 반란으로, 세례와 성인 숭배 같은 평화적인 방법에는 절충과 혼합으로 대응했다.

1) 원주민의 저항과 반란

가톨릭교회에 대해서 원주민은 정복 초기부터 저항하고 반란을 일으켰다. 믹스톤[12] 전쟁(guerra de Mixtón)은 정복 초기 가톨릭에 대한 원주민의 저항을 상징적으로 보여 준다. 이 반란은 1541년 멕시코 북서부 지역에서 카스칸(Caxcan)족의 주도로 일어났는데, 서부 지역 원주민이 모두 참여할 정도로 규모가 컸다. 이 반란의 지도자였던 노치스틀란(Nochixtlán)의 족장 타나마흐슬레는 프란치스코 수도회 사제가 가톨릭 교리를 가르치게 사람들을 모으라는 명령을 거부하고, 교회와 십자가를 불태워 버렸다. 심지어는 반란자들이 사제들을 살해하고 수도원을 불태워 버리기도 했다. 다른 마을에서는 반란자들이 사제가 설교하는 것을 막기 위해서 입을 끔찍하게 찢어 버리기도 했다.

이러한 반란을 이끌었던 것은 원주민 족장이나 원주민 전통 신앙의 사제나 주술사였다. 믹스톤 반란의 경우, 주술사가 그들이 섬기는 신의

---

12 믹스톤은 사카테카스(Zacatecas) 지방에 있는 언덕의 이름인데, 믹스톤 언덕이 반란의 주요 거점이었기 때문에 이 언덕의 이름을 따서 믹스톤 전쟁이라고 부른다.

명령을 받아 원주민들에게 스페인인들에 대항해서 반란을 일으키라고 해서 일어난 것으로 보기도 한다. 원주민 공동체에서 주술사나 족장이 차시하는 중요성을 고려할 때 그늘이 가톨릭에 대항한 원주민의 반란을 주도했다는 주장은 설득력 있어 보인다.

우상 파괴 운동이 본격화되면서 이에 대한 원주민의 저항도 더 격렬해졌다. 원주민들은 우상 파괴에 대한 반감이 컸으며, 결국 원주민들은 교회를 공격 대상으로 삼게 되었다. 예를 들어, 우상 숭배가 가장 활발하게 일어났던 곳 중 하나인 오아하카의 산 프란시스코 카호노스(San Francisno Cajonos)에서 반란이 일어났다. 우상 숭배 현장을 급습해 현장에 있는 사람들을 체포하고 제사를 중단시킨 식민 당국에 격분한 원주민들이 반란을 일으킨 것이다. 원주민들은 합세해 수도원을 공격하고 밀고한 배신자들을 찾아내어 인근 마을로 끌고 가서 처형했다.[13] 그리고 인근 마을들에 전갈을 보내서 원주민 종교 의례에 대한 당국의 탄압 정책에 항의해서 반란을 일으킬 것을 호소했다.

여기에서 한 가지 흥미로운 것은 원주민의 주요 공격 대상 중에 알칼데 마요르(alcalde mayor)[14]가 있었다는 사실이다. 스페인인이었던 알칼데 마요르는 식민 정부와 교회와 협력해 원주민의 우상 숭배 근절을 위한 노력에 앞장섰다. 그들은 종교재판에서 재판관 역할을 하면서 우상 숭배 하는 원주민을 처벌하는 데 앞장섰다. 그러기 때문에 알칼데 마요

---

13 John K. Chance, *Conquest of the Sierra: Spaniards and Indians in Colonial Oaxaca* (Norman, 1989), p. 164.

14 식민시대의 지방 관리로서, 사법, 행정, 군사에 관한 권한을 가지고 있어서 지방의 권력자였다.

르들은 원주민의 원성을 높게 샀으며, 반란이 일어났을 때 공격당하기 일쑤였고, 심지어는 살해당하기까지 했다.

이처럼, 원주민들은 정복 초기부터 우상 숭배가 약해지는 17세기 중엽까지는 교회의 폭력적인 선교와 우상 파괴 운동에 적극적으로 대항했다. 하지만 다른 한편으로 원주민들은 나름대로 가톨릭과 자신들의 종교를 절충하면서 받아들였다.

2) 원주민의 타협과 절충

1550년대 말까지 적어도 원주민 엘리트 집단 사이에서는 개종 작업이 거의 완성되었다. 앞에서도 말했듯이, 수도회 신부들은 원주민 족장이나 귀족을 우선 선교 대상으로 삼았다. 원주민 사회가 공동체 사회였기 때문에, 공동체의 우두머리 역할을 하는 귀족이나 족장들을 먼저 개종시키면 나머지 원주민들은 따라오리라 생각했기 때문이다. 원주민 엘리트들은 가톨릭에 대한 저항에서뿐 아니라 가톨릭을 수용하는 데서도 앞장섰다.

우선, 개종한 원주민 엘리트들은 기독교를 자기들 나름의 방식으로 받아들였다. 그것은 자신들의 전통적인 의식에 기독교적인 요소를 수용하는 형태로 이루어졌다. 예를 들면, 정기적으로 교회에 우상들을 가지고 와서 제단 앞 의자에 줄지어 세워 놓고 코팔[15] 향을 피워서 제사를

---

15 정복 이전 메소아메리카 원주민들이 제사를 지낼 때 코팔 나무의 송진을 태워서 그 향을 올렸다.

지냈다. 기독교 제단이나 십자가상 밑에 우상들을 감춘 채 옛 의식과 새로운 의식을 혼합했다. 가장 극적인 형태로는 밤에 교회 안이나 마당에 세워진 십자가 앞에서 희생 제의와 잔치를 벌인 경우였다. 심지어는 희생 제의 의식에 십자가형을 추가하기도 했다. 희생 제물이 십자가에 묶이거나 못 박힌 후에 희생되었다. 그것은 기독교의 희생 제의를 그들 자신을 위해서 재창조한 것이었다.

이러한 것을 보고 가톨릭교회의 사제들은 원주민들이 기독교를 거부하고 조롱하는 것으로 생각했다. 그들은 원주민의 그러한 태도를 종교 대결이라는 관점에서 바라봤고, 기독교 전통의 배타적인 신학 모델로 해석했다. 하지만, 원주민은 기독교를 배척하거나 거부한 것이 아니라, 그들 자신의 조건에 따라 두 종교 간의 유사성에 기초해서 종합을 이루려고 한 것이었다. 물론 원주민들이 개종했다면, 전통적인 신앙의 요소들을 완전히 제거해야 하는 게 마땅했다. 하지만, 원주민은 특히 초기에는 자신들의 의식에 기독교를 끌어들이려고 하거나 기독교와 원주민의 전통 신앙을 종합하려고 했다.

원주민의 이러한 종합적인 태도는 17세기 중엽 이후 성인 숭배와 가톨릭 축제로 절정을 이루었다. 결국, 가톨릭 성인 숭배와 축제가 원주민의 신앙 생활에서 중심이 되었다. 그것은 가톨릭 사제들의 전략적 결과이기도 했다. 사제들은 원주민이 대부분 수호신을 모시고 있으며, 마을마다 수호신이 있다는 것을 알았다. 그래서 그들은 자신들이 제거한 원주민의 우상들을 대신해서 가톨릭 성인들을 세우고 그들을 숭배하게 했다. 원주민은 그것을 수용했다. 그제야 비로소 가톨릭 사제들은 원주민이 가톨릭교도가 된 것으로 받아들였다. 원주민들도 처음에는 가톨릭 성인들의 모습이 무척 낯설었다. 유럽인 가톨릭 성인들의 옷차림이나 생김새가 선뜻 받아들이기 힘들었지만, 시간이 지나면서 원주민들은 자신들의 전통 신과 가톨릭 성인을 동일시 하면서 그 성인들을 받아들이고 숭배하기 시작했다.

원주민이 숭배 대상을 마을 수호신에서 가톨릭 성인으로 바꾼 경우를 보면, 틀락스칼라 푸에블라 분지(Tlaxcala-Puebla Valle)에 있는 산 후안 티안구이스마날코(San Juan Tianguismanalco) 마을은 정복 이전에 테스카틀리포카(Tezcatlipoca)신[16]을 숭배했는데, 정복 이후에는 사제들이 사도 성 요한을 수호성인으로 숭배하게 하자 그 신을 숭배했으며, 산타 안나 치아우템판(Santa Ana Chiautempan) 마을은 토시(Toci)신[17]을 숭배하다가, 정복 후에 마리아의 어머니 안나를 토시 신 대신에 수호성인으로 숭배하게 되었다.[18]

원주민은 가톨릭 성인을 자신들의 신과 동일시 하면서 받아들이기도 했다. 예를 들어 과달루페 성처녀(Virgen de Guadalupe)와 토난친(Tonantzin), 오코틀란 성처녀(Virgen de Ocotlán)와 호치케찰리(Xochiquetzalli)이다. 우선 과달루페 성처녀의 경우를 보면, 1531년 토난친 신전이 있는 과달루페 테페약 언덕에서 원주민 후안 디에고(Juan Diego) 앞에 발현한 마리아를 일컫는 과달루페 성처녀는 오늘날까지

---

16 메소아메리카의 주요 신 중 하나이며, 섭리의 신으로 어둠, 밤의 지배자, 전쟁의 신이기도 하다.

17 메소아메리카의 여신 중 하나이며, "신들의 어머니"라고 불린다.

18 Hugo G. Nutini, "Syncretism and Acculturation: The Historical Development of the Cult of the Patron Saint in Tlaxcala, Mexico(1519-1670)", *Ethnology*, Vol. 15, No. 3(1976), pp. 306-307.

도 멕시코 사람들에게 가톨릭 성인으로 숭배 대상이 되고 있다. 원주민들은 과달루페 성처녀를 그들의 "어머니 대지(Madre Tierra)" 신인 토난친 여신과 동일시 하면서 숭배했다. 한편 틀락스칼라 인들은 1541년에 틀락스칼라의 오코틀란에서 원주민 소년 후안 디에고 베르나르디노(Juan Diego Bernardino) 앞에 발현한 마리아를 숭배했는데, 이 마리아를 틀락스칼라의 여신 호치케찰리와 성처녀를 동일시 했다. 이외에도, 원주민은 가톨릭의 세례자 요한(San Juan Bautista)을 테스카틀리포카(Telpochitli Tezcatlipoca)신과 동일시 했다. 이런 식으로 원주민은 자신들의 신앙과 가톨릭을 혼합하면서 가톨릭 사제들도 받아들일 수 있는 형태로 수용했다.

이러한 기독교와 원주민 전통 신앙의 혼합 방식을 가장 상징적으로 보여 주는 것이 오늘날까지 산 안드레스 촐룰라(San Andrés Cholula)에 남아 있는 산타 마리아 토난친틀라(Santa María Tonantzintla) 성당이다. 이름부터 가톨릭의 성모 마리아와 원주민의 여신 토난친을 합해서 만들어졌다. 16세기 말에 건축되기 시작해서 우여곡절 끝에 20세기에야 마무리 단계에 들어간 이 성당은 세계 유일의 아메리카 원주민 성당으로, 원주민의 전통 신앙과 기독교가 잘 섞여 있는 대표적인 성당이다. 원주민이 성당 건축에 직접 참여한 이 성당 천장에는 원주민 얼굴을 한 1천개의 천사가 박혀 있으며, 성당 입구에 있는 가톨릭 성인들의 피부색도 갈색으로 원주민 모습을 하고 있다.

가톨릭과 원주민 신앙의 종교적 혼합은 가톨릭 축제에서도 나타났다. 원주민들은 가톨릭 축제에 참여하면서 자신들의 전통적인 요소를 끌어들였다. 가톨릭 축제가 가톨릭 성인들이나 축일을 기념하는 행사

출처: 위키피디아

였지만, 원주민들은 그러한 가톨릭 축제에 자신들의 전통적인 가면을 쓰고 전통 복장을 하고 전통춤을 추면서 참여했다. 예를 들어 1679년 오아하카의 카르멘 축제의 경우, 이 축제에 참여한 원주민들은 타라스카 (Tarasca)[19] 의식을 거행했다. 이 의식에서 원주민들은 전통 의상을 입고 미사를 드렸으며, 종이와 천으로 만든 용과 뱀 형상 속에 사람이 들어가서 행렬에 참가했다.

---

19 가톨릭의 성체축일과 밀접한 관련이 있으며, 전설적인 용을 말한다.

사실, 원주민들은 정복 전에도 다양한 축제에 참여했다. 예를 들어, 아스테카 원주민은 겔라겟사 축제[20]를 통해서 비와 풍년을 신에게 빌고 어려운 사람들끼리 서로 도우며 선물을 교환했다. 그리고 그들은 죽은 영혼들이 1년에 한 번 11월 초에 돌아온다고 해서 죽은 자들을 기리는 '죽은 자들의 날(Día de Muertos)' 축제도 거행했다. 축제는 원주민들이 자신들을 보호해 주고 도와주는 신에게 감사를 드리는 제사였으며, 먹고 즐기며 일상에서 탈출할 수 있는 위안처였다.

그러기에 가톨릭의 축제라 하더라도 원주민들이 받아들이기에 크게 부담이 없었다. 전통 축제가 가톨릭 축제로 대체되었지만, 가톨릭 축제가 그 대상과 형식이 조금 달라졌을 뿐, 음악, 춤, 복장 등 원주민의 전통적인 요소를 거의 그대로 담고 있었기 때문이다. 가톨릭 사제들도 이러한 원주민 전통문화의 요소들을 적극적으로 수용했다. 그들은 원주민의 신앙심을 고취하고 종교 생활을 통제하기 위해서는 이러한 원주민적인 요소를 받아들여서라도 가톨릭 축제를 거행하는 것이 유용하다고 판단했다. 가톨릭 사제들은 원주민과 타협한 것이다.

그런데 이러한 절충과 타협이 이루어질 수 있었던 것은 가톨릭교회가 원주민에게 복음을 제대로 전하지 못했기 때문이다. 세례는 형식적이었고, 원주민에게 복음도 제대로 전달되지 못했다. 그래서 원주민은 개종했더라도 예수에 대해서 잘 몰랐으며, 그래서 예수보다 오히려 가톨릭 성인들을 더 숭배했다. 원주민은 예수의 죽음과 부활을 인간 구원

---

20 사포테카 원주민 언어로 봉헌, 참여, 협동, 선물을 의미한다. 주종택(2004), 「라틴아메리카의 사회변화와 축제: 겔라겟사와 카니발의 사례」, 『라틴아메리카연구』, Vol. 17, No. 3, 139-140쪽.

을 위한 사건으로 인식하지 못하고, 그들이 행해왔던 희생 제의의 연장선에서 이해했다. 그들은 십자가의 본질적인 의미보다는 예수가 십자가에 못 박혀 희생되는 그 과정에 더 관심을 기울였다. 복음이 없었던 것은 가톨릭 사제들도 마찬가지였다. 그들도 복음을 원주민에게 제대로 전달하기보다는 외형적 성장에 더 힘을 썼다. 그랬기에, 원주민이나 사제들이나 가톨릭과 원주민의 전통 신앙을 적절히 혼합하면서 절충적인 형태로 원주민화된 가톨릭을 만들 수 있었다.

5 맺음말

16세기에 정복자들과 함께 아메리카에 들어간 가톨릭은 원주민의 전통 신앙과 마주했다. 가톨릭은 정복자의 종교였으며, 원주민 전통 신앙은 피정복민의 종교였다. 그러므로 아메리카에서 가톨릭과 원주민의 전통 신앙은 처음부터 불평등한 관계로 시작할 수밖에 없었다. 가톨릭 신부들은 원주민을 이교도, 심지어는 사탄으로 규정했으며, 원주민을 강제로라도 개종시켜야 한다고 생각했다.

이러한 종교적 불평등 관계는 약자, 즉 원주민의 전통 신앙에 대한 파괴와 억압으로 나타났다. 원주민의 우상들을 파괴하고 신전을 부수고 우상 숭배 한 자들을 처벌했다. 정복 초기 탁발수도회 신부들은 원주민에게 우호적인 자세로 그들에게 평화적인 방법으로 복음을 전하고자 했지만, 가톨릭 신부들은 대부분 원주민에게 종교적 지배자로 군림했다. 그러한 지배에는 형식적인 집단 세례와 강제 개종이 따랐다.

종교적 지배에 대한 원주민의 대응 방식은 우선 저항과 반란으로 나타났다. 원주민들은 가톨릭의 지배에 적극적으로 저항했지만, 안타깝게도 그러한 종교적 지배를 뒤집어엎을 만큼 강력한 저항으로 발전하지는 못했다. 결국 원주민들은 종교적 불평등 관계 속에서 강제에 의해서건 자발적으로건 가톨릭을 받아들였다. 가톨릭교도가 되는 것은 원주민이 적어도 종교적으로는 불평등 관계에서 벗어나서 유럽인들과 동등하게 되는 것이었다. 하지만, 엄밀히 말해서 그것은 원주민이 자신들의 전통 신앙을 버리는 것이었고, 따라서 자신들의 정체성을 거부하는 것이었다.

그러기에 원주민들은 개종으로 종교적 불평등 관계에서 벗어나면서도, 자신들의 종교적 정체성은 완전히 포기하지 않았다. 그들은 타협과 절충을 통해서 그것을 유지하려고 했다. 그래서 원주민들은 가톨릭 예식에 원주민의 전통 신앙적 요소들을 결합했다. 가톨릭 축제에서는 이러한 것이 더 노골적으로 드러났다. 원주민들은 가톨릭 축일이나 성인을 기리는 축제에 그들 자신의 전통적인 방식을 그대로 가져갔다. 이러한 것을 가톨릭 신부들도 수용했다. 그들은 원주민적인 요소를 묵인하고 받아들이는 것이 원주민의 가톨릭에 대한 신앙심을 고취하고 그들의 종교 생활을 통제하는 데 유용하다고 판단했다. 이러한 타협과 절충 속에서 탄생한 것이 바로 '원주민적인 가톨릭'이다.[21]

따라서, 이러한 가톨릭의 원주민화는 당시 가톨릭이 가지고 있던 한계, 즉 형식적인 선교와 복음이 부재한 상황에서 원주민이 종교적 불평

---

21 로마 가톨릭과 원주민의 전통 신앙이 결합해 멕시코만의 독특한 가톨릭, 즉 "멕시코 가톨릭"이 형성되었으며, 그것은 바로 "가톨릭의 멕시코화"라고 주장하기도 한다. 김세건, 『우리는 빠창게로!: 멕시코 사람들의 축제와 의례』(지식산업사, 2010), 38-40쪽.

등 관계를 인식하고 가톨릭의 지배를 수용하는 과정에서 비롯된 결과이다. 복음을 제대로 알지 못한 원주민들은 가톨릭을 온전히 받아들이지 못하고 주로 자신들의 전통 신앙과의 유사성에 주목하면서 가톨릭의 형식을 받아들였다. 겉으로는 그들이 가톨릭교도였지만, 속으로는 전통 신앙을 숭배하는 이교도였다. 그들에게는 여전히 예수 구원보다는 현세에서의 복과 안녕이 더 중요했다. 성당에는 십자가상과 가톨릭 성인상들이 즐비했지만, 그들의 마음속에는 전통적인 수호신들이 자리 잡고 있었다. 따라서 원주민들이 가톨릭교도가 됨으로써 전통 신앙은 사라지고 종교적 불평등 관계도 사라진 듯했지만, '원주민적인 가톨릭'이라는 절충적인 형태 속에서 불평등 관계는 지속되고 있었다.

제 3 장

아르헨티나의 종교적 차별에 있어서 사회적 관행에 대한 성찰

/

홍인식

/

1 들어가는 말

나는 일생의 대부분을 라틴아메리카에서 이민자로 살아왔다. 자신
이 태어난 곳이 아닌 낯선 땅에서 살아간다는 것은 다양한 차별과 불평
등을 피부로 경험하며 살아가는 것을 의미한다. 본 글에서는 수십 년을
낯선 땅에서 이민자로 살아온 나의 삶과 목회 현장에서 경험했던 것들
을 중심으로 차별과 평등 혹은 불평등의 문제가 얼마나 우리 삶에서 중
요하며 또 그것이 한 사회의 문화와 가치관 형성에 얼마나 중요한 의미
가 있는가를 생각해 보려고 한다.

1) 종교로 인한 차별의 경험

아르헨티나는 1994년 헌법을 개정했다. 1994년 헌법은 더욱 진보
적이고 자유주의적인 내용을 가지고 있으며 인권 보호를 더욱 강조하

는 특징이 있다. 그런데 이러한 내용 외에도 아르헨티나 개신교 측에서 1994년 헌법은 매우 중요한 의미가 있다. 1994년 이전의 헌법이 규정했던 일명 '국교'의 개념이 삭제되었기 때문이다. 1994년 이전 헌법에서 구체적인 용어를 사용하지는 않았지만 실질적인 국교로서 로마 가톨릭교회를 지정하고 있었다. 이러한 헌법 조항으로 인해 아르헨티나에서 가톨릭교회 외의 모든 종교는 종교청의 통제를 받고 있었다. 정기적으로 집회 허가를 받아야 했고 세금 납부에서도 차별적 대우를 받았다.

개신교에서 운영하는 그 어떤 신학교도 교육부 학력 인정이 되지 않고 있었다. 그뿐 아니라, 아르헨티나 고위 공무원(대통령, 장관, 국회의원, 시 의원 등)이 되기 위해서는 로마 가톨릭 교인이어야 했다, 개신교 등 다른 종교인은 아르헨티나 고위 공무원이 될 수 있는 길이 원천적으로 봉쇄되어 있었다. 종교로 인한 차별의 극치라고 볼 수 있다.

교육 현장에서도 이러한 차별은 지속되었다. 뛰어난 학교의 대다수는 가톨릭 재단이 운영했고 이러한 가톨릭 학교에 진학하기 위해서는 반드시 가톨릭 교인이어야 했다. 정치, 사회, 교육에 걸친 모든 분야에서 종교적 차별이 심각하게 존재하고 있었다. 그런데 이러한 차별이 1994년 헌법 개정으로 인해 철폐된 것이다.

내가 수학했던 연합신학대학(ISEDET)도 1994년 헌법 개정 이후 아르헨티나 교육부로부터 대학으로 인정받을 수 있었다. 19세기 말에 창립되었던 손꼽히는 역사의 신학대학이 거의 100년 만에 헌법 개정으로 차별 정책이 철폐되자 비로소 대학으로 인정받았다는 사실은 차별 금지가 얼마나 중요한 사건인가를 증명해 주고 있다.

2) 인종에 의한 차별

아르헨티나의 수도 부에노스아이레스(Buenos Aires)는 이탈리아와 스페인 계통의 백인들이 다수를 차지하는 백인 사회이다. 그곳에서 살면서 나는 얼마나 많이 백인들로부터 차별을 받으면서 살아왔던가! 고급 식당에 들어서는 나를 바라보는 백인들의 싸늘한 눈빛을 아직도 잊을 수 없다.

어느 날 슈퍼마켓 계산대에서 줄을 서고 있는데 갑자기 백인 여자가 나를 보더니 "너희 나라로 돌아가라"고 소리를 쳤던 적도 여러 번 있었다. 처음에는 너무 놀라고 무서워서 아무 말도 못하고 도망치듯이 그곳을 빠져나오기도 했다. 한번은 같은 슈퍼마켓에서 똑같은 일을 당했다. 그곳에서 수년을 살면서 백인들의 인종차별에 어느 정도 이력이 나 있었던 나는 천연덕스럽게 이렇게 대꾸했다. "돌아갈 사람은 내가 아니라 당신이다. 1492년 나의 조상(몽고점이 있는 족속)들이 평화롭게 살고 있던 이 땅에 쳐들어 온 사람들이 당신들의 조상들이 아닌가. 이 땅은 본래 내 조상의 땅이다. 나는 조상의 땅으로 온 것이니 나보고 돌아가라고 하지 말고 당신이나 이곳에 침입자로 온 당신들의 땅으로 돌아가라." 주위의 아르헨티나 사람들은 웃음을 참지 못하고 인종차별 행위를 했던 백인 여자를 질타했다. 외국에서 오늘도 수백만 명의 한인들이 이러한 차별과 모욕을 견디며 살아가고 있음을 우리는 기억해야 한다.

본 글에서는 이러한 차별과 불평등의 상황이 멀리 있는 이야기가 아니라 오늘 나의 삶의 현장 한복판에서 이루어지고 있다는 것을 전제하고 라틴아메리카 특히 아르헨티나에서의 종교적 불평등과 차별의 문제를 다루어 보고자 한다. 차별의 상황은 먼 나라의 이야기가 아니다. 우리 삶의 현장에서 우리 모두에게 해당하는 것임을, 나는 이민자로서 해외에서 많은 시간을 보내면서 삶으로 경험했다.

2 차별과 종교(기독교)

차별은 어디서 이루어지고 있을까? 차별의 상황을 한 마디로 규정할 수는 없을까? 이것이 차별이고 저것은 차별이 아님을 명확하게 구별할 수 있을까? 안타까운 것은 그럴 수 없다는 것이다. 더욱이 차별 상황은 인류의 의식 발전과 그 맥을 같이 하면서 확산했다는 것을 우리는 알아야 한다. 이것은 차별 상황이 고정된 것이 아니라 매우 가변적이라는 사실을 보여 준다. 그러므로 차별에 대해 말하고자 할 때는 특정한 상황에서 특정하게 형성된 차별 개념을 넘어서는 것도 매우 중요하다.

한편, 차별에 대한 의식 강조와 금지는 기본적으로 인간의 존엄성과 관련된다. 특별히 기독교(종교)는 모든 인간은 '하나님의 형상'으로 창조되었고 그 생명 안에는 하나님의 생기(루아흐)가 생동하고 있음을 고백하고 있다. 따라서 인간은 어떤 상황에서도 존엄한 존재임을 천명한다. 인권의 존엄성을 고백하는 것이 기독교의 핵심적인 특징이다.

또 다른 의미로 우리는 차별 의식은 상대자(피해자) 중심임을 분명하게 인식하고 있어야 할 것이다. 특별히 사회적 약자를 중심으로 하고 있다는 것이다. 그런 의미에서 차별을 금지하는 것은 약자 보호라는 근본적인 의미가 있다. 그러므로 차별과 불평등의 문제를 다룸에 있어서 명

심해야 할 것은 피해자 중심과 약자 보호 정신이다. 이러한 정신은 성경이 줄기차게 주장하는 원리이기도 하다.

1) 사회 제도적 종교 차별

제도화된 종교 차별은 특정한 사회에서 실행되고 있는 관행과 문화에 관한 해석과 재(再)의미화에서 중요한 역할을 담당한다. 겉으로 강력하게 드러나지는 않지만 일반적인 차원에서 모두에게 받아들여지고 용납되는 차별 행위는 마침내 사회적 관행으로 자리 잡는다. 이 같은 차별적 행위의 관행화(습관화)는 사회적 배제 현상을 자연스럽게 받아들이도록 이끈다. 이런 의미에서 한 사회에서 발생하는 종교 차별은 사회적 분열의 또 다른 형태이며, 이것은 사회의 주류 종교와 소수 종교 간에 구성원에 대한 차별적 대우를 정당화하고, 주류 종교 구성원에 대한 특혜의 자연스러움을 보장하기도 한다. 종교 차별로 발생하는 기본적 권리와 종교의 자유가 제한되면서 생기는 억압적인 상황은 소수 종교 구성원들에게 매우 심각한 문제로 등장한다. 관행화된 차별 행위에 따라 소수 종파에 속한 종교인들은 손쉽게 차별적 행위의 대상자, 다시 말하면 피해자가 될 가능성이 크기 때문이다.

2) 아르헨티나에서의 종교 자유

(1) 종교 자유의 역사적 발전

1853년 공포된 아르헨티나 헌법은 종교의 자유를 가장 기초적인 민의 권리로 천명하고 있다. 아르헨티나 정부는 헌법에 종교의 자유를 기본적 권리로 표기하면서 당시 유럽으로부터 유입되는 이민 인구의 정착을 돕고자 했다. 아르헨티나로 유입되는 유럽 이민 국가 중에서도 특히 개신교 국가 이민자들의 이주 결정을 돕고자 했다. 사실상 1853년 헌법은 정부가 유럽 이민을 장려한다는 조항을 포함하고 있기도 했다.

아르헨티나를 향한 유럽 이민의 장려는 당시 독립 이후 새로운 국가를 건설하고 발전시켜야 하는 정부로서는 시급한 과제이기도 했다. 따라서 헌법상 유럽의 개신교도들에게 종교의 자유를 보장하고자 시도했다. 물론 이 조항이 개신교도들만을 향한 것은 아니었다. 유럽 가톨릭 교인들을 향한 것임은 틀림없다. 그런데도 당시 아르헨티나를 비롯한 남미 대륙 대부분이 가톨릭 국가인 스페인의 식민지였음을 참작할 때 종교의 자유를 보장하는 헌법 조항은 다분히 유럽, 특히 앵글로 색슨과 게르만 계통의 개신교도들을 향한 유화적 손짓이었다.

1853년 헌법과 이후에 개정된 헌법에서 규정하는 종교 자유에 관한 조항은 이전의 헌법인 1819년과 1826년 헌법과 비교해 매우 독특하다는 점을 알 수 있다. 1853년 이전 헌법에서는 가톨릭교회 중심으로 종교의 자유가 규정되어 있고 다른 종교에 대해서는 상당히 엄격한 제한 조건을 규정하고 있다. 1853년 이후로 개정된 헌법[1]에서 종교의 자유는 포기할 수 없는 시민의 권리로 규정하고 있다. 20세기의 아르헨티나는 여러 측면에서 인권 유린의 역사를 경험했는데 그 와중에도 헌법은 종교

---

1 1853년, 1860년, 1866년, 1898년, 1949년, 1972년, 1994년에 개정된 헌법에 해당한다.

의 자유에 대한 보장을 포기하지 않았다. 아르헨티나의 헌법에서 드러나는 종교의 자유는 가톨릭 신앙을 비롯한 소수 종교에 대한 포용과 수용의 모습을 보이는 것임에 틀림없다. 그러나 이러한 수용과 포용이 헌법적 선언에는 분명하게 드러나고 있지만, 일상적인 삶의 현장과 실질적인 법 운용에 있어서 가톨릭교회와는 비교되는 분명한 차별과 불평등한 처우를 받았다는 사실은 의심할 여지가 없다.

(2) 아르헨티나의 종교적 상황과 종교 차별

최근 30년 동안 아르헨티나의 종교 상황은 상당한 변화를 겪어 왔다. 국민의 90% 이상이 로마 가톨릭 교인이던 아르헨티나 상황이 개신교, 특히 오순절 계통 교회들의 약진으로 격동하기 시작했다. 가톨릭교회의 지배적인 위치가 흔들리기 시작하면서 종교 다원적 상황을 맞이하고 있다. 오순절 계통의 교회뿐만 아니라 아프리카브라질 종교, 이슬람교, 유대교의 포교 활동이 눈에 띄게 활발해졌다.

가톨릭교회의 지배가 뚜렷했던 아르헨티나 종교 지도는 비전통적인 개신교의 빠른 성장에 의해 무너지고 있다는 사실이 감지된다. 아르헨티나 인구 통계 조사가 종교 상황을 반영하고 있지 않은 까닭에 정확한 통계를 알 수는 없지만, 아르헨티나가 최근 들어 급격히 종교 다원화 사회로 들어서고 있음이 표면적으로 드러난다.

개신교의 경우 최근 들어 꾸준한 성장세를 보이면서 전통적으로 가톨릭 국가로 인정되고 있는 아르헨티나 교계 상황에 상당한 변화를 주고 있다. 최근 11년 동안 11%의 성장률을 보이며, 2020년 현재 인구의 약 9% 정도가 개신교인이라고 알려져 있다. 이렇듯 아르헨티나에서 사회적 영향력을 확장하고 있음에도 불구하고 모든 개신교회는 종교청에 정기적으로 등록을 하고 활동을 보고해야 하는 등 로마 가톨릭교회와는 전혀 다른 처우를 받고 있다.

아르헨티나에서의 종교 자유와 종교 차별은 역사적 발전 과정에서 고려되어야 할 것이다. 앞서 언급한 것처럼 아르헨티나는 스페인으로부터 독립한 이후 근대적 국가 형성의 과정에서 종교 자유에 대해 다루기 시작한다. 헌법에 종교 자유를 천명했음에도 불구하고 아르헨티나 지배 종교인 로마 가톨릭교회가 그의 우월한 지위와 특혜를 포기한 적은 단 한 번도 없었다. 또한 로마 가톨릭교회와 아르헨티나 정부의 밀착 관계는 가톨릭교회 이외의 종교에 대해 암묵적인 차별 행위를 하도록 용인했다.

한편에서 종교 자유를 천명하면서 동시에 종교 차별을 공공연하게 용인하는 모순적인 상황이 발생하고 있었다. 이러한 종교 차별은 공식적 영역은 물론 일반 사회적 측면에서도 발생하고 있었다. 다시 말하면 소수 종교에 대한 사회적 차별 관행이 무수히 발생하고 있었다는 것이다. 특히 종교 차별과 관련한 사회적 관행은 오랜 세월 동안 지속되었으며 현재까지도 사라지지 않고 있다.

아르헨티나 정부는 1853년 공포된 헌법과 1994년 개정된 헌법에서도 종교 자유를 명시하기는 했지만 로마 가톨릭교회의 특혜적 위치를 포기하지는 않았다. 그러므로 또 다른 측면에서 1853년과 그 이후 개정된 아르헨티나 헌법 14조가 규정하고 있는 종교 자유에 대한 항목은 헌법 2조와 연관되어 이해되어야 한다.

아르헨티나 헌법 제2조에서 "아르헨티나 연방정부는 로마 가톨릭교회를 유지한다"라고 규정하고 있다. 따라서 국교라는 명칭은 사용하고 있지 않지만, 아르헨티나 헌법은 명확하게 로마 가톨릭교회와 그 외의 다른 종교에 대해 차별적인 태도를 지니고 있음을 볼 수 있다. 헌법에 따라서 규정된 로마 가톨릭교회의 우월한 지위는 1853년 헌법 이후에 상당 부분 약화되기는 했지만, 여전히 아르헨티나 정부로부터 특별한 대우와 혜택을 누리고 있다는 사실은 변함이 없다.

아르헨티나 정부와 로마 가톨릭교회의 특별한 관계는 1966년 로마 교황청과 체결한 합의서에 규정되어 있다. 본 글에서는 이 합의서의 내용에 대해 자세하게 언급하지는 않겠지만, 분명한 것은 아르헨티나에서의 로마 가톨릭교회의 자유로운 포교 및 목회 활동에 대한 완벽한 자유가 보장되고 있다는 사실이다. 물론 로마 가톨릭교회의 자유로운 활동 보장이 다른 종교에 대한 억압이나 제한을 의미하는 것은 아니지만, 가톨릭교회의 우월한 지위를 확인해 주는 합의서라고 할 수 있다

로마 가톨릭교회의 우월한 지위에 대한 예를 들어보자. 아르헨티나 정부는 로마 가톨릭교회 이외의 모든 종교 단체는 1978년의 법령 21,745호와 1979년의 정부 훈령 2037호에 의해 종교청에 등록해야 하는 의무를 지닌다. 두 법령은 군사독재 시절에 제정되었지만, 현재까지 폐기되지 않고 시행되고 있다.

(3) 아르헨티나 헌법에 나타난 종교 차별과 불평등의 문제

아르헨티나 헌법에서 보이는 종교 차별과 불평등의 문제를 조금 더 들여다보자. 1853년의 헌법은 종교 차별과 불평등의 문제를 발생케 하는 몇 가지 조항을 포함하고 있다. 첫 번째는 토착민들에게 가톨릭 신앙

의 귀의를 강요하고 있는 조항이다. 헌법은 토착민들이 가톨릭 신앙을 가지라고 요구하고 있었다. 종교의 자유를 말하면서도 종교 강요를 주장하는 모순적인 모습이 1853년 헌법에서 그대로 드러나고 있다.

두 번째는 아르헨티나 정부의 대통령과 부통령의 경우, 선출 자격으로 로마 가톨릭 교인이어야 한다고 규정하고 있다. 물론 헌법에는 대통령과 부통령에게만 로마 가톨릭 교인 됨을 자격으로 요구하고 있지만, 실질적으로는 거의 모든 고위 공직자 선출에도 적용되었다. 따라서 개신교 혹은 다른 종교인에게는 정부 고위 공직자 선출 가능성이 원천적으로 봉쇄되는 상황이 발생하기도 했다. 예를 들면, 1989년부터 1999년까지 아르헨티나 대통령을 역임했던 카를로스 사울 메넴(Carlos Saul Menem)은 시리아 이민자 출신의 무슬림이었으나 고위 공직 선거에 나서기 위해 로마 가톨릭교로 개종해야 했다. 흥미로운 것은 1995년 헬리콥터 추락으로 사망한 그의 아들은 이슬람 묘지에 안장되었고, 그 후 2021년 사망한 그도 이슬람 묘지에 안장되었다는 사실이다. 이 같은 아르헨티나 헌법의 종교 차별적이며 불공평한 조항들은 1994년 개정 헌법에서 삭제되기는 했지만, 그 영향력이 사라진 것은 아니다.

1994년 개정된 헌법에서도 종교 차별적인 요소는 그대로 존속되고 있다. 1994년 헌법 2조는 여전히 로마 가톨릭교회의 유지를 아르헨티나 정부가 보장하고 지원한다는 내용을 명확히 규정하고 있다. 아르헨티나 정부의 로마 가톨릭교회의 유지를 위한 지원은 다른 종교 구성원 특히 개신교인들에 의해 대표적인 종교 차별과 불평등의 요소로 비판받는다.

3 아르헨티나에서의 종교 차별적 사회 관행

사회적 차원에서 이뤄지는 차별 관행은 법 제정과 그의 집행과는 상 관없이 한 사회의 구성원들로부터 발생하는 의식적 혹은 무의식적인 차별 행위를 의미한다. 차별 행위는 사회 구성원에 대한 괴롭힘, 학대, 고립, 공격, 분리, 배제 및 주변화와 관련된 모든 언어 혹은 물리적 행위 를 의미한다. 이런 의미에서 차별 행위는 법적, 경제적, 종교적 차원에서 성별을 막론하고 구성원에 대해 행해지는 독특한 구별과 배제, 학대 행 위이다. 이는 결과적으로 사회 구성원의 기본적인 자유와 기본권 행사 를 방해하거나 무효화하는 행위로 이해된다. 이러한 이해로부터 출발 해 아르헨티나 사회에서 가톨릭교회 이외의 종교인들에게 행해지는 차 별적인 사회 관행에 대해 살펴보고자 한다.

한 가지 더 전제해야 할 사실은 차별적 사회 관행에 대한 적절한 분석 은 사회적 분리 행위의 피해를 입는 피해자나 혹은 피해 종교 집단의 상 황과 현실에 대한 분석이 아니라 한 사회가 피해 집단을 대상으로 실행 하고 있는 관습적 행위의 은폐화 혹은 그의 일반화 과정에 관심을 집중 하는 데서 출발해야 한다는 것이다. 그렇다면 아르헨티나 사회에서 발 생하고 있는 종교 차별과 불평등한 사회 관행은 어떤 형태로 나타나고 있을까?

1) 종교 기관의 등록 문제와 종교 행위 장소의 제한과 차별

위에서 언급한 것처럼 아르헨티나는 로마 가톨릭교회 외의 모든 종교 단체는 종교청에 등록해야 하고 또 정기적으로 자신들의 활동에 대해 보고할 의무를 진다. 그러나 아르헨티나 종교청이 종교 단체로 등록하기 위해 요구하는 서류나 절차가 상당히 복잡하고 다양하므로, 모든 종교 단체가 요구 조건을 충족할 수 없는 상황에 있다.

특히 가난한 지역의 오순절 계통의 교회들은 법적인 요구 사항을 충족할 만한 위치에 있지 않다. 이런 연유로 아르헨티나에서는 종교청에 등록할 수 없는 소규모 종교 단체들이 수없이 존재한다. 이러한 종교 단체는 예배 장소 혹은 종교적 행위를 실행할 수 있는 장소를 사거나 혹은 임대할 수 없는 상황에 처한다. 예배 또는 종교적 의식을 수행하는 사적인 공간에 대한 제한은 소규모 종교 집단에 심각한 문제로 등장하고 있다.

이에 반해 로마 가톨릭교회의 종교적 행위에 대해서는 장소에 대한 제한이 거의 없다. 가톨릭교회의 종교적 행사는 지역 경찰의 도움을 받아 자유롭게 실행할 수 있을 뿐 아니라 심지어는 교통을 통제하면서까지 종교 행사를 실행할 수 있도록 모든 편의를 도모해 주고 있다. 반면 개신교 혹은 소수 종교의 경우, 대중을 상대로 대규모 종교 행사를 하고자 할 때 종교청에 보고는 물론 지역 경찰서에 자세한 행사 계획서를 제출하고 참가자들의 안전 대책을 마련해서 제출해야 한다.

2) 장례 의식의 경우

아르헨티나에서는 매우 드문 경우이기는 하지만 간혹 힌두교도들에 대한 장례 의식의 제한도 발생하고 있다. 장례(화장)를 치르고 나면 유골을 강에 뿌리는 힌두교의 전형적인 종교적 장례 관행이 금지되거나 혐오의 대상이 되는 차별 관행도 존재하고 있다. 힌두교와 더불어 이슬람 장례 문화에 대한 아르헨티나 사회의 차별 관행은 장례식장과 공동묘지에서도 빈번하게 발생하고 있다. 심지어는 장례식장 사용 거부 혹은 공원묘지 관리회사가 묘지 사용을 거부하는 사례도 발생해 언론 보도되기도 했다.

3) 종교 지도자의 위상에 대한 차별과 불평등 구조

아르헨티나 사회는 로마 가톨릭교회의 성직자를 제외한 다른 종교 지도자나 성직자는 인정하지 않는 관행이 존재한다. 아르헨티나 정부의 교육부는 원칙적으로 개신교 신학대학의 학력을 인정하지 않고 있다. 따라서 신학대학을 졸업하고 교단에서 안수를 받은 목사 혹은 교역자를 성직자로 간주하지 않는다. 개신교 성직자를 성직자로 인정하지 않기 때문에 병원, 군대, 교도소 등을 방문해 전도 활동을 하기가 쉽지 않다. 이에 반해 가톨릭 성직자들은 관계 당국으로부터 아무런 제재 없이 병원, 군대, 교도소 등을 방문하며 정상적인 포교 활동을 하고 있다. 가톨릭교회의 경우에는 각종 병원에 원목실을 운영하고, 군대에는 군종신부를 파송함으로써 다른 종교와 차별적이고 불평등한 모습을 보인다.

4) 종교 단체에 대한 세금과 자금 지원

아르헨티나 법은 '국내의 로마 가톨릭교회를 유지한다'라고 규정하고 있다. 이 규정이 가톨릭교회에 대해 국가 예산의 정기적인 재정 지원을 의무화하는 것은 아니다. 그런데도 정부는 다양한 형태로 가톨릭교회를 재정적으로 지원하고 있으며 그 지원은 주 정부 차원에서 구체화되고 있다. 가톨릭교회가 아르헨티나 경제 · 정치 · 사회에 대해 갖는 막강한 영향력을 고려해 주 정부는 물론 지방 정치인들의 가톨릭교회 지원이 늘 존재한다.

그뿐 아니라 가톨릭교회에 대한 면세 정책과 세제 혜택은 개신교를 비롯한 다른 소수 종교와는 비교할 수 없을 만큼 많다. 아르헨티나 종교계는 종교청 등록 정책을 중심으로 네 그룹으로 구분할 수 있을 것이다. 첫째, 종교청 등록이 필요 없는 로마 가톨릭교회. 둘째, 개신교 그룹의 전통적이고 역사적인 종파로서 아르헨티나 종교청에 등록한 교회. 셋째, 오순절 운동 계열의 소형 신은사교회로서 종교청 등록이 되어 있지 않은 교회. 그리고 마지막으로 어떤 종파에도 속해 있지 않으며 한 개인의 카리스마를 중심으로 운영되고 있는 독립형 교회로서 역사적 개신교 교회로부터도 인정받지 못하고 있는 신흥 종교다.

종교청에 등록된 전통적 개신교의 경우는 가톨릭교회만큼의 세제 혜택은 받지 못하지만, 종교 단체로 인정을 받는 관계로 적절한 수준의 세제 혜택을 누리고 있다. 그러나 종교청 등록의 요건을 갖추지 못하고 있는 교회의 경우에는 부동산에 대한 세제 혜택을 전혀 받지 못하고 있다. 그럴 뿐만 아니라 은행을 비롯한 금융원을 통한 자금 마련에도 종교 단체로서의 혜택을 전혀 받지 못하는 불평등한 처우에 시달리기도 한다.

5) 종교 사설 자료의 출판 및 제작

국가로부터 승인을 받지 못하고 종교청에 등록되지 않은 종교의 경우에는 종교 관련 서적이나 교육 자료를 비롯한 각종 출판 및 방송 출연 등에 있어 법적 제한을 받기도 한다. 이러한 제한과 금지는 출판과 방송 영역뿐만 아니라 대중 집회를 개최하는 데에 적용되기도 한다. 수도 부에노스아이레스에서는 대중 집회에 대한 제한과 금지가 적용된 경우는 흔치 않지만 지방 정부의 경우 지역 가톨릭교회의 반발과 반대로 인해 주 정부가 소수 종교의 종교 방송과 서적 등 출판물 배포 혹은 대중 전도 집회를 제한하거나 금지하는 일이 자주 발생하기도 한다.

4 종교 차별의 사회적 관행(개인적인 차원에서)

아르헨티나 사회에서 발생하는 종교 차별 행위는 종교 단체의 차원을 넘어 소수 종교에 속한 신자들의 개인적인 삶의 영역에 영향을 미치기도 한다. 개인적인 차원의 종교 차별과 불평등의 모습은 아르헨티나 사회 전반에 걸쳐 있는 가톨릭교회 중심의 종교 문화의 구조적 모습에서 비롯되는 결과이기도 하다. 개인 차원의 차별과 불평등 구조는 주류 종교 소속 구성원들의 무관심, 편협함 또는 이웃 종교 신념 체계에 대한 무지에서 비롯된다고 볼 수 있다. 그러면 개인적인 차원에서 발생하고 있는 종교 차별과 불평등의 사회적 관행의 모습들에 대해 살펴보자.

1) 종교적 돌봄의 부재와 제한

자신이 속한 종교 공동체가 정부(종교청)에 의해 공식적으로 받아들여지지 않은 소수 종파에 속한 신자들은 일반적으로 종교 예식에 대한 종교적 돌봄을 받지 못하거나 제한되는 경험을 하고 있다. 병원, 감옥, 노인 요양원 등 아르헨티나의 공공시설에는 가톨릭교회의 예배 시설 혹은 가톨릭 성직자의 종교 돌봄은 존재하지만, 그 외의 종교적 돌봄을 제공하는 그 어떤 시설이나 인적 자원도 찾아볼 수 없다.

특정 소수 종교인이 자기가 속해 있는 종교 성직자의 목회적 돌봄을 요구하더라도 병원, 교도소 혹은 군대에서 허용하지 않는 경우도 발생하고 있다는 언론 보도도 자주 등장하곤 한다. 현재 아르헨티나의 공공시설들은 이러한 종교의 다양한 요구들을 충족할 만한 준비가 되어 있지 않다. 그것은 단지 재정적인 문제 혹은 인적 자원의 부족에서 기인하는 것이 아니다. 오히려 종교의 다양성에 대한 이해 부족과 가톨릭교회를 중심으로 하는 지배적인 종교 문화에서 벗어나지 못하고 있기 때문이다.

현재 아르헨티나의 공항, 항만, 병원, 기타 공공시설에는 가톨릭 신앙을 위한 예배 처소 혹은 기도실이 마련되어 있지만, 그 외 다른 종교를 위한 시설은 없다. 소수 종교 단체가 가톨릭교회 시설을 임시로 사용하는 것조차 허용하지 않는다. 공공시설에서의 종교적 차별과 불평등 상황은 개선되지 않고 여전히 지속 중에 있다.

2) 복장에 대한 차별과 제한

일부 개인의 종교에서 가장 주목할 만한 요소 중 하나는 특정 의복 또는 특정 장신구를 사용하는 것이다. 그러나 아르헨티나 사회에서 특정 종교적 복장은 심각한 차별의 원인이 될 수 있다. 자신이 속해 있는 종교 체계에 의해 규정된 복장 규정을 아르헨티나의 가톨릭적 상황(예를 들면 학교 혹은 직장에서)에서 지켜나간다는 것은 상당한 위험과 어려움을 각오해야만 한다. 아르헨티나 초 · 중 · 고등학교에서 이슬람교도들의 특정 의복 착용에 대해 제재와 금지를 요구하는 것은 개인 차원에서 경험하는 종교 차별의 흔한 예라고 볼 수 있다.

3) 종교 행위에 대한 차별과 제한

이슬람교도의 경우에는 하루 중 특정 시간에 하는 기도, 특정 종교적 휴일의 준수와 같은 예배 및 종교 행위가 학교 혹은 직장에서 허용되지 않고 있다. 또한, 이것이 퇴학이나 해고와 같은 결과로 나타나기도 한다. 이에 따른 법정 소송이 자주 발생하기도 하는 것이 오늘 아르헨티나의 종교적 현실이기도 하다.

5 비-가톨릭 종교와 인종에 대한 종교적 차별의 사회적 관행

아르헨티나에서의 종교적 차별과 불평등의 상황을 사회 제도와 개인적인 차원을 넘어 실제 생활에서 행해지는 특정 인종 집단과 개신교를 비롯한 비(非) 가톨릭 신앙에 대한 종교 차별 관행을 살펴보고자 한다.

1) 라틴아메리카 대륙 토착민의 경우

라틴아메리카의 토착민은 부족별로 시간의 흐름, 우주의 존재와 기능, 그리고 궁극적으로 인간과 자연 사이의 연결을 설명하기 위한 상징적 표현과 관련한 종교적 체계를 가지고 있다. 우리는 이 지역의 토착민들이 신비에 대한 경외와 생명의 초월성에 대해 인식하고 있었음을 관찰할 수 있다. 그들은 뚜렷한 종교나 세계관을 갖고 있었으며 그들의 종교관에 따라서 신성한 공간과 장소를 특정하고 그곳에서 제의 예식을 행했음을 알고 있다. 그러나 서구인들은 그들의 종교가 영과 육을 구분하는 이원론에 입각한 체제를 갖추지 못하고 있었다는 이유 하나만으로 이들을 비종교인이라고 규정하고 가톨릭 신앙의 포교 대상으로 취급하고 있었다.

이런 의미에서 스페인 등 서구의 라틴아메리카 정복 과정은 토착민의 영성 체계를 파괴했다. 서구인들은 토착민들의 신앙 체계를 진리인 가톨릭 신앙과 반대되는 신화나 저급한 미신으로 간주했다. 따라서 서구의 정복 전략은 토착민의 영성 체계를 다양한 방법으로 파손하고 그 빈자리를 가톨릭 신앙으로 대치하는 것에 집중했다. 정복자들은 토착민의 신성한 장소를 파괴하고 그 위에 가톨릭교회의 성전, 예배 공간을 건설했다. 그들은 토착민의 지역 신들을 전형적인 가톨릭 신앙의 성자들로 대체해 버렸다.

스페인으로부터 독립한 아르헨티나 정부도 스페인 정복자들의 종교 정책을 동일하게 적용했다. 아르헨티나 정부 수립 초기부터 로마 가톨릭이 국가 종교의 기반으로 자리 잡기 시작했고 심지어는 1853년 헌법에 토착민의 복음화, 즉 가톨릭 신앙으로의 개종 노력의 조항이 게재되기도 했다. 다시 말하면 아르헨티나 정부가 앞장서서 토착민에 대한 가톨릭 신앙의 선교 주체가 되는 시도를 했던 것이다. 그러나 또 다른 한편 비(非) 가톨릭 종교 단체들도 토착민 공동체에서 개종 활동을 시작했다. 이러한 포교 활동은 전반적으로 토착민의 종교 체제를 완전히 무시하고 또 다른 종교인 기독교 체제로 대치하려는 시도였다.

서구의 정복 과정에서 드러난 토착민에 대한 가장 강력한 종교 차별은 토착민에게서 그들의 고유한 종교 체제와 세계관을 강제로 빼앗고 말살하고 불법화한 일일 것이다. 더욱이 토착민들로 그들에게 익숙하지 않을 뿐만 아니라 전혀 낯선 종교 체제를 강제로 수용하게 한 것은 가장 참혹한 종교 차별이라고 할 수 있을 것이다. 결국, 토착민의 종교적 관습을 미신으로 간주하게 만든 서구의 정복 정책은 오늘에 이르기까지 토착민을 야만인 혹은 미개한 인종으로 차별하는 현 사회의 관행을 형성하는 데 가장 큰 요인이 되었다.

이런 측면에서 지난 4월 1일 로마 교황청을 방문한 캐나다 토착민(원주민) 대표들에게 프란시스 교황이 공식 사과를 한 것은 매우 의미심장하다. 교황은 교회가 토착민(원주민)에 행한 잘못에 대해 분노와 수치심을 느낀다고 말했다.

"······나는 또한 수치심을 느낍니다. 이미 여러분께 말씀드린 것을 다시 말씀드리겠습니다. 여러분을 상처 낸 그 모든 일들, 여러분이 고통받아야 했던 학대 행위, 여러분의 정체성, 문화, 심지어 영적인 가치까지도 존중하지 않았던 그 일들에 수많은 가톨릭 신자란 사람들이, 특히나 교육을 담당했던 이들이 역할을 하고 있었다는 점에 수치심, 슬픔과 부끄러움을 느낍니다. 이 모든 것은 예수 그리스도의 복음과는 정반대되는 것입니다. 가톨릭교회의 구성원들에 의한 개탄스러운 행동에 대해 하나님의 용서를 구합니다. 그리고 나의 전심으로 여러분께 말씀드리고자 합니다. 정말 죄송합니다."

2) 반(反)유대주의와 종교 차별

아르헨티나 유대교의 기원은 최초의 유대 조직의 설립에서 찾아야 한다. 1813년에 종교재판소가 폐지되고 종교가 허용되었지만, 아르헨티나에 유대인 조직이 설립된 것은 한참 후인 1862년이었다. 유대인들은 부에노스아이레스에서 처음으로 그들의 회합을 결성하고 조직체로서 출발했다. 이러한 유대인들의 결집에 반해 아르헨티나에서도 반(反)유대주의가 움트기 시작했다.

아르헨티나의 반유대주의 기원은 19세기 말과 20세기 초까지 소급된다. 19세기 말부터 시작된 아르헨티나를 향한 유럽 이민의 확장 과정에서 상당수의 유대인 이민자들이 유입되었다. 유대인들의 유입을 가장 강력하게 반대했던 그룹은 스페인 귀족 출신의 지배계층이었다. 이들은 유대인 조직을 향해 노골적으로 반감을 드러냈으며 법 체제와 경찰력 혹은 군대를 동원해 탄압하기 시작했다. 가톨릭교회는 유대인들에 대한 차별과 혐오를 드러내는 데 그치지 않고 이들에 대한 탄압과 박해에 종교적 정당성을 부여하기에 이르렀다.

1919년 1월 '비극의 주간(Semana Tragica)'은 700명 이상의 노동자 사망과 어린이를 비롯한 수백 명의 실종자를 발생케 한 아르헨티나 정부의 노동쟁의 무력 진압 사건인데 유대인들에 대한 차별과 탄압의 시작으로 손꼽히고 있다. 이후 문학과 예술과 사회적 이론에서 유대인들에 대한 차별과 혐오는 점차 그 강도를 더해 갔다.

유대인들에 대한 종교적 차별은 안식일인 토요일 회당을 중심으로 통행하는 유대인들에 대한 모욕과 조롱으로 표현되고 심지어는 돌이나 침을 뱉는 행위도 종종 목격되기도 한다. 유대인들에 대한 차별과 혐오는 1994년 발생한 부에노스아이레스 유대인 회관 AMIA 폭탄 테러 사건에서 그 절정을 이루었는데 85명의 사망자와 300여 명의 부상자가 발생한 이 사건의 배후는 아직 정확하게 밝혀지지 않고 있다. 또한 유대인들에 대한 공격과 혐오는 유대인 묘지 훼손, 공공 및 사적 장소에서의 낙인찍기, 유대인에 대한 부정적인 꼬리표 달기 등 유대인 개개인에 대한 비난은 지금도 계속되고 있다.

3) 이슬람과 아랍 혐오증

의심할 여지 없이 이슬람 혐오증과 아랍 혐오증의 가장 강력한 표현 중 하나는 아랍 민중의 다양한 모습을 '무슬림'이라는 오직 하나의 이름으로 분류하고 규정한다는 사실이다. '무슬림'이라는 단어는 적어도 아르헨티나에서 무력 무장단체와 연결되고 있다. 이미 아르헨티나 사회에서 관행화된 아랍인, 이슬람 종교를 향한 혐오는 일반 대중 사이에서

별다른 저항 혹은 비판적 성찰 없이 받아들여지고 있다. 더욱 심각한 것은 아르헨티나 대중매체 등이 전파하는 '코란' 신앙에 기반을 두는 아랍과 이슬람교 이미지의 균질화와 악마화다. 또한, 영화나 이야기를 통해 전파되는 단순하고 차별적이며 근거 없는 고정관념은 아르헨티나 사회에서 이슬람을 향한 종교적 차별과 문화적 혐오 현상을 강화한다.

그러나 오늘 아르헨티나 사회에서 보이는 이슬람에 대한 차별적 관행은 새로운 것이 아니다. 그 기원은 스페인과 라틴아메리카 정체성의 형성되기 시작하는 식민통치 초기까지 거슬러 올라간다. 따라서 아랍 문화와 이슬람에 대한 혐오와 차별은 라틴아메리카인의 고유한 정체성 형성 과정에서 '아랍'적 요소를 배제하고자 하는 식민지 초기 사람들의 노력과 관련이 있다. 스페인 정복자들은 라틴아메리카 독립 과정에서 본국으로부터 가져온 정체성 중에서 이슬람과 관련된 아랍 문화적 요소를 배제하고자 시도했다. 따라서 아랍 문화와 이슬람교에 대해 자신들의 정체성을 구성하는 한 요소가 아니라 '우리'와는 전혀 상관없는 '그들'이라는 개념으로 접근했다.

이외에도 "이국적"이며 중세 과거의 잔재로 간주하는 아랍 공동체에 대해 형성된 일련의 고정관념이 있다. 이러한 인식의 대부분은 아랍적인 모든 것을 악마화하거나 아랍 문화와 이슬람교의 정체성을 범죄 또는 테러 행위와 동일시하는 의식과 행동으로 나타나는데, 이것은 명백한 차별 행위의 결과이다. 더욱이 9 · 11로 알려진 미국에서 발생한 테러 사건은 아랍 문화와 이슬람교에 관한 차별적이며 혐오적인 인식을 심화시키고 있다.

4) 개신교

아르헨티나에 개신교가 유입된 것은 19세기 초 무렵이다. 아르헨티나가 독립 국가로 출발하기 전 1810년에 이미 스코틀랜드 장로교를 비롯한 다수 개신교 교파가 존재하고 있었다. 영국 성공회의 경우에는 영국이 아르헨티나를 독립 국가로 인정한 지 6년 후인 1831년에 최초의 교회를 세운다.

그러나 개신교의 대대적인 유입은 19세기 중반부터 시작되는데 유럽에서 아르헨티나로 유입되는 유럽 이민자들로 인한 것이었다. 개신교 유럽 이민자들은 아르헨티나 전역으로 퍼져 갔으며 이에 따라 그들의 개신교 신앙도 전국으로 전파되기 시작한다. 유럽 이민자들은 19세기 중엽에 수도 부에노스아이레스는 물론 산타페(Santa Fe)와 엔트레 리오스(Entre Rios)와 같은 주요 도시에 그들의 교회를 건립했다.

유럽에서 유입된 개신교회들은 매우 다양한 신앙적 전통의 소유자들로서 각자 독특한 양식의 교회를 설립해 나갔다. 이들 교회는 유럽의 문화와 관습이 아르헨티나로 유입되는 과정이기도 했다. 이들은 성경 본문에 대한 광범위하고 개방적인 해석을 하고 있었으나, 아르헨티나의 현실적 제약으로 인해 선교를 비롯한 개종 활동을 자신들의 공동체 자체로 제한하는 경향을 보였다. 또 다른 한편으로 개신교 유럽 이민자들은 자신들의 공동체 안에만 머물면서 유럽 전통과 문화를 계승하는 데 주력했으며 이것은 아르헨티나 일반 사회에서 폐쇄된 공동체로 비치는 결과를 낳기도 한다.

아르헨티나에 유입된 개신교회들 사이에는 신학적 개념 차이가 분명히 존재하고 있다. 따라서 가톨릭교회와는 달리 매우 다양한 분파적인 모습을 나타내고 있었다. 19세기 중엽 무렵, 아르헨티나에 대거 유입된 개신교파는 스코틀랜드와 영국의 장로교와 감리교, 네덜란드의 개혁교회, 자유 형제교회, 미국의 침례교 등 다양한 그룹이었다. 구세군, 루터교, 메노나이트 등 소수 종파도 있었으며 19세기 말에는 일반적으로 소외되고 사회적으로 억압받고 있는 가난한 계층들을 중심으로 오순절 교회도 있었다.

아르헨티나에서 개신교회는 이슬람교와 달리 법적으로 차별 혹은 억압을 당하지는 않았지만 1980년대 급격하게 성장하는 오순절 계통의 교회는 가톨릭교회의 우월적 위치에 대한 위협으로 인해 경계의 대상이 되었다. 라틴아메리카에서 종교적으로 독보적인 위치를 차지하고 있던 가톨릭교회는 오순절 교회의 등장을 경계하면서 1979년 멕시코 푸에블라에서 개최된 제3차 라틴아메리카주교회의에서 '새로운 복음화'라는 정책을 수립한다. 이 정책하에서 가톨릭교회는 본격적으로 역사적이고 전통적인 개신교(장로교, 감리교, 루터교 등)를 제외하고 오순절 교회를 포함하는 신흥 개신교 교회를 '이단' 혹은 '종파(sect)'라는 용어로 차별하고 억압하기 시작한다.

가톨릭교회는 오순절 교도들을 '가난하고 무식한 사람이며 체제 위협적 세력'이라는 이미지에 가두려고 했고 오순절 교회 성직자들에 대한 폄하를 일삼았다. 이 시절 개신교 교리와 신학에 대한 비판적 저서들이 라틴아메리카 가톨릭 저술가들을 통해 다량 출판되기도 했다. 이런 연유로 아르헨티나 사회의 개신교를 향한 차별적이고 혐오적인 사회적 관행도 더욱 강화되는 모습을 보였다. 종교청은 신흥 종교 단체의 설립을 승인하지 않았고 종교청에 등록되어 있었던 개신교 종교 단체들에도 종교 활동에 대한 새로운 보고서와 종교 단체 입증 서류들을 요구하고 등록증을 갱신할 것을 요구하기도 했다.

이러한 상황은 종교 차별을 합법화하는 조항이 다수 삭제된 1994년 개정 헌법이 선포된 이후 약화되기는 했지만, 개신교를 향한 차별적인 사회 관행은 여전히 존재하고 있다. 아직도 개신교회는 가톨릭교회처럼 아르헨티나에서 법적으로 종교로서의 위상을 부여받지 못한다. 개신교회는 법적으로는 시민 단체(Asociacion Civil)로 인정받고 있으며 담당 정부 부서는 외무부 산하의 종교청이다. 가톨릭교회는 아르헨티나 정부 예산으로 재정 지원을 받고 있지만, 개신교회는 그렇지 않다.

개신교회는 사회 선교에서도 정부로부터 어떤 재정적 보조도 받지 못하고 있다. 반면 가톨릭교회가 운영하는 구호 단체는 연방정부는 물론 지방 정부의 재정 지원을 받고 있다. 그뿐만 아니다. 세제 적용에서도 개신교와 가톨릭교회는 다른 처우를 받고 있다. 개신교회는 교회 건물 혹은 여러 가지 선교 사업에 있어서 면세 혜택을 받지 못하고 있으며 그 어떤 명목의 보조금 또는 기타의 국가 지원에서 배제되고 있다. 이러한 차이는 가톨릭교회와 개신교 사이에 존재하는 차별과 불평등한 대우를 전제로 하고 있다. 그러나 아르헨티나 사회는 이러한 차별과 불평등을 사회적 관행으로 받아들이고 있다.

6 종교적 차별의 사회적 관행

(사법체제, 교육 기관, 직장, 대중매체 등의 영역에서)

종교 공동체를 구성하는 주체들은 자신이 속해 있는 종교의 사회화 과정에서 형성되는 사회적 이미지에 의해서 강하게 영향을 받는다. 그리고 이러한 이미지들은 한 사회에서 차별과 혐오의 사회적 관행으로 발전하기도 한다. 예를 들면, 경우에 따라 일부 종교는 "위험한" 종교(예: 이슬람)로 인정되고 있으며 또 다른 종교는 "신기하고 색다르며 신비롭고 무해한 것(불교)으로 분류되기도 한다. 어떤 종교는 철학으로 간주되기도 한다(사이언톨로지, 카발라).

이러한 현상들은 한 사회를 구성하고 있는 모든 제도 내에는 내재적 차별이 존재하고 있음을 알게 한다. 그런 의미에서 교육 제도는 다양한 이유로 존재하는 내재적 사회적 차별을 가시화할 수 있는 특수한 공간으로 간주되기도 하지만 교육 제도 안에도 분명하고 뚜렷한 차별적 관행이 관찰된다. 특히 공립학교에서 시행되는 주기도문 낭독 혹은 마리아 기도 시행 등은 종교적 차별을 가시화하는 모습이다.

가톨릭교회가 운영하는 사립학교의 경우에는 가톨릭 신자에게만 입학이 허용되고 있어 교육의 평등한 기회를 박탈한다는 비판도 받는다. 가톨릭 학교에 대한 정부의 지원도 다른 종교 학교에 대한 차별이라는 지적도 있다. 교육 기관에 대한 다양한 차별적 행위에 대한 비판이 존재하지만, 아르헨티나 정부의 관행은 개선될 여지가 보이지 않으며 아르헨티나의 일반 시민들도 이러한 차별의 모습을 자연스러운 사회적 관행으로 받아들이고 있다.

사회 규범 혹은 사법 정의를 실행하는 법조계에 존재하는 차별적 관행은 법조문 혹은 판결문을 통해 비교적 손쉽게 지적해 낼 수 있다. 특히 판결문의 분석은 아르헨티나 법조계에 존재하는 차별적 관행의 모습을 분명하게 드러내게 한다. 어떤 판결문에는 차별적 행위를 정당화하는 문장들이 발견되기도 한다.

1994년 발생한 유대인 회관(AMIA) 폭발 사건의 경우나 주아르헨티나 이스라엘 대사관 공격 사건에 대한 법적 해결이 아직도 이루어지지 않고 있는 현실은 유대인 차별과 혐오의 관행과 연결되기도 한다. 이것은 아르헨티나가 차별과 혐오 혹은 종교와 인종 간의 불평등한 상황에 대해 해결 의지가 있는가를 의심케 하고 있다.

또 다른 측면에서 결코 손쉽게 접근하거나 해결할 수 있는 것은 아니지만 차별과 혐오 등 불평등을 사회 관행화하는 아르헨티나 법의 개정에 대한 문제 제기다. 동일한 헌법에 아르헨티나 국가가 가톨릭 예배를 지지하고 유지한다고 명시하는 차별적인 조항이 포함되어 있다는 사실은 모든 종교와 신앙 고백의 자유 보장 및 완전한 평등 원칙과 모순된다. 또한, 헌법 25조에 명시된 유럽 이민에 대한 선호도 인종차별의 또 다른 예이다. 헌법뿐이 아니다. 종교와 인종에 대한 차별과 불평등 요소는 아르헨티나 법 체제의 여러 부분에서 발견할 수 있다. 이런 의미에서 종교-인종차별적인 법의 시급한 개정이 요구된다.

한편, 공공행정 분야에서도 차별적 관행이 존재한다는 점을 지적할 수 있는데, 이에 따른 일련의 인종과 종교 차별주의적인 행위가 관찰된다. 특히 아르헨티나 이웃 국가인 볼리비아, 파라과이와 페루인들에 대한 차별적 대우는 어느덧 사회적 관행으로 자리 잡고 있다.

이런 사실은 일반 시민들이 사용하는 이웃 나라 사람들에 대한 호칭에서도 볼 수 있는데, 볼리비아 사람을 볼리타(bolita,구슬)로, 파라과이 사람을 파라구아(paragua,우산)로 부르는 예가 그것이다. 이들에 대한 인종차별과 혐오는 단지 언어에서만 등장하는 것은 아니다. 직장에서 빈번하게 발생하는 볼리비아인, 파라과이인, 페루인들을 향한 학대, 언어 공격, 낙인찍기, 직장 내 괴롭힘 등은 심각한 수준에 이르고 있다.

이제 아르헨티나 교육 기관에서 발생하고 있는 종교 차별과 혐오를 살펴보자. 의심할 여지 없이, 교육은 한 사회 구성원의 통전적 사회화를 위해 매우 중요한 요소를 제공해야 한다. 피터 버거(Peter Berger)에 의하면 인간의 자연적 경향은 교육을 통한 사회화 과정을 통해 개발되어야 한다.

이러한 관점에서 공적 교육 기관에서 제공하는 정규교육은 사회 구성원이 일련의 가치, 신념, 아이디어, 관습, 규범, 지식 등의 내면화, 객관화 및 외부화를 형성할 수 있도록 하는 핵심적인 도구이며 과정이다. 그뿐 아니라 학교라는 공간은 사회 구성원들의 종교적 다양성에 대한 인식, 지식 및 이미지 형성에 있어서 근본적인 역할을 해야 한다. 그런데도 학교 현장에서 가혹한 차별 행위가 많은 것은 우려할 만한 상황이다. 차별과 혐오에 관해서 최근 아르헨티나에서 이루어진 연구조사에 따르면 학교 공간은 종교적 신념에 따라 차별을 경험하는 두 번째 제도적 공간으로 밝혀졌다. 1위는 대중매체가 차지했다.

학교 공간에서 이루어지는 종교 차별은 특정 종교나 신념에 대한 교사의 태도와 행위로만 국한되지 않는다. 학교 공간에서의 종교 차별은 교사, 학부모, 동료 학생들 사이에서 다양한 방법과 모습으로 나타나고 있다. 학교 공간에서 관찰된 종교 차별과 혐오는 의복, 교과 내용, 종교 교육 기관의 자금 조달, 종교 휴일 준수 등 여러 측면에서 이루어진다.

이러한 종교 차별과 혐오를 극복하기 위해 종교적, 그리고 문화적 다양성에 대한 관용과 이해에 대한 교사, 교직원, 학생에 대한 체계적인 교육과 훈련이 수반되어야 한다. 이와 마찬가지로 교과과정 및 내용 계획뿐만 아니라 교육 활동의 설계에서도 종교 신념의 다양성을 고려해야 한다. 아르헨티나 초등학교에서 교사가 제안한 활동이 특정 종교의 어린이가 지켜야 할 특정 금지 사항을 고려하거나 배려하지 않아 해당 초등학생의 종교 사회적 인격 형성과 내면화 과정에서 혼돈과 불확실성을 일으키는 상황이 확인되기도 했다.

공적 혹은 사적 고용 분야, 다시 말하면 직장은 종교적 차별이 가장 빈번하게 발생하는 영역이다. 직장 내 특정한 종교를 향한 차별과 혐오(종교 휴일 지키기, 복장, 음식 섭취 등)는 구성원 사이에서 발생하는 사건이다. 기업의 노동 정책에서도 찾아볼 수 있다. 특정한 종교의 예배와 의식을 위한 시간과 공간의 마련, 특정 음식에 대한 혐오 금지, 그리고 의상에 대한 존중과 배려가 담긴 노동 정책의 수립이 요구된다.

마지막으로 아르헨티나 대중매체의 차별적 관행에 대해서 언급해 보자. 정보통신기술의 발달로 대중매체가 여론 형성 과정에서 높은 영향력을 가지게 되었다. 이런 영향력에 비해서 아르헨티나 대중매체는 여전히 고정관념을 재생산하고, 분리주의 관행을 지지하며, 종교적 특정 그룹에 차별과 혐오의 낙인을 찍는 관행을 버리지 못하고 있다. 특히 개그 프로그램과 같은 연예 프로그램을 통해 재생산되는 종교-인종적 차별과 혐오의 관행이 계속되고 있다는 사실은 우려할 만하다.

7 맺음말

우리는 지금까지 아르헨티나의 헌법으로부터 시작해서 국내에서 의식하지는 못하지만, 사회 구성원들 사이에 만연한 종교적 · 인종적 차별과 불평등과 관련한 사회적 관행에 대해 언급했다. 차별의 사회적 관행은 아르헨티나 사회의 거의 모든 영역에서 발견되며 이러한 사회적 관행이 제도화 · 사회화되고 있다는 사실도 밝혀 보았다.

제도화 · 사회화된 차별은 모든 분리주의적 사회적 관행을 해석하고 재의미화하는 데 있어서 기본적 틀을 제공한다. 이것은 한 사회의 건강성을 유지하는 데 매우 위험한 요소이다. 제도화되고 사회화(사회적 관행이 굳어진 상태)된 종교 차별과 불평등 관계는 상식과 통념의 차원에서는 거의 보이지 않는다. 그런데도 이러한 왜곡된 종교 차별과 불평등의 관계는 우리 사회를 복잡하게 만든다. 차별적 행동의 습관화와 관행화는 사회적으로 위험한 현상이다.

아르헨티나 정부는 일찍이 국가 설립 당시부터 헌법을 통해 종교의 자유를 존중한다고 선언했다. 그러나 종교의 자유에 관한 기본권과 관련된 국가 선언과는 달리, 아르헨티나 정부와 사회는 차별적인 사회적 관행의 존재를 거부하지 않았다. 오늘 아르헨티나 사회에서 발생하는 많은 사회적 문제들은 종교 차별과 인종차별과 혐오, 그리고 종교 간의 불평등한 관계로부터 발생하고 있다.

또한, 우리는 아르헨티나 사회가 종교 차별과 불평등한 관계 구조를 방관하고 차별의 제도화와 사회화(사회적 관행)를 허용해 온 측면이 있다는 것을 인정하지 않을 수 없다. 이러한 사회화는 한 사회가 차별과 혐오 그리고 불평등한 구조에 대한 변화와 개혁을 지연시키고 방해한다는 의미에서 위험하다.

한편 본문에 언급되지는 않았지만 아르헨티나에서 가장 소외당하고 차별받는 종교 집단 '여호와의 증인'[2]이 받는 차별은 한 사회에서 발생할 수 있는 종교적 차별의 절정을 이루고 있다. 아르헨티나 사회에 존재하고 있는 종교 차별과 혐오 그리고 불공평한 관계에 대해서 살펴볼 때 다음 과제로 '여호와의 증인'의 경우를 종교적 차원을 넘어서 정치적인 측면에서 보다 깊이 연구해 볼 필요가 있음을 지적하고자 한다.

사회구조에 통합된 다양한 소수자가가 서로 다른 정체성의 균질화와 통일성 속에 다양성을 존중하면서 '아르헨티나 민족적 존재'로 형성되는 것은 아르헨티나 정부가 프랑스 정부를 모델로 하여 건국 초기부터 전개해 온 전략이었다. 이러한 통합적인 전략이 제대로 수행될 때 아르헨티나 사회는 더욱 건강하고 건전한 사회로 도약할 수 있을 것이다.

아르헨티나 사회 안에 종교 차별과 불공평한 관계에 대한 사회적 관행이 지속적으로 유지되고 있었지만, 동시에 차별, 특히 종교적 차별 관행을 타파하고 방지하기 위한 제도적 노력도 있었음을 상기할 필요가 있다. '차별과 외국인 혐오와 인종차별에 반대하는 국립 연구소(INADI, National Institute Against Discrimination, Xenophobia and Racism)'의 존재와 차별에 반대하는 국가 계획(2006)의 수립은 다양한 형태의 사회적 차별 근절에 대한 아르헨티나 정부와 사회의 정치적·사회적 관심을 보여 준다.

---

2 여호와의 증인의 경우 가톨릭교회는 물론 전통적 개신교회에 의해서도 이단으로 간주되어 이중적 차별을 받고 있다.

INADI는 1995년 법률 24515에 의해 창설된 기관으로 1997년부터 본격적인 임무를 수행해 온 정부 기관이다. INADI는 모든 형태의 차별, 외국인 혐오증, 인종차별주의를 퇴지하기 위한 국가 정책을 개발하고, 시민사회와 협력해 연방 및 교차 공공 정책을 촉진 및 실행하며, 다양하고 평등한 사회를 달성하는 것을 목표로 하고 있다.

INADI의 주요 사업 중 주목해야 할 사항은 외국인 혐오증이나 인종차별로 차별받거나 피해자인 사람이나 집단을 위해 포괄적인 무료 상담 서비스를 제공한다는 것이다. 많은 경우 종교 혹은 인종으로 차별받거나 혐오 행위로 피해를 입은 사람들이 하소연하거나 호소할 곳이 마땅치 않은 것이 현실이다. 이런 의미에서 INADI가 피해자 중심의 사역을 담당하고 있다는 것은 종교 차별과 혐오가 만연한 아르헨티나 사회에서 중요한 의미가 있다.

종교 차별과 혐오 현상 극복에 있어서 중요한 것은 다양한 문화와 종교에 대한 이해 확충이다. 그런 의미에서 INADI가 사회적, 문화적 다원주의의 가치를 평가하고 차별적, 외국인 혐오적 또는 인종차별적 관행의 제거를 목표로 하는 인식 및 민감화 캠페인을 설계하고 촉진하고 있음은 주목할 만한 발전이다.

아르헨티나에서는 INADI를 비롯한 정부 기관뿐만 아니라 특히 진보적 교회의 연합체인 아르헨티나 개신교 연맹의 다양한 사역과 활동을 통해 종교 차별과 혐오, 불평등 관계를 극복하기 위한 여러 가지 활동이 펼쳐지고 있다.

아르헨티나 정부는 건립 초기부터 종교의 자유를 선포했지만, 현실적인 상황에서 종교 간 공정하고 공평한 자세를 취하지 못했다. 그것은 종교적인 이유를 넘어서 정치적인 동기가 배후에 잠재하고 있었음을 부인할 수 없다.

종교의 자유를 보장하지만 가톨릭교회 외 다른 종교의 불공평한 관계를 규정하는 모순적인 헌법의 제정, 법 제정 이후 이루어진 명백한 가톨릭교회 지원과 지지는 가톨릭교회의 강력한 정치적 영향력을 염두에 둔 행보였다. 이러한 정치적 행보를 탈피하지 않고서 아르헨티나 정부가 종교 차별과 혐오, 불공평한 관계의 사회적 관행을 극복할 수는 없을 것이다. 앞으로 아르헨티나 정부의 차별과 사회적 관행을 극복하기 위한 보다 적극적인 정책 수립과 실행이 요구된다.

또 다른 한편으로 아르헨티나 사회에서 종교 차별과 혐오를 비롯한 종교 간의 불평등한 관계를 해결하기 위해서 아르헨티나 가톨릭교회는 긍정적이고 전향적 자세 변화를 추진해야 한다. 대륙 정복 초기부터 가톨릭교회는 스페인 정복군과 함께 라틴아메리카 대륙에 유입되었다. 가톨릭교회는 스페인 정부의 전폭적인 지지하에 라틴아메리카 대륙을 어려움 없이 복음화하고 가톨릭화하는 데 성공했다.

교회는 초기부터 다른 종교의 유입이 허락되지 않은 상황에서 독점적 포교 활동을 통해 대륙에서 지배적 종교가 되었다. 가톨릭교회는 스페인 정복군의 점령 지역의 종교를 말살했다. 그리고 토착민 종교를 가톨릭화했다. 정복 지역에서 가톨릭교회 외에 그 어떤 종교도 허용되지 않았다. 라틴아메리카 내 개신교 유입은 무려 정복 전쟁 후 300년이 흐르고 나서 가능했다.

이런 점에서 가톨릭교회는 초기부터 다른 종교와 차별되었으며 불평등한 관계, 다시 말하면 우월적 위치를 차지하고 있었다. 이러한 가톨릭교회의 우월적 상황은 아르헨티나를 비롯한 라틴아메리카 지역에서 종교적 차별과 불평등 관계의 사회화 현상을 촉진했으며, 차별에 대한 사회적 관행의 출발점이 되었다고 볼 수 있다.

따라서 아르헨티나 가톨릭교회는 오늘 사회가 경험하고 있는 종교 차별과 혐오, 종교 간의 불평등한 상황과 사회적 관행에 관해 올바르게 인식하고 그 개선에 앞장서야 할 것이다. 사회 구석구석에 차별과 혐오, 불평등에 대한 사회적 관행이 깊이 뿌리내리고 있는 한 그 사회가 온전하게 발전할 수 없다는 것은 분명한 사실이다. 그러므로 아르헨티나의 종교 차별과 혐오의 사회적 관행 해소에 가톨릭교회의 전향적 자세 변화가 요구되고 있다.

마지막으로 차별과 혐오의 사회적 관행이 얼마나 파괴적인가를 필자가 칠레에서 한인 이민 교회 담임목사로 살아갈 때 경험한 일을 기록함으로써 글을 마치려고 한다.

어느 날 교인 한 분이 급하게 나에게 연락을 했다. 아들(당시 중학교 2학년)이 폭행 사건으로 경찰에서 조사를 받고 있다는 것이다. 나는 그 길로 경찰서로 달려갔고 사건의 자초지종을 듣게 되었다. 사건의 내용은 이랬다. 한인 학생이 맥도날드에서 한인 친구들과 어울려 햄버거를 먹고 있었다. 그런데 그곳에 있었던 칠레 학생들이 한인 학생들을 바라보면서 눈을 찢는 행동을 하면서 놀리기 시작했다. 이에 한인 학생들이 반발해 항의했고 칠레 학생들이 폭력을 사용하기 시작했다. 이에 맞서 한인 학생들도 폭력을 행사했는데 결과적으로 칠레 학생들의 피해가 더 심했던 사건이었다. 칠레 현지인들은 이 사건을 한인 학생들에 의한 폭력 사건으로 몰고 갔다. 전모를 들은 나는 이 사건을 인종차별에 의한 폭력과 이에 따른 항의 과정에서 발생한 쌍방 폭력으로 주장하고 칠레 언론에 호소했다. 당시 칠레 언론은 이 사건을 대대적으로 보도했고 결국 쌍방 합의로 사건을 마무리 지을 수 있었다. 2020년 8월 발생한 의정부 고등학교 졸업사진 사건(일명 관짝 사진)의 경우가 떠오른다. 당시 칠레 사람들은 아시아계 사람들을 향해 눈을 찢는 행위가 무엇이 잘못되었는가를 알지 못했다. 나는 언론을 통해 그런 행위가 얼마나 모욕적인가를 설명하고 칠레의 낮은 인권의식에 대해 강한 어조로 비판했다. 이 사건은 이후 칠레 사회에 아시아계 사람들에 대한 인종차별의 실태에 대해 경각심을 갖게 만든 계기가 되었다. 한 고등학교 학생들의 별 의도 없는 행위가 이렇게 인종차별이 될 수 있다는 것을 깨닫고 조심해 서로를 존중하며 살아가는 것이 다양한 사람들이 모여 사는 오늘의 세계를 보다 안전하고 평등한 사회로 만드는 방법이 아니겠는가!

제 4 장

종교로 본 브라질의 사회적 불평등의 기원

/

임두빈

/

1 들어가는 말

라틴아메리카는 33개 국가와 6억 명의 인구를 가진 거대 대륙이다. 6억 명의 인구는 백인, 원주민, 흑인, 메스티조, 물라뚜 그리고 그들 간의 혼혈로 구성되어 있다. 이들은 카리브, 안데스, 아마존, 팜파스 등의 각기 다른 자연환경 속에서 다양한 일상을 살아가고 있다. 크고 작은 33개의 국가는 각자 특수한 정치 체제와 이념을 따르고 있으며 그들의 삶의 수준은 OECD 회원국에서 최빈국까지 매우 다양하다. 그러나 라틴아메리카에서는 다양성만큼이나 동질성도 두드러진다. 식민과 독립을 함께 경험한 공유의 역사, 스페인어와 포르투갈어로 대표되는 언어와, 가톨릭을 기반으로 한 특유의 믿음 체계 등이 라틴아메리카를 하나로 묶는 고리이다. 그러나 동질성만큼이나 각각의 개별성 또한 단순하지 않다. 입장을 바꿔서 한국에 한 번도 오지 않은 라틴아메리카 사람이 아시아와 한국, 중국, 일본과 같은 국가 간의 동질성과 개별성의 차이점을 알 수 있을까?

"브라질, 어떻게 이해할 것인가?" 우리는 의도치 않게 이 질문을 던지자마자 '대상'을 단일화시키고 그가 가진 복수성을 단순화하게 된다. 브라질 연구자로서 우리 사회로부터 관련 지식을 요청받을 때마다 '여기는 한마디로 이렇습니다', '브라질은 요즘 저렇습니다'라고 얘기해야 하는 상황에 부딪히는데, 브라질에 대해 알아 갈수록 난감해진다. 대부분의 사람들이 별 관심이 없거나 간접적인 지식 정보를 가지고 있는 상황에서는 더 그렇다. 일반적으로 우리 사회가 라틴아메리카나 브라질이라는 대상에 가지고 있는 평균적인 표상, 즉 확증편향과 연구자가 가진 확신이나 믿음 간에 생기는 격차가 사실상 크기 때문이다. 영국의 언어철학자 오스틴(J. Austin)이 제안했듯이 언어는 행위의 한 가지 양태다. '라틴아메리카'라는 말도 쓰기를 통해 텍스트가 되면서 저자나 독자에 의해 기록되고 해석되는 수동적인 대상으로 존재한다. 유럽인에 의해 탄생한 '그 라틴아메리카'도 저자와 독자에 의해 만들어지는 과정을 거쳤다. 과거의 유럽인이 그랬듯이 한국인인 우리가 '브라질'에 대한 어떤 지식을 얘기할 수 있지만, 사실상 그 지식에 대한 확신은 자신이 속한 담론구성체 안에 바탕을 둔 편향성에 기인할 수 있다. 그렇다면 우리가 말하는 브라질에 대한 지식과 시각은 '객관적'이지 않고 편견일 수 있다. 그리고 이렇게 형성된 편견이나 아집이 '전문가가 한 말'이라는 미명 아래 사회 안에서 확대 재생산될 수 있는 위험성도 존재한다. 인문사회과학 연구가 자연과학처럼 세심하게 통제된 실험실에서 이루어질 수 없는 연성과학이기 때문이다. 그래서 우리는 그런 유형의 위험을 해소하기 위해 재레드 다이아몬드(Jared Diamond)가 얘기했듯이 "건설적 편집증(Constructive paranoia)"이 필요하다. '브라질의 이해'에 대한 확신과 신념에 대해 그것이 생겨나게 된 근원과 과정까지 탐구하는 것도 해외 지역 연구자의 또 다른 사명이라고 생각한다(임두빈, 2020). 브라질(사람들)이 현실을 구성하고 인지하는 개별적인 방식과 생각의 문법을 '건설적 편집증'을 가지고 기록하고 분석하는 차원에서 우리는 브라질의 종교와 불평등에 대한 논의의 첫 걸음을 시작해 보려 한다.

인간의 불안증 현상을 오랫동안 연구해 온 심리학은 인간의 뇌가 불확실한 것에 대단히 취약하다는 사실을 밝혀냈다. 이렇듯 인간은 불확실성을 두려워한다. 미지에 대한 두려움은 인간이 가질 수 있는 모든 공포의 근원이며, 이 불확실성을 어떻게 통제하느냐에 따라 개인과 사회의 건강함이 보장되기도 한다.

하이드(Heid, 2020)가 인용한 연구에 따르면, 불확실성은 우리의 일상을 지배하는 습관적이고 자동적 정신 작용을 방해한다고 밝히고 있다. 불확실성은 뇌에 혼란을 불러일으킬 뿐 아니라 과잉 경계 상태를 만들고 부정적인 사실이나 경험에 대해 과도한 반응을 보이게 만든다는 것이다. 바로 '걱정'을 하게 만드는 것인데, 불확실성은 걱정이라는 불씨를 끄는 게 아니라 기름을 붓는 것과 같다.

하지만 사람들은 불확실한 어떤 문제로 불안감을 느낄 때 그 문제를 걱정하는 것으로 불확실성에 대응하는 경향이 있다. 하지만 '걱정'을 많이 할수록 그 문제를 해결할 수 있는 자신의 능력에 대한 자신감이 줄어들며, 실제로 문제를 해결할 가능성도 작아지는 역효과가 난다. 불확실성을 거둬 내는 또 다른 대안으로 새로운 정보를 계속 찾아다니는 일에도 한계가 있다. 사람은 한정된 양의 정보만을 처리할 수 있기 때문에 새로운 정보가 너무 많아지면, 오히려 진위를 가릴 수 없는 정보의 홍수 속에서 더 큰 불확실성을 키우게 된다. 2020년 1월 국내에서 코로나19 첫 환자가 발생한 이후 2년 4개월 동안 코로나19로 인해 기존의 가치들이 흔들리고 미래를 예견하기 어려운 총체적인 불확실성을 경험한 예를 들 수 있다. 이른바 'K-방역'을 이끌어 온 정은경 전 질병관리청장도 자리에서 물러나면서 "코로나 위기에서 가장 어려운 건 불확실성이었다"는 소회를 밝힐 정도였다.

그리고 동시에 불확실성에 따른 정보의 범람, 특히 근거 없는 정보와 특정한 정치적 의도로 생산되는 '가짜 뉴스'로 인한 사회적 피로감을 맛봐야 했다. 이처럼 불확실성으로 인해 사람들이 받는 스트레스는 너무나 크기 때문에 사람들은 이를 제거하기 위해 노력을 벌이다가 '그레샴의 법칙'[1]에 빠지는 결과를 초래하기도 한다. 사람은 불안해지면 자신과 다른 것을 찾아내 배제하는 것으로 자신과 처지가 비슷한 사람들과 하나가 됨으로써 마음의 위안을 얻으려는 경향이 있다.

이 때문에 인류는 숙명처럼 불확실성에 대체하기 위해 절대적이고 보편적이며 불변하는 속성을 가진 '진리'를 추구해 왔다. 그러나 불변해야 하는 진리는 역설적으로 시대에 따라 변해 왔다. 진리가 추구하는 세 가지 속성이 있음에도 불구하고 '진리'는 흐르는 역사 속에서 일정한 현상을 선택, 분류 또는 배제를 통해 '각각의 진리' 나름의 체계를 만들었다. 그 체계 안에서 여러 하위 범주를 갖기도 하고, 어떤 진리는 그 권위를 인정받고 다른 진리는 없어져야 할 부정적인 것으로 제거당하기도 했다. 이처럼 진리는 절대, 보편, 불변이라는 속성을 전제로 하지만 실제

---

1 '악화가 양화를 구축한다'라는 말로 더 많이 알려진 법칙.

로는 특정 사회, 집단의 맥락에서 '선택'을 통해 지배력을 행사해 온 것으로 이해할 수 있다.

진리를 찾는 대상을 현실 세계와 현실 너머 세계, 이 두 개로 나눠 본다면, 현실 세계를 대표하는 것으로 철학, 과학, 예술을 들 수 있고, 현실 너머 세상을 대표하는 진리는 종교라고 할 수 있다. 인간에게 가장 중요한 진리의 문제는 사실 "내가 어디서 왔으며, 어떻게 살아야 하고, 결국 어디로 가는가"에 대한 질문에 답과 희망을 찾는 일이다. 그러나 제 아무리 과학기술이 최첨단으로 발전하고 인공지능이 인간을 대체할 것이라는 미래가 전망되더라도 현실 세계가 아닌 누구도 경험하지 못한 현실 너머 세계를 규명할 수 있는 도리가 없다. 그 때문에 종교는 인간이 근대 이후에 이성을 바탕으로 발전시켜 온 과학, 철학, 예술을 뛰어넘어 모든 인류에 막대한 영향을 미치는 요소로 작동할 수 있는 것이다. 다만, 객관적인 근거 제시가 불가능하기 때문에 종교는 독단과 배타성으로 변질되기 쉬운 성격을 가지고 있다. 실제로 인류 역사에 있어 종교는 원래 그 가르침이 추구하는 인류의 화합, 용서 그리고 나눔과 배려보다 폭력과 충돌, 파괴와 증오를 더 발생시킨 측면이 있다.

인류 역사를 거슬러 살펴보면, 원시시대는 인간이 이해할 수 없는 현상인 자연을 숭배했고, 고대는 인격을 지닌 다수의 신이 등장하는 신화를 '진리'로 받아들였지만 그리스·로마 신화에서 살펴볼 수 있듯이 '그' 진리는 인간적인 불완전함과 다원성을 포함하고 있었다. 중세 시대에 이르러서야 비로소 초월적이고 절대적인, 하지만 형체가 없는 유일신이 출현하면서 진리의 속성을 충족하게 되었다. 또는 리처드 도킨스(Richard Dawkins)가 『만들어진 신』을 통해 "어떻게 생각해도 신이 이 세상을 지켜준다고 믿을 만한 합리적인 이유는 없다"고 말한 것처럼, 인간이 그토록 갈망하는 진리 탐색의 종결을 위해 스스로 신을 만들어 낸 것인지도 모른다.

2 담론구성체로 본 종교: 유럽의 변화

이 글이 주목하는 핵심 중의 하나는 중세시대에 등장해 진리를 대변하게 된 절대적이고 보편적인 유일신이 '선택된 인간'의 권력을 정당화해 주었다는 점이다. 앞서 얘기한 대로 유일신이 출현하면서 진리의 속성이 완성된 것인지 아니면 인간이 진리의 속성을 완성시키기 위해 신을 출현시켰는지에 따라 진리에 접근하는 이해가 달라질 것이다.

이 지점에서 우리는 '담론'을 끄집어 낼 수 있다. 여기서 얘기하는 '담론'이란 단지 인간이 사용하는 말과 글의 더미가 아니라, 그 더미 안에 실린 의미가 사회적으로 생산되는 방식과 과정과 그로 인해 생성된 기호체계를 말한다. 한국 사회에서는 현재 분단 상황과 냉전시대의 기억으로 인해 '담론'하면 마르크스주의자처럼 토대-상부구조 모델에서 경제적 하부구조를 반영하는 것으로 인식하거나 '담화'라는 기표를 사용할 때는 영국의 경험주의 전통을 이어받은 개인의 심리적 표현으로 인식하는 경우가 많은 것 같다.

이 글에서 말하는 담론은 '세상을 바꿀 수 있는 힘'을 말한다. 푸코는 『담론의 질서』에서 지식의 생산과 형성, 권력의 체계 및 행사에서 담론과 권력은 구분하기 어려운 대상이라고 얘기했다. 이는 "담론이 세상을 바꿀 수는 없어도 담론 없이 바꿀 수 있는 세상은 없다"[2]는 얘기와 통한다. 이렇듯 담론의 힘과 효과는 고정불변하고 보편적인 차원이 아니라 특정 시기, 특정 사회적 조건에서 작동한다. 또한, 담론은 대상뿐만 아니라 연구 주체까지 연구대상으로 끌어들이면서 세상을 바꿀 수 있는 힘을 견인한다. 동시에 담론은 특정한 역사적 시대와 조건 아래 일정한 현상들을 선택, 분류하고 또는 배제하면서 자기 나름의 체계적 편제를 만들게 된다. 이를 '담론구성체'라고 부르는데, 인류가 추구해 온 '진리'는 사실상 절대적, 불변적, 보편적인 것이 아니라 특정한 역사적 시대와 조건 아래 만들어진 담론구성체 안에 갇힌 선택과 조합 메커니즘으로 생산된 믿음이 아닐까. 그런 전제 아래 하나의 담론구성체 안에서 어떤 담론은 권력을 부여받고, 다른 담론은 배제될 대상으로 분류된다.

그렇다면 하나의 담론구성체로서 중세시대로 다시 돌아가 보자. 중세라는 특정한 역사적 시대와 조건에서 왕은 권력의 물질적 기반으로 땅을 소유했고 그 소유권의 정당성을 유일신에게 부여받았다. 가톨릭 교회는 왕과 유일신 사이에서 보증인의 역할을 맡았다. 이 구조가 바로 유럽의 중세시대라는 담론구성체에서 진리로 수용된 담론의 질서였다고 볼 수 있다.

중세 후기에 들어서면서 이런 담론의 질서에 균열이 일어났다. 대항해시대를 시작으로 패러다임 전환이 일어나면서 새로운 권력이 등장한 것이다. 바로 상인계층이었는데, 이들은 바다 건너 유럽 밖의 세상과 교

---

2 KBS 제1라디오 프로그램 「열린 토론」의 방송 멘트, "토론이 세상을 바꿀 수는 없어도 토론 없이 바꿀 수 있는 세상은 없다"에서 빌림.

역을 통해 기존 담론구성체에서 권력의 물질적 기반이었던 장원 없이도 경제적인 부를 창출할 수 있는 새로운 구조를 만들어 냈다. 이른바 중세 말이라는 담론구성체 안에서 담론의 질서가 재편되는 계기가 마련된 것이다. 이제 유럽에서는 영원하리라 믿었던 진리와 시대의 질서가 회의되는 순간을 맞이했다. 권력의 물질적 기반의 변화와 맞물려 금속활자의 발명으로 인한 인쇄술의 발전, 종교개혁 등 신중심주의에서 인본주의로, 진리의 패러다임에 급진적인 변화가 이어졌다.

14-16세기에 이탈리아를 중심으로 신이 모든 것을 관장하던 중세로부터 벗어나서 인간의 이성에 눈을 뜨는 전환기인 르네상스가 태동했다. 르네상스는 새로운 무엇이 등장한 게 아니다. 일종의 '레트로' 현상과 같다. 신으로부터 자유로워지고 싶어 하는 인간들이 과거 그리스 · 로마가 간직했던 인간미를 복원해 내려 한 시도인 것이다.

르네상스는 종교와 세속 사이의 중심추에 변화가 생긴, 다시 말해서 우리가 앞서 얘기한 담론의 질서가 변화하는 순간이었다. 따라서 예술 작품이나 건축물에서 똑같은 종교를 대상으로 하더라도 그 표현방식이 중세보다 르네상스 시대가 더 생동감 있어 보였다.

중세든 근대든 간에 기독교는 유럽 문화의 근간 중 가장 중요한 요소로 현실 세계와 현실 세계 너머를 연결 짓는 진리로 받아들여져 왔다. 다카시(2014)는 기독교는 전 세계로 확대된 세계적인 종교인데, 그것은 순수하게 종교로서 전파되었다기보다는 근대화라는 유럽의 기질과 하나가 된 형태로 확산되어 간 것이라고 설명했다. 구약성서가 약 30억 명의 인류가 신봉하는 유대교, 기독교, 이슬람교가 공통으로 존숭하는 경전임에도 불구하고, 종교와 세속이 분리된 차이로 인해 정제일치인 이슬람과 정교분리인 기독교 세계가 끝없이 대립하고 있는 것이다.

다쿠에이(2021)는『종교 권력은 세계 역사를 어떻게 움직였나』를 통해 집단 혹은 국가를 운영하는 지배자는 영토, 자원, 기술이라는 세 가지 요소가 필요하며, 그것을 지배 도구로 삼아야만 경제적·군사적 우위에 설 수 있고, 권력을 인정받는다고 설명하고 있다. 실제로 이 세 가지 요소는 현실 세계에서 가시적인 위력을 행사한다. 그러나 눈에 직접 보이지는 않지만 현실 너머 세계까지 확장해 강력한 위력을 행사하는 도구가 바로 종교라고 제시한다.

사실 모든 인간에게 평등하면서 동시에 불확실성이 최고조에 이르는 곳은 사후 세계, 즉 죽음이다. 태어남으로 시작해 죽음으로 끝을 맺는 삶은 모든 인간에게 평등하다. 그러나 그 삶과 죽음의 질에 있어서 불평등이 존재한다. 예를 들어, 장애를 안고 혹은 가난하게 태어나거나, 가난과 온갖 병에 시달리다 고통스럽게 죽음을 맞이하는 등 본인이 삶을 선택할 수 없다는 점에서 불평등하다. 그렇다면 과연 인간은 삶이 주는 이런 불공정성을 어떻게 받아들이고 저항해 왔을까? 불교는 삶을 고행으로 생각하고, 기독교와 이슬람은 현실을 천국의 그림자로, 유교는 어질지 못한 군주를 만나면 난세가 깃든다고 여겼다.

사후 세계는 현실 세계와는 달리 그 누구도 경험한 적 없는, 모두에게 평등한 세계다. 죽음은 인간에게 가장 중요한 문제이고 불확실성의 최고봉이다. 인간은 필연적으로 내가 어디서 왔으며, 어떻게 살고 결국 어디로 가는지를 고민한다. 종교는 이런 질문에 대답할 수 있는 유일한 진리다. 종교는 경험할 수 없는 것이기에 말할 수 없는 것이고, 말할 수 없는 것이란 의미를 가지고 권력을 수반하게 된다. 기독교인들이 생각하는 천국이란 신앙심의 기준을 만족한 사람에게 허락되는 배타성을 띤 거룩한 곳이다. 성서의 내용은 종말에 악인이 하나님께 대적하는 지옥도를 그려 보이지만 결국 선이 이긴다고 한다. 이러한 개념이 인종과 종교의 갈등을 조장하는 현실의 지옥이다. 역사적으로 서구의 백인들은 우월하다는 생각으로 수많은 흑인을 노예 삼고 식민 지배했던 역사가 존재한다.

다쿠에이(위의 책, 2021)는 종교와 권력 간의 관계를 다음과 같이 설명했다.

종교를 단순히 '신성한 것'으로만 이해하면 그 본질에 다가갈 수 없다. 역사를 돌이켜보면 종교도 결국은 권력이자 힘이었다. 신의 이름으로 감춰졌을 뿐 왕권 못지않은 힘을 휘두르고 영향력을 행사했다. 더욱 무서운 것은 종교는 눈에 보이지 않는 형태로 사회를 침식할 수 있다는 데 있다. 이런 정신적인 침투는 사회라는 집단의 생각을 바꾸고 기존 체제에 대항하는 힘을 불어넣는다. 종교의 본질은 사람을 구원하는 것으로 보이지만 실상은 '타자를 자기에게 종속시키는 정신적인 도구'가 바로 종교의 본질이기도 하다. 신은 스스로 존재하고 말없이 침묵하는 자다. 그러나 공교롭게도 신은 권력과 인간의 뜻에 따라 늘 큰 목소리를 낸다.

이 책 역시 종교가 브라질에서 신의 이름으로 행하고 큰 목소리를 낸 발자취를 따라간다.

3 브라질에 상륙한 두 얼굴의 로마 가톨릭[3]

브라질 사람들은 자신의 정체성을 언어와 종교에서 찾는다. 이 언어와 종교는 유럽의 침략자들의 유산이다. 브라질을 비롯한 남아메리카의 대표적인 종교는 가톨릭이라 해도 무방하다. 대다수가 가톨릭 신자이며 많은 일상의 문화가 가톨릭과 관련되어 있다. 가톨릭은 과거에 식민 지배를 통해 분명 자기 조상들의 생명과 문화를 짓밟은 종교임이 틀림없음에도 남아메리카 국민 대다수가 지금도 가톨릭을 믿고 있다고 스스로 믿는다. 성당에 규칙적으로 미사를 보러나가나 안 나가느냐의 문제가 아니다. 그러나 일견해서 과거 식민 지배를 통해 자신들을 대상화시키고 나락으로 떨어뜨린 침략자의 종교에 빠져 있는 그들을 보면 혼란스럽고 잘 이해되지 않는다.

기독교가 유럽을 떠나 신의 이름으로 행하고 큰 목소리를 낼 수 있었던 기념비적인 장소가 바로 라틴아메리카이다. 서구 문명은 근대 500년 역사의 대전환을 밖으로 팽창하는 팽창 문명으로 기록된다. 서구의 팽창 근대를 연 포르투갈과 스페인의 대항해시대는 모종의 종교적 적대감을 바탕으로 종교 시장 개척과 외연 확대를 하는 침탈적 성격으로 정의할 수 있다.

---

3 유럽 문명을 형성하는 세 가지 요소로 그리스·로마의 지식, 기독교, 게르만족(무력)의 유산을 들 수 있다. 기독교를 수용하게 된 로마제국을 통해 기독교 교회는 로마화를 거쳤고 그 교회가 그리스·로마의 지식을 보존해서 중세 이후 르네상스의 기반으로 다시 꽃피게 된다. 게르만족이 로마제국을 몰락시키면서 게르만족이 기독교를 수용해 게르만족이 지원한 로마기독교 교회가 그리스·로마의 지식을 보존·계승하게 된다. 그래서 서구의 가톨릭을 '로마 가톨릭'이라고 부른다.

김상준(2021)은『붕새의 날개 문명의 진로: 팽창문명에서 내장문명으로』에서 "유럽의 종교전쟁이 유럽 내전으로 그리고 세계 내전(세계대전)으로 확대해 간 500년 팽창 근대의 역사를 이어 온 심리적 동기는 팽창 대상에 대한 모종의 적대감에서 비롯한다고 설명한다. 이 강력한 힘은 가톨릭교회와 프로테스탄트가 서로를 '적그리스도'로 규정하던 것에서 '최종 심판'이라는 성스러운 과업에 저항하는 세력을 적으로 삼고 비유럽 세계의 식민지화를 수행한 동력으로 이어진 '심리적이면서 신학적인 메커니즘'이다"라는 것이다.

다시 브라질의 역사로 돌아가 보자. 1493년 또르데실랴스(Tordesilhas) 조약으로 스페인과 바다의 패권을 나눠 가진 포르투갈 왕실은 1500년에 해외 포르투갈령 영토에 대한 패권을 잡기 위해 뻬드루 알바르스 까브라우(Pedro Alvares Cabral)가 13척으로 구성된 함대를 지휘해 인도를 향해 포르투갈을 떠났다가, 같은 해 4월 22일에 오늘날의 브라질을 일컫는 산따꾸르스(Santa Cruz: 성스러운 십자가)에 도착하게 되었다. 당시 유럽의 상황을 보면, 포르투갈은 자국 영토에서 무어족을 몰아내고 가톨릭이 세력을 잡은 때였다. 영국에서는 헨리 8세가 이혼 문제로 인해 가톨릭과 갈등이 생기면서 교황으로부터 분리되어 영국만의 교회인 성공회를 세웠고, 독일에서는 마틴 루터(Martin Luther)가 가톨릭에 반기를 들어 종교개혁을 부르짖으며 신교를 세워 세를 넓혀가는 중이었다. 당시 가톨릭교회가 기댈 곳은 스페인이나 포르투갈 같은 가톨릭 국가였다. 이런 배경에서 유럽의 팽창주의 아래 가톨릭은 스페인과 포르투갈이 식민지로 삼은 라틴아메리카로 확장됐다.

포르투갈의 지원 아래 탐험가들은 경제적 부를 획득하기 위한 신항로 개척과 더불어 그들의 종교인 가톨릭을 전파할 사명을 띠고 바다로 나갔다. 1500년에 브라질을 발견하고 난 후, 까브라우는 발견 소식을 알리려고 한 척의 배를 본국에 파견하고, 계속해서 인도를 향해 항해했다(강석영·최영수, 2005). 포르투갈인이 도착한 해안을 비롯한 오늘날 브라질이 가지고 있는 대서양 연안은 수천 년에 걸쳐 정주해 온 원주민들이 살아 왔다. 지역의 가장 대표적인 원주민은 뚜삐(Tupi)어를 사용하는 뚜삐-과라니(Tupi-Guarani)부족이었다. 이들은 대서양 해안 지역뿐만 아니라 주요 강을 모두 거슬러 아마존 지역 상부까지 광범위하게 삶을 영위하고 있었다.

탐험대와 동행한 가톨릭 성직자들은 위험을 무릅쓰고 오지까지 들어가 원주민들에게 그들의 복음을 전파하려 했다. 스페인을 비롯한 포르투갈이 비교적 단기간 안에 남아메리카를 차지할 수 있었던 데는 가톨릭의 힘, 즉 정신세계의 점령을 빼고는 설명하기 어렵다. 가톨릭 단체인 예수회와 도미니크 수도회 그리고 프란치스코 수도회 소속 성직자들은 종교로 무장되어 온갖 위험을 무릅쓰고 오지 개척단과 함께 내륙 깊은 오지로 들어가 영토 확장에 큰 기여를 했으며 식민통치의 기반을 닦았다. 원주민들은 기본적으로 욕심이 별로 없는 자연관을 갖고 손님에게 호의 베풀기를 좋아했지만, 포르투갈 정복자들의 억압과 착취가 심해지자 저항하고 도망쳤고 심지어 자살률까지 높아졌다.

1) 브라질에서 집전된 첫 번째 가톨릭 미사

현재 전 세계적으로 통용되는 브라질의 역사는 유럽인의 시각에서

[그림 1] 브라질 북동부 뽀르뚜 세구르(Porto Seguro)의 위치

출처: 구글 지도.

정립된 것에 기반을 두고 있다. 안타까운 일이지만 그 시대를 원주민들의 언어와 글로 기록하지 못했기 때문이다. 원주민들이 거주했던 그 땅은 그대로지만 브라질이란 이름은 유럽인이 명명한 것이다.

포르투갈의 브라질 발견은 또르데실랴스 조약에 의해 나뉜 자국의 영토에 대한 탐험을 시도하면서 시작되었다. 동 마누엘 1세(1469-1521)의 명을 받고 1500년 3월에 15척의 배에 군인과 예수회 선교사, 승무원을 포함해 1,500명과 함께 리스본을 출발한 뻬드루 알바레스 카브라우(Pedro Alvares Cabral)는 인도로 가던 항로에서 벗어나 한 달 뒤에 바이

아(Bahia)주 뽀르뚜세구루(Porto Seguro)에 도착해서 처음으로 브라질의 존재를 확인했다.

리스보아(Lisboa)를 출발한 지 한 달 반 만이었다. 이때 포르투갈인은 처음으로 해안에서 원주민과 대면했고, 동행했던 선교사가 브라질 땅에서 처음으로 미사를 집전했다. 브라질에서 이뤄진 첫 번째 미사는 1500년 4월 26일(현재 양력으로 5월 6일) 일요일에 바이아 남부 해안의 싼따 꾸르스 까브라우리아(Santa Cruz Cabrália)에 있는 꼬로아 베르멜냐(Coroa Vermelha) 해변에서 엥리께 드 꼬잉브라(Henrique de Coimbra) 포르투갈 주교에 의해 미사가 집전되었다. 당시 동 마누엘 1세에게 보고하는 서간문⁴에서 뻬루 바스 지 까밍냐(Pero Vaz de Caminha) 다음처럼 브라질에서의 첫 미사를 표현하고 있다.

부활절 일요일 아침에, 까브라우 함장은 원정대 대원들에게 섬에서 집전하는 미사에 모든 대원들이 보트를 타고 가서 참석하라고 명령했다. 첫 번째 미사는 그렇게 이뤄졌다. 섬에 요새를 세우고 그 안에는 제단을 마련했다. 엥리께 신부가 정제되고 공식적인 어조로 거기 있던 모든 사제와 신자들과 함께 미사를 집전했다. 내 감상에 따르면, 미사는 큰 기쁨과 헌신으로 모든 사람들에 의해 들렸다.

〈그림 2〉는 1500년에 브라질에 도착한 뻬드루 알바르스 까브라우가 부하들과 함께 첫 미사를 드리는 장면이다. 이 그림을 그린 빅또르 메이

---

4 A Carta de Pero Vaz de Caminha, Fundacao Biblioteca Nacional, Ministério da Cultura, http://objdigital.bn.br/Acervo_Digital/Livros_eletronicos/carta.pdf

[그림 2] 브라질에서의 첫 미사

출처: InfoEscola.

렐리스(Victor Meirelles, 1832-1903)는 화가 겸 교사였는데, 그의 대표작인 「브라질에서의 첫 미사」는 1860년에 유럽에서 그려진 것이다.

(2) 뚜삐-과라니(Tupi-Gurani)부족과 식민지 복음화

히베이루(Ribeiro, 2016, 22-23)에 따르면, 뚜삐족은 1만 년 전 구세계 인간이 그랬듯이 구석기 시대의 상황을 극복하며 스스로의 농작물 재배방식과 사냥, 수렵 활동을 통해 야생의 상황에서 식량을 확보해 왔다. 식량 자원이 풍부한 곳에서는 3천 명에 이르는 대규모 정착촌을 형성하기도 했다. 원주민들은 바다 건너에서 갑자기 등장한 포르투갈인과 맞닥뜨리면서 예수회로 대표되는 가톨릭 세력(포르투갈) 대 칼뱅주의자(프랑스)로 나뉘어 연합 세력을 구축해 자신도 모르게 유럽에서 신세계로 연장된 종교개혁의 대리전을 치르기도 했다. 2005년 국내에 번역 소개된 뤼팽(Rufin, Jean Christophe)의 『붉은 브라질』은 16세기 중반 브라질 과나바라(Guarabara) 만에서 프랑스가 남국의 프랑스 건설을 위해 일어난 브라질 침략을 다룬 작품으로 당시의 상황을 잘 묘사해 주고 있다. 원주민들은 유럽인이 들어오기 전부터 거주지 쟁탈 경쟁과 포로를 잡기 위한 목적으로 부족 간 끊임없는 전쟁을 벌여 왔지만, 유럽인들과 생전 처음 동맹을 맺어 각종 전쟁에 동원되면서 자신들과 동맹을 맺은 이들이 무슨 이유를 갖고 전쟁을 벌이는지는 이해하지 못했다.

브라질에 들어온 포르투갈인은 원주민들과는 달리 강력한 지배 체제인 왕실과 조정자 역할을 하는 가톨릭교회라는 체계적인 국가 시스템이 작동하는 세계에서 건너왔다. 당시 유럽에서 붕괴의 위기를 유럽 밖에서 극복하고자 했다. 포르투갈이라는 국가 시스템의 상층부에는 바티칸이 있어 당시 국가 경계를 초월하는 보편 신앙의 중심지 역할을 맡고 있었다. 바티칸은 라틴아메리카 이전에 아프리카에서의 전도 경험을 바탕으로 기독교에 버금가는 고도의 체계를 가진 이교도가 아닌 단순한 우상 숭배자와 신이 아예 깃들지 않은 영혼들에게 신앙을 전파하고자 했고 1454년 1월 8일 교황 니콜라우스 5세가 발표한 교황 칙서에 아래와 같은 식민 행동 강령이 들어갔다. 그리고 바티칸의 다른 칙서에서 신세계는 스페인과 포르투갈이 정당한 소유이며 신세계의 민족 또한 그들의 노예임을 재차 확인했다(히베이루, 32).

(……) 이들 모두가 가톨릭으로 개정하는 진전이 있기를 우리는 희망하고 있다. 그래서 우리는 모든 것을 신중히 고려해 포르투갈의 동 아퐁쑤(D. Afonso)왕에게 해외 영토 확장과 관련해 모든 자유 권한을 양도하는 바이다. 그러한 권한 내에는 하느님의 적인 사라센인과 이교도, 그리고 그들의 재산과 땅을 침략하고 정복하고 종속시키는 것이 포함되며 또한 그들과 그들 후손까지 노예화하고 도구로 삼을 수 있다. 이 모든 권한이 포르투갈의 동 아퐁쑤 왕과 그의 후계자인 왕자들에게 영원히 귀속되며 만에 하나 개인이나 지단이나 누구라도 일한 명령을 어기면 즉각 파문당할 수 있음을 천명하는 바이다(……)(히베이루, 재인용).

이처럼 유럽인의 침입과 함께 원주민들은 과거로부터 현재까지 이어온 자신들의 가치관이 부정되고 그들의 미래는 기술력과 조직력으로 잘 무장된 유럽인들의 무력과 선교사들이 가져온 종교로 인해 사후 세계까지 저당 잡히게 됐다.

이제 대륙 내 불평등 관계가 대륙 간 사람들 사이로까지 확장된 것이다. 그 확장 선상의 최전선은 에덴동산에서 쫓겨난 원주민들을 왕실과 가톨릭교회에 편입시키려는 거룩한 구원자적인 의무로 채색되었다. 다시 말해, 원주민들의 의사와는 상관없이 그들을 정복하고 선교와 식민화를 통해 새로운 땅으로부터 부를 획득해 가톨릭교회와 포르투갈 왕실을 이롭게 하는 것이 바로 원주민을 구원하는 신성한 의무라고 정당화시킨 것이다.

브라질 땅에서 예수회와 같은 가톨릭교회가 벌인 선교 과업의 중심에는 유럽의 실패를 딛고 일어나 새로운 땅에서 예언을 구체화하려는 의도가 있다. 식민지 복음화 노력은 신천지에서 벌이는 일종의 종교적 신념의 실험장이었다. 원주민 공동체 마을 '미션(Missáo)'은 그렇게 인큐베이터처럼 탄생되었다. 성경 말씀을 기반으로 평등하고 종교적이며 독실한 공동체 마을의 수립은 그야말로 유토피아의 건설인 셈이었다. 하지만 이러한 실험은 결과적으로 실패로 끝나고 말았다. 1986년에 개봉된 영화 「미션(The Mission)」에서 본 바와 같이, 식민화 과정 속에서도 그나마 무차별적인 노예화를 피해 가톨릭교회의 보호를 받던 원주민들조차 종국에는 세속 통치력에 의해 재정복당하는 길을 걷고 말았다.

(3) 브라질 원주민의 신화와 종교 의례

모든 인류는 종류에 상관없이, 혹은 정확하게 무엇인지 스스로 인식하지 못할지라도 자신과 집단의 정체성을 종교에서 찾아왔다. 브라질 원주민의 종교에 대해 알아보려면 그들이 어떻게 살았으며 그 공동체가 어떻게 작동하는지 먼저 알아봐야 할 것이다. 그들 세계의 원형이 신앙과 세속이 분리되지 않은 채 드러나기 때문이다. 이런 선행 작업 없이, 사실상 원주민이 가진 관행이나 신앙 체계에 접근하기는 불가능하다. 결국 내가 보고 싶은 것만 보는 '우리편 편향'[5]에 치우치고 말 확률이 큰 것이다. 특히 관찰자의 세계와 동떨어진 문화권과 사람들을 볼 때, 사실과 왜곡된 여러 가지 확증편향이 일어나기 쉽다.

---

5 우리가 자신의 사전 견해와 태도를 우호적인 방식으로 증거를 평가, 생각하고, 가설을 검증할 때 나타나는 편향이다. 여기서 문제되는 태도는 확신인데, 확신은 우리가 어떤 대상에 대해 정서적 헌신과 자아 몰두를 보여 주는 원위 신념과 세계관이다. 우리가 사실이기를 바라는 가설에 유리할 법한 방식으로 증거를 찾고 해석할 때 드러난다(스타노비치, 2022, 11)

그렇다면 현재 브라질에 해당되는 장소에 살았던 원주민 부족들의 주요한 사회·문화적 특징은 무엇이었을까. 익히 잘 알려진 바와 같이, 언어 단위는 한 집단의 문화적·공동체적 통일성을 보여 주기 때문에 최우선적으로 어떤 지역에 정주하는 사람들의 다양성을 질서 있게 분류하기 위해서는 언어학적 지표가 아주 유용하다.

지금의 브라질에 해당하는 땅에 살던 주요 부족은 화전 경작, 채집과 어로를 주 생산원으로 하던 뚜삐-과라니 어족 사용자들이었다. 페라즈와 라이헤르트(Ferraz and Reichert, 2021)의 분류에 따르면, 뚜삐-과라니 어족은 세부적으로 다섯 개의 어군으로 나뉠 수 있다. 뚜삐-과라니 어족은 같은 언어와 동질적인 문화를 가진 많은 수의 부족을 포괄하며 수백만 명이 브라질 땅 전역에 퍼져 있었다. 이들은 다른 원주민보다 공동체의 인구 밀도가 높은 특징을 가졌으며, 부족들 간 방언의 차이가 크지 않아 부족이 달라도 의사소통이 원활하다는 장점을 가졌다. 언어의 동질성만큼이나 사회경제적인 생활, 의례 행위, 신앙의 구조적 측면에서 문화적인 동질성도 높았다. 그러나 문화적 동질성이 반드시 정치적 동질성을 보장해 주지 않는다. 그 증거로 유럽 왕국이 통일된 민족을 이루지는 못하고 부족 간에 끝없이 전쟁을 벌여 왔다는 사실을 들 수 있다.

끌라스트르(Clastres, Pierre, 2009)의 말을 빌리자면, "뚜삐-과라니 어족은 하나의 통일된 민족을 구성하지 않지만 같은 문화적 모델에 속한다. 그러나 언어와 문화 사이의 친화성을 이해하고 언어 속에서 문화적 통일성의 원리를 발견하게 되면, 우리는 이러한 관계의 직접적인 결과를 받아들이지 않을 수 없게 된다. 즉 언어만큼 다양한 문화적 짜임새와 신앙 체계가 존재한다는 것이다."

그렇다면 브라질에 도착한 유럽 기독교인들은 원주민을 어떻게 분류했을까? 유럽 기독교인들은 유럽처럼 강력한 제국을 가졌던 안데스 지역과 다르게 브라질에 거주한 원주민들을 신앙심도, 법도, 왕도 없는 숲의 야만인으로 인식했다. 흥미로운 점은 브라질 원주민들에 대해 잉카제국 사람들도 유럽 사람들과 같은 자민족중심주의 인식을 가졌다는 점이다.

인류학자, 민족지학자와 같은 학자들은 물론이고 선교를 목적으로 하는 종교인들은 원시 부족들의 샤머니즘에 깊은 관심을 보여 왔다. 주된 동기는 신앙과 세속이 분리되지 않은 세상의 원형을 관찰할 수 있기 때문이다. 원주민들은 스스로를 자연과 분리하지 않고 자연의 일부로 인식했기 때문에 자기 주변에서 일어나는 이해하기 어려운 일을 이성적으로 분석하지 못했고, 정령과 같은 초자연적인 힘이 작용하는 결과로 받아들였다. 이 말은 부르디외(Bourdieu)의 장(場) 이론처럼 원주민들에게 종교적 '장'은 일상의 모든 개인적, 집단적 사건에 스며들어 있다는 의미다.

종교에 대한 포르투갈인의 기본적인 관념은 기독교인답게 신과 인간의 관계를 정의하는 데 있다. 따라서 그들은 처음 만나게 된 브라질 원주민들에서까지 그런 관계의 흔적을 찾으려고 했지만 실패했다. 한 예로, 뚜삐-과라니 어족의 신화에 등장하는 쌍둥이 영웅은 땅을 벗어나 한 사람은 태양, 다른 한 사람은 달이 되었지만 이들이 숭배 대상은 되지 않는다고 한다. 끌라스트르(2009, 95)는 "남미 원주민의 종교는 신이 없는 이상한 종교"라고 설명했다. 그들에게 신의 부재는 너무 분명하지만 동시에 지극히 종교적이기 때문이다. 그들에게 종교는 살아 있는 자

의 세계와 죽은 자들의 세계가 맺는 관계라는 점에서 사회적이고 집단
적으로 해석된다.

남미 원주민들은 과거에 죽은 자와 최근의 죽은 자를 구별한다고 한
다. 과거에 죽은 자는 조상을 뜻하며 통시적인 차이가 있음에도 불구하
고 공시적으로 자신들과 연결 짓는다. 그 연결을 통해 조상이 물려준 규
범과 규칙을 신화를 통해 계승하고 이어 간다. 최근에 죽은 자는 죽으면
서 영혼을 남기는데 한 사람이 죽으면서 가지는 영혼의 숫자는 부족에
따라 다르다고 한다. 또 장례는 현대에서는 인간이 치르는 마지막 통과
의례로 인식하지만, 원주민 사회에서 장례는 '살아 있는 죽은 자(최근의
죽은 자)'를 산 자로부터 분리하는 데 목적을 두었다.

죽음은 육체를 파괴한 해로운 것이므로 산 자는 스스로를 그로부터
보호하려고 한다. 따라서 같은 죽은 자라도 과거에 죽은 자는 조상으로
긍정적인 기능하는 반면에, 최근의 죽은 자는 쫓아내야 할 해로운 존재
로 분류한다. 이런 차원에서 보로로(Bororo)족의 '죽은 자를 부르는 의
식'에서 '죽은 자'는 '최근에 죽은 자'가 아닌 오래 전에 죽은 자인 '조
상'을 가리킨다. 산 자들은 조상과 동맹을 체결하고 강화하지만 최근
의 죽은 자의 공격에 대비하는 방어력을 준비한다. 아예 산 자들과 물
리적인 분리뿐만 아니라 기억조차 제거해야 하기 때문에 묘지도 대부
분 마련하지 않는다(Tacca, 2002). 커다란 유골 단지에 시신을 넣어 매장
하는 뚜삐-과라니 어족은 전쟁 포로를 처리하는 방식으로서 식인 풍습
을 가졌다. 그러나 아마존의 야노마미(Yanomami)나 파라과이의 구아
야키(Guayaki) 부족은 부족 내 식인 풍습을 가졌는데, 이것 또한 죽은 자
와 분리하고자 무덤을 아예 만들지 않는 데 목적을 가진 것으로 풀이된

다. 이런 종교적 행위는 현대적으로 해석하면, 사람을 죽음에 도달하게 만드는 전염병으로부터 개인과 공동체를 보호하는 일종의 보건 행위로 해석될 수도 있다. 원주민들에게 질병은 자연적인 것이 아니라 초자연적인 요인이 초래하는 것으로 받아들이기 때문에 샤먼, 즉 빠제(pajé)를 필요로 한다. 따라서 빠제는 원주민 사회에서 죽음의 원인을 설명하는 종교 지도자인 동시에 육신과 영혼이 분리되지 않도록, 즉 개인이 죽음에 이르지 않도록 돕는 의료 행위자이자 공공보건 책임자의 역할을 맡았던 것이다.

죽은 자와의 관계 외에 태어나는 자와의 관계를 이해하는 방식도 흥미롭다. 특히 뚜삐-과라니 어족의 '쿠바드 증후군(couvade syndrome)'이 유명한 편인데, 현대사회에서 이 증후군은 대리 입덧처럼 임신한 아내와 동일한 증상과 행동 중 일부를 경험하는 증후군으로 잘 알려져 있다. 뚜삐-과라니 부족 남자는 아내와 아이를 보호하기 위해 아이를 태어나서 탯줄이 끊어질 때까지 해먹에 누워 금식을 한다. 이들의 세계관에서 출생은 기존 세계의 질서에 교란을 가져오면서 악령들을 깨우는 것으로 인식되어 왔다. 실제로 남미뿐만 아니라 전 세계적으로 아기가 태어나면 악령이나 나쁜 기운으로부터 신생아를 보호하려는 노력은 각 사회별로 다양한 의식 형태로 나타난다. 우리나라의 경우도 태어난 자를 보호하려는 바람이 '신생아 삼칠일', '백일 삼신상 차리기'와 같은 형태로 남아 있다. 이처럼 남미의 원시 사회는 개인이 중심이 된 것이 아닌 공동체를 끊임없이 확인시켜주는 종교적이고 의례적인 생활을 유지해 온 특징이 있었다.

(4) 이베리아반도의 유산

위에서 우리는 남미 원시 사회가 개인 중심보다 공동체를 우선하는 삶의 양식과 그를 바탕으로 한 종교 세계를 가진 것으로 이해했다. 브라질에 도착한 포르투갈 출신 사람들은 중세의 질서 있는 신분제에 염증을 느끼던 모험가들이었다. 우리가 흔히 짐작하기로 포르투갈 같은 보수적 가톨릭 국가 사람들은 세습 권력을 당연시하고 신분의 위계질서를 중요하게 생각할 것이라고 여기기 쉽다. 그러나 지 올란다(de Holanda)는 그의 대표 저서 『브라질의 뿌리』를 통해 그런 통념을 다른 시각으로 볼 수 있게 해줬다.

1995년 브라질에서 출판된 이 책은 한국에서는 재인용 문헌 정도만 노출되다가 다행스럽게도 브라질문화원의 총서시리즈로 2017년에 첫 번역서가 국내에 소개됐다. 아직 번역체를 탈피하지 못하고 적절한 용어 차용이나 의미 전달이 모호한 부분이 꽤 있지만, 국내에서 최초로 시도된 작업이라는 점만으로도 원서와 병행해서 국내 브라질 연구에 기여하는 가치는 충분해 보인다. 이 번역서를 시작으로 국내 학자들이 조금씩 힘을 보태 원작이 전달하는 바를 충실히 이해하고 심도 있게 논의할 수 있는 학문적 토양이 마련됐다고 볼 수 있다.

우리의 논의로 다시 돌아와서, 지 올란다는 대항해시대 포르투갈이 가진 최고의 극작가 질 비쎈뜨(Gil Vicente)를 빌어 세습계급에 대한 포르투갈의 특징을 강조했다.

(······) 플랑드르와 독일, 프랑스 전역과 베네치아, 슬픔 없이 살고자 모두가 지

혜와 기술로 사는 곳, 그곳들은 여기만 못하다. 왜냐하면 농부의 아들은 농부의 딸과 결혼할 뿐, 신분 상승이라는 걸 모르니. 수놓는 남자는 수놓는 여자와 결혼하니 그것이 법의 명령이다(지 올란다, 49).

우리가 짐작하던 바와 다르게 중세시대 포르투갈에서 세습적 신분 질서는 다른 유럽 국가들처럼 공고하지 않았다. 귀족도 귀족들만 물려받는 이름만 사용하는 게 아니라 평민의 이름을 사용하는 등 또 그 반대의 경우도 흔해 신분 변화가 일상적인 것으로 기록하고 있다.

지 올란다(같은 책, 53)는 "세습 특권의 비합리성을 탈피하려는 그들은 포르투갈의 바깥세상에서 스스로를 적응시키고 동화될 준비가 되어 있었다. 그들은 세습된 신분보다 자유의지를 가진 개인의 능력과 긍지에 더 큰 가치를 두었다"[6]고 풀이하고 있다. 또 그는 신분보다 자유의지를 더 소중히 여기는 포르투갈인들이 자유의지와 개인의 책임을 강조하는 원칙으로 인해 사람들 간 유대에 호의적이지 않았다고 설명한다. 그래서 그들에게는 칼뱅주의자들이 가졌던 삶의 합리화 경향을 보기 어렵고, 통합 공동체는 군사 쿠데타와 같은 외부의 인위적인 힘에 의해서만 등장할 수 있다는 해석을 보여 줬다. 이 같은 질서와 진보를 모토로 시작한 포르투갈의 모습은 브라질의 현대 정치사에서 귀를 기울일 만한 여지가 많다. 게다가 포르투갈인들은 같은 이베리아반도 출신의

---

6 물론, 학계에서는 지 올란다가 지나치게 이베리아 유산에 금칠을 했다는 비판도 상존한다. 그러나 지 올란다의 설명은 우리가 자칫 중세시대의 포르투갈을 어느 다른 유럽 국가처럼 단조롭게 생각하는 '일반화의 오류'에서 벗어나게 해준다. 이는 긍정적인 부분으로 브라질을 연구하는 사람들에게 그 의미가 크다.

스페인 사람들과 마찬가지로 육체노동을 경시하고 노동을 신성하게 생각하는 사고에서 벗어나 있었다. 세상을 바꾸려는 노력에 수반되는 개인에게 새로운 법칙의 수용, 즉 프로테스탄트 국가의 국민들처럼 육체노동을 신성시하고 숭배하는 종교개혁의 움직임은 하느님의 뜻도 아니며, 하느님의 영광이나 포르투갈 사람들의 존엄성을 높이는 게 아니라 오히려 훼손시키는 것으로 받아들였다. 그들에게는 일용할 양식을 위해 육체노동을 하는 것보다 존엄한 무위도식이 더 낫다고 봤으며, 더 올바른 선택으로 여긴 것이다. 요약하자면, 포르투갈인들은 일보다는 여가를, 이윤을 만들기 위한 생산 활동보다 감정을 돌보는 일을 더 우선순위에 두는 고전주의적 관점을 지켜왔다고 한다. 오늘날 신자유주의적 관점에서 볼 때 경쟁력이 아주 취약한 노동윤리관을 보유했던 것이라고 말할 수 있다.

노동 윤리는 이해관계의 연대를 위한 강력한 매개체로 작동하며 공동체 안에서 질서와 평화를 안겨 준다. 그러나 포르투갈 사람에게 연대의 매개체는 '노동'이 아니라 '가족이나 친지'이다. 따라서 포르투갈 사람들은 사람들 간 유대 관계에 있어, 국가적 차원의 연대보다는 태생적으로 의무적이며 배타성을 가진 가족 간 연대를 선호하는 경향을 띠었다. 그러나 배타적이고 한정된 가족 간 연대는 아이러니하게도 브라질이 포르투갈의 침략으로 탄생한 폭력적인 혼혈을 통해 빚어진 혼종성으로 개방성을 띠게 되었다. 식민시대 당시, 포르투갈 출신 식민주의자들과 결혼할 수 있는 유럽 여성의 부족으로 원주민이나 아프리카에서 팔려 온 흑인 여성 노예 사이에서 자식들이 태어날 수밖에 없었고 이들의 관계는 주인과 노예와 부모와 자식 사이의 경계를 오고갔다.

훗날 브라질의 사회인류학자 다마따(DaMatta, Roberto)는 이러한 이베리아 반도의 유산을 현재의 브라질 사람들이 가진 노동윤리로부터 읽어 냈다. "포르투갈어에서 노동은 형벌의 일종으로 간주된다. 일단 낱말 그 자체가 모든 것을 말해 준다. 포르투갈어에서 '노동(trabalho)'이라는 낱말은 라틴어 'tripaliare'에서 왔는데, 고대 로마 시대의 고문 도구로 노예에게 사용된 일종의 굴레인 'tripaliu'로 벌을 내린다는 의미다"(다마따, 2015, 34). 이는 가톨릭 전통이 이익의 획득을 위한 상업적 투쟁과 양립할 수 없다는 오랜 가르침에 근거를 두고 있다.

막스 베버는『프로테스탄트적 윤리와 자본주의 정신』에서 종교가 경제발전의 결정적인 원인이라는 것이 아니라, 특정한 종교 형태와 자본주의 생활양식 사이에 선택적 친화성의 관계가 존재한다고 주장했다. 이 '선택적 친화성'은 베버가 명확하게 밝히진 않았지만 서로 끌어당기고, 보강하고 이끌어 주는 관계로 추론된다(뢰비, 2012, 37).

포르투갈인들이 육체노동을 경시했던 성향은 반자본주의적 가톨릭의 맥락을 비롯해 그 뿌리가 깊다. 농경 민족과 수렵 채집 민족으로 나눠 구분하자면, 포르투갈 사람들은 나무를 심지 않고 과실을 따려는 성향을 가진 수렵 채집 민족에 해당된다. 그들에게 최종 목표는 '나무'가 아닌 '과실'이었기 때문에 수확에 이르기까지 필요한 중간 과정을 뛰어넘는 데 주력을 다했다. 목표에 걸림돌이 되는 장애 요소는 정공법이 아닌 갖은 편법을 동원해 그때그때 해결해 나갔다. 이런 행태는 국가보다는 가족과 친지 간 유대 관계를 우선시하는 성향과 맞물려, 식민지를 거시적인 안목을 갖고 새로운 정주지로 개발하기보다는 과실이 열리는 동안만 써먹는 착취 대상으로만 삼았다는 해석이 주를 이룬다.

훗날 브라질 현대사회에서 고질병으로 지적되는 '브라질코스트(Brazil Cost)'와 모든 사회 · 경제 · 정치적 문제의 만능치료제로서의 '제이칭뉴(jeitinho)'가 ᅟᅳᆼᅟᅳᆼ, 민간부문을 떠나 개인 관계에서도 만연하게 된 원인을 이 지점에서 발견할 수 있다.

반면에, 프로테스탄트를 대변하는 칼뱅주의는 이와 반대로 노동을 구원에 이를 수 있게 하는 형벌로 탈바꿈시켰다. 사실 북미로 간 청교도들은 과실을 바로 따기 보다는 정착해서 나무를 심고 과실 수확을 지속 가능하게 만드는 데 치중했다. 이런 패러다임의 전환은 나중에 산업주의 시대를 맞아 기계와 혼합복식조로 인간을 노동에 투입시켜 자본을 증식하는 데 적극적으로 활용되어 자본주의를 싹 틔우는 기반이 됐다.

어떻게 보면 포르투갈인의 노동 의식은 동일한 뿌리를 공유하는 기독교 계열임에도 불구하고 오히려 칼뱅주의자들보다 브라질 원주민들이 가지고 있던 노동에 관한 자연주의관과 흡사했다고 추론해 볼 수 있다. 다만 포르투갈인은 부릴 수 있는 다른 인종의 노예가 있었지만 원주민이나 아프리카 노예들은 그런 기회를 가질 수 없었다는 점이 차이일 수 있겠다.

> 인디오들의 눈에는, 바다에서 온 사람들은 너무 고통스러운 삶을 사는 것 같았다. 무엇 때문에 그렇게 고생하며 일하지? 그저 남에게 주거나 교환하면 되지, 무엇 때문에 더 많이 가지고 싶어 하고 계속 모으려고 하지? (히베이루, 38)

이처럼 원주민들에게 삶이란 최대한 공동체 안에서 여유 있고 편안하게 생활하는 것이었다. 바다 건너 도착한 유럽인들은 원주민들과는 달리 보이지 않는 것을 위해 끊임없이 일해야 하고 당장 쓸 곳이 없는 이익을 추구하는 어리석은 사람들로 비쳤던 것이다.

이와 관련해서 다마따는 지 올란다가 강조했던 국가보다 가족 간의 연대를 중요시하는 포르투갈인의 전통을 '집'과 '거리'라는 사회적 공간을 통해 오늘날 브라질 사람들의 사회적 삶을 아래처럼 설명했다.

우리 브라질 사람이 '집'이라고 부르는 것은 단순히 잠을 자고, 음식을 먹으며, 추위와 비를 피할 수 있는 곳을 의미하는 것이 아니라 강력한 윤리 속에서 깊숙이 총체화된 공간, 다시 말하자면 가치들과 복합적인 현실들이 스며든 사회적 삶의 차원을 의미한다. 과거로부터 전해 내려온 것들과 현재의 사물들, 이 세상을 떠나는 사람과 이 세상에 도착하는 사람들 아주 오래전부터 가정을 매개로 연관된 사람들과 이제 막 알게 된 사람들. 집은 물리적인 장소가 아니라 도덕적인 장소다(다마따, 26).

위의 설명처럼 브라질 사람들은 집을 특수한 장소, 배타적인 공간으로 여겼다. 하지만 과거 식민지시대 노예들과 함께 평생을 함께 생활했던 경험을 반영하는 것처럼, 이들은 같이 거주하는 가사도우미와 같은 피고용인에게 '의사가족(pseud family)'의 지위를 허용하는 포용적인 모습도 보여 줬다. 앞서 얘기했던 혼종성을 통한 개방성의 효과라고 볼 수 있다. 과거 식민지시대 노예제 사회에서 주인은 노예로부터 단순히 노동력만 착취하는 게 아니라 그 노예의 윤리적 책임까지 맡고 있었다. 비록 노예제도는 종식되었지만 자본주의 사회의 체제 아래서 구분된 사회계층으로 대체된 눈에 보이지 않는 노예제도가 그 굴레를 완전히 탈피하지 못한 부분이 많다. 반면에 '집'과 달리 그들이 인식하는 '거리'는 다르다.

그렇다면 '거리'라는 공간은 어떤가? 우리가 익히 알다시피 거리는 '움직임'의 장소다. 거리는 항상 '국민'과 '대중'으로 불리는 각기 다르고 서로 모르는 사람들이 하나의 강처럼 흘러가는 공간이다. 이는 사용되는 어휘로 구분이 된다. 집에도 사람이 있지만, 거기에 있는 '사람'은 '우리', 즉 '가족'이다. 그러나 거리에는 단지 뿔뿔이 흩어진 '개인', 도시에 거주하며, 향상 착취적이고, 시민 의식과 노동에 대해 극명하게 부정적인 개념을 가진 대중만 있을 뿐이다. 우리는 거리를 투쟁과 전투의 장소, 그래서 우리 모두의 의지에 전면적으로 반하는 잔혹성이 발생하는 공간이라고 말한다. 따라서 우리는 거리를 '삶의 힘겨운 현실'로 인식한다(다마따, 31-32).

4 브라질의 인종차별과 사회적 불평등의 기원

다이아몬드(2013)는 『총, 균, 쇠』에서 유럽인이 신대륙의 원주민과의 만남에서 작용했던 똑같은 요인들이 아프리카인의 만남에서도 작용했다고 설명했다. 그러나 유럽인이 아메리카 대륙보다 아프리카 대륙을 먼저 접촉했음에도 불구하고 아메리카 대륙과는 다르게 아프리카 대륙에서는 백인들의 대규모의 정착촌이 자리 잡지 못했다는 점에서 차이가 난다.

1) 기독교가 불러일으킨 인종차별과 불평등의 기원

아프리카 대륙은 우리의 통념과는 다르게 흑인만이 아닌 다섯 개의 주요 인종이 모여 사는 곳이었다고 한다. 다이아몬드는 독자들이 재미없고 너무 전문적이라고 생각하는 언어학이 아프리카 역사 이해에 큰 도움이 된다고 강조했다(다이아몬드, 2013, 564). 언어유형론의 제창자인 그린버그(Greenberg, Joseph)의 연구를 인용하면, 아프리카는 2,500여 개의 많은 언어가 사용되지만 아프리카아시아 어족, 니제르콩고 어족, 반투어족, 나일사하라 어족, 코이산 어족으로 총 다섯 가지 분류가 가능하다고 했다. 이중에서 니제르콩고, 반투, 코이산 어족이 인종적으로 흑인에 해당된다. 한편 동일한 유일신을 섬기는 유대교, 기독교, 이슬람교는 근동의 셈어족(아람어, 헤브라이어, 아랍어)을 사용하는 사람이라 아프리카와는 상관이 없어 보인다. 그러나 그린버그는 셈계 언어가 아프리카의 아프리카아시아 어족의 한 갈래에 불과한 것으로 진단했다. 이는 서구문명의 근간인 구약, 신약과 코란을 기록한 사람들의 언어의 기원이 아프리카였다는 증거의 하나가 된다.

15세기에 시작되어 19세기 말까지 이어진 대서양 무역의 중심에는 흑인 노예가 있었다. 물론 절대적인 비교는 불가능하지만, 삼각 무역 구조를 가진 대서양 무역은 오늘날 얘기하는 글로벌 가치 사슬의 원조이기도 하다. 유럽인의 자본 취득 욕망과 이교도에게 보편적 기독교의 전파라는 종교적 사명을 명분을 바탕으로 최초로 유럽, 아프리카, 아메리카 대륙이 연결된 역사적 사건이다. 훗날 노예해방이 노예를 부린 자들로부터 선언되고 이행됐다는 점은 유럽인들이 계몽사상을 통해 비로소 인본주의적인 윤리성을 되찾았다기보다는, 특정 시점의 사회경제적 변화로 인해 노예제도를 유지하는 게 오히려 비용이 더 들고 불편하게 됐다는 차원에서 비롯된 우울한 역사임에 틀림없다.

성경에서 하느님의 말씀으로 노예제를 정당화했을 리는 없지만 중세부터 노예제도를 보는 교회의 입장은 어쩔 수 없는 현실이었다. 인류가 전쟁을 통해 조달되던 노예제를 일종의 원죄의 결과로 해석한 것이다. 노예들도 구원받을 수 있는 영혼을 가지고 있으며 내세에는 구원을 받을 수 있다며, 그전까지는 기존 체제와 권력에 순종하라는 입장을 가졌다. 영생이 있는 내일을 위해 힘들게 사는 오늘을 희생하라는 입장인데, 사실 노예 입장에서 오늘을 견디려면 교회의 가르침 대로 내세의 영생이 보장된다는 믿음이 전제가 된다. 하지만 우리가 앞에서 누누이 강조했듯이 현실 너머 세계의 일은 그 누구도 보장해 주거나 확인해 줄 수 없다. 그야말로 믿거나 속을 수밖에 도리가 없었을 것이다. 노예제도가 체제를 전복시킬 만한 대규모의 폭동이나 혁명 없이 유지되었다는 말은 대부분의 노예들에게도 노예제도가 어쩔 수 없는 하나의 선택지였거나 믿음이 유지되었다는 얘기와 같다. 물론 노예들의 반란으로 독립을 쟁취한 아이티나 도망친 노예들이 모여 살던 낄롬부(Quilombo)의 투쟁 역사는 반드시 기억할 필요가 있다. 포르투갈에서 아프리카 흑인 노예 거래로 얻은 수익은 브라질에서의 대규모 사탕수수 플랜테이션 농장을 운영하기 이전인 15세기 대항해시대를 준비하는 '종잣돈' 역할을 수행했었다.

이제 육체노동을 기피하는 포르투갈인들에게 식민지 개척에 동원할 수 있는 인력은 원주민에서 아프리카인으로 대체되기 시작했다. 대서양 삼각 무역을 통해 이미 쌓은 경험으로 유럽인들은 두 노동력 간의 비교에서 흑인 노예의 생산성이 월등하다는 결론을 낳았기 때문이었다. 하지만 문제는 같은 노예일지라도 원주민보다 아프리카 흑인에 대한 인종차별은 심각했다는 것이다. 그리스 시대까지만 해도 아프리카인도 다른 이민족 노예와 다를 바 없었다고 한다. 언제부터, 왜 흑인은 다른 인종보다 열악한 차별을 받기 시작한 걸까?

종교로 비롯된 인종차별은 복잡한 문제이지만 이 문제의 원인을 기독교 전통에서 찾아볼 수 있다. 구약의 창세기(9; 20-27)에서 대홍수가 끝난 뒤, 노아와 그의 세 아들에 관한 얘기가 등장한다. 노아는 술에 취해 벌거벗은 채로 자고 있던 자기 모습을 비웃은 셋째 아들 '함(흑인)'과 그의 자손 가나안에게 다른 아들 '셈(황인)'과 '야벳(백인)'의 자손의 종이 될 것이라고 저주를 남겼다.

가나안은 저주를 받아 그의 형제의 종들의 종이 되기를 원하노라. (창세기 9:25)

들라깡파뉴(2013)는 이 이야기를 통해 "히브리어본에는 노아의 아들 각각의 후손들이 특정 피부색을 띠게 되었을 것이라는 이야기는 전혀 없다. 그러나 기독교가 시작되면서부터, 어쩌면 그보다 더 일찍부터, '검은 인종'을 함 —따라서 가나안—의 자손으로 여기는 전통이 새로 생긴다(오늘날 함이라는 이름은 언어학자들이 아프리카어족을 가리킬 때 사용하는 '햄-셈 어족'이라는 표현에서 다시 만나게 된다. 그 결과로 검은 "인종은 전형적인 저주받은 '인종'이 된다"고 설명했다. 이처럼 기독교는 특정 인종을 그 누구도 증명할 수 없는 일을 성경 구절을 통해 저주받은 인종으로 만들고 이에 대한 윤리적 죄책감을 희석시켜왔다. 기독교뿐만 아니라 인간의 이성을 우위에 놓던 17세기 철학자와 계몽주의자들조차 노예제도에 대해 침묵을 지켰었다.[7] 유럽 내 인권이나 윤리 문제에는 민감하게 반응하고 바다 건너 식민지에서 일어나는 일은 방관하는 이중 잣대를 가졌던 것이다. 물론 오늘날 수준의 인권의식을 300-400년 이전 시대에 살던 사람들로부터, 그것도 노예 노동력에 바탕을 둔 물질적 기반에서 이윤을 얻고 생활을 영위하던 이해관계 속에 있던 시대 사람들에게서 기대하는 것은 무리한 일임에 틀림없다.

2) 근대의 이성이 만들어낸 인종차별과 불평등의 기원

우리나라와는 다르게 브라질에서 종교를 비롯한 모든 종류의 사회적 불평등을 얘기할 때 빼놓을 수 없는 복잡한 함수 문제가 바로 인종 문제이다. 기독교에서 기원한 것으로 보이는 피부색에 따른 차별은 시대의 변화로 브라질에서는 다른 관점으로 보는 시선과 함께 하게 됐다. 바로 인종 간 혼혈 현상이었다. 중세에서 근대로 시대가 넘어오면서 이성의 시대가 열렸고, 이전에 종교가 해답을 맡았던 부분까지 관여하게 되었다. 특히 서구사상사, 그중에서 특히 파시즘 이론에 적극적으로 개입된 것으로 비판받는 고비노(Gobineau, Arthur de)[8]의 인종주의 이론이 브

---

7 물론 몽테스키외, 볼테르 같은 철학자들조차 식민제도나 흑인 노예제도를 수용하는 입장을 취했었고 절대적 자유주의를 주장했던 장-자크 루소 정도만 적극적인 반대 주장을 펼쳤다.

8 프랑스 출신 인류학자이자 외교관으로 남미를 포함해 세계 여러 곳을 여행하며 연구 활동을 벌였다. 그는 대표 저서 『인종 불평등론』에서 북방민족 우월론을 주장했으며, 나치가 그의 이론을 적극적으로 활용했다.

라질에 미친 영향을 살펴볼 필요가 있다. 고비노는 브라질인은 200년이 가기 전에 소멸할 것이라고 주장했는데, 그 근거는 구약으로부터 기원한 인종 간 선입견에만 둔 것이 아니었다. 브라질에서 대표적인 인종간 이종교배를 가리키는 '물라뚜(mulato)'란 말도 번식이 불가능한 노새, 즉 '물라(mula)'에서 유래된 것처럼 고비노가 주목한 부분은 특정 인종에 대한 멸시보다 서로 다른 인종 간에 일어나는 혼혈로써 혼종을 거듭할수록 퇴화되어 소멸하리라는 예측이었다. 독일의 나치와 같이 순수 민족의 우월성을 앞세우는 인종 불평등 이론인 셈이다. 유럽인의 식민 지배를 받은 브라질에서는 당연히 백인이 지구상의 모든 생물과 인간 사이에서 가장 우월한 존재로 자리매김했다. 그러나 유럽 지식인들은 이분법적 사고로 인해 이 우월한 존재가 혼혈을 통해 그 순수성을 잃게 되면서 생식 능력이 없는 '노새'처럼 된다는 퇴화론을 제시했다. 그러나 혼혈을 통한 브라질의 혼종성을 가장 잘 이해한 사람은 이탈리아 토스카나 출신의 1681년에 예수회 신부로 바이아(Bahia)에서 생을 마친 안드레 주앙 안또니우(Andre João Antonil)신부였다. 그는 로마 가톨릭 우주관을 브라질의 인종 관계에 끌여들여 백인을 연옥, 흑인을 지옥, 물라뚜를 천국이라는 등식으로 사회적 연상을 구축했다. 다마따는 안또니우 신부가 브라질 사회가 가진 본질적인 특징을 잘 이해한 사람으로 양극단이 아닌 중간 범주인 물라뚜에 긍정적인 가치를 부여했다고 평가했다.

미국처럼 개신교를 기반으로, 사람들 사이에 평등주의적이고 자유주의적 사회의 법이 통용되어야 하는 사회에서 물라뚜와 같은 중간자는 제거되어야 할 대상이다. 그들에겐 정답과 오답 사이에 중간 답은 있을 수 없고 있어서도 안 된다. 질서를 무너뜨리고 논란만을 일으키게 되기 때문이다. 그렇기 때문에 혈연과 지연같이 사람들 사이의 '개인적 관계'보다 '개인의 역할'과 '사회적 책임'에 우선순위를 둔다.

반면 사람들 간에 평등하지 않다는 것이 진리로 작동하는 사회에서는 어떤 문제에 대한 선입견이 없는 것처럼 감추는 것이 그 사회의 질서를 유지하는 방법이다. '브라질은 혼혈국가이므로 인종차별이 없다'라는 담론은 '인종민주주의(democracia racial)'라는 신화를 만들어 냈다. 이는 브라질에는 모든 인종과 민족이 모여 차별 없이 조화롭게 살아간다는 이상론으로, 1930년대 브라질의 국가 통합 이데올로기로서 역할을 수행했다. 하지만 과거나 현재 모두 특정 인종과 계층이 부와 권력의 헤게모니를 계속적으로 차지해 온 위계질서가 존재해 왔다는 사실 앞에서 인종민주주의는 현실을 외면하는 허구로 드러났다. 법 앞에 모두가 평등할 수 있다는 기본권 보장과 사회 인식의 전환 없이 인종민주주의는 사회적 불평등을 감추고 원인을 외면하는 '고장난 사회적 엘리베이터'에 불과하기 때문이다.

3) 동전의 양면을 관통해 흑인 노예의 영혼을 달래 준 혼합종교주의

가톨릭은 그 양식에 있어 이곳의 전통 종교와 잘 섞여 뿌리를 내렸다. 고통받고 있는 수많은 원주민과 피가 섞인 메스티조와 물라뚜 그리고 흑인들은 가톨릭의 상징인 자애로운 성모 마리아에게 의지할 수밖에 없었을 것이다. 다양한 인종인 만큼 그들이 신봉하는 성모 마리아는 브라질의 검은 성모 아빠레시다와 바다의 여신 이에만자처럼 유대인의

[사진 1] 브라질 성모와 오리샤스[9]

출처: 임두빈

모습이 아닌 자신들을 닮은 서로 다른 모습일 수밖에 없었을 것이다. 아프리카 각지에서는 노예 사냥이 활성화됐고, 강제로 끌려온 흑인들은 비록 가톨릭 세례를 받았을지언정 그들이 믿는 신에 의지할 수밖에 없

9 6세기부터 노예무역을 통해 브라질에 유입된 아프리카 기원의 토속종교는 박해를 피하기 위해 가톨릭과 관련지어 제설혼합주의적 성격을 띠었다. 오늘날은 독립된 종교 지위를 갖기도 한다. 사진의 가운데는 브라질의 성모 '아빠레시다(Nossa Senhora da Conceição Aparecida)', 오른쪽과 왼쪽은 아프리카의 요루바(iorubá)와 반투(bantu)족이 숭배하는 신인 오리샤(orixá)들 중 하나이다. 오른쪽의 '오슘(Oxum)'은 가톨릭의 성 까따리나(São Catarina)와 왼쪽의 오샬라(Oxalá)는 가톨릭에서 예수 그리스도와 동일시한다.

었을 것이나 노예주들은 절대 그것을 허용하지 않았다. 흑인 노예들은 주인들을 피해 비밀리에 그들만의 의식을 거행했어야 했다. 끊임없이 탄압을 당하자 그들은 자신들이 믿는 신 오리샤(Orixàs)를 교묘하게 가톨릭 신앙으로 포장해 성모나 성인들과 동일시했다. 가톨릭으로 포장된 그들의 의식인 마꿈바(Macumba)를 거행하면서 흑인들은 향수병과 고된 노동과 차별에 찌들린 자신들의 영혼을 위로했다. 이처럼 아프리카의 신앙적 요소가 가톨릭과 접목하면서 브라질의 가톨릭은 정통 로마가톨릭과는 달리 이른바 대중 가톨릭으로 변질된다. 정통 로마가톨릭보다 모든 면에서 제약적이지 않고 신비주의적 요소가 가미되어 있다. 오늘날의 브라질이 가톨릭 국가라고는 하지만 정통 로마 가톨릭을 믿는 것이 아니고 보다 세속화된 대중 가톨릭을 신봉하고 있다.

5 사회 불평등 문제 해결 방법으로서 제이칭뉴

브라질에는 여러 종류의 화폐가 있다. 중앙정부에서 지정한 화폐 외에 회사가 발행하는 식권도 있고 대중교통을 이용하는 교통카드 등등 그 종류가 화폐의 액면 가치를 담고 다양하게 유통된다. 그러나 브라질 사람들 사이에서 가장 많이 유통되는 은유적인 화폐는 바로 '제이칭뉴'다. 이것은 공동체 생활에서 필수적인 사회 해결 방법, 즉 만능열쇠에 해당된다(임두빈, 2010). 그 어원은 라틴어 'jactu'에서 왔는데 천성, 본성, 경향, 기호, 방식 등 다양한 의미를 띤다. 브라질 언어시장에서 통용되는 의미는 "어떤 문제, 해결이 어렵거나 금지된 상황에서 벗어나기 위해 기존의 규범과 규칙을 뛰어넘을 수 있는 창의적인 문제 해결 방식"이다. 긍정적으로 보면 '넛지(Nudge)'[10]와 같은 창의적인 해결 방식이지만 부정적으로는 '회피'와 '변칙'을 주요 수단으로 사용하는 편법이다.

우리가 앞서 살펴 본 브라질의 사회적 불평등을 전제로 할 때, '정의'를 구현하기 위해 사회 공동체적 차원이 아닌 개별적인 차원에서 '공정함'을 추구했던 제이칭뉴의 흔적으로 '식인종 선언', '인종민주주의', '카니발', '민중 가톨릭'과 '제설혼합주의' 등을 브라질 역사에서 끄집어 낼 수 있다. 이 글에서는 다루지 않았지만 브라질 정치 지형 변화의 정점에 서 있는 (신)오순절주의의 출현과 성장 역시 이 제이칭뉴의 수레바퀴에 달려 있다.[11] 물론 제이칭뉴는 지구상에서 브라질 사람만이 가질 수 있는 고유한 특권이나 재주가 아니다. 전술했다시피 긍정적인 의미에서는 브라질만의 독창성과 개별성을 추출할 수 있지만, 부정적인 의미에서는 현행의 법과 규범을 쉽게 뛰어넘는 속성 때문에 전체가 아닌 특정 개인의 이익에 부합하는 목적을 띤 '부정부패'와 '사리사욕'에 결부되기 쉽고 이런 현상은 모든 문화권에서 등장한다.

유럽인에 의해 그 존재가 호명되면서 태생부터 불평등을 안고 태어난 브라질은 명목적인 민주주의, 평등주의에 가려진 힘든 구조적인 현

---

10 2017년 노벨경제학상을 수상한 행동경제학자 리처드 탈러(Richard H. Thaler)가 세상을 바꾸는 힘의 일종으로 소개한 '자유주의적 개입'을 가리키는 용어로 원래는 '팔꿈치로 툭툭 치다'라는 뜻을 갖고 있다. 이런 자유주의적 개입은 금지나 인센티브 혹은 피해 없이 사람들에게 똑똑한 선택을 유도하는 부드러운 힘으로 크게 관심을 끌었다. 그러나 동시에 내재된 온건주의적 속성으로 조작을 통한 강제와 금지가 될 수 있다는 비판도 존재한다.

11 이 복음주의 기독교에 대한 이야기는 이 책의 8장 「브라질의 사회적 불평등과 정치적 도구로서의 종교의 영향력」에서 더 다루기로 한다.

실 속에서 각 개인이 각자도생으로 평등함과 공정함을 찾아왔다. 그런 여정 속에서 탄생한 국민 해결사가 '제이칭뉴'이다. 제이칭뉴는 브라질 사람들의 삶의 한 부분이고 신분의 고하에 상관없이 작동한다. 따라서 종교를 등에 업은 제이칭뉴들도 현실 세계의 불평등함을 전제하고 이를 현실 너머 세계에서 극복하고자 하는 염원, 또는 과도기적인 문제 해결책으로 기능하는 것이다.

6 맺음말

상식적인 수준에서 볼 때도 종교는 개인에게 위안과 평안을 제공하고 집단에 연대감을 부여하는 기능을 안정적으로 수행한다. 그리고 나 자신, 우리가 어디에서 왔는지, 어떻게 생겨났는지 하는 인류 최대의 궁금증과 숙제를 간단하게 설명해 줄 수 있는 만능열쇠이기도 하다. "믿으라, 그리하면 너와 네 집이 구원을 받으리라." 그러나 동시에 종교는 지속적으로 인류 전체 혹은 부분을 위협해 왔다. 모두 알다시피 '종교(religião)'라는 단어는 라틴어에서 유래했고 원래 뜻은 '매듭', '동맹', '협정', '계약', 그리고 신과 인간 사이는 물론 인간들 사이의 고리들을 인도해야만 하는 관계 등의 개념을 가지고 있다. 수많은 사람들이 자신의 종교를 지키기 위해 고난을 겪었고 상대에게 박해를 받아 온 역사가 있다. 반대로 종교는 박해를 가하고 자원을 탐식, 독식하면서 불평등의 기원으로 작동하기도 한다. 그러나 브라질에서 출현한 종교 현상은 각각의 종교 형식이 다른 형식을 보완함으로써 서로 충분한 상보관계를 유지한다는 데 있다. 그래서 브라질에서 대중 종교와 공식 종교는 대립적인 것으로 보기보다는 양자의 관계를 보완적으로 이해하는 게 더 낫다. 그 두 개를 잇는 통로는 바로 기적이다. '기적'은 브라질 사람들과 신들 사이에 은밀하면서 가족적, 직접적이고 인간적인 의사소통 형식이다. 성탄절에는 로마 가톨릭 미사에 참석하고 연말연시에는 모두가 흰옷을 입고 아프리카에서 유래된 오리샤(orixá)를 모시는 의례를 치르고, 거기서 생성되는 좋은 희망의 기운을 받아들인다. 저세상과 맺는 관계에서 아주 많은 양다리를 걸친다. 우리가 앞에서 논의했던 것처럼 제이칭뉴를 부리는 것이다. 브라질 사람들은 저세상의 존재를 믿는 세계관을 가지고 있다. 저세상에는 더 이상 불평등이 없기를 희망한다. 모든 이들이 사람으로 인정받고 모두에게 보편법이 적용되는 곳이기를 염원한다. 하지만 아직 브라질 사회는 내세의 약속을 담보로 현실 세계의 불합리함을 감내하는 경향이 짙다. 이미 '고장난 사회적 엘리베이터'를 근본적으로 고치거나 교체하지 못하고 고작 '제이칭뉴'라는 미봉책으로 그때마다 수리해서 타고 있는 셈이다.

제 5 장

쿠바 혁명 정권과 가톨릭교회의 관계 변화:
적대와 차별의 대상에서 대화 상대자로

/

조영현

/

1 20세기 라틴아메리카 역사의 변곡점: 쿠바 혁명[1]

라틴아메리카는 정치와 종교 관계를 분석하는 데 있어 매우 흥미로운 대륙이다. 이 지역에서 1960년대 중반에 등장한 혁명적 그리스도교 운동과 진보적 사제단의 출현, 그리고 이런 활동들을 이론적으로 뒷받침했던 해방신학의 탄생이 정치와 종교, 국가와 교회 문제에 대한 연구를 촉진시켰다. 게다가 마르크스주의의 확산과 게릴라의 준동, 반공을 기치로 한 국가안보 이론, 그리고 군사독재 정권의 출현 등 자극적인 현상들 때문에 많은 연구자들이 이 지역에 대해 관심을 갖기 시작했다. 특히 쿠바 혁명은 20세기 라틴아메리카 역사에서 가장 중요한 사건으로 이 대륙에 사는 사람들뿐 아니라 세계적인 관심의 대상이 되었다. 라틴

---

1 이 글은 2019년 12월 31일 한국스페인어문학회에서 발행하는 학술지 『스페인어문학』 제93호에 실린 논문 「쿠바혁명 정권과 가톨릭교회의 관계에 대한 연구」를 책의 취지에 맞게 새롭게 첨삭하고 재구성해 작성한 것이다.

아메리카의 20세기 역사는 크게 쿠바 혁명 이전과 이후로 나뉜다고 할 수 있다.

쿠바는 미국의 '뒷마당'으로 인식되었으나 1959년 혁명을 통해 점진적으로 공산국가로 전환되었다. 이 과정 중에 가톨릭교회는 정권에 의해 통제되는 신세로 전락했다. 혁명 정부는 교회를 탄압했고 침묵을 강요했다. 그러나 1989년 베를린 장벽의 붕괴 이후 진행된 국제 질서의 변화로 인해 혁명 정부조차 변화를 택하지 않고는 생존할 수 없게 되었다. 혁명 정부는 냉전 체제가 해체된 후 다시금 시장경제 체제를 선택적으로 수용하면서 제한적이지만 체제 이행기의 모습을 보이고 있다.

2008년 피델 카스트로(Fidel Castro)로부터 권력을 이양 받은 라울 카스트로(Raúl Castro)는 이런 변화를 상징하는 인물이다. 비록 쿠바 변화의 조짐이 피델 카스트로 집권 말기부터 조금씩 보이기 시작했지만 본격적으로 가시화된 것은 동생 라울의 등장과 함께였다. 정치범들의 석방, 경제 개혁과 개방화 전략, 미국과의 관계 개선 노력 등이 대표적인 변화의 양상이라고 할 수 있다. 이와 같은 일련의 흐름 속에서 눈에 띄는 점은 가톨릭교회의 정치, 사회적 위상이 급격히 상승했다는 점이다. 아바나시의 대주교인 하이메 오르테가(Jaime Ortega) 추기경은 쿠바 주교회의의 의장으로서 라울 카스트로 정권과 빈번히 만나고 대화하기 시작했다. 대화의 주제나 내용을 보면 정치범 석방 문제, 교황의 쿠바 방문 문제, 종교의 자유를 포함한 인권 문제, 미국과의 국교 정상화 문제 등과 같이 사회 전 분야에 영향을 미치는 것들이다. 이런 상황들은 가톨릭교회와 혁명 정부 사이의 관계가 변화했음을 보여 주는 증거들이다.

이 글의 목적은 무엇보다 쿠바 혁명 정부와 가톨릭교회의 관계를 혁명 과정의 진행 상황에 따라 살펴보고 양측의 관계 변화를 초래한 요소들을 분석하는 것이다. 특히 쿠바 혁명 정권이 어떻게 종교를 인식하고 다루는지 가장 대표적인 종교인 가톨릭을 통해 살펴볼 것이다. 또 어떤 이념과 상황이 가톨릭을 차별하게 하고 탄압하는지 다루고, 어떤 상황에서 가톨릭교회와 협력하고 대화 상대자로 받아들이는지 점검할 것이다. 분석 시기는 1959년 쿠바 혁명부터 라울 카스트로 체제까지로 제한한다. 가톨릭교회와 공산주의를 지향하는 혁명 정권 사이에 이념적 요인이 중요한 만큼, 냉전 체제 시기와 탈냉전 체제 시기로 나누어 다룰 것이며, 분석에 있어서도 이념과 역사적 요인들에 대해 초점을 맞출 것이다.

2 냉전 체제하의 쿠바 혁명과 가톨릭교회

1) 쿠바 혁명과 가톨릭교회의 대응(1959-1962)

다른 라틴아메리카 국가와 달리 쿠바는 종교적으로 느슨한 편이다. 민중층에서 가톨릭교회의 영향력이 상대적으로 약했다. 이 나라에서 가톨릭교회는 보수적 이념을 가진 백인 중심의 엘리트들, 혹은 기득권층의 종교라는 이미지를 가지고 있었다.[2] 식민시기 쿠바 가톨릭교회는

---

2 쿠바 혁명 이전에 이루어진 설문조사에 의하면, 응답자 중 96.5%가 종교가 있다고 표시했고, 이들 중 72.5%가 자신의 종교가 가톨릭이라고 응답했다. 상류층 인구의 94%는 자신이 가톨릭을 신봉한다고 대답했다(Torreira Crespo, 2005, 4).

흑인들의 노예화를 반대하지 않았고, 독립운동이 시작되었을 때도 주교들은 스페인의 전통과 가치를 대변했다. 일부 성직자가 개인 자격으로 노예제 반대를 주장한 적이 있고 쿠바의 독립을 지지한 적은 있었다. 그러나 교계 차원의 움직임은 아니었다. 언제나 교회의 지도자들은 기존 체제를 지지하는 안정 지향적인 특성을 보였다. 스페인 출신 사제들이 장악한 교회는 독립운동에 참여한다거나 사회 변화를 주도한 적이 없었다. 20세기에도 이런 경향은 반복되었다. 항상 현상 유지를 지지했고, 교육과 윤리적 측면에서도 그런 가치를 재생산하는 데 기여했다. 독재와 비민주적 태도를 보였던 바티스타 정권에 대항해 직접적인 비판을 가하지도 않았다. 그래서 가톨릭교회는 엘리트들의 종교라는 이미지가 강했고, 빈곤층에 대한 사회적 존재감은 상대적으로 약했다 (Lampe, 1995, 396-397). 그럼에도 불구하고 1959년 혁명 발발 당시 가톨릭 신도 수는 인구의 70% 정도를 유지하고 있었다.

교육 분야에 독보적인 위치를 점하던 가톨릭교회는 중산층과 상류층 교육에 많은 인력을 집중하고 있었다. 중류층 출신이었던 피델 카스트로와 라울 카스트로도 예수회가 운영하는 학교에서 교육을 받을 정도로 교육 분야의 장악력은 매우 강력했다. 그러나 흑인과 뮬라토 같은 하층민들에 대한 관심은 적었다. 당시 가톨릭교회는 불평등, 정의와 같은 사회 문제에 민감하게 대응하지도 않았기 때문에 민주적 혹은 진보적인 기관이라는 인상을 주지 않았다. 가톨릭교회는 모든 계층에 걸쳐 신도를 가지고 있었지만 민중들의 종교적 심성과 정신세계를 충분히 지배하지는 못했다. 하층민층에서는 아프리카계 종교와 가톨릭적 요소가 결합된 산테리아가 광범위하게 퍼져있었다. '성상 숭배'라는 뜻을 가진 이 종교는 흑인 노예들을 통해 아프리카에서 건너온 요루바 신앙에 가톨릭교회와 원주민 신앙의 영향을 받아 만들어졌다. 흑인들은 자신들의 전통 신들을 유지하기 위해 가톨릭교회의 성인들과 혼합시켜 스페인 정복자들의 눈을 속였다. 이 종교는 조직적 혹은 제도적 측면은 취약했으나 민중층에 광범위하게 확산되었다. 그리고 독립 후 미국이 쿠바를 지배하고 영향력을 확대하면서부터 여러 종류의 개신교가 유입되었다. 이것은 이 나라의 종교 지형을 더욱 복잡하고 다양하게 만들었다.

1959년 혁명 이전 쿠바 사회는 불의와 불공정, 부패와 독재가 만연한 사회였다. 만성적인 불경기와 반식민지 형태의 경제 구조에서 오는 실업 문제도 심각했다. 소수의 대토지 소유자와 과두 엘리트로 인한 불평등, 그리고 쿠바에 대한 미국의 경제적 지배는 노골적이었다(휴버만, 1984, 102). 따라서 1959년 당시 혁명 세력이 주장한 독재 타도, 민주주의, 인권 존중, 부패 척결, 차별 철폐, 기본적 필요의 충족, 사회정의 등의 구호는 국민들에게 희망과 변화의 메시지가 되었다. 피델 카스트로가 동부 산악지대에서 게릴라들을 이끌고 있을 때, 가톨릭교회 내에도 독재를 끝장내야 한다는 확신을 가진 신도들의 숫자가 증가하고 있었다(Alvarez Cuartero, 1998, 87). 따라서 가톨릭교회도 비교적 혁명에 대해 호의적인 입장을 가지고 있었다. 기예르모 사르디냐스(Guillermo Sardiñas) 신부는 직접 게릴라들의 거처인 산악지대로 들어가 혁명군의 군종 사제 역할을 수행했다. 사제가 귀했던 산악지대에서 농민의 자녀들에게 세례도 베풀고, 문맹자들을 교육시켰다. 카스트로가 농민들의 지지를 받아 혁명을 성공시킬 수 있었던 것은 체 게바라와 같이 농민에게 봉사하는 의사와 기예르모 같은 사제가 있었기 때문이다. 이런 인물들은 일정 부분 피델 카스트로를 인간적 덕성을 갖춘 지도자로 만드는 데 기여했다(Castro Figueroa, 2008, 15). 샤르디냐스 신부는 혁명 직후 사령관의 직함을 얻고 혁명군으로부터 존경과 사랑을 받았다.

혁명이 승리한 후 피델과 라울이 산티아고에 있는 세스페데스 공원(el Parque de Cespedes)에서 연설한 다음 이 지역의 대주교인 엔리케 페레스 세란테스(Enrique Peréz Serantes) 대주교를 연설자로 세운 것에서 알 수 있듯이 가톨릭교회와 혁명 지도부 사이에는 문제가 없었다. 혁명군들이 아바나로 입성할 때도 목에 로사리오를 걸고 들어온 사람들이 많았던 것은 피델을 비롯한 지도부가 종교에 대한 거부감을 표출하지 않았기 때문에 가능한 것이었다.

당시까지만 해도 혁명의 최고 지도자인 피델 카스트로가 사회주의나 마르크스 레닌주의라는 이념을 전면에 내세우지 않았다. 교회는 피델이 예수회 교육을 받았고, 가톨릭교회에서 결혼을 했을 뿐 아니라, 민족주의 성향을 강조했기 때문에 공산주의 이념과 카스트로를 연결하지 않았다. 그는 혁명이 성공한 직후에도 자신은 공산주의자가 아니라고 공공연하게 천명하고 다녔다. 1959년 4월 24일 뉴욕의 센트럴 파크에서 한 연설에서 그것을 확인할 수 있다.

나는 공산주의자가 아니며, 공산주의에 찬동하고 있지 않다. (……) 민주주의와 공산주의는 나의 눈으로 볼 때 같은 것은 아니다. 우리는 인간애적인 이상을 내걸고 있다. 국민에게 자유를 가져다 주려고 바라고 있을 뿐 아니라, 그들에게 생활수단을 주고, 먹을 것을 확보하기를 원하고 있다(밤비라, 1985, 151).

『쿠바혁명의 재해석』을 쓴 밤비라는 피델 카스트로가 쿠바 독립의 아버지인 호세 마르티를 신봉하는 민족주의자이자 휴머니스트라고 주장했다. 그리고 그가 사회주의 신봉자가 된 것은 혁명이 진행되는 과정에서 발생한 수많은 사건들과 국제적 환경, 미국과 소련이 주도한 냉전 체제와 혁명 과정 자체의 산물이라고 평가했다(Ibid., 152).

혁명 초기 쿠바 혁명에 대한 가톨릭교회의 반응은 결코 부정적이지 않았다. 1958년 12월 말 바티스타가 쿠바에서 탈출하자 아르테가 베탕쿠르(Artega Betancourt) 추기경은 아바나의 모든 성당의 타종을 명령했고, 교황대사도 빠르게 혁명 정부를 승인했다. 대체적으로 가톨릭교회의 고위층도 쿠바 사회에 개혁이 필요하다고 인식하고 있었고, 개혁을 시도하는 혁명 과정 자체를 시민들을 위한 것으로 보았다(Festano Fernández, 2007, 1-2).

피델 카스트로도 초기에는 가톨릭교회에 대해서 긍정적 시각을 보였다. "쿠바의 가톨릭 신도들은 자유라는 대의를 위해 전적으로 협력했다"고 선언하며 그 공로를 인정했다(Montenegro González, 2009, 261). 여기에 더해 1959년 2월 23일 연설에서는 "나는 종교가 인간의 도덕 형성을 위한 토대라고 믿는다"라고 선언하기도 했다(Ibid., 267).

하지만 혁명 과정 속에서 급진적인 개혁 정책들이 속속 실천에 옮겨지자 가톨릭교회의 주교들은 불안감을 드러내기 시작했다. 1959년 5월 17일 농지 개혁법이 선포되었다. 가톨릭교회는 유럽의 농민과 달리 단순 임금노동자로 전락한 농촌의 현실을 잘 알고 있었기 때문에 농지개혁이 필요한 상황이라는 것을 인정하고 지지했지만, 동시에 급격한 개혁에 대해서는 우려를 가지고 있었다. 이 법이 선포되기 전까지는 미국과의 관계가 우호적이지는 않았지만 그런대로 유지되고 있었다. 미국의 입장에서는 농지 개혁의 실시 자체가 미국 기업들과 쿠바에 투자한 자국민들의 이익을 심각하게 위협하는 것이었다. 따라서 농지 개혁법의 통과는 실질적으로 양국의 관계 악화의 시발점이 되었다. 동시에 쿠바의 상류층과 중산층을 급격하게 피델의 반대 세력으로 결집시키는 계기를 제공했다(휴버만, 1984, 100). 가톨릭교회는 내전의 상처가 치유되지 않은 상황에서 국내외적으로 갈등과 대립이 확대되는 것을 원치 않았다. 그러나 혁명 정부는 미국의 압력에 굴하지 않고 소수의 과두 세력과 미국이 지배하고 있던 대농장 시스템을 해체했다. 미국은 쿠바 내 자국 정유회사에서 석유 정제를 거부하도록 명령했고, 1960년 7월에는 쿠바산 설탕 수입도 중단했다. 그러나 피델 카스트로는 정유회사를 국유화하고 소련과 국교를 맺었다. 같은 해 9월에 미국이 쿠바에 대한 무역 봉쇄를 단행하자 은행과 대기업, 제당 공장, 철도 등 주요 산업을 국유화했다. 쿠바가 미국의 적대 세력인 소련과 가까워지자 미국은 국교를 단절하며 쿠바를 고립시켰다.

가톨릭교회는 일련의 사태를 지켜보며 쿠바 내 소련의 영향력 증가와 마르크스주의의 확산에 대해 두려움을 갖기 시작했다. 혁명 정부와 가톨릭교회의 관계 악화의 결정적 계기는 우리가 피그만 침공으로 잘 알고 있는 '히론 해변(Playa Girón) 침공'이었다. 이 사건은 1961년 4월 17일 발생했다. 이 점에 대해 세그레예스 알바레스는 다음과 같이 강조했다.

소련과 가까워지고 미국의 중앙정보부가 주도한 피그만 침공이 일어나자

1961년 피델 카스트로는 혁명이 사회주의적 성격을 갖는다고 천명했다. 이때부터 보편적이고, 사도로부터 이어 오고, 로마적 전통을 따르며 도그마를 대표하는 가톨릭교회와의 관계가 결정적으로 어그러지기 시작했다. 가톨릭교회는 사회주의와 대립하는 이념들을 대표하는 기관이었다(Segrelles Álvarez, 2018, 29).

쿠바 이주민이 주축이 된 반혁명군에 협조한 가톨릭 신부 3명과 개신교 목사가 문제가 되었다. 반혁명 세력은 미국 정부와 중앙정보국의 지원을 받고 있었기 때문이다. 3명의 신부들은 모두 스페인 출신 사제들이었다. 이들은 혁명 정권 입장에서 볼 때 반역자들이어서 극형이 마땅했으나 총살당하거나 교도소에 갇히지 않고 추방되었다. 피델은 혁명 정부에 의해 사제들이 총살되거나 박해받는 이미지로 비춰지는 것을 원치 않았다(Betto, 1988, 224). 혁명 세력과 교회가 직접적으로 충돌하는 것을 원치 않은 것이다. 그러나 이 사건 직후 피델은 혁명이 지향하는 바가 사회주의 국가 실현이라는 점을 명확히 했다.[3] 이런 이념적 선언과 그에 따른 개혁들은 단지 미국이나 국내 엘리트들의 반발만을 초래한 것이 아니었다. 가톨릭교회에게도 직접적으로 피해를 주었다.

혁명 정부가 점차 소련과 가까워지고 미사일 위기가 발생하자 가톨릭교회와 새 정부 사이의 관계가 급격히 악화되었다. 많은 사제들이 카스트로 정권을 두려워하기 시작했고, 정권에 대한 적의를 표출하기 시

---

3 피델 카스트로는 사회주의를 강조할 수밖에 없는 상황에 처했다. 이런 맥락에서 그는 "나는 처음부터 마르크스주의자였고, 죽을 때까지 그럴 것이다"라고 선언했다(Montero González, 2009, 283).

작했다. 당시 쿠바에서 사목하던 사제들의 대다수가 외국인이었다. 특히 내전을 경험한 스페인 출신이 많았다.[4]

혁명 정부의 개혁 정책을 비판하고 이에 대한 부정적인 여론을 형성하는 가톨릭교회가 반혁명적인 발언과 간섭을 계속하자 피델 카스트로 정권은 1961년 9월 142명의 사제들과 수많은 수녀들을 추방했다. 그 후에도 규모는 작았으나 외국인 사제들의 추방이 이어졌고, 탄압에 못 이겨 스스로 쿠바를 떠나는 성직자들도 늘어났다. 교회 내에서 적극적으로 활동하던 가톨릭 평신도 지도자들에 대한 체포와 구금이 이어지자 사목 활동을 보조하던 신도들의 활동도 눈에 띄게 줄어들었다. 이처럼 갑작스럽게 닥친 성직자와 수도자 수의 감소와 평신도 지도자에 대한 탄압은 가톨릭교회를 크게 위축시켰다. 장기적으로 교회에 대한 차별과 핍박으로 가톨릭 인구는 급감했고, 400만 명 안팎으로 줄어들었다.

2) '침묵의 교회'로 전락한 가톨릭교회(1963-1989)

피델 카스트로를 비롯한 혁명 지도부는 가톨릭교회를 제국주의를 편드는 세력으로 간주했고, 미국이라는 제국주의와 결탁한 '앞잡이'로 여겼다. 따라서 가톨릭교회는 혁명의 적대 세력이자 반동으로 간주되었다(Betto, 1988, 277-278). 당시 가톨릭교회는 혁명으로 인해 피해를 보

---

4 로페스 올리바에 따르면 당시 성직자와 수사, 그리고 수녀의 숫자는 아래와 같다. "교구 사제는 220명이었고, 이 중에서 95명이 쿠바인이었다. 남성 수도회 소속 사제는 461명이고, 이 가운데 30명이 쿠바인이었다. 수사들은 328명인데 대다수가 외국인이었다. 수녀는 총 1872명이었고, 이 가운데 556명이 쿠바인이었다. 나머지 대부분의 수녀들은 스페인 사람이었다. 1167명의 수녀들이 교육 분야에 종사했다"(López Oliva, 2009, 121).

는 상류층 신도들로부터 영향을 받고 있었다. 이런 부류의 신도들은 교회를 이용해 혁명 정부에 저항하려고 했다(López Oliva, 2009, 107-108). 그러자 1963년 이후부터 국가 주도 반종교 캠페인이 더욱 강화되었고, 가톨릭교회에 대한 억압과 배제는 더욱 노골화되었다. 주교들과 성직자들 중에서 일부는 감금되거나 가택 연금을 당했다. 성직자들이 모욕을 당하기 일쑤였고, 정부와 가톨릭교회 사이에 대화는 사라졌다. 정부의 탄압은 즉흥적이거나 일시적인 것이 아니라 체계적이고 제도적인 것이었다. 손발이 묶인 교회는 위축되고 침묵을 강요받았다. 그래서 알바 실롯은 이 시기를 '침묵의 시기(período de silencio)'라고 명명했다(Alba Silot, 2015, 75).

혁명 정부는 새로운 교육법을 만들어 교구나 수도회에서 운영하던 사설 교육 기관을 몰수했고, 학교에서는 공식적으로 종교 교육을 금지시켰다. 산업 부분뿐 아니라 교육 분야에서도 국유화가 진행되었다. 이 법은 교육의 주체를 국가로 천명하고 국가가 교육을 독점하도록 만들었다. 이것은 수백 년 동안 쿠바 교육의 핵심 부분을 담당했던 교회를 교육 영역에서 배제시키는 조치였다. 마리아회, 살레시오회, 그리스도교 교육형제회, 예수회 학교 등에서 일하던 성직자와 수도자들이 쿠바를 떠나야 했고, 교회 건물과 재산은 몰수되었다. 신학교도 폐쇄되고 중요한 성당들도 국가 건물로 귀속되어 창고나 군사 병영으로 사용되었다. 카스트로 피게로아(Castro Figueroa)는 다음과 같이 증언했다.

당시 쿠바 내에 723명의 사제가 있었고, 그 중에서 483명은 수도회 소속이었고 교육 분야에 종사하고 있었다. 2,225명의 수녀들도 같은 처지에 있었다. 학교를 몰수하는 것은 사제들에게 생존을 위한 수단을 빼앗는 것이었다. 그들의 장상들은 사제들을 다른 나라로 보내야만 했다(Castro Figueroa, 2008, 31).

그리고 성탄과 성주간에 행해지던 공공장소에서의 종교 행사는 금지되었다. 이런 조치는 라틴아메리카 대륙에서는 전례가 없던 것으로 멕시코 혁명 이후에 진행된 교회에 대한 탄압과 비교되는 조치였다.[5] 점진적으로 쿠바 정권은 제도적으로 가톨릭 신앙을 추종하는 사람들에게 불이익을 주는 시스템을 구축해 나갔다. 신도들은 공산당에 가입할 수 없도록 금지했다. '과학적 사유'를 강조하면서 비과학적 종교와 미신을 믿는 신도들을 교수직이나 행정직에서 배제했다(López Oliva, 2009, 108-110). 사회적으로 영향력이 컸던 가톨릭뿐만 아니라 미국과 연계된 것으로 의심 받는 개신교도들에 대한 탄압은 계속 증가했다. 그러나 피델 카스트로는 종교를 인정하지 않았을 때에도 인구의 30%를 차지하는 흑인을 위해 산테리아에게만은 매우 관대한 태도를 보였다. 이 종교는 일종의 민속 신앙의 형태로 다른 종교와 같이 성전이나 위계적 조직을 가지고 있지 않아 체제에 위협적이지 않았기 때문이다. 혁명 정부는 그 밖에 소수거나 힘이 없는 종교들의 유입도 허용하는 이중적인 태도

---

5 1910년 발발한 멕시코 혁명은 자유주의와 민족주의 노선의 색채를 띤 카란사와 오브레곤의 승리로 귀결되면서 가톨릭교회에 적대적인 헌법을 제정했다. 이 1917년 헌법은 반교회적이고 반성직주의적인 특색을 보였다. 가톨릭교회의 정치 사회적 영향력을 축소하거나 제거하려는 분명한 의도를 드러냈다. 성직자들의 선거권과 피선거권을 박탈하고, 교회의 재산 소유를 금지했다. 초등교육에서 성직자나 수도자의 학교 운영을 금지했고, 교회 소속 언론의 정치적 개입을 차단시켰다. 수도원 등 부속 기관 신설을 제한하고, 정부가 성직자의 수를 통제했다. 성전을 제외한 공공장소에서 미사를 금지했으며 성직자는 수단을 공공장소에서 입는 것이 금지되었다.

를 보였다.

피델 카스트로 정권은 1965년 공산당전당대회를 통해 "사회 내 완전한 평등에 도달하기 위해 반제국주의, 애국주의, 공산주의와 사회주의 원리에 충실할 것"을 선언했다(Contreras Garcia, 2015, 173-174). 공산당 당헌은 종교의 반계몽적인 우민주의에 대항해 투쟁하는 것이 공산당원의 의무라고 강조했다. 많은 가톨릭 신도들은 정권의 차별 정책으로 인해 피해를 보지 않으려고 자신의 신앙을 감추어야 했다(Contreras Garcia, 2013, 179).

교회 내에는 두 부류의 신도들이 있었다. 한 부류는 교회 내에 머물며 피델 카스트로가 주도하는 혁명을 지지하는 세력이었고, 다른 부류는 교회의 반혁명적 입장이나 비타협적 입장에 실망해 교회에서 멀어지는 신도들이었다. 혁명가이면서 동시에 가톨릭 신자가 될 수 없다는 교회의 이분법적 입장에 실망한 사람들이 상당수 존재했다(Torreira Crespo, 2005, 10). 신앙을 숨기고 공산당원이 된 사람은 신앙이 우선인지 이념이 우선인지 모순을 초래하는 상황에 처했다. 혁명을 지지하던 신도들도 자주 이중의 정체성 속에서 괴로워할 수밖에 없었다(Castro Figueroa, 2008, 136).

1970년대부터 라틴아메리카에 불어 닥친 해방그리스도교 운동과 해방신학이라는 바람은 피델 카스트로가 가진 종교에 대한 인식을 바꾸도록 하는데 크게 기여했다. 페루, 브라질, 칠레를 중심으로 급격하게 확산되던 가톨릭 진보 진영의 신학 논리는 종속자본주의에 대한 비판, 반제국주의, 반식민주의, 인간 해방과 종속 철폐 등의 구호를 포함하고 있었다. 사회과학인 마르크스주의를 방법론적으로 차용해 라틴아메리카 사회를 분석하는 도구로 사용한 해방신학은 대륙 전체에 커다란 반향을 일으켰다.

해방신학은 1979년 니카라과 혁명에도 영향을 끼쳤다. 많은 가톨릭 신도들이 혁명에 가담했고, 혁명과 신앙은 서로 대립하거나 모순되지 않는다는 주장이 힘을 얻기 시작했다. 선의를 가진 진정한 그리스도교인이 혁명가가 되는 것이 가능하다고 본 것이다. 진보적인 제2차 바티칸 공의회의 개혁과 개방 정신이 1970-1980년대의 가톨릭 신도들에게도 영향을 미친 것이다. 이 공의회는 교회도 타종교, 세상, 과학, 그리고 마르크스주의와도 대화할 필요가 있다는 전향적 자세를 보여 주었다. 이런 측면에서 보면 사실상 해방신학을 가능하게 해준 것이 이 제2차 바티칸 공의회였다.

피델 카스트로는 해방신학이 가져온 변화에 대해 성찰하고서 긍정적인 관심을 표명했다. 그는 해방신학자 프레이 베토와 대담을 엮은 『피델 카스트로와 종교』를 통해 교회와 혁명이 대립 없이 평화롭게 공조하는 것이 가능하다고 주장했다. 피델 카스트로는 "니카라과 혁명에서 그리스도교인들과 마르크스주의자 사이에 상호 연대가 존재했다"라는 점을 강조했다(Betto, 1988, 21-22). 일종의 입장 변화를 선언한 것이었다. 이미 칠레에는 '사회주의를 지향하는 그리스도교인들'이라는 단체도 만들어져 있었다. 그리스도인들이 사회주의로 다가온다면 사회주의자들도 교회로 다가갈 수 있다고 본 것이다.

1986년 쿠바교회전국모임(Encuentro Nacional Eclesial Cubano)에서 쿠바 가톨릭교회는 자신들의 현실을 성찰했다. 대화를 강조한 공의회 정신에 입각해 자신의 권리들을 부정한 정권임에도 불구하고 그 정권과의 관계 개선 의사를 표명했다. 또 교육과 보건, 사회안전망 분야에서 피델 카스트로 정권의 성과를 긍정적으로 평가했다(López Oliva, 2009, 116; Lampe, 1995, 399). 그러나 종교의 자유와 부모들의 자녀 교육에 대한 선택권을 국민에게 돌려주어야 한다고 강조했다.

3 탈냉전 체제하에서 쿠바 혁명 정권과 가톨릭교회

1) '특별 시기'의 쿠바 정권의 생존 전략과 가톨릭교회

1980년대 말과 1990년대 초 소련의 해체와 동구 사회주의권의 붕괴는 혁명 정권과 가톨릭교회의 관계 개선을 촉진하는 계기가 되어 주었다. 소련으로부터 오던 지원이나 특혜적 무역이 사라지자 쿠바에는 심각한 경제 위기가 찾아왔다. 국가 경제가 거의 마비되는 지경에 이른 것이다(Arias Calderón, 2007, 116-117). 피델 카스트로 정권은 국제적 고립 상태에 빠졌다. 고난의 '특별 시기' 동안 리더십 위기와 물자 부족, 국제적 고립을 탈피하기 위해 피델 카스트로는 가톨릭교회와의 관계 개선을 시도했다. 공교롭게도 쿠바의 고난의 시기는 가톨릭교회에게는 다시금 '부활의 시기'가 되었다.

피델 카스트로는 1991년에 거행된 제4차 공산당전당대회에서 종교인의 공산당 입당 제한 조항을 삭제했고, 1992년 헌법 개정을 통해 쿠바가 '무신론 국가'라는 선언을 폐기했다. 대신 '세속국가(Estado laico)'라는 용어가 등장했다. 인민권력전국총회에서도 종교에 대한 자유 문제가 논의되었고, 헌법에 종교에 대한 차별 금지 조항이 삽입되었다. 이런 일련의 유화 조치들은 교회와 정부 간의 관계를 더욱 심화시키는 계기를 마련해 주었다. 그러나 당내 일부에서는 확고한 이념과 이론, 공고한 조직을 가진 교회라는 조직이 정부의 막강한 비판 세력으로 등장할 가능성이 있다는 점 때문에 이런 유화 정책에 반대했다(Contreras Garcia, 2013, 181). 그러나 피델 카스트로는 1989년부터 1993년 사이 이미 국내 총생산의 35%가 하락한 상태였기 때문에 정권의 생존 차원에서라도 변화를 택할 수밖에 없었다. 피델 카스트로는 1992년 이후 쿠바의 위기 탈출을 위해 경제 개혁이 필수적이라고 생각했다. 1994년 민간 분야의 사업들을 허가하는 개별 노동법, 외국인 투자법, 쿠바인의 자유로운 외국 이주를 쉽게 하는 이민법을 채택해 변화를 이끌었다. 이런 정책들은 가톨릭교회가 쿠바 위기 탈출을 위한 해법으로 계속해서 정부에 요구해 오던 것이었다.

1996년 피델 카스트로가 교황청을 방문해 교황 요한 바오로 2세를 알현했고, 답례로 1998년 교황이 처음으로 쿠바를 방문했다. 이것은 양측 관계에 획기적인 도약을 의미하는 역사적 만남이었으며(Vivero, 1999, 26) 쿠바 혁명 정권의 공식적인 가톨릭교회 적대 정책의 폐기를 의미하는 행사였다. 또한 쿠바 정부의 입장에서 교황 방문 이벤트는 쿠바가 변화의 길로 가고 있다는 것을 보여 줄 수 있는 기회였다. 가톨릭교회를 통해 사회복지 분야에 필요한 자금과 지원을 기대할 수 있는 장점도 있었다. 교황 방문을 준비하는 창구로서 쿠바 주교회의와 당중앙위원회 산하 종교국은 긴밀히 협조했다. 양측은 대화, 합의, 양보 과정을 통해 상호 신뢰를 쌓아 갔다. 교황은 쿠바가 라틴아메리카에서 유일하게 낙태를 허용하는 나라라는 것을 지적하고 비판했다. 특별히 가톨릭교회가 학교를 설립할 수 있도록 해달라는 요구도 했다. 또한 더 많은 종교의 자유, 정치범 석방, 언론과 표현의 자유도 공개적으로 언급했다 (Contreras Garcia, 2013, 182-183). 여러 부정적 측면들이 있었으나 교황은 쿠바의 미래를 긍정적으로 보았다. 그는 "쿠바는 뛰어난 저력으로 세계를 향해 개방할 수 있는 능력이 있고, 세계도 쿠바를 향해 다가가야 한다"는 메시지를 전파했다(Vivero, 1999, 35에서 재인용). 교황의 방문은 침체되어 있던 쿠바 가톨릭교회에 활력을 불어넣는 계기가 되었다.

하지만 기대와 달리 쿠바의 변화는 쉽지 않았다. 2003년 봄 정권을 비판하던 반체제 인사들이 대거 체포되고 높은 형량을 선고받으면서 '암흑의 봄(La Primavra negra)'을 맞았다. 체포된 정치범들의 부인이나 가족을 지칭하는 '흰옷의 부인들(Las Damas de Blaco)'이 등장한 계기가 되었다. 이런 정부의 억압 정책으로 인해 가톨릭교회와의 관계도 급격히 냉각되었다. 반체제 인사들의 활동을 국가 안정과 통합, 국가의 독립과 경제를 해치는 활동으로 본 것이다. 미국의 쿠바 봉쇄 정책과 고립 정책이 강화되고, 피델 카스트로 정권의 붕괴를 유도하는 전략들이 암암리에 시행되는 시점이었기 때문에 혁명 정권도 과격하게 대응했다. 교황 요한 바오로 2세, 유럽연합, 국제 NGO 단체들은 미국이 주도하는 쿠바 봉쇄 정책을 비판했다. 이런 상황에서 쿠바 가톨릭교회는 '교회의 사회적 현존'이라는 사목 교서를 통해 자신의 역할에 대해 성찰했다. 이 교서는 쿠바 내 취약한 인권 상황, 제한적인 정치적 참정권과 표현의 자유, 그리고 불충분한 종교의 자유 문제를 지적했다. 그리고 정부가 아직도 가톨릭교회를 쿠바 혁명의 영향력을 약화시키는 기관으로 오해하는 것에 대해 비판했다. 그러면서 정부가 국민의 삶과 관련된 긴급한 공적 문제들에 대해 교회와 진정한 대화를 해야 한다고 촉구했다(Contreras Garcia, 2013, 185).

2012년 베네딕도(Benedicto) 16세와 2015년 프란치스코(Francisco) 교황의 쿠바 방문은 가톨릭교회와 쿠바 정부와의 관계 개선을 보여 주는 증거였다. 두 교황의 방문은 쿠바 가톨릭교회와 라울 카스트로 정부 간 제도적 대화를 공고히 하는 데 기여했다. 무엇보다 두 교황은 쿠바를 방문했을 당시 반체제 인사들을 만나지 않았다. 쿠바 정부를 곤란하게 만들지 않으려는 의도와 함께 쿠바 가톨릭교회 지도자들의 운신의 폭을 넓혀 주려는 의도가 깔려 있었다. 그는 미국을 향해서는 금수조치의 철회를 요구하는 것도 잊지 않았다. 라울 카스트로는 두 교황과의 만남을 통해 쿠바의 이미지 개선 효과를 거두었다.

2) 라울 카스트로 체제와 정권의 대화 상대자로 부상하는 가톨릭교회

2008년 피델 카스트로가 모든 공직을 사퇴하고 라울 카스트로가 국정 최고 책임자로 등극하면서 교회와 정부의 관계는 더욱 밀접해졌다. 무엇보다 라울은 전향적으로 가톨릭교회를 국내 문제에 있어 함께 논의할 수 있는 대화 상대자로 인정했다(Contreras Garcia, 2015, 191-193). 라울 체제가 들어선 후에도 쿠바 가톨릭교회는 선언서나 사목 교서를 통해 인권 유린 상황을 지적하기는 했지만 민감한 정치 문제에 대한 언급은 가능한 한 피했다. 일정 부분 정권과의 갈등을 피하기 위해 나온 전략이었다. 교황청도 교황 요한 바오로 2세의 쿠바 방문 10주년을 기넘하기 위해 바티칸의 이인자인 국무성장관인 타르시시오 베르토네(el cardenal Tarcisio Bertone) 추기경을 쿠바에 보내는 등 지속적으로 교류를 확대했다. 그리고 쿠바 정권을 자극하지 않는 신중한 태도를 계속 유지했다.

2003년 체포되어 수감 생활을 하던 오를란도 사파타(Orlando Zapata)가 2010년 85일간의 단식 후 사망하자 쿠바에 대한 국제사회의 비판이 고조되었다. 그는 죽기 전까지 교도소 환경 개선과 반체제 인사들의 석방을 촉구했었다. 이 사건은 쿠바 가톨릭교회로 하여금 정치범 혹은 양심수의 석방 문제에 적극 개입하도록 만들었다(Contreras Garcia, 2013, 185). 아바나의 대주교 하이메 오르테가 추기경은 정부 당국자들과 협상을 시작했다. 먼저 라울 카스트로에게 서한을 보내 '흰옷의 부인들'이 하는 평화 시위를 허락하도록 요청했다. 그리고 정치범들이 가족들이 사는 지역에서 가까운 곳에서 수감 생활을 할 수 있도록 배려해 달라고 부탁했다. 또한 중병으로 시달리는 수감자들을 석방하라고 촉구했다. 결국 라울 카스트로는 쿠바 인권 상황에 대한 대외 인식의 전환을 위해 2003년 체포했던 75명의 반체제 인사 중 52명을 석방하고 스페인으로 보내는 것을 허락했다. 오르테가 추기경은 교황청을 통해 스페인 외무부와도 협력했다. 그의 이런 노력에 감사하는 반체제 인사들도 있었지만 상당수의 국내외 반체제 인사들은 추기경을 비난했다. 정부와 협상하거나 정부에 대해 눈치를 볼 것이 아니라 쿠바 국민의 궁극적 자유를 위해 교회의 특권적 힘을 사용하라는 것이다. 특히 미국 내 반체제 인사들은 가톨릭교회가 쿠바 혁명 정부를 붕괴시키는 데 앞장서는 대표적인 반정부 세력이 되어야 한다고 주장했다(Contreras Garcia, 2013,

191-192). 최초의 교황 방문 이후 지금까지 대화라는 미명하에 독재 정부와 공존하는 것 같은 가톨릭교회를 비난한 것이다.

하지만 일반인들은 교회의 평화적 대화 노력에 찬사를 보냈다. 다양한 입장과 세력 사이에서 중재자로서의 역할을 잘 수행하고 있다고 본 것이다. 부분적으로 교도소의 상황을 개선시키고 많은 수의 정치범과 양심수 석방에 실질적 도움을 주었기 때문이다. 이것은 간단해 보이지만 그동안 어떤 국가나 국제기구도 해내지 못했던 일이었다. 교회가 폭력이 아닌 대화를 통해 체제의 변화를 조금씩 유도할 수 있다고 믿는 사람들은 이런 노력에 지지를 보냈다.

쿠바 가톨릭교회와 교황청은 미국과 쿠바의 국교 정상화 과정에도 개입했다. 국교 정상화 예식이 진행되는 자리에서 오바마 대통령과 쿠바의 라울 카스트로는 양국의 관계 개선에 있어 가톨릭교회가 보여 준 노력에 감사한다는 공식적인 인사를 잊지 않았다. 사실상 이것은 화해와 대화 정책을 고수한 교황청과 쿠바 가톨릭교회의 지난 20년간의 노력의 결실이기도 했다.

오르테가 추기경과 교황 프란치스코의 우정도 중요하게 작용했다. 모두 라틴아메리카 출신 고위성직자로서 둘은 자주 만났고, 오래전부터 깊은 우정을 쌓아 온 사이였다. 지역 교회와 바티칸 사이에 잡음이 없었던 것도 미국과 쿠바 관계를 조율하는 데 일조했다. 오르테가 추기경은 스파이 혐의로 체포되어 수감되었던 미국인 앨런 그로스(Alan Gross)의 석방에도 개입해 영향을 미쳤다. 일찍이 오르테가 추기경은 미국 정부의 고위공직자들과 만나고 비밀 회담을 한 경험이 있었다. 앨런 그로스의 석방 문제는 미국과 쿠바 관계 개선의 시발점이라는 차원에서 매우 중요한 사안이었다. 이 문제로 대화가 진행되는 와중에 자연스럽게 미국과 관계 정상화 문제도 논의될 수 있었다. 사실상 그를 교도소에 놔 두고서는 양측의 관계 개선은 불가능한 것이었다. 앨런 그로스의 석방 이후 양국의 대사관 설치, 쿠바의 테러 지원국 해제 등 수많은 산적한 문제들이 빠르게 해결되었다. 2014년 12월 국교 정상화 선언은 미국과 라울 카스트로 정권, 쿠바 가톨릭교회와 교황청 그리고 스페인과 같은 일부 유럽 국가 간 협력으로 가능할 수 있었던 것이다. 교황청은 이미 동구권, 특히 폴란드의 민주화와 평화적 체제 개혁을 유도한 경험이 있었다. 미국의 교황청 대사를 역임한 미겔 디아스(Miguel Díaz)는 바티칸과 오르테가 추기경이 앨런 그로스의 석방 문제뿐 아니라 그 밖의 많은 문제들에서 미국과 쿠바의 대화를 신중하게 조율하는 역할을 수행했다고 밝혔다.[6]

중재자의 역할은 양측과 끊임없이 대화하고 양측의 입장을 잘 파악해야 가능한 작업이다. 또한 양측 모두에게서 신뢰를 얻어야 한다. 중립적 입장을 견지하는 것도 쉬운 일이 아니다. 그러나 2000년의 역사를 거치며 다양한 경험을 축적한 가톨릭교회는 긴 호흡으로 서둘지 않고 문제에 접근하는 장점이 있었다. 교황청의 국제 문제 중재 역할이나 쿠바 가톨릭교회의 정부와의 대화 상대자 역할은 일정 부분 가톨릭교회의 존재감을 높였고 위상의 변화를 가져왔다.

6 가브리엘라 에스키바다(Gabriela Esquivada), 2015. 5. 3. INFOBAE, "De Juan Pablo II a Francisco: el rol clave de Vaticano en las relaciones entre EEUU u Cuba", https://www.infobae.com/2015/05/03/1726279-de-juan-pablo-ii-francisco-el-rol-clave-del-vaticano-las-relaciones-eeuu-y-cuba/

라울 카스트로 정권과의 관계 호전으로 새로운 성당 건립이나 신학교 건립도 가능해졌다. 쿠바 정권은 1959년 이후 몰수했던 교회 재산들을 가톨릭교회 측에 점진적으로 반환하고 있다. 또한 일부 사회사업과 자선사업, 이념과 무관한 기술 분야 교육 관련 사업에 대해 규제를 풀어주고 있다. 이에 따라 가톨릭교회도 사회 프로그램이나 교육 프로그램을 만들고 적용하기 시작했다. 특히 교회의 교육 프로그램이나 사회 프로그램은 극빈자나 경제적 자원이 부족한 사람들을 지원하는 데 집중되고 있다. 무료 급식소의 설치, 의료 지원 서비스, 심리 치료 프로그램, 방과 후 학교 운영을 통한 외국어 교육 서비스, 스포츠 활동을 지원하며 경제 개혁 정책이 진행됨에 따라 자영업자들이 증가하자 회계, 마케팅, 사업 경영 기술 교육도 실시하고 있다. 하지만 아직 공식적인 교육 분야나 미디어 분야에 가톨릭교회 진출은 이루어지지 않고 있다(Farber, 2012, 136). 그러나 가톨릭교회는 서두르지 않고 현실적으로 가능한 분야부터 실용적으로 접근하고 있다. 정부가 민감하게 생각하는 부분을 최대한 피하면서 자신의 활동 영역을 구축하고 있는 것이다. 쿠바 정부도 가톨릭교회의 이런 사업들이 주민들의 정신적·육체적 생활 개선에 도움이 되고 있다고 보고 묵인하고 있는 실정이다(Ibid., 136). 교육, 보건, 급식, 사회복지 분야는 그동안 국가가 독점하던 영역이다. 그러나 장기간에 걸친 경제 위기와 상황 악화 때문에 정부도 주민들의 생활 개선에 매진할 수 없는 상황에 처했다. 이것이 가톨릭교회의 활동 영역을 자연스럽게 넓혀 주고 있다.

4 쿠바의 혁명 정권과 가톨릭교회의 관계 분석

초기 피델 카스트로와 혁명 정권의 지도부는 가톨릭교회에 대한 거부감이 크지 않았다. 이들에게 가톨릭교회는 주요 관심의 대상이 아니었고, 개혁의 대상도 아니었다. 게다가 피델 카스트로는 혁명 투쟁 때부터 공산주의를 강조한 것이 아니라 독재, 부패, 불평등 개선을 강조했고, 인본주의와 민족주의 노선의 이념을 천명했었다. 가톨릭교회도 이런 개혁의 필요성에 동감하고 긍정적 입장을 표명했다.

양측의 관계가 틀어지고 갈등을 겪기 시작한 것은 무엇보다 혁명 정부의 개혁 정책이 급진화하면서 부터였다(Antonio da Silva, 2016, 49). 가톨릭교회는 쿠바 혁명 뒤에 어른거리는 공산주의의 그림자를 의식하기 시작했다. 하이메 오르테가 추기경은 당시 상황을 아래와 같이 묘사했다.

> 우리가 알고 있듯이, 1960년과 1961년 가톨릭교회와 이즈음 새로운 길을 찾던 쿠바 내 새로운 정권 사이에 충돌이 있었다. 아주 높은 변혁의 기운과 정치적 긴장이 공존하던 시기였고, 교회도 지지한 농지 개혁처럼 주요한 사회 개혁들이 시행되었다. 동시에 마르크스주의 이념들과 철학적 요소들이 부상했다. 주교들은 동구에서 나타난 공산주의식 체제가 이식될까 두려움을 나타냈다. 이것은 정부에 대한 대응과 관계 위기를 초래했다(Alba Silot, 2015, 95-96에서 재인용).

당시의 가톨릭교회는 아직도 보수적 사상이 지배하던 제1차 바티칸 공의회의 영향하에 있었다. 비오 11세는 1937년 발표한 회칙 〈하느님이신 구세주〉에서 공산주의가 내포하는 반종교적 특성을 다음과 같이 지적했다.

현대 세계에 있어서 가장 무서운 위험은 사회 질서를 전복하는 그리스도교 문명의 근본까지도 뒤엎어 버리려는 과격한 무신론적 공산주의이다. 공산주의는 그 본질상 반종교적이며, 종교를 '국민의 아편'이라고 생각한다. 그 이유는 사후의 생활에 대해서 말하는 모든 종교적 교리는 프롤레타리아가 이 세상에서 소비에트적 낙원의 실현을 목표로 노력하는 것을 방해하기 때문이다(한용희, 1987, 486에서 재인용).

가톨릭교회는 무엇보다 무신론과 유물론에 기초한 소련식 공산주의의 확산을 경계하고 있었다. 소련과 동구권에서 일어난 종교 탄압과 박해를 잘 알고 있었기 때문에 교회의 가장 직접적인 적이 신의 존재를 부정하는 공산주의라고 인식했다. 게다가 공산주의를 점진적으로 신앙을 파괴하고 사회사업, 자선사업, 교육 사업에서 교회를 배제시키는 정책들을 취하는 악의 세력으로 여겼다. 결국 공산주의와 가톨릭은 공존할 수 없다고 본 것이다. 양측이 단순히 서로 다른 것이 아니라 서로 반대되는 것이라는 인식이 지배적인 시기였다(Segrelles Álvarez, 2018, 5).

피델 카스트로와 혁명 지도부도 1961년 히론 해변 침공 사건에 사제들이 연루되자 가톨릭교회와 종교의 부정적 측면에 대해 점차 의식하기 시작했다. 종교는 지배 세력에 봉사하는 퇴행적이고 반동적 기능을 수행하고, 착취 체제를 수호하고, 대중을 짐승으로 만든다고 생각했다(Castro Figueroa, 2008, 58에서 재인용). 마르크스나 레닌의 종교관은 종교가 민중을 우민화하고, 지배 세력의 이념을 두둔하며, 착취의 도구이 자 기존 체제의 공고화에 기여한다고 본다(한용희, 1987, 484). 피델 카스트로와 혁명 정부도 이런 마르크스-레닌주의 종교관에 동조하는 모습을 공식적으로 드러내기 시작했다. 그는 가톨릭교회를 비롯한 일부 종교가 종교라는 이름 뒤에서 반혁명 활동을 한다고 인식했다. 그리고 미국이 이런 종교를 반혁명 활동의 공간으로 이용한다고 본 것이다(López Oliva, 2009, 117-118). 따라서 피델 카스트로에게 반공주의 노선을 표명하는 가톨릭교회와 그 신도들은 혁명에 반대하는 적대 세력이었다.

공산주의를 적으로 여기는 미국과 가톨릭교회는 결국 인민의 해방을 방해하고 사회주의 노선의 인본주의의 실현을 저지하는 세력이라고 판단한 것이다. 결국 피델 카스트로 정권은 가톨릭교회를 제국주의의 앞잡이, 그리고 혁명의 저항 세력이라고 단정했다. 이런 인식은 결국 가톨릭교회에 대한 탄압 정책과 배제 정책으로 나타났다. 타종교에 비해 쿠바 내 영향력이 컸던 가톨릭교회를 불평등하게 대했다.

그 후 쿠바 공산당은 종교와 과학을 비교하면서 미신과 비과학적 근거에 기초한 종교를 믿는 사람들을 동성애자처럼 교화나 교정의 대상으로 보았다. 과학의 이름으로 종교인을 배척하거나 열등시했다. 따라서 신앙인들은 공산당원이 되지 못하도록 제한했고, 교육계나 사회 지도층에서 완전히 배제시켰다.

이런 결과가 초래된 데에는 이념적 문제와 연동된 국제 정치적 상황도 중요하게 작용했다. 토레이라 크레스포는 가톨릭교회와 쿠바 혁명 정부 사이의 관계를 이해하기 위한 전제로 국제 냉전 체제의 중요성을 다음과 같이 지적한다.

쿠바에서 혁명 정부와 가톨릭교회의 대립 문제가 발생한 것에 대해서 말하자면 그것은 국내적 요소만큼이나 국제적 요소에 영향을 받았다고 할 수 있다. 국제적 요소의 경우 새로 일어난 혁명은 냉전 체제로 인해 사실상 아주 지나치게 격해졌다. 그리고 미국 정부는 가톨릭교회를 쿠바 정부에 대항하는 동맹 세력으로 간주했다(Torreira Crespo, 2005, 8-9).

결국 쿠바 내 가톨릭교회와 혁명 정부 사이의 관계는 냉전 체제라는 인식 틀 밖에서는 설명이 되지 않는다. 국제적 냉전 체제는 제2차 세계대전 이후 한국전쟁을 거치고 동구의 공산화 과정, 그리고 쿠바의 미사일 위기를 거치면서 강화되었다. 박구병은 당시 쿠바 혁명의 공산화가 냉전 체제와 깊은 관계가 있음을 다음과 같이 강조했다.

미주 기구에서 축출되어 고립 상태에 처한 쿠바의 혁명 정부는 소련의 지원에 더 의존하게 되었다. 미국의 개입과 침공 지원에 대비하고자 소련의 미사일을 들여온 뒤 쿠바는 1962년 10월 핵전쟁 일보 직전의 '미사일 위기'를 거치면서 냉전 대립의 단층선으로 부각 되었다(박구병, 2016, 141).

이미 세계는 동서, 그리고 공산주의와 자본주의 진영으로 나뉘어 있었다. 결국 사회변혁을 꿈꾸던 쿠바 혁명 세력이 미국과의 단교 후 소련과 가까워지자 가톨릭교회도 자신의 생존을 위해 몸부림치는 과정에서 공산주의를 지향하는 혁명을 배척하게 되었다. 가톨릭교회는 전통적으로 무신론 이념과 가까운 공산주의보다 자본주의에 더 동조적인 모습을 보였다. 교황청을 포함한 전 세계 가톨릭교회가 냉전의 구조 속에 함몰되어 있었고, 제2차 세계대전 이후 세계를 지배한 냉전의 논리를 벗어나지 못하고 있었다.

하지만 이 냉전 논리에서 벗어나 먼저 변화의 길로 들어선 것은 가톨릭교회였다. 1965년 제2차 바티칸 공의회를 거치면서 가톨릭교회 내부에서 이념을 바라보는 경직된 시각이 좀 더 유연해졌고, 진보 노선의 해방신학이 라틴아메리카에서 태동하면서 좌파와의 대화도 심화되었다. 이 라틴아메리카 신학이 보여 준 자본주의와 제국주의에 대한 비판, 미국 헤게모니에 대한 도전 등은 사회주의나 공산주의를 지향하는 사람들에게 가톨릭교회를 다시 보도록 만들었다(러녹스, 1996, 133-156). 이미 쿠바 가톨릭교회도 1986년 전국교회모임에서 혁명의 적대 세력으로 남지 않고, 혁명 과정에 동행하기로 결정하면서 중대한 변화를 선택했다. 그리고 사회주의 사회에서 교회와 신앙이 어떻게 공존해야 하는가를 고민하기 시작한 것도 혁명 정권과의 관계 개선에 우호적으로 작용했다(López Oliva, 2009, 116).

그러나 종교에 대한 피델 카스트로의 직접적 입장 변화는 1979년 니카라과 혁명 때문이었다. 인권 수호, 민주화 그리고 해방을 위해 투쟁하는 가톨릭 성직자들과 평신도들의 노력을 본 후 그는 그리스도교 신도들과 마르크스주의자들 사이의 전략적 동맹이 가능하다고 본 것이다. 그리고 1990년 제4차 공산당 전당대회에서 종교 문제를 긍정적으로 논의할 것을 지시했다(Hugo Ramírez, 1998, 2). 신자들에게 당원의 권리 부여, 신도와 비신도 사이의 편견 제거를 통해 종교에 대한 경직된 자세를 수정하도록 만들었다. 이것은 결국 1992년 헌법 개정에 반영되었다. 헌법 8조에 국가는 종교의 자유를 인정하고, 존중하고, 보장한다는 점을 명시했고, 헌법 42조에는 종교를 이유로 차별하는 것을 금지한다고 천명했다(Contreras Garcia, 2015, 171-177).

동시에 양측의 상호 접근을 촉진시킨 것은 베를린 장벽의 붕괴와 소련을 비롯한 동구권의 해체라는 역사적 사건이었다. 이 사건은 라틴아메리카에서 오랫동안 영향을 미치던 냉전 체제의 해체를 상징하고 있었다. 서반구에 위치한 쿠바는 공산주의 체제를 유지하면서 고립되었고, 미국의 경제 봉쇄 강화로 경제 위기를 맞았다. 쿠바는 이제 생존을 위해 개방과 개혁을 추진해야만 했다. 이념보다 생존이 더 중요하게 부각될 수밖에 없는 환경을 맞이한 것이다. 피델 카스트로는 교황청을 비롯한 가톨릭교회와의 접근을 강화면서 국제적 고립 탈피와 함께 쿠바에 대한 국제적 이미지 개선을 위해 노력했다. 그리고 교황의 쿠바 방문을 통해 쿠바 체제를 인정하는 것과 같은 인상을 세계에 각인시키려고 했고, 국제 무대에서 지지 세력을 확보하고자 했다(Segrelles Álvarez, 2018, 35). 가톨릭교회가 보유한 전 세계적 네트워크와 국제 자선단체 카리타스와 같은 조직의 지원을 받을 수 있다는 점도 중요하게 작용했다. 특히 미국의 경제 봉쇄 정책의 부당성을 지적한 교황의 발언은 국제 무대에서 쿠바의 희생자적 이미지를 부각시키는 데 기여했다.

쿠바 가톨릭교회도 이 시기를 효과적으로 이용했다. 1998년 교황 요한 바오로 2세의 쿠바 방문을 계기로 상호 협력을 강화해 나갔다. 쿠바 가톨릭교회도 정권의 탄압 기간 동안 신도 수의 축소와 사회적으로 존재감이 약화된 상태여서 과거의 영광을 재현하길 원했다. '교회의 사회적 현존'이라는 쿠바 가톨릭교회의 사목 교서는 이런 열망을 반영한 문서이다.

2008년 권력을 승계한 라울 카스트로는 피델 카스트로 정권 말기에 나타났던 개혁과 후퇴의 혼란스러운 정책을 정리하고 개방 정책을 더욱 밀어붙였다. 그는 교황청과의 협력을 강화했다. 2012년 교황 베네딕도 16세와 2015년 교황 프란치스코의 쿠바 방문은 이런 양국의 개선된 관계를 보여 주는 사건이었다.

오르테가 추기경을 비롯한 쿠바의 주교들은 오를란도 사파타의 사망 이후 국내 정치 문제에 중재자로 나서기 시작했다. 이들은 반체제 정치범들의 석방과 인권 유린을 방지하기 위한 노력, 그리고 미국과 쿠바 정부 사이의 관계 개선을 위한 중재자로 부상했다. 사실상 이런 분쟁의 해결사, 혹은 중재자 역할은 교황청을 비롯한 지역 가톨릭교회가 역사적으로 계속해서 해오던 일이었다. 그러나 공산주의 정권하에서는 찾아보기 어려운 특이한 사례였다. 쿠바 가톨릭교회는 공산 정권하에서 정치적 행위자로 부상한 것이다(Contreras Garcia, 2015, 191-193).

가톨릭교회와 공산주의를 지향하는 혁명 정부는 이념적 대립과 반목을 넘어서 공존과 대화, 그리고 협력 관계로까지 발전했다. 세그레예스 알바레스의 분석에 따르면, 이런 변화가 가능했던 것은 양측 모두 위기나 고립을 경험했고, 거기서 탈피하기 위해 노력했기 때문이었다(Segrelles Álvarez, 2018, 5). 각각 다른 이유이긴 하지만 장기간 지속된 양측의 어려움과 위기 상황이 관계 변화를 추구하도록 자극했다. 이런 면에서 보면 양측 모두 변화를 통해 어느 정도 성과를 얻었다고 할 수 있다. 가톨릭교회는 쿠바 내에서 사회, 정치적 위상이 상승했고, 쿠바의 종교 시장에서 신도 확보를 위한 호의적 환경을 만들어 가기 위한 발판을 마련했기 때문이다.

5 맺음말

1959년 쿠바 혁명은 국가와 가톨릭교회의 관계 단절을 초래했다. 가톨릭교회와 혁명 정부 사이의 갈등과 대립은 혁명의 이념적 변화와 그 실천들과 관련이 깊다. 혁명이 민족주의 노선보다 공산주의 쪽으로 경도되었기 때문이다. 제2차 바티칸 공의회 이전의 쿠바 가톨릭교회도 전통주의와 보수 논리에 함몰되어 있었다. 냉전 체제의 반공 논리에 지배를 받고 있었기 때문에 혁명 정부의 공산화 정책에 찬성할 수 없었다. 상호 갈등과 대립을 거친 후 1963년 이후부터는 제도화된 탄압이 자행되면서 쿠바 가톨릭교회는 암흑기에 들어섰다. 사실상 쿠바를 근본적으로 바꾸려 하는 혁명 정권의 특성뿐 아니라 종교에 적대적인 사회주의 정권이라는 점이 가톨릭에 대한 차별을 불렀다. 특히 친자본주의적이고 엘리트적이며 보수적 특성이 강한 가톨릭교회와 혁명 정권과는 상호 공존하기 어려운 면이 있었다. 그것은 가톨릭교회 자체가 워낙 사회 정치적으로 라틴아메리카와 쿠바에서 패권을 지닌 종교로서 중요한 역할을 수행했기 때문이기도 했다. 혁명 정권의 입장에서 가톨릭교회는 가장 가시적인 적대 세력이었다. 결국 가톨릭교회에 대한 억압과 차별은 이 종교의 이념적 색깔과 영향력 때문이었다. 왜냐하면 혁명 정권이 모든 종교를 탄압하고 차별한 것이 아니기 때문이다.

해방신학의 등장, 진보적 그리스도교 신도들의 운동 그리고 니카라과 혁명을 바라보면서 피델 카스트로의 가톨릭교회에 대한 인식이 점차 바뀌기 시작했다. 그러나 쿠바 정부의 본격적인 태도 변화는 1990년대를 거치면서 나타났다. 동구권의 붕괴와 소련의 해체는 쿠바 혁명 정부로 하여금 이념적 경직성에서 벗어나 실리를 추구하도록 자극했다. 한편 가톨릭교회도 제2차 바티칸 공의회 개최, 해방신학의 등장, 메델린 제2차 라틴아메리카주교회의를 거치면서 점차 무신론이나 공산주의와도 대화하는 유연한 자세를 보였다. 1998년 교황 요한 바오로 2세의 쿠바 방문은 양측 관계의 이정표였다. 양측이 자주 만나고 대화도 증가했다. 이런 대화가 가능했던 것은 정치, 경제, 국제적 상황 변화뿐 아니라 교회 내적 변화와 혁명 정부의 위기 때문에 가능한 것이었다. 이념적으로 서로 적대 세력이었지만 양측 모두 고립을 피하고 긴급한 필요를 충족시키기 위해 서로를 필요로 하고 있었던 것이다. 그러기 위해서는 서로가 서로의 존재를 인정해야 했다. 양측 모두 생존과 번영을 위한 필연적 선택이었다. 여기에는 1990년대 이후 진행된 국제적 차원에서 진행된 탈냉전의 분위기와 교황청의 제도적 위상과 의지도 결정적으로 작용했다. 교황청은 쿠바의 미래를 열어 가는데 있어 팔짱만 끼고 방관하지 않고 적극적인 행보를 보였다. 특히 라틴아메리카의 현실을 속속들이 알고 있는 최초의 라틴아메리카 출신 교황의 등장도 쿠바 가톨릭교회에 힘이 되었다. 그리고 무엇보다 하이메 오르테가 추기경을 정점으로 한 쿠바 내 가톨릭 지도부의 화해와 대화 노력도 긍정적 환경을 조성하는 데 일조했다.

이러한 결과로 라울 카스트로 집권기 동안 가톨릭교회의 활동이 증가했다. 억압과 공포정치의 상황 속에서 갈등의 중재자, 정부의 대화 상대자로서의 면모를 보인 가톨릭교회는 중요한 사회 정치적 행위자로 부상했다. 현재 가톨릭교회는 쿠바 정권이 인정한 유일한 대화 상대자요 중재자이다. 이제 차별이나 탄압보다는 특혜를 누리고 있는 측면이 있다. 혁명 정권은 자신들의 이익과 이해에 따라 종교를 탄압하기도 하고 특혜를 부여하며 관리하기도 하는 것이다. 현재 쿠바에서 가톨릭교회는 종교 분야뿐 아니라 교육, 의료, 사회복지 등 사회 전 분야에 잠재적 영향을 미칠 수 있는 가장 강력한 시민사회 단체 중 하나이다.

가톨릭교회는 쿠바의 경제, 사회 개혁과 민주화를 지원하면서 체제 이행에 기여하고 있지만, 혁명 정부에 대한 불신이 전혀 없는 것은 아니다. 양측의 화해가 영구적일 것이라는 보장은 없다. 따라서 이러한 상호 협력 체제는 양측 모두에게 이득이 된다는 전제가 유지될 때만 지속되는 '불완전한 협력 관계'이다. 사실상 상호 협력이나 접근 자체가 양측 모두에게 어느 정도 위험한 모순을 내포하고 있는 측면도 있다. '악마와의 협정'이 될 수 있다는 우려가 없는 것은 아니나 냉전 체제의 약화라는 국제적 흐름이 지속되는 한 양측의 관계가 지속될 가능성은 매우 높다.

제 2 부

라틴아메리카의 불평등과
개신교의 역할

제 6 장

라틴아메리카 신은사운동과
신사도개혁운동의
권력 불평등 구조에 관하여

/

홍인식

/

1 들어가는 말

쿠바 출신 역사 신학자 후스토 곤살레스(Justo Gonzalez)는 그의 저서
에서 세계 기독교회의 지도가 변화하고 있음을 말한다. 그는 이제 세계
교회 선교의 중심축이 유럽 교회 등 북반구의 서구 교회에서 아시아, 아
프리카 그리고 라틴아메리카 등 남반구의 교회로 이동하고 있다고 말
한다. 이러한 세계 선교 중심축의 이동 현상에서 라틴아메리카 교회가
차지하고 있는 위치는 매우 독특하다고 볼 수 있다. 라틴아메리카 교회
에서 발생하고 있는 다양한 종교적 현상들은 세계 교회의 동향을 결정
지을 만큼 매우 영향력 있는 모습을 보이기 때문이다. 특별히 현재 세계
교회의 경향 중에서 두드러지게 나타나는 영적 전쟁 이론을 포함하는
신은사운동과 신은사운동의 발전 형태로 간주되는 신사도개혁운동의
실질적인 진원지는 라틴아메리카이다. 이를 감안할 때 이 지역의 교회

들에서 발생하고 있는 종교적 현상, 특별히 지금까지 라틴아메리카의 권력의 중심지인 가톨릭교회의 권력 구도를 위협하고 있는 신은사운동의 권력 지향성과 이에 따라 발생하는 내부의 권력 불평등 구조를 살펴보는 것은 라틴아메리카에서 관찰되는 다양한 불평등의 구조적 모습을 진단하는 데 여러 측면에서 도움이 될 것이다.

그러므로 이 글에서는 신은사운동과 신사도개혁운동의 내용에 관한 자세한 서술은 하지 않고 이러한 운동 배후에 있는 영성의 문제와 정치 사회적 동기, 다시 말하면 권력 지향성에 나타나는 권력의 독점과 불평등 구조를 중심으로 비판적 성찰을 담고자 한다.

이를 위해 먼저 라틴아메리카에 대한 이해를 간략하게 서술할 것이다. 뒤이어 라틴아메리카에서 발생하고 있는 위 운동들이 어떻게 후기 근대적 영성과 연결되어 있으며, 나아가 라틴아메리카의 종교사에서 나타나는 종교의 권력 지향적인 모습이 각 운동들에 어떻게 잠재하고 있는지 밝힐 것이다. 또 신은사운동과 신사도개혁운동에서 나타나고 있는 후기 근대적 영성과 권력 지향적 모습이 어떻게 교회의 선교에 영향을 미치며 사회 권력 불평등 구조를 만들어 내고 있는지 살펴볼 것이다. 결론에서 두 운동을 향한 몇 가지 근본적인 질문을 던질 것이다.

영적 전쟁과 신은사운동 그리고 신사도개혁운동은 최근 라틴아메리카의 교회에서 유행처럼 번지고 있으며 21세기의 라틴아메리카 교회와 선교의 미래를 좌우할 정도로 깊은 인상을 남기고 있다. 이 운동은 중남미 대부분의 지역에서 발생하고 있으며 폭발적인 인기를 끌면서 확장되고 있다. 그러면 이러한 운동들이 이 지역에서 전폭적으로 받아들여지게 된 배경은 어디서 찾아볼 수 있을까? 본 소고는 이것을 라틴아메리카의 역사 · 문화 · 사회 · 종교적인 배경에서 출발해 살펴보려고 한다.

2 라틴아메리카를 어떻게 이해할 것인가?

본 소고는 라틴아메리카 특히 이들의 종교성과 관련하여 네 가지 핵심 단어를 중심으로 간략한 이해를 시도해 보려고 한다.

1) 혼합문화

현재 멕시코 대학에서 가르치고 있는 아르헨티나 출신 사회학자 네스톨 칸크리니(Nestor Garcia Canclini)는 라틴아메리카를 가리켜 태생적 혼합문화(Cultura Hibrida)라고 표현했다. 그는 라틴아메리카의 '라틴'이라는 표현이 오직 라틴 계열 문화를 보여 준다고 생각하는 것은 커다란 착각임을 주장한다. 그는 라틴아메리카의 문화는 토착민의 문화, 아프리카 흑인으로 시작된 흑인 노예 문화, 스페인으로 상징되는 유럽 봉건주의적 문화, 메스티조의 문화, 그리고 20세기 후반에 들어서는 미국 문화가 혼합되어 나타나고 있다고 진단한다. 이러한 혼합주의적인 문화는 라틴아메리카 사람들로 하여금 다양한 문화에 개방적인 태도를 가지게 만들었다.

실제로 라틴아메리카 사람들은 이질적인 것에 폐쇄적이지 않다. 그

렇기에 종교의 이질적인 요소들을 쉽게 받아들인다. 가톨릭의 경우에
는 이러한 혼합적 문화의 특성을 십분 활용하여 민중들 사이에 깊게 뿌
리내리고 있다. 가톨릭은 이곳 지역 사람들의 원시적인 믿음 체계를 상
당 부분을 허용했다. 흥미로운 점은 라틴아메리카에서 마리아가 발현했
다고 전해지는 마리아 성지와 정복 시대 이전의 원주민들의 종교적 성지
가 밀접한 관계를 갖는다는 점인데, 이는 라틴아메리카의 문화 · 종교적
혼합성에 대한 구체적인 모습이기도 하다.

마리아 성지는 다른 어떤 성지보다 건강을 회복하고 또 해방을 경험
하는 중심지로서 소외된 사람들에게 크게 부각되고 있었다. 라틴아메
리카에는 적어도 238개에 달하는 마리아 성지가 있으며 그 외에 마리아
숭배를 위한 기도처 또한 여러 곳에 있다. 주요 마리아 성지로는 멕시코
과달루페(Guadalupe), 페루의 코파카바나(Copacabana), 파라과이의 카
쿠페(Caacupe)와 아르헨티나의 루한(Lujan) 성지들이 있다.

이 같은 라틴아메리카 사람들의 문화적 혼합성은 가톨릭교회의 팽
창에 커다란 발판이 되었다. 개신교 선교가 150년을 넘어가면서도 라
틴아메리카 민중들 사이에서 큰 호응을 얻지 못한 이유 중 하나가 이질
적인 개신교 문화와 종교적 특성에 대한 배타성이 큰 몫을 차지하였음
을 부인할 수 없을 것이다. 그러나 개신교의 종교 문화적 배타성은 20세
기 후반에 들어와 감소하기 시작한다. 이러한 경향은 주로 은사주의적
인 교회와 신앙 형태를 중심으로, 라틴아메리카 민중들의 문화혼합적
인 성향과 맞물려 급속도로 확산한다.

2) 신앙의 이중성

올란도 코스타스(Orlando Costas)는 죄악 속에서 잉태된 대륙이라는 말로 라틴아메리카의 종교적 상황을 요약해서 표현하기도 했다. 특히 그는 중남미 대륙의 주류 종교인 로마 가톨릭의 경우를 언급하면서 가톨릭교회가 식민지 통치 세력, 귀족 세력, 후일 군사독재 정권에 이르기까지 줄곧 권력의 핵심부와 연결되어 권력 지향적인 모습을 보였다는 점을 지적했다. 그러나 다른 한편으로는 '가톨릭교회가 라틴아메리카 민중들에게 이생이 아닌 저세상을 언급하며 종교적 위로를 베풀어 왔다'라는 이중적인 모습을 고발하기도 한다. 코스타스는 이렇게 말한다.

> 라틴아메리카 사회의 역설은 그들이 종교적이면 종교적일수록 그들은 그만큼 하나님을 부인하는 셈이 된다는 것이다. 실제로 모든 독재자들이 그리스도인임을 고백하고 그리스도교적 대의를 옹호한다고 자처하는 이 엄연한 현실을 달리 어떻게 설명할 수 있겠는가?(Costas, 1982, 76-80).

가톨릭교회로 대변되는 라틴아메리카의 주류 종교는 권력과 깊은 관련을 맺어 왔다. 로마 가톨릭은 권력층들을 이용하여 식민지 시대는 물론이고 20세기 초부터 점차 세속화의 일로를 걷고 있었던 라틴아메리카 사회를 종교적으로 붙잡아 두는 데 일정한 성공을 거두었다. 오늘에 와서도 라틴아메리카 각국에서 가톨릭이 정치권에 행사하는 영향력은 놀라울 정도이다. 특히 교육계와 문화계에서 차지하는 위치는 그 어떤 사회적 세력도 넘볼 수 없는 두터운 것으로 여겨지고 있다. 다른 한편으로 권력층들은 가톨릭을 십분 활용하여 자신들의 권력을 정당화하는데 효율적인 도구로 사용해 왔다. 이러한 권력과 종교의 밀착은 종교인들의 이중성을 배양시키는 결과를 가져왔다.

존 맥케이(John Mackay)는 그의 저서, 『또 다른 스페인 그리스도(*El Otro Cristo Español*)』[1]를 통해 가톨릭교회가 라틴아메리카에 전파해 준 왜곡된 그리스도의 모습을 설명한다. 그는 왜곡된 그리스도의 모습이 결국 신앙의 이중성을 가져왔음을 고발하고 있다.

아르헨티나 군사독재 정권 시절 한 장군의 고백은 이러한 신앙의 이중성을 적나라하게 보여 주고 있다. 독재 정권 당시 군사평의회의 회원인 육군의 한 장군은 주요 일간지와의 인터뷰에서 다음과 같이 말한다.

나는 두 분의 주님(Dos Señores)을 섬기고 있다. 월요일부터 토요일까지는 나의 주(主)는 군대 총사령관이고 일요일은 그리스도가 나의 주님이시다.

3) 신앙의 오순절화

라틴아메리카 교회를 말하면서 '신앙의 오순절화(Pentecostalización de Fe)'를 말하지 않을 수 없다. 지금의 라틴아메리카 교회에서 오순절화(Pentecostalización)는 가장 중요한 화두이다. 라틴아메리카에서의 신앙의 오순절화 현상은 오순절 계통의 교회에서만 관찰되는 것이 아니

---

1 1991년에 출간된 *El Otro Cristo Español*는 본래 1933년 *The Other Spanish Christ*라는 제목으로 출간되었다.

다. 이 현상은 교파와 교단을 막론하고 파급되는 현상으로서 오순절 운동의 세계화를 말할 정도이다.

가톨릭교회가 주류 종교를 형성하고 있는 라틴아메리카에서 개신교의 세력이 확장되고 각국에서 새롭게 개정되고 공포된 종교법에 의해 법적으로 보호받고 인정받게 된 계기도 오순절 교회의 성장으로 인한 개신교 인구의 증가라고 말할 수 있을 것이다. 통계에 의하면 현재 라틴아메리카 개신교 교인 중 75% 이상이 오순절 계통의 교회에 속해 있거나 혹은 신앙의 오순절화를 이루거나, 추구하는 교회에 소속되어 있는 것으로 나타난다.

호세 미게스 보니노(Jose Miguez Bonino)는 『라틴아메리카 개신교의 얼굴들』이라는 저서에서 1950년 이후부터 오순절 계통의 교회는 이 지역의 민중 개신교의 대표적인 얼굴로 자리매김해 왔다고 말한다. 그는 오순절 운동은 라틴아메리카에서 개신교의 위치를 강화하는 역할을 감당해 왔으나, 또 다른 한편으로 개신교 내에서 갈등을 유발하는 요소로 작용하기도 했다고 지적한다. 그는 계속해서 오순절 운동으로 발생한 갈등과 분열은 라틴아메리카 사회가 봉건적 사회에서 근대 사회로, 농경사회에서 산업사회로 성장하는 과정에서 발생했다고 주장한다. 그러나 이러한 갈등과 분열의 시대를 넘어서 오순절 운동은 교파와 교단을 초월하여 라틴아메리카 개신교 전체로 확산해 있음은 분명한 사실이다.

4) 세계화와 신자유주의

지금의 라틴아메리카를 이해하기 위해서 우리는 세계화 정책과 신자유주의 정책을 언급하지 않을 수 없다. 오늘의 라틴아메리카는 총체적인 변화를 겪고 있다. 이 변화는 특히 경제계를 중심으로 파급되고 있는데 지금까지의 전통적으로 라틴아메리카 사람들을 지배하고 있었던 가치관의 급격한 변화를 동반한다. 세계화와 신자유주의가 라틴아메리카에 미치는 영향을 크게 두 가지 면에서 지적할 수 있을 것이다.

먼저 미국 등을 중심으로 전 세계적으로 파급된 신자유주의 경제 정책의 영향은 지대한 것으로 발 빠르게 라틴아메리카 민중들의 삶을 미국식 삶의 형태로 바꿔 나가고 있다. 미국식 삶의 형태의 파급은 라틴아메리카 교회의 삶과 가치관을 빠르게 변화시켰다. 그리고 이러한 미국식 가치관에 대한 적응은 이 지역에서 신은사운동과 신사도개혁운동이 급속도로 확산하는 데 크게 영향을 미치게 된다.

또 다른 영향은 권력 지향성이다. 세계화와 신자유주의 경제 정책은 세계를 하나로 통합시키고자 한다. 그 통합의 중심은 권력을 차지하는 특정 세력을 향하고 있다. 이에 따라 신자유주의 경제 정책과 세계화는 소수가 다수를 지배하는 사회를 만들어 가게 된다. 이러한 과정의 배후에는 무엇보다 권력 지향성이 자리 잡고 있음을 간과할 수 없다. 여기에 대하여 플루타르코 보니야(Plutarco Bonilla)는 다음과 같이 요약해서 설명하고 있다.

라틴아메리카 사람들은 이미 실질적으로 세계화된 사회에서 살아가고 있다. 그리고 이러한 사회에서 권력자들은 자신의 위치를 확고히 하기 위하여 대중전달 수단을 이용하여 사람들을 설득하거나 회유 혹은 협박하기도 한다. 세계화의 배후에는 소외받고 힘없는 인간을 향한 관심이 아니라 권력 쟁취를 향한 욕구가 있음을 보아야 한다. 그들에게 가장 우선시 되는 가치관은 물질적 소유와 지식과 정보의 독점을 가능케 하는 권력의 획득이다. 오늘 우리의 사회를 지배하고 있는 생각은 어떠한 방법을 사용하더라도 권력을 획득하겠다는 욕망이다. 이러한 상황에서 사람들은 권력을 획득하기 위하여 부정부패를 마다하지 않고 또한 권력을 획득한 이후에는 더 큰 부패를 저지르게 된다. 권력 쟁취와 부패의 관계는 일방적이 아니다. 그것은 변증법적 관계이다(Bonilla, 2006).

세계화와 신자유주의 경제 정책은 라틴아메리카에서 더 이상 낯설지 않다. 이러한 현장에서 라틴아메리카 교회 또한 신은사운동과 신사도개혁운동으로 인하여 급격한 변화를 맞고 있다. 이것이 라틴아메리카 교회를 말하고자 할 때 세계화와 신자유주의 경제 정책으로 얼룩진 상황에서 출발하지 않을 수 없는 이유이기도 하다.

3 신사도운동의 권력 지향성

권력에 대한 유혹만큼 강력하면서도 섬세한 모습으로 다가오는 유혹은 없을 것이다. 아담의 후손들을 향하여 손짓하는 유혹들 가운데서 권력에 대한 유혹만큼 인간관계를 파괴하는 유혹도 드물 것이다. 권력을 향한 욕망은 단순히 사회적 관계에서만 영향을 발휘하는 것이 아니다. 그 영향은 가정과 교회까지 파급된다. 이는 부부간 대화를 파괴하는 부부 갈등의 뿌리이며 부모와 자식 간 분쟁의 근본적 원인이 되기도 한다. 이처럼 권력에 대한 유혹은 갈등을 진정으로 해결하는 데 가장 큰 걸림돌이 되고 있다.

교회의 목회자들과 지도자들은 이러한 권력욕의 유혹에 쉽게 노출되어 있다. 지도자로 선택되었고, 그리고 다른 사람들에 의해 인정받았다는 사실 하나만으로도 그들은 권력(그것이 추상적이든 혹은 구체적이든)의 중심에 서 있게 된다. 소유한 권력을 가지고 무엇을 할 것인가는 여러 요인에 따라 달라질 것이다. 그럼에도 지도력에 대하여 말한다는 것은 권력 사용에 대하여 말하는 것임을 분명히 해야 한다.

그런 의미에서 라틴아메리카의 종교적 현상의 주류 위치를 차지하고 있는 가톨릭은 많은 경우 권력 지향적인 모습을 보여 왔다는 지적을 피하지 못할 것이다. 위에서 언급했던 것처럼 신대륙 발견과 함께 시작된 가톨릭교회의 이 지역에 대한 선교는, 권력과 밀착되어 민중의 삶은 무시한 채 그 사회의 상위층들과 연대하는 모습을 보여 왔다. 추기경과 대주교를 비롯한 가톨릭의 지도층들은 사회·정치적으로 권력층의 정당성을 종교적으로 보장함으로써 그에 대한 반대급부로 늘 권력의 단맛을 즐겨왔다.

아르헨티나의 경우를 살펴보자. 아르헨티나에서 종교 권력(=가톨릭교회)은 식민지 시대부터 자신들의 세계관과 아르헨티나 국가를 동일시해 왔다. 아르헨티나에서는 1994년 개정되기 전까지 헌법에서 구체적인 용어를 사용하지는 않았지만 로마 가톨릭교회가 국교임을 천명하고 있었고, 대통령을 비롯한 국회의원, 재판관 등이 되기 위해서는 로마 가톨릭의 영세 교인이어야 함을 헌법에서 규정하고 있었다. 가톨릭교회는 국가의 법에 따라서 유일한 국가 종교로 인정받은 것에 의존해 국민의 개인적 삶의 거의 모든 영역에서 유일한 영향력을 행사했다. 특히 교육과 윤리관에 관한 국가의 법은 가톨릭교회와 조율을 거치지 않으면 안 되었다. 이처럼 가톨릭교회는 아르헨티나의 사회 · 정치적 삶의 관리자(Rector)의 위치를 확보하고 있었다. 아르헨티나에서 가톨릭의 이러한 사회 정치적 위치는 그들로 하여금 많은 경우에 국가와 조율을 거친 모든 정책에 대해 종교적 정당성을 보장하는 역할을 감당하기도 했다. 가톨릭교회는 자신들의 "관리자"의 지위가 보장되는 한도에서 적극적인 권력 협조자로 등장하곤 했다. 이렇듯 역사적으로 아르헨티나의 가톨릭교회는 권력 지향적인 모습을 보여 주고 있다. 이는 개신교를 비롯한 다른 종교와의 권력 불평등의 모습이었다.

페루 역시 라틴아메리카 정치사에서 종교가 얼마나 권력 지향적이었으며 또 권력과 밀착해 민중의 삶을 유린하였는가를 보여 주는 좋은 예가 될 것이다. 구스타보 구티에레스(Gustavo Gutierrez) 신부를 중심으로 처음으로 해방신학이 태동했다는 것은 페루에서 권력 지향적인 주류 가톨릭에 대항하는 저항 운동이 치열했다는 것을 의미한다. 전통적으로 페루 가톨릭교회는 식민지 이후부터 지금까지 계속해서 정부 권력의 든든한 후원자로서 자리매김해 왔다. 특히 역사적으로 리마 대교구의 루이스 시프리아니(Luis Cipriani) 추기경의 정치적 행보는 여러 면에서 비판의 대상이 되었다. 페루의 가톨릭교회는 1533년 리마에 식민지 총독부가 설치된 이후 지금까지 설립된 정권의 후원자 위치를 벗어나지 않았다는 비판을 받고 있기도 하다. 이런 역사적 배경에서 시프리아니 추기경의 후지모리(Fujimori) 정권 당시 그에 대한 전폭적인 지지는 당연한 결과라고 보는 시각도 존재한다. 그리고 이러한 지지가 "통치력(gobernabilidad)"이라는 명분하에 자행되어 왔다.

이러한 불평등한 권력 구조에서 가톨릭교회가 차지했던 독점적이고 우월한 위치는 점차 변화를 맞게 된다. 민주화의 도래와 1990년대부터 본격적으로 시작되는 신자유주의 경제 정책과 세계화 물결 앞에 가톨릭교회도 독점적인 정치적 지위를 상실하게 되는 위기에 당면하게 된다. 이 위기는 이 지역의 오순절 계통의 교회에 의해 촉발된 개신교의 급성장에 의해서도 가속화되기 시작한다. 심지어 몇몇 국가에서 가톨릭이 주류 종교의 위치에서 벗어나게 될 가능성도 보였다. 이러한 위기에서 라틴아메리카가톨릭주교회의는 '새 복음화(Nueva Evangelizacion)'라는 보다 공격적인 전도 프로젝트를 추진하기도 한다.

1992년 도미니카 공화국의 산토 도밍고에서 개최된 제4차 라틴아메리카주교회의(CELAM)에서 채택된 이 프로젝트는 주교회의 폐막 직후부터 본격적으로 추진되기 시작해 개신교에 대한 공격과 특히 오순절 계통의 교회에 대한 이단 시비로 발전하기까지 한다. 이러한 일련의 행위는 지금까지 독점적이고 우월적인 지위를 박탈당할 위기를 극복하고 예전의 정치적 위치를 회복하고자 하는 가톨릭교회의 권력 지향적인 모습을 보여 주는 것이 아닌가 하는 의심을 사고 있다.

라틴아메리카 교회는 역사적으로 권력 지향적인 모습을 보여 왔다. 그러나 이러한 경향은 가톨릭교회에만 해당되는 사항이었다. 개신교는 언제나 가톨릭교회 권력의 그늘 아래 '소수자' 혹은 '박해받는 자'로 살아왔다. 개신교는 항상 권력의 주변부에 위치해 있었다. 개신교를 비롯한 다른 종교는 가톨릭교회를 중심으로 하는 권력 불평등의 상태에서 살았던 것이다. 그러나 신은사운동 등으로 신자 수가 급증하고, 사회적 영향력이 확대되자 오늘날 개신교 교회는 이 상황을 이용해 권력 불평등을 해소하려는 것 같다. 가톨릭교회가 전통적으로 누리고 있던 독점적이고 우월적인 위치를 상실해 나가고 있는 오늘의 라틴아메리카의 종교적 상황을 지금까지의 자신들의 열등한 지위를 벗어나 권력 쟁취와 이에 따른 신분 상승을 할 수 있는 절호의 기회로 간주하고 있는 것처럼 보이기 때문이다. 이러한 경향은 신사도적 교회에서 신사도로 부각되는 개신교 지도자들의 발언에서도 감지되고 있다.

그런데 1990년대 이후 20여 년 동안 급성장을 이룩하면서 수적인 면에서 자신감을 얻기 시작한 라틴아메리카 개신교의 신은사운동과 신사도개혁운동 내면에 지금까지의 라틴아메리카 가톨릭교회가 보여 주었던 것처럼 권력 지향적인 모습은 없는 것일까? 특히 신사도개혁운동이 주장하는 영적 우산, 아버지 됨, 하나님의 직접 계시 소유 등의 가르침이 권력 지향적인 내면의 욕구와는 전혀 관련이 없는 것일까? 그리고 그러한 우월한 영적 지위를 활용해 신은사운동 교회 내에서 또 다른 형태의 권력 불평등의 상황을 유발하고 또 그것으로 인해 라틴아메리카 사회에 만연한 권력 불평등의 사회구조적 문제에 신학적 혹은 종교적 정당성을 부여하는 것은 아닐까? 혹시 그들은 지금까지 주류 종교로서의 위치를 장악하고 있었던 가톨릭을 대치하는 종교 운동으로 자신들을 생각하고 있는 것은 아닐까?

4 신은사운동과 신사도개혁운동의 선교 모델

우리는 지금까지 라틴아메리카의 신은사운동과 신사도개혁운동에 대한 비판적 성찰을 위해 전제해야 할 몇 가지 사항에 대해 서술해 왔다. 오늘날 라틴아메리카에서 보여 주고 있는 종교 운동을 이해하기 위해 우리는 먼저 라틴아메리카라는 지역의 역사적인 특성을 중심으로 그에 대한 전반적인 이해를 시도해 보았다. 또 다른 한편으로 라틴아메리카 교회의 권력 지향적인 모습을 간략하게 살펴보기도 했다. 이제 이러한 이해들이 어떻게 신은사운동과 신사도개혁운동의 성장과 확산에 함축되어 있는가를 논하고자 한다.

1) 신은사운동의 선교적 모델

라틴아메리카의 신은사운동 그룹은 어떤 선교적 모델을 보여 주고 있는가?

(1) 여성적 모델

가족해체현상은 라틴아메리카 국가에서 증가 추세를 보이는데 이것은 이 지역에서의 도시 인구의 폭발적인 증가와 더불어 더욱 가속화되고 있다. 이러한 상황에서 신은사주의적 교회는 '가정이 해체되고 있는 사회에서 가정의 개념을 체험하고 발전시키는 장소'로서의 역할을 감당할 수 있다. 신은사운동은 오늘의 사회를 향해 '구성원끼리의 개인적인 관계와 의사소통이 가능해지는 장소'의 역할을 하는 것이다. 이러한 의미에서 신은사운동은 더이상 다스리고 명령하고 통제하는 아버지 모습의 교회가 아니라 자녀의 고통에 대해 애정을 가지고, 귀를 기울이고, 또 그들을 위해 함께 싸워나가는 어머니 역할의 모델을 보여 주고자 한다. 신은사운동은 이처럼 근대성이 보여 주었던 '위대한 이야기'로서의 '남성적인 모델'을 버리고 '작은 이야기'로서의 '여성적인 모델'을 선택하고 있다.

(2) 다원적 모델

우리는 후기 근대 사회를 다양성으로 특징지을 수 있음을 잘 알고 있다. 다양성은 다가오는 세기의 인류의 커다란 화두로 등장하지만 신은사운동 내 다양성에 대한 존중은 후기 근대의 본래 의미로서의 다양성보다 실용주의적인 면에서의 다원주의를 지향하고 있다. 신은사운동의 이러한 실용주의적 다원주의 모델은 다시 두 가지 면에서 특징지을 수 있다.

첫째는 은사 활용의 측면이다. 교회 내에서의 다양한 은사를 인정하고 이를 활용하는 것으로 나타나고 있다. 이들에 의하면 교회는 다양한 사람의 다양하고 실제적인 필요에 응답하기 위해 다양한 은사를 활용해야 하는 곳이다. 그러기 위해서는 좀 더 참여적이며 공동체적이고 다원적인 지도력이 요구된다. 성령의 은사 발휘나 나타남도 교회의 전통적인 가르침을 넘어서는 다양성을 보여야 한다. 그러므로 성령의 활동으로 인한 이적과 기사는 반드시 성서에 기록된 것에 한정될 필요는 없다.

또 다른 한편으로 다원적 모델은 계시의 개방성과 관련된 부분에서 두드러지는 양상을 보인다. 즉 본 모델은 계시의 원천의 다양화를 향하고 있다. 그러기에 계시에 대한 전통적이고 교단적인 교리의 절대성에 더 이상 얽매여서는 안 된다. 계시의 원천의 다양화는 직접 계시에 대한 가능성을 무한히 열어 놓게 된다. 성령의 이적과 기사가 성서 안에 갇혀 있지 않고 다양한 통로를 통해 다양한 모습으로 전개되듯 계시 또한 그러하다. 신은사운동과 신사도개혁운동에서 계시의 원천의 다양화에 대한 인정은 매우 중요하다. 계시에 있어서 다원적 모델은 신은사운동과 신사도개혁운동의 신학적 정당성을 주장하는 데 필수적인 것이 되고 있다.

(3) 감성적 모델

후기 근대 사회의 사람들은 일상생활에서 감각적인 것을 추구한다. 그리고 이러한 경향은 그리스도 교회로 하여금 감각적이고 예술적이며 감성적인 선교 모델을 모색하도록 한다. 이 모델에서는 하나님의 현존이 신학적으로 잘 짜여진 이성적인 설교를 통해서 인간들에게 전달되는 것이 아니라 오히려 감각적인 방법으로 전달되어야 한다고 설명한다. 예배는 조직적이기보다는 순간적이고 즉흥적이며 자발적인 것이 되도록 계획되어야 한다. 예배에서 감각적이고 감성적이며 예술적인 요소들은 매우 중요한 위치를 차지하고 있다. 감성적인 예배는 하나님을 경험하기 위한 직접적인 통로가 되고 있다. 감정의 표현이 없다면 하나님과의 직접적인 체험은 없다. 신은사운동은 감각과 감성을 자극하는 여러 가지 프로그램을 통해 하나님에 대한 체험을 하도록 유도하는 감성적-감정적 공동체이다.

(4) 주관적-신성 독점화적 모델

후기 근대 사람들은 현실에 대해 좀 더 적극적이고 개방적이다. 또한 초월적 삶의 영역에 대해 개방적인 태도를 보인다. 다시 말하자면, 좀 더 종교적으로 변하고 있으며 초월적인 경험을 수용하는 개방적인 태도를 지녔다. 보다 통합적이고 효과적인 방법으로 신적 존재를 경험하기 위해 신은사운동은 주관적이고 초월적인 요소를 강조한다. 따라서 신은사운동에는 물질적·영적·신비적 요소가 종합적으로 어우려져 나타나고 있다. 이 선교적 모델에서는 물리적인 세계와 영적인 세계의 구별이 확연히 이루어지지 않는다. 신은사운동은 신적인 존재에 대한 경험을 주관적인 방법으로 소유할 수 있다고 믿는다. 신은사운동가들에게는 객관적인 진리보다는 주관적인 경험에 의한 진리가 더 탁월한 가치이기 때문이다.

(5) 영적 전쟁 모델

후기 근대 사회는 가상현실과 사이버 공간의 사회이다. 장 보드리야르(Jean Baudrillard)가 지적한 것처럼 모든 사회 공간이 마치 거대한 모의실험(simulation)화된 것 같은 착각을 일으키게 할 정도이다. 그에 의하면 모의실험 현상은 현실에 대한 잘못된 해석이 아니라 현실이 더 이상 현실이 아님을 숨기려는 시도이다. 후기 근대의 사이버 공간과 가상현실 개념이 신은사운동에 와서는 영적 전쟁의 모양으로 나타나고 있다. 영적 전쟁은 전쟁놀이와 그에 있어서 자신의 역할에 대한 확고한 의식과 더불어 거대한 모의실험 현상을 발생케 한다. 영적 전쟁 이론은 가상적인 거대한 전쟁에 대한 환상(신은사운동가들의 용어를 빌리자면 인간이 지금까지 한 번도 경험한 바 없는 거대한 전쟁이다)을 갖게 만들며 이에 따라 추종자들에게 가상현실과 사이버 공간을 제공해 주고 있다. 영적 전쟁 이론은 현재까지 신은사운동에 있어서 가장 핵심적인 가르침이며 교리에서 수렴점 역할을 하고 있다.

신은사운동의 영적 전쟁 이론은 이원론적인 세계관과 예수 그리스도의 임박한 재림에 대한 극단적인 종말론으로부터 출발한다. 영적 전쟁의 이론가들은 오늘날 세계에는 두 종류의 부흥 운동이 일어나고 있다고 진단한다. 서로 다른 종류의 두 부흥 운동은 "이 세상에서 더 많은 사람들을 끌어 모으기 위해 서로 경쟁(전쟁)상태"에 있다. 다시 말하자면 영적 전쟁 상태에 들어갔으며, 이 전쟁은 비록 보이지 않고 만질 수도 없고 감촉할 수 있는 것은 아니지만 명백한 사실이다.

신은사운동의 영적 전쟁에서 이 전쟁의 참여자들에게 주어지는 사이버 공간을 통해 영적 전쟁 이론이 지극히 후기 근대적임을 알 수 있다. 사이버 공간이 인간에게 무한한 가능성을 제공해 주는 것과 마찬가지로 영적 전쟁에서의 승리는 이미 보장되어 있다. 이 전쟁이 하나님 안에 있다고 확신만 하고 있으면, 이미 승리가 주어진 전쟁이다. 이 전쟁은 우리 눈에 보이지는 않고 다만 "영적 텔레비전"의 중계를 통해서만 보인다.

2) 신사도개혁운동의 권력 지향적 모델

기독교적 삶의 분야에 있어서, 권력(그 권력이 자신의 직분에서 올 수도 있고 또한 어떠한 영적인 카리스마에서 오는 권력일 수도 있다)은 개인의 이익을 위해 사용될 수 있으며 대부분 성서 구절과 신학적 뒷받침을 동반하는 '경건'이라는 옷을 입게 된다. 그러나 인간의 목적을 위해 사용되는 권력, 비록 그것이 하나님의 이름으로 사용되고 있을지라도 그것은 악마적이 아닐 수 없다. 그것은 에덴에서 하나님과 동일시되고자 했던 아담과 하와의 시도를 계속하는 것일 수밖에 없다. 이러한 권력 사용의 왜곡 현상 중에서 하나님이 주신 은사와 능력을 상업적으로 사용하는 것은 가장 파괴적이다. 이러한 권력 사용은 다름 아닌 권력에 대한 사랑의 표현일 뿐이다. 기독교 윤리의 빛에 비추어 볼 때 그것은 "반증언적 삶"이다.

신은사운동 특히 신사도개혁운동의 배후에 이러한 권력에 대한 욕망이 도사리고 있는 것은 아닐까? 본 소고에서는 라틴아메리카의 종교 역사에서 나타나고 있는 권력 지향적인 모습이 또 다른 형태로 신은사운동과 신사도개혁운동 내면에 잠재하는 것은 아닐까 하는 문제를 다루게 될 것이다. 신사도개혁운동의 이론적 출발점인 영적 전쟁이 힘에 의한 승리를 전제함으로 태생적으로 권력 지향성을 내포하고 있음을 보게 된다.

이러한 의미에서 본 장에서는 신사도개혁운동이 제시하는 몇 가지 모델을 중심으로 이 같은 권력 지향적인 모습에 대해 지적할 것이다.

(1) 아버지-아들 모델

신사도개혁운동에서 아버지와 아들 관계 설정은 매우 중요하다. 이 관계 설정은 신사도개혁운동에서 핵심적인 가르침 중 하나이다. 다빗 카니스트라씨(David Cannistraci)는 바울과 디모데의 경우 하나님이 어떻게 영적 아버지를 활용해 한 청년을 변화시키시는지 잘 보여 주고 있다고 말한다. 그는 오늘날 교회 내 이러한 영적 아버지의 중요성이 약화되어 있다고 지적하며, 영적 아버지 없이 오늘 교회가 그의 목적을 달성할 수 없을 것이라고 진단한다. 신사도는 영적인 아버지로 간주되는데 그는 영적인 아들에게 사랑과 보호를 베푼다. 그는 아들을 훈련하고 순종하도록 만든다. 그리고 아들은 영적인 아버지로부터 영적 능력을 유산으로 받게 된다. 또한 아버지의 권위는 공동체는 물론 특별히 한 개인에게 완벽하게 적용되고 있다고 주장한다.

라틴아메리카 신사도교회에서 아버지-아들 관계 모델은 큰 영향을 미치고 있다. 사회적으로 아버지의 존재가 크게 약화되어 있고 무책임한 아버지의 모습으로부터 상처를 받은 라틴아메리카 사람들은 신사도 개혁운동이 제시하고 있는 이 모델에 많은 매력을 느끼고 있는 것이다.

코스타리카의 로니 차베스(Rony Chavez)는 스스로를 사도로 명명하고 있는데 그는 수많은 영적인 아들을 소유하고 있다고 주장한다. 현재 그가 목회를 담당하는 코스타리카의 수도 산호세에 소재한 교회에서 성도들은 그를 '사도 아버지'라고 부르기도 한다. 그는 영적인 아버지이자 사도로서 교회에서 절대적인 권위를 가지고 있다. 그는 사도를 수직적 사도와 수평적 사도로 구분한다. 수직적 사도는 하나님이 인간들에게 아버지가 되듯이 아들에게 있어서 절대적인 권한을 행사하는 아버지이다. 수평적 사도는 실의에 빠진 사도나 혹은 영적 지도자들을 위로하고 힘을 북돋아 주는 역할을 하는 형제이다. 그에게 있어서 아버지는 성경에 나타나는 성숙의 최고 단계이다. 아버지의 단계는 오직 하나님과 함께 길을 가는 사람만이 도달하는 최고의 단계이다.

(2) 영적 방패 모델

신사도개혁운동은 현실의 교회의 문제점으로부터 자신들의 존재의 정당성을 주장한다. 아르헨티나의 파블로 데이로스(Pablo Deiros)는 신은사운동과 신사도들의 출현이 하나님의 역사적 섭리 가운데 시작된 것으로서 현 교회의 무력한 모습을 타파하고 새로운 역사를 만들어 가야 한다는 하나님의 필요에 의해서 시작되었다고 주장한다. 데이로스(Deiros)는 라틴아메리카에서 서로 다른 두 종류의 부흥이 발생하고 있다고 전제한다. 하나는 하나님에 의해서 시작된 부흥이고 또 다른 하나는 사탄의 부흥이다. 따라서 각 진영은 서로의 영역을 확장하기 위해 치열한 접전을 벌이고 있다. 이 상황에서 하나님은 영적 전쟁을 승리로 이끌기 위해 특별히 훈련된 자신의 군대를 양성하지 않을 수 없는 필요에 직면하게 된다.

신사도개혁운동은 현실 교회의 영적 약함에서 자신들의 존재의 정당성을 주장한다. 영적 전쟁과 악귀 추방의 사역에서 탁월한 위치를 차지하고 있는 데이로스를 비롯한 파블로 보타리(Pablo Botarri), 카를로스 아나콘디아스(Carlos Anacondias), 오마르 카브레라(Omar Cabrera), 클라우디오 프레이슨(Claudio Freidson), 카를로스 므라이다(Carlos Mraida) 등은 현실 세계가 실질적으로 사탄의 세력에 의해서 결박당해 있으며 이러한 현상은 그리스도인들을 비롯한 현재의 기독교 교회도 예외는 아니라고 주장한다. 특히 아르헨티나의 유명한 축귀 기술자인 파블로 보타리는 기독교회의 80% 이상, 목회자의 75% 이상이 사탄의 세력에 의해 결박당하고 있다고 말하면서 축귀 사역은 믿지 않는 사람에게는 물론 이미 교회를 다니고 있는 기존 신자들에게 절실한 사역이라고 주장하기도 한다. 따라서 사탄의 세력에 결박당해 있는 그리스도인들과 교회를 향한 악귀 추방 사역은 핵심적이다. 왜냐하면 영적 전쟁의 승리는 직접적으로 전쟁을 수행하는 지도자들의 능력에 달려 있기 때문이다.

그런데 문제는 사탄 세력들의 결박은 꾸준히 계속되는 것으로서 단 한 번의 추방 사역으로 사탄의 세력으로부터 완벽하게 해방될 수 없다는 것이다. 그러므로 축귀 사역은 지속적으로 반복되어야 하고 또한 사탄의 세력으로부터 자유롭기 위해서는 사탄의 세력의 지배를 받지 않는 강력한 지도자의 영적인 보호막 안에 있는 것이 필수적임을 주장한다. 신사도 출현의 필연성은 여기에서 출발한다. 이러한 의미에서 사탄과의 싸움에서 권력은 한 사람의 지도자, 신사도에게 집중된다.

영적 방패 모델에서 중요한 것은 영적 방패의 기능이 지역적이라는 것이다. 이것은 신사도의 권위가 지역적인 범위를 가지고 있다는 가르침과 연결되고 있다. 그러므로 영적 방패의 보호를 받기 위해서는 해당 지역의 신사도에게 연결되어 있어야 한다. 신사도의 권위는 모두 네 가지의 특징(4R)을 가지고 있다. 첫째는 사도직의 권위에는 일정한 지위(Rank)가 있다. 둘째는 권위가 미치는 한계(Reach)가 있으며 세 번째는 그 권위는 관계적(Relational)이다. 그리고 마지막으로 권위는 지역적(Regional)이다.

영적 전쟁 이론에서 각 지역이 지역 신들에 의해서 지배되고 있듯이 신사도의 영적 방패 모델의 경우도 지역적인 배려가 매우 중요하다. 특정한 지역 신에 대항하기 위해 지역적 사도의 능력이 필요한 것인가? 영적 방패의 제공은 이처럼 영적 전쟁의 이론에서 지역 신들의 이론과 연결되어 있음을 볼 수 있다.

이러한 지역적인 신사도가 갖는 권위의 약점을 보완하는 방책으로 사도직의 네트워크 결성을 주장하게 된다. 지역적인 영적 방패를 제공하는 것은 물론 네트워크를 통해 전 우주적인 영적 방패를 제공하는 것이다. 전 우주적으로 전개되고 있는 악한 영들과의 치열한 전투에서 이 네트워크를 통한 영적 방패의 제공은 필수적이다. 영적 방패의 보호를 받지 못하는 모든 사람들은 영적 전쟁에서 실패를 경험할 수밖에 없다.

(3) 진리 독점 모델

하나님의 계시는 어떻게 나타나는가? 신적인 진리는 어떤 경로를 통해 사람들에게 전달되는가? 이에 대해 파블로 데이로스는 하나님의 계시나 진리는 하나님께서 특별히 정한 사람에게만 열릴 것이라고 주장한다. 그리고 하나님의 계시를 직접 받은 사람에 의해서 진리가 선포되어야 함을 주장한다. 그는 하나님의 진리는 소수의 특별한 능력을 가진 지도자들에게만 알려진다고 말한다. 피터 와그너(Peter Wagner)는 오직 지도자들만이 하나님이 주시는 비전을 볼 수 있으며 영적 지도자들이 하나님이 주신 비전을 회중에게 전달한다고 주장한다.

신사도개혁운동은 목사를 비롯한 신사도들의 절대적인 권한을 주장한다. 그리고 이 같은 권위 구조는 '성령이 각 개인에게 부여하신 영적 권위의 양'을 말한다. 이때 중요한 초점은 '권위의 양'과 '개인'이라는 표현이다. 하나님이 주시는 권위의 양이 다르기에 권위의 양에 따라 위계질서가 형성된다. 또한 이 권위는 개인에게 부여한 것이기에 교단 혹은 한 단체에 예속될 이유가 전혀 없다. 이것이 이들이 주장하는 새로운 형태의 리더십이자 권위 체계이다. 이러한 체제하에서 하나님으로부터 계시 혹은 비전을 부여받았다는 개인은 절대적이고 신성한 것으로 받아들여질 수밖에 없다. 후기 근대 영성처럼 신성의 부족화 현상이 발생하는 것이다.

심지어 신사도교회를 지향하는 한 교회의 인터넷 사이트에 따르면 피터 와그너가 출석하는 미국 콜로라도 스프링스(Colorado Springs) 소재 '새생명 교회(New Life Church)'의 담임 목사인 테드 하가드(Ted Haggard)는 교회 헌법의 의해 공동회의가 선출한 장로를 거부할 권한이 있으며, 교회의 경상 예산을 제외한 전 예산의 70%를 독자적으로 사용할 수 있다는 예를 수록하고 있기도 하다.

한국 추수 선교회는 이 사이트를 통해 하나님으로부터 직접 계시를 받는 영적 지도자들에게 권한이 전적으로 위임되어야 함을 주장하면서 목사의 권한을 줄이기 위해, 목사가 교회의 주요 결정에 참여하지 않고 당회나 운영위원에게 위임하는 것은, 목사의 전횡에 식상한 교인들에게 신선한 충격을 줄지는 모르지만, 성경적이라고는 할 수 없다고 역설한다. 목사는 교회의 영적 부모이기 때문에 대부분의 경우 하나님은 교회의 목사를 통해 교회를 향한 비전이나 방향 제시하신다고 말한다.

이러한 진리 독점 모델은 필연적으로 억압적인 구조와 권력의 불평등 구조를 창출하게 된다. 정보의 독점은 그렇지 못한 사람들 위에 군림하게 되고 정보를 소유하는 소수의 엘리트 중심으로 운영되는 불평등한 구조를 생산해 낸다. 신자유주의 경제 정책과 세계화가 만들어 내는 부가 소수에게 집중되고 불평등의 구조가 점차 심화되는 상황이 재연되고 있다.

하나님의 계시를 독점하는 신사도들에 의해서 일반 교인들은 진리와 접하는 것에 있어서 수동적인 자세를 취할 수밖에 없을 것이며 사도들과 사도적 지위에 근접한 사람들에 대한 의존성이 더욱 강화된다. 이처럼 종교적인 면에서 신자유주의적인 모델이 형성된다.

(4) 교회 성장-대형화 지향 모델

신사도 목회의 목표는 눈에 띄는 실제적인 양적 성장이다. 그것은 사도 즉, 하나님 나라의 일꾼들은 하나님에게 추수한 것을 바치기를 원하기 때문이다. 추수는 사도의 진정성을 가늠하는 중요한 요소이다. 만일 우리의 사역에 하나님이 참여하고 있다면 성장은 당연한 것이 되어야 한다.

아르헨티나의 대표적인 신사도로 불리는 파블로 데이로스는 교회 성장에 있어서 한계는 있을 수 없다고 주장하면서 정상적인 교회라면 끊임없이 수적으로 성장해야 한다고 말한다. 그에게 있어서 교회 성장은 교회가 이루어야 할 최고의 목표이며 또 그것은 하나님 나라의 도래와 직결된다는 것이다.

신사도개혁운동 지도자의 대부분이 대형 교회의 목회자거나 혹은 대형 교회를 지향하는 사람이라는 사실은 이 운동의 실질적인 목표가 대형화인 것을 보여 준다. 신사도개혁운동은 기존의 교단을 포기하고 자신들만의 네트워크를 형성하는 것으로서 대형화 지향 모델을 강화시키고 있는데 이는 마치 신자유주의 경제 체제와 세계화의 현실에서 다국적 그룹들이 합병과 인수 과정을 통해 세계적으로 네트워크를 형성해 그의 권력을 확대시키고 있는 모델과 매우 흡사하다. 따라서 대형화를 지향하는 신사도개혁운동의 교회들은 꾸준히 모(母)교회의 모델을 재생산하는 지점을 확장해 나가게 되며 그들을 중심으로 네트워크를 형성하게 이른다.

이에 대한 가장 좋은 예는 브라질의 '하나님의 보편 교회(Iglesia Universal de Dios)'에서 찾아볼 수 있다. 1977년 브라질의 에지르 마쎄두(Edir Macedo) 목사에 의해서 시작된 이 교회는 철저하게 번영신학을 주장하는 교회이다. 리우데자네이로의 빈민촌에 개척된 이 교회는 현재 라틴아메리카 전역에 걸쳐서 지역 교회를 확장해 나가고 있다. 알려진 바에 의하면 이들은 전 세계에 모두 3,000개 이상의 교회를 소유하고 있으며 교인 수는 600만 명이다. 현재 46개국에 자교회들이 분포해 있고, 소속 목회자는 7,000명에 달하고 있으며 연 헌금 수입 액수는 10억 달러 정도로 알려져 있다. 전 세계 46개국에 흩어져 있는 자교회들은 모교회의 목회 방침과 선교 정책을 충실히 따르고 있으며, 같은 형태의 예배와 교회 정치를 행사하고 있다. 이들에게 있어서 네트워크를 통한 교회 확장은 대형화를 이루고 힘을 장악하기 위한 효과적인 방법으로 받아들여지고 있다.

'하나님의 보편 교회'는 브라질 국내 정치에도 깊숙이 관여하고 있다. 브라질 내 가장 영향력 있는 방송 중 하나인 레코드(Record) TV 방송국과 발행 부수 백만 부 이상의 유력 일간지 두 개, 그리고 약 30개의 라디오 방송국을 소유하고 있는 이 교회는 자신들의 소유인 언론 기관을 적극 활용해 브라질 연방 공화국 제35대 대통령으로 루이스 이나시우 룰라 다 시우바(Luiz Inácio Lula da Silva)를 당선시키는 데 매우 큰 영향을 미쳤을 뿐만 아니라 연방 하원의원 34명을 공개적으로 후원해 당선시키기도 하였다. 자신을 신사도로 지칭하고 있는 에지르 마쎄두(Edir Macedo) 목사는 브라질 전체를 기독교화하여 성서에 기준하는 엄격한 신정정치를 꿈꾸고 있다. 신은사운동과 신사도개혁운동은 정치적으로 신정주의를 추구하는 경향을 보인다. 이런 의미에서 한국 교회 일부에서 전개되고 있는 성시화 운동과 신사도개혁운동의 신학적 연관성에 주의를 기울여야 할 것이다.

신사도개혁운동에 있어서 소형 교회는 그 존재 의미를 상실한다. 소형 교회는 사회에서 아무런 영향력을 발휘할 수 없고 자신의 존재를 유지하기에 급급한 모습을 보일 뿐이다. 그러기에 한 사회에서 영향력을 발휘하기 위해서 교회의 대형화는 시급한 과제이다. 이런 상황에서 브라질 기독교계의 권력 구조는 더욱 불평등하게 심화되고 있다. 브라질 기독교계의 목소리는 오직 신은사운동 혹은 신사도개혁운동의 대형 교회를 중심으로 표출되고 있다. 이러한 현상은 한국 사회도 예외는 아니다. 몇몇 대형 교회를 중심으로 기독교계의 의견이 과대 평가되고 있어 일방적이고 편향적인 의견이 한국 개신교계를 뒤덮고 있는 실정이다. 이에 따라 과대평가 혹은 과대 포장된 한국 개신교의 왜곡된 의견과 음성이 한국 정치계에도 매우 큰 영향을 미치고 있는 현실을 목격할 수 있다. 대형 교회에 의한 교계의 권력 불평등 구조는 라틴아메리카 기독교를 비롯한 한국 교회 내에서 현저하게 드러나고 있는 현상이다.

(5) 성공적 최고 경영자 모델

신은사운동과 신사도개혁운동의 또 다른 신학적 배경에는 번영신학이 자리 잡고 있다. 교회의 대형화는 번영의 적극적이고 실질적인 표현이다. 이처럼 대형화와 번영신학은 유기적 관계를 맺고 있는데 이러한 관계에서 핵심 위치를 차지하고 있는 것이 경영자의 존재이다. 경영자의 능력에 따라서 성공이 판가름 나게 된다.

신사도개혁운동에서 두각을 나타내고 있는 대부분의 신사도들은 성공적인 목회를 하고 있다고 평가받는 사람들이다. 이들은 최고의 대우를 받으면서 존경과 부러움을 사는 위치에 있으며, 정보를 독점한다. 하나님의 계시는 일정한 그리고 특별한 사도들에게 열려 있기 때문이다. 그들은 최고의 자리에서 스타로 군림한다. 이미 성공한 사람들이기 때문이다.

신자유주의 경제 체제와 세계화 현상에서 사람들은 소수의 능력 있고 성공한 최고 경영자(CEO)들에게 모든 관심을 쏟는다. 그들은 경제적 권력을 장악하고 있는 사람으로서 모든 사람들의 부러움의 대상이 될 뿐만 아니라 삶의 모델로서 등장하기도 한다. 모두가 성공한 최고 경영자가 되고 싶어 한다. 그러나 누구에게나 그것이 가능한 것은 아니다. 소수의 사람들에게만 열려 있는 길일 뿐이다. 신자유주의 체제의 세계화는 이처럼 소수의 성공한 최고 경영자들과 그렇지 못한 사람들의 양극화 현상을 초래한다. "80 대 20의 사회"를 넘어서 "90 대 10의 사회"로 나아감에 따라 양극화 현상은 더욱 가중될 것이다. 소수의 강한 자들을 위한 신자유주의 경제와 세계화가 추구하는 모델이 신사도개혁운동에서 반복되고 있다. 성공 아이콘을 추종하는 세대를 향해 신사도개혁운동은 성공적인 최고 경영자로서의 기독교 지도자들을 소개하고 있다.

신사도개혁운동의 최고 경영자 모델의 배후에서 실제적인 영향을 미치고 있는 것은 실용주의다. 마이클 호튼(Michael Horton)은 그의 책, 『미국제 기독교(Made in America, The shaping of modern american evangelicalism)』에서 실용주의적 복음을 방법론적(How To) 복음이라고 명하고 있다. 실용주의적 사고는 성서에서 해답을 찾으려는 태도라고 지적한다. 그는 계속해서 성서는 우리 삶의 문제에 대해 해답만을 주는 책이 아니라고

하면서 오히려 성서는 우리의 삶을 향해 질문을 던지고 있음을 보아야 한다고 말한다.

신사도개혁운동은 효과적인 교회 성장과 효과적인 경영자를 추구한다. 성공적 최고 경영자의 모델은 신사도개혁운동을 지배하고 있는 실용주의의 총합이다. 신사도는 최고 경영자로서 효과적인 결과를 생산해 내는 사람들이다. 이들이 신사도개혁운동을 주창하게 된 배경에는 기존 교단들이 이 시대에 실효성을 상실했다는 인식에서 출발한다. 기존 교단과 교회는 이미 쇠락의 길에 접어들었음을 말한다. 그러므로 하향세에 들어선 기존 교단을 중심으로 효과적인 교회 성장을 도모할 수 없다는 실용적인 판단을 내리고 있다. 새로운 사도를 중심으로 하는 새로운 교회의 등장은 필연적일 수밖에 없는 것이다. 새로운 교회는 매우 효과적으로 일함으로써 교회 성장을 이루고 대형화를 이루면서 사회에서 누구도 무시할 수 없는 권력의 자리를 차지하게 될 것이다. 최고 경영자 모델은 신사도개혁운동의 번영신학과 실용주의적 가치관의 융합된 모습의 실질적인 표현이며 권력 지향적인 모습을 드러내는 모델이다.

5 맺음말: 종교, 권력 불평등 구조의 심화 도구인가?

지금까지 우리는 신은사운동과 신사도개혁운동의 영성의 문제와 권력 지향적인 동기에 대해 논해 왔다. 현재 라틴아메리카에서의 신은사운동과 신사도개혁운동의 파급과 확산은 놀라울 정도이다. 라틴아메리카교회협의회(CLAI) 전 사무총장 이스마엘 바티스타(Ismael Batista)는 현재 이 지역에서의 개신교의 성장은 놀랍다고 말하면서 그럼에도 라틴아메리카 개신교 내부에서 관찰되는 몇 가지 운동들은 복음의 진정성을 왜곡하고 훼손시키고 있다는 의심을 받고 있다고 지적한다. 그는 계속해서 라틴아메리카 개신교 내부에서 혼돈과 긴장을 불러일으키고 있는 세 가지 신학적 경향에 대해 다음과 같이 정의했다.

첫째로 복음을 종교적 상품으로 전락시키는 번영신학이다. 둘째로 성서적 영성을 넘어서서 신학적 이원론을 확산시킬 뿐만 아니라 평화의 복음을 전쟁 용어를 사용해 호전적으로 만들어 가는 영적 전쟁이다. 셋째로 복음의 힘을 권력의 힘과 왜곡시키는 신사도개혁운동이다. 특히 그는 가톨릭교회가 라틴아메리카 사회의 역사적이고 전통적인 정치·경제·사회·문화 권력의 불평등 구조를 유지하기 위한 종교적 정당성을 부여해 온 역사를 상기하면서 신은사운동과 신사도개혁운동이 권력 불평등 구조의 기반인 가톨릭교회를 대치하는 또 다른 권력 불평등 심화의 도구가 되고 있는 것은 아닌지 진지하게 성찰할 것을 강조한다. 신은사운동과 신사도개혁운동은 이처럼 라틴아메리카에서 갈등을 일으키는 논란의 대상이 되면서 만만치 않은 파장을 일으키고 있다. 우리는 이러한 운동들이 기존 라틴아메리카 사회와 교회에게 무엇을 남겨 주고 있는가에 관심을 집중할 것이다.

1) 신은사운동과 신사도개혁운동이 주는 적극적인 영향

신은사운동은 무엇보다도 지금까지 근대의 영향을 받고 그 안에서 선교적 모델을 형성해 왔던 기존 교회들에 의해 무시되거나 혹은 억압되어 왔던 감성적인 신앙의 가치와 그것이 기독교 신학에서 차지하는 위치를 재발견하도록 하고 있다. 신은사운동의 기계적 · 획일적 · 과학적 이성에 대한 불신은 종교적 경험에 강한 애착을 갖도록 한다. 과학적 이성은 신앙을 교리를 반복하거나 그것에 동의하는 것으로 간주하도록 만들어 왔다. 이는 신앙과 삶의 분리라는 이중적 신앙 양태를 낳게 하였다. 신은사운동의 특징을 정리하면 다음과 같다.

첫 번째로 신은사운동은 과학적 이성을 기본으로 하는 신앙이 소홀시 했던 신앙의 영적 차원과 감성적 차원을 되돌려 주고 있다. 특히 열정적인 민족성을 가진 라틴아메리카 사람들에게 유럽의 과학적 이성에 근거한 신앙은 삶과 유리된 형식적인 것으로 받아들여졌다. 이러한 특성은 라틴아메리카에서 시작된 해방신학이 민중들의 억압된 삶의 정황으로부터 출발해 민중의 해방을 추구하는 신학을 전개하였지만 정작 라틴아메리카 민중들이 외면했던 이유를 설명해 준다. 해방신학이 이성적인 신앙이었던 반면, 오순절 운동과 신은사운동은 감성으로부터 출발해 민중들 사이에서 폭발적인 호응을 받았던 것이다.

두 번째로 신은사운동은 주관적인 영성의 모습을 통해 계시와 교회 전통의 관계를 새롭게 수립함으로 개인 영성의 중요성을 강조하고 있다. 어떤 의미에서는 교회의 전통에 의해 억압되어 왔던 개인의 영성과 경험에 대해 자유를 선포하고 있다. 하나님과의 관계에 있어서 개인적인 만남과 체험의 주관적인 영성을 강조함으로써 전통을 넘어서서 자신의 생활 속에서 만나는 하나님을 체험하도록 도와주고 있다.

특히 종교적으로 가톨릭교회 전통의 상황에서 교리와 교회의 전통에 억눌림을 당하던 라틴아메리카 사람들에게 스스로 신앙을 선택하고 종교적 운명을 결정지을 수 있도록 해방의 동기를 제공했다. 그런 의미에서 라틴아메리카 사람들은 신은사운동을 통해 비로소 스스로가 자신의 운명의 주인이 되는 주인의식과 더불어 해방의 주체로서의 인식을 갖게 되므로 이 지역에서의 신은사운동의 급격한 증가의 주요 요인이 되고 있다. 크리스찬 랄리브 데피네이(Christian Lalive. D'epinay)는 자신의 저서, 『대중의 도피(El Refugio de las Masas)』에서 라틴아메리카의 오순절 운동은 기존 세력에 대한 민중적인 저항 운동이었다고 말한다. 계속해서 그는 억압받는 민중들은 오순절 운동을 통해 해방의 만족을 누리면서 모든 사회의 영역에서 가톨릭교회와 지배계층에 의한 권력 불평등 구조에서 해방되어 스스로가 주체(권력자)가 되는 느낌을 갖게 되었다고 주장한다.

세 번째로 신은사운동과 신사도개혁운동은 여성적 모델과 아버지-아들 모델, 그리고 영적 방패의 모델 등과 같은 보호망을 라틴아메리카 민중들에게 제공해 주고 있다. 이는 개인 보호와 목회적 돌봄에 있어서 무기력한 모습을 보이면서 무감각의 관료 조직으로 변질되어 간 기존 교회들의 병폐를 극복하고 있다. 특히 신사도개혁운동은 영적 방패와 보호 모델과 신사도 교회 네트워크를 통해 돌봄을 약속하고 있다. 이 모델은 한 목회자로 하여금 심리적으로 돌봄을 받고 있다는 심리적 안정을 갖게 만들기도 한다. 라틴아메리카에서 대부분의 목회자가 계속적인 목회 돌봄을 받지 못하고 교육의 기회를 갖지 못하는 현실에서 신사도개혁운동의 영적 방패 보호 모델이 급속도로 파급되는 것은 당연한 것이다. 그러나 결국 이 같은 모델이 또다시 권력 불평등 구조를 만들어

내고 또다시 민중들이 억압구조로 편입되는 현상을 만들기도 한다는 사실을 간과해서는 안 될 것이다.

네 번째로 신은사운동과 신사도개혁운동은 큰 이야기를 버리고 작은 이야기를 취하는 후기 근대의 영성에 기인해 라틴아메리카 민중의 삶에서 발견되는 작은 이야기들에 치중한다. 삶의 열악한 현실 속에서 라틴아메리카 민중들이 겪어야 하는 아픔들에 대해 언급한다. 이들은 실업 문제를 야기하는 신자유주의 경제 체제의 사회·구조적 악의 철폐와 같은 커다란 이야기를 버리고 실직의 아픔을 극복하고 복직하는 것에 대한 작은 이야기를 취한다.

'하나님의 보편 교회'가 대중 매체를 통해 내거는 교회의 슬로건은 "Pare de Sufrir", 즉 더 이상 고생하지 말라는 메시지이다. 이 교회는 방송을 통해 하나님이 어떻게 실제적인 삶의 문제를 해결해 주셨는지 강조한다. 또한 누구든지 이 교회가 제시하는 믿음의 방법을 따르면 고생하지 않고 인생의 문제를 해결할 수 있다고 선전한다. 이 교회에서 위대한 이야기는 찾아볼 수 없다. 일상적으로 당면하고 있는 우리 삶의 작은 이야기들로 가득 차 있다. 신은사운동의 작은 이야기 영성은 신앙을 직접적인 삶의 차원으로 내려오게 하고 있다.

그럼에도 불구하고 신은사운동과 신사도개혁운동은 이스마엘 바티스타의 지적처럼 라틴아메리카 교회에 많은 혼란과 갈등을 야기하고 있다. 우리는 이 운동들의 한계와 부정적인 영향을 인식하면서 몇 가지 근본적인 질문, 특별히 라틴아메리카 가톨릭교회를 중심으로 하는 권력 불평등 구조와 연관된 질문을 던지지 않을 수 없다.

2) 신은사운동과 신사도개혁운동의 한계:
권력 불평등 구조의 심화를 중심으로

라틴아메리카의 가톨릭교회를 말할 때 스페인 등 당시 서구 열강으로부터 시작된 아메리카 대륙의 정복 과정을 언급하지 않을 수 없다. 왜냐하면 라틴아메리카 가톨릭교회는 이러한 스페인과 포르투갈의 식민 정복 정책과 매우 밀접한 관계가 있기 때문이다. 그 영향이 지금까지 남아 이 지역의 가톨릭교회의 성격을 규정하는 데 매우 중요한 역할을 하고 있다.

스페인은 사실상 동양으로 가는 새로운 길을 개척하기 위해 아메리카에 도착했다. 제네바 사람으로 스페인 왕국의 협조를 얻어 동양으로 가는 길을 개척하기 위해 떠났던 크리스토퍼 콜럼버스(Christopher Columbus)는 그가 이 대륙을 발견(사실상 발견이라고 하기보다는 침략이라는 말이 더 적당하지만)했을 때, 그는 이곳이 인도로 가는 길이라고 확신하고 있었다. 그 이후 스페인과 포르투갈의 정복자들은 이 지역의 토착민들의 끈질긴 저항에 부딪혀야만 했다. 결국 이 지역에 대한 군사적 정복 과정에서 수천만 명의 토착민이 목숨을 잃었다.

이 지역에 대한 군사적 정복과 더불어 종교적인 정복이 곧 시작되었다. 당시의 한 신부는 이 시대의 상황을 다음과 같이 표현했다 "인디오들을 향해 터지는 화약이 주님을 향한 향기라는 것에 대해 누가 의심을 품겠는가?" 라틴아메리카는 1492년 이후 스페인과 포르투갈에 의해 정복되고 식민지화되기 시작했다. 정복자들은 한쪽으로는 군인들이었고 또 한편에는 신부들과 선교사들이 있었다. 칼과 십자가는 원주민들을 예속하기 위해 늘 함께 행동했다. 정복자들은 양극단의 모습을 보이면서 생활했다. 한쪽 허리에는 긴 칼을 차고 있었으며, 가슴에는 큰 십자가를 걸고 다녔다. 이들은 한쪽으로는 금과 은을 얻으려는 야망을, 또 한쪽으로는 하나님을 위해 영혼을 얻겠다는 서로 상반되는 동기를 함께 가지고 있었다.

아메리카에서의 유럽 교회의 선교 사업은 공격적이었다고 말할 수 있다. 그들은 정복 군대와 함께 동행하며, 폭력적인 선교를 수행했다. 막강한 군사력으로 무장한 군인들 곁에 서 있는 가톨릭교회의 신부 선교사들이 전하는 전도의 소리에 민중들은 저항할 수 없었다. 한 손에는 칼을, 다른 손에는 성경을 들고 위협하는 선교사들에게 복종할 수밖에 없었다. 이러한 모습들은 후일 라틴아메리카 가톨릭 교인들의 생활과 믿음의 분리를 가져오게 만들었다. 갖가지 포악한 수단을 통해 부와 권력을 차지하며 민중을 수탈한 사람이 미사에서는 가장 훌륭하고 믿음 깊은 가톨릭교회 신자로 둔갑하는 것이다. 이런 까닭에 올란도 코스타스는 라틴아메리카 대륙을 "죄악에서 잉태된 대륙"이라고 평했다.

서구 열강의 정복 전쟁 이후 라틴아메리카는 토착민들이 구성하고 있었던 평등사회에서 불평등사회로 급격하게 이전되었다. 그리고 불평등 사회구조는 후일 가톨릭교회를 중심으로 굳어졌으며 이 상황에서 토착민들을 비롯한 일반 민중들이 라틴아메리카 사회의 주체적인 세력으로 등장하지 못했다. 그것은 19세기 초부터 발생하는 라틴아메리카 각국의 독립전쟁에서도 그대로 나타났다. 스페인으로부터 독립하고자 하는 시도는 민중들이 아닌 라틴아메리카 현지에서 출생한 스페인 귀족 2세들에 의해서 발발되었다. 민중은 귀족들의 권력 쟁취 전쟁에 도구로 동원되었을 뿐이다. 민중이 라틴아메리카 역사에서 주체적인 모습을 보이고자 한 경우도 있었으나, 그러한 시도는 권력자들에 의해서 번번이 무산되고 말았다. 심지어 민중의 해방을 시도한 해방신학에서 조차 민중들은 주체적인 위치를 차지하지 못했다. 해방신학도 학력이 뛰어난 신부들의 자각에서부터 시작되었다. 물론 기초 공동체를 통해 민중의 역량이 강조되고 또 공동체를 이끌어 가는 지도력을 발휘하게 만든 것도 사실이기는 하지만, 결과적으로 민중이 온전한 주체 세력이 되는 것까지는 미치지 못했다.

이러한 역사를 상기하면서 나는 감히 라틴아메리카 교회 역사에서 민중이 주체로 등장하게 된 계기는 어쩌면 신은사운동이라고 말한다. 신은사운동은 무엇보다도 교육받은 목회자들에게 국한되었던 성서 해석과 특히 하나님의 계시를 학력과 상관없이 민중들에게 개방했다. 하나님의 계시는 여성과 민중들에게도 열려 있었다. 이를 두고 '계시의 민주화'라고 부를 수 있을 것이다. 민중이 역사의 주체가 되는 사건이었다. 이러한 '계시의 민주화'는 라틴아메리카 민중들에게 선풍적인 인기를 끌었고 민중들은 신은사운동에 참여하면서 비로소 자신이 권력의 주변부에 머물고 권력의 눈치만 살피는 피동적인 존재가 아니라 역사를 이끌고 변화를 창출해 내는 주체임을 자각하기 시작했다. 신은사운동이 라틴아메리카에서 급성장했고 권력의 중심이었던 가톨릭교회를 대체할 가능성까지 보이게 되었다. 그런데 과연 신은사운동과 신사도 개혁운동은 민중을 권력 구조의 주체 세력으로 만들어 갔을까? 그리고 주체적 민중과 함께 라틴아메리카 사회의 권력 불균형 구조를 변화시키며 더 나은 사회로 만들어 가는 데 주도적 역할을 감당했을까?

신은사운동 초기에 여성과 민중이 지도자로 성장하고 운동 확장에 선도적이고 주도적인 역할을 감당한 것은 틀림없는 사실이다. 이러한 민중 주도 정책은 신은사운동의 급격한 확산과 라틴아메리카에서 주목을 받는 종교 세력으로 신은사운동이 자리매김할 수 있도록 해주었다. 그럼에도 이 운동이 확산되면서 몇몇 카리스마 지도자들을 중심으로 대형 교회화를 이룩한 신은사운동은 빠르게 민중 주도 구조에서 소수의 지도자를 중심으로 하는 불평등 구조로 변질되기 시작했다. 이러한 변질의 중심에는 무엇보다도 위에서 언급한 신은사운동 내부에서 발견된 권력 지향적 선교 모델이 있었다. 위에서 나는 신은사운동의 선교 모델에서 권력 지향성과 관련된 다섯 가지 모델에 대해 언급하였다. 1) 아버지-아들 모델, 2) 영적 방패의 모델, 3) 진리 독점 모델, 4) 교회 성장-대형화 지향 모델, 5) 성공적 최고 경영자 모델이다.

아버지-아들 모델을 통해 신은사운동은 민중 중심의 권력 평등 구조를 벗어나서 또다시 스페인의 식민 정책 중심적 토대, 파트로나토(patronato)구조를 채택하고 있다. 파트론(Patrón, 주인)에게 절대적으로 순종함으로써 자신의 생명과 가정을 지킬 수 있었던 식민지 제도가 그대로 적용되는 것이다. 민중들은 파트론의 보호를 벗어나서는 삶을 지속할 수 없었다. 아버지-아들 모델은 철저한 권력 불평등의 구조하에서 이루어지는 선교 모델이다. 그리고 이러한 선교 모델은 교회 운영은 물론 세속사회에서 교인들로 하여금 권력 불평등 구조의 문제점을 인지하지 못하도록 만들 뿐만 아니라 권력 평등사회를 향한 그 어떤 시도도 하지 못하도록 만들고 있다는 데서 문제가 심각하다. 신은사운동은 초기에 민중 주도적 구조를 만들어가는 모습을 보였지만 결국에는 종교를 통한 권력 불평등 구조를 확대 재생산하고 있다는 점에서 비판을 면하지 못할 것이다. 이어서 아버지-아들 모델은 곧바로 영적 방패의 모델로 이어진다.

영적 방패 모델은 아버지-아들 모델의 구체적인 모습이다. 아들은 아버지의 철저한 보호막에 의해 그의 삶을 지속해 나간다. 아들은 아버지의 방패가 없으면 적들의 공격 앞에 속수무책으로 당할 수밖에 없다. 독립적인 힘을 갖지 못하며 오직 아버지의 방패 아래에서 평화를 누릴 수 있다. 방패라는 보호막을 제공하는 아버지는 아들 위에 군림한다. 보호막을 제공하는 아버지는 권력의 중심에, 보호받는 아들은 권력의 주변에 머물 수밖에 없다. 권력은 불평등하게 실현되고 배분된다.

이제 권력 불평등 구조는 세 번째 모델, 진리 독점 모델에 의해서 절정에 이른다. 보호막을 제공하는 아버지는 이제 진리를 갖춘 최고의 지도자로 등장한다. 어느 누구도 보호막을 제공하는 아버지에 대해 이의를 제기해서는 안 된다. 그가 진리를 독점하고 있기 때문이다. 오직 그로부터 진리는 민중들에게 전달된다. 계시의 민주화로 인한 권력의 민주화를 이루었던 초기의 모습은 사라지고 이제 또다시 진리는 몇몇 카리스마를 가진 지도자(아버지)에게 집중된다. 진리에 대한 해석의 권리도 아버지에게 귀속된다.

한국 교회에서도 이러한 권력 집중에 의한 진리 독점 구도가 반복되고 있다. 교회와 관련되어 최근 발생한 명성교회 세습과 여수 은파교회 세습 등 일련의 사태에서 보인 교회 신도들의 수동적인 모습은 아버지-아들 모델, 영적 방패 모델과 진리 독점 모델에서 비롯되는 교회 내 권력 불평등 구조에 크게 영향받고 있음을 알 수 있다. 진리를 (독점적으로) 소유하고 있다고 여겨지는 몇몇 카리스마적 지도자들에게 민중은 아무런 이의도 제기하지 않은 채 순종하고 있다. 왜냐하면 지도자들은 민중들의 주인, 즉 파트론이기 때문이다.

다른 한편 신은사운동과 신사도개혁운동이 주장하고 있는 신사도들의 면모가 대부분 대형 교회 혹은 교회 성장을 성공한 사람이거나 교회 성장의 가능성이 있는 사람들로 구성되어 있는 상황에 대해 그 이유와 동기를 묻지 않을 수 없다. 그곳에 권력의 동기가 숨어 있는 것은 아닌가 물어야 한다. 만일 그렇지 않다면 굳이 권력의 상징으로 받아들일 수도 있는 '사도'라는 용어를 사용하는 이유는 무엇인가? 직위와 명칭에 연연하며 권력을 지향하는 모습이 아니라 오히려 가진 힘을 벗어 던지는 예수의 비움이 오늘 기독교가 지향해야 할 모습이 아닌가 물어야 한다.

성공한 기업가의 모습으로 대변되는 카리스마적 지도자, 다시 말하면 신사도(新使徒)는 성공한 사람, 권력을 가진 사람으로 나타난다. 이러한 신사도 즉, 성공한 대형 교회의 지도자이다. 그들은 민중의 아버지, 보호자, 진리 독점자이자 성공한 사람의 상징이다. 이들이 권력을 집중적으로 소유하고 있는 것은 당연한 귀결이다.

지금까지 라틴아메리카에서 나타나고 있는 신은사운동과 신사도개혁운동의 배후에 자리 잡고 있는 영성의 문제와 권력 지향성에 대해 살펴보았다. 신은사운동과 신사도개혁운동이 초기에 라틴아메리카의 역사적 권력 불평등 구조에 균열을 가져온 것은 틀림없는 사실이다. 이러한 운동을 통해 개신교인들이 라틴아메리카 사회의 가톨릭교회를 중심으로 하는 권력 구도를 변화시켜 온 것도 사실이다.

이런 의미에서 신은사운동은 라틴아메리카 정치와 경제에 개신교인들의 진출과 참여의 증가에 큰 영향을 미쳤다. 신은사운동으로부터 시작된 계시의 민주화와 권력의 민주화 현상은 라틴아메리카 사회의 변화 가능성에 대해 희망을 갖게 만들었다. 그러나 신은사운동의 급성장과 더불어 나타난 신사도의 출현은 민중 중심의 권력 평등 구조를 심각하게 훼손했다.

오늘날 우리는 라틴아메리카의 신은사운동과 신사도개혁운동은 이러한 권력 불평등 구조가 심화된 것에 대해 진지하게 고민해야만 한다. 결국, 종교와 신앙의 목적이 성장과 권력 소유가 아니라 그리스도를 선포하기 위한 것임을 다시금 상기해야 한다. 그리스도를 선포함으로써 '죄악으로 잉태되고 죄로 얼룩진 라틴아메리카'에서 점차 정의와 평화의 하나님의 나라의 모습이 회복되도록 해야 할 것이다. 종교는 권력 불평등 구조를 강화시키는 도구가 되어서는 안 된다. 오히려 종교로 인해 사회가 보다 평등하고 민주적인 사회로 진화되어야 할 것이다. 종교는 더 나은 사회, 그리고 사람이 더욱 사람답게 살아갈 수 있는 사회를 만들어 가는 데 역동적인 역할을 감당해야 한다. 그것이 종교의 기능이고 존재의 정당성이 아니겠는가?

라틴아메리카는 역사적으로 종교적 이중성에 의해서 시달림을 받아 왔다. 기독교적이면 기독교적일수록 더욱 세상과 타협하고 복음과는 멀어져 가게 되는 이중적이고 모순적인 삶을 강요당해 왔다. 오늘 종교적 지도가 변화되어 가는 현실 속에서 신은사운동과 신사도개혁운동은 스스로에게 무엇이 오늘 우리로 하여금 라틴아메리카에서 진정한 그리스도의 사람으로 살아가게 만드는 것인가라는 진지한 질문을 던져야 한다. 이러한 성찰 없이 권력 지향적이며 권력 불평등 구조를 심화시키는 모습을 보이는 것은 보드리야르의 지적처럼 가상현실 속에서 현실을 무시하고 자신만의 세계를 형성함으로써 정체성을 구성하는 일이다. 이는 결국 현실로부터 우리를 동떨어지게 만들고 정체성의 혼란을 가져오는 치명적 전략(Estrategias fatales)이 되고 말 것이다.

제 7 장

라틴아메리카 개신교의 성장과 가톨릭의 대응

/

김윤경

/

1 들어가는 말

'가톨릭의 대륙'이라고 할 만큼 오늘날 라틴아메리카에서 가톨릭은
지배적인 종교이다. 16세기에 유럽의 정복자들과 함께 가톨릭 선교사
들이 아메리카에 발을 들여놓은 이래로 오늘날까지 가톨릭의 지배적
인 지위에는 변함이 없다. 전 세계 가톨릭 신자의 절반 가까이가 라틴
아메리카에 거주하고 있을 뿐만 아니라, 라틴아메리카의 가톨릭 신
자 비율도 국가에 따라 조금 다르기는 하지만 일반적으로 전체 인구
의 80%가 넘는다. 2013년에는 유럽 외 대륙에서 처음으로 아르헨티나
출신 호르헤 마리오 베르고글리오(Jorge Mario Bergoglio) 추기경이 제
266대 교황에 선출되면서 라틴아메리카가 가톨릭의 대륙으로서 자존
심을 세웠다.

정복 이후 식민시대 내내 가톨릭교회는 가톨릭을 식민 정부와 협력
식민지의 정식 종교로 정착시켰으며 식민 사회 전반에 영향을 미치면

서 지배 권력으로 자리 잡았다. 그러나 독립 후 유럽에서 자유주의 사상이 들어와서 교회를 공격하고, 혁명 세력이 보수적인 교회를 비판하면서 가톨릭교회의 특권적 지위가 위협받게 되었다. 특히 혁명기에는 교회의 재산을 몰수하고 교회를 불태우는 등 교회에 대한 대대적인 탄압이 이뤄지면서 가톨릭교회의 패권이 크게 약화되기도 했다. 그럼에도 불구하고, 라틴아메리카에서 가톨릭교회는 오랫동안 명실공히 종교적 패권을 장악했으며, 라틴아메리카의 대다수 사람의 영혼을 지배하고 있었다.

그런데, 이러한 패권에 균열이 생기기 시작했다. 1960년대부터 시작해서 1970-1980년대를 거치면서 라틴아메리카에서 가톨릭교회의 종교적 지배가 무너지고 있다. 그중 가장 눈에 띄는 것이 개신교의 성장이다. 가톨릭이 지배적이었던 대륙에서 개신교가 급속도로 세력을 확장했다. 특히 신자유주의가 라틴아메리카를 강타한 후 개신교도 인구 비율이 각 나라에서 괄목할 만한 성장을 보였다. 개신교도 인구가 라틴아메리카 전체 인구의 10%를 넘어선 지 이미 오래됐으며, 브라질, 칠레에서는 이미 개신교도의 인구가 전체 인구의 1/4을 넘었다. 놀랍게도 엘살바도르, 온두라스, 과테말라 같은 중미 국가들에서는 인구의 절반 가까이가 개신교도가 되었다.

라틴아메리카에서 일어난 이러한 종교 지형의 변화는 많은 사람의 관심을 불러일으켰다. 수백 년 동안 가톨릭이 지배해 온 라틴아메리카에서 왜 이러한 변화가 나타났는가라는 문제가 가장 큰 관심사로 떠올랐다. 그러면서 개신교의 성장 요인에 관한 여러 해석이 등장했다. 크게 세 가지 입장으로 나눌 수 있는데, 첫 번째는 미국의 보수적인 선교사 집단이 라틴아메리카에서 적극적으로 선교한 결과 개신교가 급성장하게 되었다고 보는 입장이다. 라틴아메리카에서 개신교를 부흥하게 해서 이곳을 미국의 영향 아래 두려는 미국의 음모가 작용한 결과 개신교의 약진이 이루어졌다고 주장하는 것이다. 그러나 개신교로 개종한 사람들 대부분이 가난한 사람들이었다는 점을 고려할 때 이러한 주장은 설득력이 약하다.

이보다 좀 더 설득력 있는 주장은 가톨릭 내부적 요인 즉, 가톨릭의 한계를 주된 원인으로 보는 입장이다. 가톨릭의 권위주의적이고 수직적인 구조와 도덕성의 추락, 보수화 등이 가톨릭이 직면한 한계로 지적된다. 가톨릭의 구조적인 한계로 인해 대중, 특히 사회적 약자의 욕구를 제대로 충족시켜 주지 못하게 되면서 가톨릭에서 개신교로 개종하는 사람들이 늘어났다는 것이다. 이러한 입장은 어느 정도 설득력이 있어 보인다. 하지만 그것만으로는 설명이 부족하다. 기존의 가톨릭교도들이 개신교로 개종하게 된 것은 단순히 가톨릭의 한계를 느낀 대중의 반작용만은 아니었다. 개신교가 대중에게 다가갈 수 있었던 데에는 가톨릭과 다른 어떤 것이 분명히 있었다. 그래서 일부 학자들은 개신교의 성장을 원주민 전통 신앙과 개신교의 유사성, 카르고(cargo)체제를 비판하고 가족과 개인주의 등을 강조하는 개신교의 가치에서 찾으려고 한다.

이 글에서는 이러한 문제의식을 토대로 멕시코 치아파스주의 예를 통해서 개신교의 성장 과정을 살펴보고, 가톨릭과 개신교의 종교적 불평등 관계가 어떤 형태를 띠고 나타났는지 이해해 보고자 한다. 멕시코는 다른 나라보다 개신교도의 수가 상대적으로 많은 편은 아니다. 하지만 사파티스타 운동이 일어난 치아파스주에서는 개신교의 선교 활동이 아주 활발하게 일어나면서 개신교가 아주 빠르게 성장했다. 사파티스타 운동이 라틴아메리카 전역에 영향을 미치면서 이곳에서의 개신교 활동도 주목을 받게 되었다. 치아파스는 멕시코에서 유일하게 2000년에 개신교도가 주지사로 선출된 지역이며, 개신교 비율이나 개신교도 수가 멕시코에서 가장 많은 주이다. 2000년도에 멕시코에서 유일하게 치아파스주의 개신교 비율이 20%를 넘었다. 나라마다 지역마다 조금씩 차이가 있겠지만, 치아파스주의 예를 통해서 라틴아메리카, 특히 멕시코에서 개신교도가 급증하게 된 원인과 개신교의 성장에 대한 가톨릭교회의 대응을 분석하고자 한다.

그럼 먼저 오랫동안 종교적 패권을 지닌 채 라틴아메리카 전체에 막강한 영향력을 행사하고 있었던 가톨릭교회가 어떤 변화 과정을 겪었고, 가지고 있었던 문제점은 무엇이었는지를 살펴보도록 하자.

2 '지배적인 종교' 가톨릭의 한계

1) 가톨릭교회: 개혁적 진보에서 보수로

16세기 정복자들과 함께 아메리카에 유입된 가톨릭교회는 왕실의 강력한 통제와 후원 속에서 지배적인 종교로 성장했다. 독립 후 라틴아메리카 가톨릭교회는 무수한 정치적 격변 속에서도 지배적인 종교의 자리를 굳건히 지켰다. 가톨릭교회가 그럴 수 있었던 것은 로마 교황청과 긴밀한 관계를 유지하면서도 나름대로 개혁을 위한 노력을 게을

리하지 않았기 때문이다. 그리하여 라틴아메리카 가톨릭교회는 세상과 소통하고 현실 변화에 적극적으로 대응하려는 가톨릭교회의 모델을 제시하기도 했다.

이러한 노력은 1968년 콜롬비아 메데인(Medellín)에서 열린 제2차 라틴아메리카 주교회의에서 구체화되었다. 이 회의는 제2차 바티칸 공의회에 대한 라틴아메리카 가톨릭교회의 대응이었다. 1962년부터 1965년까지 열린 바티칸 공의회는 가톨릭교회를 개혁하기 위해 열린 공식 회의로, 참가자가 2,800명으로 가장 규모가 컸으며 16개의 중요한 문서를 발표한 가장 생산적인 회의였다. 공의회 결과, 각국의 언어로 미사가 봉헌되기 시작했으며, 소녀 복사가 최초로 인정되었고 개신교, 동방교회 등 타 종교와 화해하게 되었다. 이 공의회는 전 세계 가톨릭교회에 엄청난 영향을 미쳤는데, 그 영향을 받아 라틴아메리카 가톨릭교회도 주교회의를 소집했다.

1955년 브라질 리우데자네이루에서 개최된 제1차 주교회의 이후 11년 만에 메데인에서 열린 제2차 주교회의는 제2차 바티칸 공의회의 여러 가지 결정 사항을 라틴아메리카에서 적용하는 문제에 대해 논의하기 위한 회의였다. 가톨릭교회의 주교 150여 명이 참가한 주교회의는 우선 라틴아메리카 사회가 처한 현실에 관한 문제를 먼저 토론하고 나중에 교회와 관련된 주제를 논의했다. 이것은 신학적 성찰을 먼저 했던 전통적인 주교회의 방식과는 다른 혁신적인 방식이었다. 주교회의에 참석한 주교들은 회의의 여러 문건을 통해서 그리스도인들에게 사회적 현실에 관한 관심과 그것을 해결하기 위한 적극적인 사역 활동을 강조했다.

이 회의에서 주목해야 할 것은 메데인 회의에 모인 주교들이 라틴 아메리카의 가난, 억압, 종속 등 비신학적 주제들을 적극적으로 다루면서 '가난한 자를 위한 우선적 선택'이라는 사목 원리를 채택했다는 사실이다. 주교들은 교회가 '가난한 자들과 정의'라는 것을 중요 의제로 다루면서 가난한 사람들과 교회를 동일시해야 한다고 강조했다. 메데인 주교 회의에서 가장 중심적인 역할을 했던 페루의 신학자 구스타보 구티에레스(Gustavo Gutierrez)는 가난이 불의한 사회구조의 산물이라고 보면서, 그들을 가난으로부터 '해방'시켜야 한다고 주장했다. 따라서 메데인 회의는 그전부터 주장되던 그의 '해방신학'이 발전하는 기폭제가 되었다.

하지만, 라틴아메리카 가톨릭교회의 개혁 움직임은 순탄하지 않았다. 메데인 회의의 개혁과 '해방'의 움직임을 저지하려는 시도가 보수적인 주교들 사이에서 일어났다. 라틴아메리카주교회의 사무총장이 된 콜롬비아의 알폰소 로페스 트루히요(Alfonso Lopez Trujillo) 대주교가 메데인 주교회의의 진보적인 입장의 영향력을 저지하기 위해 멕시코 푸에블라(Puebla)에서 제3차 주교회의를 열기로 했다. 그는 주교 회의를 장악한 후 보수적인 인사들로 실무진을 교체했으며, 그들에게 주교 회의 전에 '녹색 문서'라고 알려진 예비 문서를 작성하도록 했다. 이 문서의 주요 내용은 가난한 사람들에게 내세를 기대하면서 비참한 현실을 받아들이라는 것이었다.

이러한 반개혁 시도에 대해 즉각적인 반발이 일어났다. 당시 가장 진보적이었던 브라질 주교회의가 이 '녹색 문서'를 대체할 128편의 권고문을 만들었다. 시민사회와 교회 안에서도 비판적인 보고서가 작성되었고, 라틴아메리카주교회의 의장이었던 로샤이더 추기경은 푸에블라 문서를 다시 쓰기 위해 회의를 소집했다. 이에 대해 트루히요 대주교도 가만히 있지 않았다. 그는 교황청의 승인을 받아서 자신이 추천한 181명을 추가 대표로 선임하고, 구스타보 구티에레스 신부 같은 해방신학자들을 주교회의에서 배제했다.

트루히요 대주교의 반개혁 시도를 저지하는 데 가장 중요하게 영향을 미쳤던 것은 교황 요한 바오로 2세였다. 요한 바오로 2세는 교황이 되자마자 푸에블라 주교회의 개막식에 참석하기 위해 멕시코를 방문했다. 과달라하라 사포판(Zapopan) 성지에서 교황은 "하느님은 우리 형제들, 특히 가난한 사람들과 가장 도움이 필요한 사람들에 대한, 그리고 사회변혁에 대한 확고한 참여를 바라신다"고 말했다. 교황은 해방신학이라는 말은 사용하지 않았지만, 해방신학에서 중요한 개념인 '가난한 사람들에 대한 우선적 선택'을 받아들이고 옹호했다. 이에 따라, 푸에블라 주교회의는 결론을 정리한 『푸에블라 문헌』에서 "가난한 사람들에 대한 편애와 가난한 사람과의 연대를 표명하는 예언자적 선택을 결정한 제2차 메데인 주교회의의 입장을 다시 한번 천명한다"고 선언하면서, 메데인 회의에서 채택했던 '가난한 사람들에 대한 우선적 선택'을 공식적으로 선포했다.

하지만, 푸에블라 주교회의 이후 가톨릭교회 내에서는 보수와 진보 간 갈등이 첨예화되었다. 라틴아메리카 가톨릭교회에서 힘을 얻고 있었던 해방신학에 대항한 반해방신학 운동이 활발하게 일어났다. 교황청 신앙교리성 장관이었던 라칭거(Joseph Ratzinger) 추기경이 라틴아메리카의 보수 주교들의 반해방신학 운동에 가담하면서 갈등이 더 심화되었다. 라칭거 추기경은 해방신학자들의 반자본주의적이며 친사회주의적인 성향을 비판하고 특히 마르크스주의를 받아들이는 해방신학자들을 공격했다. 그리고 교황청은 진보적인 주교들이 은퇴하면 보수적인 주교들을 임명하는 방식으로 해방신학자들을 탄압했다. 그래서 해방신학자들을 비롯해 진보적인 주교들의 활동이 위축될 수밖에 없었고, 가톨릭교회는 점차 보수화되었다. 가난한 사람들의 빈곤과 억압을 해결하기 위한 사회 개혁이나 변혁은 이제 가톨릭교회의 관심사에서 멀어지게 되었다.

가톨릭교회의 보수화 움직임은 1980년대 이후 라틴아메리카에 좌파 정부들이 대거 들어서면서 더 심해졌다. 베네수엘라, 볼리비아, 에콰도르의 좌파 정권과 가톨릭교회가 정면으로 충돌하고 대립했다. 가톨릭교회의 주교와 성직자들은 좌파 정부의 사회주의적인 정책들을 비판했다. 예를 들어, 베네수엘라의 경우 가톨릭교회는 차베스의 '21세기 사회주의'에 대해 적대적이고 배타적인 입장을 취했으며, 무상 교육, 민중 교육, 종교 색채를 배제한 교육 정책에 대해서 비판했다.

이에 대한 좌파 정부의 공격도 만만찮았다. 베네수엘라의 차베스나 볼리비아의 모랄레스나 에콰도르의 코레아 모두가 가톨릭교회를 '혁명의 암적 존재'라고 규정하면서 교회가 누려 온 특권을 박탈해야 한다고 주장했다. 에보 모랄레스는 교회 고위 성직자의 면책 특권을 없애고 주교들이 소지하는 외교관 여권을 회수하라고 외교부에 지시했다. 2009년 브라질 세계사회포럼에서는 모랄레스가 라틴아메리카에서 또 다른 신앙, 또 다른 종교도 가능할 것이라고 주장했다. 이것은 사회 개혁과 기존의 보수적인 가톨릭을 대체할 새로운 종교의 필요성을 제기한 것이다.

이유야 어쨌든, 가톨릭교회가 민중적인 개혁을 추진하는 좌파 정부에 대항하는 모습은 기득권을 누리는 보수층의 입지를 강화하는 것이었다. 가톨릭교회의 주장은 점점 가난한 사람들의 현실 문제를 해결하는 것과 거리가 멀어졌다. 그러면서 가톨릭교회의 입지도 점점 약해졌다. 가톨릭이 가난한 사람들보다는 중산층 이상 부자들의 목소리를 대변하는 종교가 되어 갔다. 그리하여 교회 내에서도 보수와 진보의 갈등이 더 심해졌다.

2) 복음의 부재와 도덕적 타락

라틴아메리카 가톨릭교회의 보수화보다 더 근본적인 문제는 복음의 부재였다. 이것은 비단 라틴아메리카 가톨릭교회의 문제만은 아니었지만, 이 대륙에서 더 심각했다. 16세기에 유럽에서 들어올 때부터 가톨릭교회는 '정복자의 종교'로서 복음 전파보다는 교세 확장에 더 열을 올렸다. 당시 가톨릭교회는 원주민의 영혼을 구원하는 일보다 신자 수를 늘리는 것에 더 관심이 있었다. 가톨릭교회는 유럽에서 실추된 교회의 위상을 라틴아메리카에서의 교세 확장으로 높이려고 했다.

이러한 복음의 부재는 식민시대에도 이어졌다. 라틴아메리카에 정착한 가톨릭교회는 원주민을 개종시켜 원주민의 대다수를 가톨릭 신자로 만들었지만, 복음은 사라지고 세속적인 부를 쌓는 데 열을 올렸다. 교회가 세속화되면서 교회 내에서 원주민의 노동과 소득에 대한 통제권을 놓고 갈등이 빚어졌다. 누에바 에스파냐 부왕령의 경우, 농업과 광산업이 발달하면서 원주민에게서 거둬들이는 십일조의 양이 증가하자, 교회가 대지주가 되어 경제 권력을 쥐게 되었다. 이러한 경제 권력을 놓고 교회 내에서 수도회 신부들과 교구 신부들 간에 싸움이 벌어지는 사태까지 발생했다.

독립 후 오늘날까지도 예수 복음의 부재는 여전하다. 라틴아메리카 가톨릭교회는 특권적 지위와 수적인 우위에 안주한 채 진정한 예수 복음의 전파에는 크게 노력을 기울이지 않았다. 그동안 가톨릭교회는 라틴아메리카 인구의 90%가 넘는 비율이 가톨릭 신자라는 외형적 성장에 만족한 채, 내부적으로 예수가 누구인지, 왜 믿어야 하는지, 구원은 무엇인지 등 가톨릭 교리의 핵심적인 내용에 대해서는 사람들에게 제대로 전하지 못했다. 이론적으로는 전달해서 사람들이 머리로는 이해했을지 모르지만, 영적으로 알고 삶으로 나타나게 하지는 못했다. 그러다 보니 가톨릭 신자라고 해도 구원에 대한 믿음도 없고 무늬만 신자인 경우가 많았다.

복음의 부재와 관련해서 가장 주목하게 되는 것 중 하나가 가톨릭교회 성직자들의 성 추문 스캔들이다. 라틴아메리카 사람들은 가톨릭교회를 가장 신뢰한다. 그런데 가톨릭교회 고위 성직자들의 성 추문 사건들이 벌어지면서, 가톨릭교회의 권위가 실추되고 사람들이 많이 실망하게 되었다. 파라과이의 페르난도 루고 대통령의 성 추문 사건, 아르헨티나의 훌리오 세사르 그라시 신부의 아동 성추행 사건, 멕시코 '그리스도 군단' 설립자 마르시알 마시엘 신부의 이중생활과 아들 성추행 사건 등 성직자들의 성 관련 사건이 광범위하게 일어나면서 교회의 도덕성이 땅에 떨어졌다.[1]

---

1 조영현(2011), 「21세기 라틴아메리카 가톨릭교회의 당면 문제」, 『트랜스라틴』 제17권, 15–17쪽.

가톨릭 고위 성직자들의 성 추문 사건은 예수 복음의 부재로 말미암아 교회가 얼마나 타락했는가를 아주 극명하게 보여 준다. 이는 성직자들에게 예수가 있다면 절대로 벌어질 수 없는 일이다. 여러 명의 여자와 관계를 맺어 아이를 낳고, 아들을 성추행하는 등의 일을 고위 성직자가 벌였다는 사실은 가톨릭 신자들에게 엄청난 충격이었다. 이러한 성직자들의 도덕적 타락은 가톨릭교회를 약화시키는 데 중요한 역할을 했다. 교회의 도덕성 상실에 실망해서 가톨릭 신자들이 교회를 떠나기도 했다. 그들도 복음을 제대로 알지 못했다. 복음의 부재는 그간의 외형적 성장의 한계를 드러내면서 여러모로 라틴아메리카 가톨릭교회의 약화를 초래했다.

3 '생존의 종교' 개신교와 원주민

반면에 개신교는 19세기 말부터 라틴아메리카에 본격적으로 유입되면서 그 세력이 확장되기 시작했다. 특히 1980년대 외채 위기 이후 신자유주의의 확산으로 일반 민중의 경제 상황이 악화하면서 개신교는 급성장을 보였다. 그럼, 실제로 개신교가 누구에게 어떻게 선교 활동을 벌였는지, 어떤 요인이 사람들을 개종시켰는지 멕시코 치아파스주의 경우를 중심으로 살펴보자.

1) 가난한 원주민과 복음: 치료와 해방

치아파스주는 멕시코에서 가장 가난한 주 중 하나로 원주민이 많은 지역이다. 멕시코에 신자유주의가 도입되면서 치아파스주도 그 영향에서 벗어나지 못했다. 특히 1992년에 헌법 제27조의 개정으로 에히도(ejido)[2]의 사유화가 합법화되면서 원주민의 경제 사정이 더 악화되었다. 헌법이 개정되면서 공유지였던 에히도를 임대하거나 판매할 수 있게 되었다. 그 결과 치아파스주에서 토지 집중 현상이 나타났다. 상대적으로 부유한 원주민은 에히도를 구매할 수 있었지만, 대다수 가난한 원주민은 토지 없는 빈농으로 전락할 수밖에 없었다. 원주민의 양극화가 발생하고 가난한 원주민은 더 가난해지게 되었다.

이러한 상황에서 치아파스의 가난한 원주민들은 상당한 정신적·육체적 고통을 겪게 되었다. 치아파스 원주민의 50% 이상이 영양실조를 겪었고, 남자들은 알코올 중독에 빠졌다. 특히 영양실조는 결핵이라는 무서운 질병을 초래했다. 1983년 조사에 따르면, 치아파스주는 멕시코에서 결핵 질병률과 그로 인한 사망률이 가장 높은 지역이었다. 결핵 외에도 치아파스 원주민에게 많이 나타났던 질병은 차와흐(Chawaj)[3]라는 병이었다. 일종의 화병으로 경제 위기 이후 이 질병으로 고통당하는 사람이 증가했다. 이 질병에 걸린 원주민은 대부분 경제활동 영역에서 최하층이었으며, 실직, 그로 인한 생활고와 스트레스 등으로 고통을 받았다.

여기서 흥미로운 점은 이 질병에 걸린 사람들이 늘어나면서 개신교로 개종하는 사람들도 증가했으며, 개신교로 개종한 사람 중에 이 병

---

2 원주민 공동체의 공유지를 뜻한다.
3 마야 원주민 첼탈족(Tzeltal)과 초칠족(Tzotzil)의 정신적 질병 중 하나로, 우리나라의 화병과 유사한 측면이 있지만, 그보다는 훨씬 더 심각한 질병으로 보인다. 우리말로 번역할 적당한 용어가 존재하지 않아서 원문 그대로 표기한다.

에 걸린 사람들의 비율이 높았다는 사실이다. 치아파스 지역에서 이 병에 걸린 사람들이 개신교로 개종한 경우는 다른 집단보다 59%나 높았다.[4]

그렇다면 왜 이러한 현상이 벌어졌을까? 질병으로 고통받는 원주민 대다수가 왜 개신교로 개종하게 되었을까? 이 문제에 대한 답은 원주민과 신과의 관계에 대한 원주민의 전통적인 인식에 있다. 원주민은 질병의 원인이 신과의 관계에 있다고 생각했다. 원주민의 전통적인 세계관에 따르면, 신과 인간, 인간과 인간, 인간과 자연이 조화로운 관계를 맺고 사는 것이 잘사는 것(buen vivir)이며, 그 관계가 깨지면 병이 생기는 것이었다. 원주민들은 질병이 신과의 관계가 깨져서 벌을 받은 것으로 생각했다. 그래서 질병에 걸리지 않으려면, 그리고 질병이 나으려면 신에게 순종하고 신과의 관계를 회복하는 것이 필요했다. 그러기 위해서는 인간이 신과 직접적인 관계를 맺는 것이 중요했다.

이러한 점에서 개신교가 가톨릭보다 원주민에게 더 호소력을 가질 수밖에 없었다. 개신교에서는 인간이 신과 개별적으로 직접적인 관계를 맺는다. 가톨릭은 신과 인간 사이에 신의 대리자이자 매개자인 사제가 존재하지만, 개신교에서는 개별 인간이 직접 신과 소통한다. 목사가 존재하지만, 그는 신의 종으로서 말씀을 전하는 역할을 할 뿐이다. 원주민들은 개신교도가 되면 가톨릭의 사제나 수호성인의 도움을 받지 않고서 신과 직접 만날 수 있다는 것과 신과 직접 소통하며 도움을 청할 수

---

4 George A. Collier, Pablo J. Farias Campero, John E. Perez, Victor P. White, "Socio-economic Change and Emotional Illness among the Highland Maya of Chiapas", *Ethos*, 28-1, 2000, p. 28.

있다는 것 때문에 개신교에 매력을 느꼈다.

이렇게 신과 직접적으로 관계를 맺는다는 것이 원주민에게 호소력이 있었던 것은 원주민의 전통 신앙과 개신교가 유사한 점이 있었기 때문이다. 개신교 교회는 가톨릭보다 훨씬 더 원주민의 신앙적인 치료와 기적을 강조했다. 이러한 것은 원주민이 전통 신앙에서 신의 도움으로 초자연적인 치료를 하려고 했던 것과 유사하다. 그래서 원주민은 개신교의 '성령을 통한 치료'라는 것을 쉽게 받아들일 수 있었다. 그래서 기독교로 개종한 원주민들은 '하나님의 말씀'을 배우고, 즉 복음을 듣고 신(God)에게 직접 도움을 청하는 것이 질병과 고통, 두려움에서 해방될 수 있는 유일한 방법이라고 생각했다. 가난한 원주민에게 신은 그들이 유일하게 의지할 수 있는 대상이었다.

과거에는 원주민들이 질병을 고치기 위해서 신성한 산으로 올라가서 샤먼(shaman)[5]의 치료를 받았다. 가톨릭 신자였음에도 그들은 전통 신앙에 기대어서 치료하려는 경우가 많았다. 하지만, 경제적으로 궁핍해지면서 가난한 원주민들은 샤먼에게 치료를 받는 의식에 드는 비용을 대기가 힘들어졌다. 그래서 병에 걸려도 치료를 받기가 쉽지 않았다. 그들은 그리스도에게 직접 기도하고 개신교 선교사들에게 성령 치료를 받는 것이 전통적인 방식으로 샤먼에게 치료를 받는 것보다 경제적으로나 효과 면에서나 훨씬 낫다고 생각하게 되었다. 1980년대 치아파스의 경우, 차와흐 병에 걸린 가난한 원주민 대부분이 개신교로 개종했는

---

5 주술사라고도 하며, 종교적인 행위를 통해서 다양한 힘을 발휘할 수 있다고 믿는 사람이다.

데, 그 이유는 치료 의식에 필요한 돈을 내지 않아도 그리스도가 그 병을 낫게 해줄 수 있다고 하는 개신교 선교사들의 약속 때문이었다. 이처럼 원주민들은 개신교 복음을 육체적 · 정신적 고통에서 벗어나기 위한 방편으로 삼았다.

그런데 치아파스 원주민에게 가장 절박했던 문제는 이러한 육체적 · 정신적 고통보다도 그들이 처한 경제적 어려움이었다. 개신교는 바로 이러한 현실적인 문제 해결에 집중하면서 특히 가톨릭의 종교적 기반이자 원주민 공동체의 핵심 조직인 카르고(cargo) 제도를 비판했다.

2) 카르고[6] 제도에 대한 비판

오늘날까지도 카르고 제도는 원주민 공동체의 핵심적인 조직으로서 원주민 공동체의 정치적 · 종교적 생활을 유지하는 데 중요한 역할을 하고 있다. 카르고 제도는 시대와 지역에 따라 다양해서 한마디로 정의하기가 쉽지 않다. 하지만 카르고의 일반적인 특징으로 지적하는 것은 원주민 공동체의 성인 남자들이 일정한 기간 보수를 받지 않고 공동체를 위해 봉사하는 것이다. 마을의 성인 남자라면 보통 1년 동안 의무적으로 하나의 직책을 맡아서 봉사해야 한다. 보통 낮은 단계의 직책에서 출발해서 나이에 따라 높은 단계의 직책으로 나아가게 된다. 카르고의 임무를 다 마친 사람(카르구에로, carguero)은 원로로 인정받고 높은

---

6 cargo라는 말은 원래 "공적인 의무", "책임" 등을 의미하는 스페인어로, 보통 18세에서 60세까지의 성인 남자들이 공동체의 성원으로서 책임을 지는 제도를 말한다.

권위와 중요한 의사 결정권을 갖게 된다. 그리고 마을의 부유한 원주민들은 축제 비용으로 많은 돈을 내는 대신 정치적 영향력을 얻게 된다.

그런데, 경제 위기로 원주민의 삶이 어려워지면서 가난한 원주민에게 카르고 제도는 상당한 부담으로 느껴지게 되었다. 카르고 제도 아래에서 원주민은 각자 자기에게 요구되는 액수의 돈을 내야 했다. 예를 들어, 종교적인 축제가 열릴 경우, 축제와 의례 등 모든 일을 주관하는 마요르도모(mayordomo)가 전체 비용을 산출해서 구성원들에게 분배하고 자금을 모집했다. 교회를 장식할 꽃과 양초, 화약 등을 구입하고, 신부에게도 미사 비용을 지불해야 했다. 각자 종교적 신념에 따라 자율적으로 기부액을 약속하는데, 의무를 다하려면 빚을 져야만 하는 경우가 종종 있었다. 그래서 부유한 원주민들은 카르고 제도를 기꺼이 맡으려고 했지만, 가난한 원주민에게는 카르고 제도가 부담으로 작용했다. 치아파스주 시나칸탄(Zinacantan)의 경우를 보면, 카르고 축제에 드는 비용이 부유한 가정의 연간 소득의 10배에 달할 정도였다.[7] 그래서 몇몇 소수의 부유한 원주민만이 카르고의 비싼 직책을 맡을 수 있었으며, 부자들도 비용이 적게 드는 직책을 맡고 싶어 했다. 그래서 비용이 적게 드는 직책이 당연히 인기가 있었다. 가난한 원주민들은 카르고의 직책 수행을 원하지 않았으며, "그것을 담당하는 것은 오로지 강제에 의해서만"이었다.

이러한 상황에서 개신교 선교사들은 가난한 원주민의 삶을 힘들게

---

7 Evon Vogt(1997), *The Zinacantecos of Mexico: A Modern Maya Way of Life*, p. 97.

하는 카르고 제도를 정면으로 공격했다.[8] 그들은 카르고 제도가 원주민의 삶을 더 어렵게 하고 있다고 비판하면서 개신교가 이러한 원주민을 자유롭게 해주어야 한다고 주장했다. 원주민에게 카르고 제도에 참여하지 말고, 공적인 부역 의무들도 거부하라고 권고했다. 그러한 의무는 전통적인 지방 권력인 카시케(caciques)가 부과한 것이었다. 그러므로 개신교의 공격은 카르고 제도가 지탱해 주고 있던 지배적인 종교 가톨릭과 정치 권력에 대한 도전이었다.

이렇듯, 카르고 제도에 대한 개신교의 공격은 가난한 원주민들에게 개종의 구실이 되었다. 개신교도가 되면 카르고 제도의 경제적 부담에서 벗어날 수 있었다. 그래서 가난한 원주민들은 이러한 부담에서 벗어나려고 개신교로 개종하는 경우가 많았다. 치아파스의 원주민의 경우, 부유한 트럭 운전사나 공무원들은 카르고 제도에 참여했지만, 가난한 일일 노동자들은 카르고 제도의 경제적 부담에서 벗어나기 위해 개신교도가 되었다. 개신교가 가난한 원주민에게 경제적 어려움에서 벗어날 수 있는 탈출구 역할을 해주었다.

그럼, 실제로 얼마나 많은 원주민이 어떻게 개신교로 개종하게 되었는지 살펴보도록 하자.

---

8 1922년에 이미 '위클리프 성경 번역가들(the Wycliffe Bible Translators)'의 창시자인 윌리암 카메론 타운전드(William Cameron Townsend)는 카르고 제도가 원주민의 경제적 빈곤을 한층 더 심화시킨다고 비판했다.

4 원주민의 개종과 종교적 갈등

1) 가톨릭교도에서 개신교도로

사실, 치아파스에서 개신교 선교사들이 선교 활동을 시작한 것은 1930-1940년대부터였다. "하계 언어연구원"으로 알려진 위클리프 성경 번역가 집단의 선교사들이 신약성경을 마야어로 번역해, 원주민들이 처음으로 기독교 복음을 읽고 이해할 수 있게 해주었다. 존과 일레인 빅맨(John and Elaine Beekman)은 촐족 언어로, 마리아나 슬로쿰(Mariana Slocum)은 첼탈족 언어로 성경을 번역했다. 자신들의 언어로 번역된 성경을 접하게 되면서 치아파스 원주민들은 예수 복음을 직접 읽을 수 있게 되었고, 기독교 세계에 눈을 뜨게 되었다.

1953년에 치아파스에서 처음으로 "골고타"라는 이름의 첼탈족 장로교회가 설립되었다. 초칠족의 개종은 이보다 좀 더 늦어져서 1950-1960년대에 이루어지기 시작했다. 그러나 1970년대 후반까지는 선교 활동이 큰 성과를 거두지 못했다. 그 당시에 치아파스 고지대의 나우벤차욱(Nauvenchauk) 마을의 한 선교사는 10년 동안 한 명도 개신교로 개종시키지 못했다.[9]

그런데 1970년대 말, 특히 1980년대 외채 위기 때부터 치아파스에서 개신교로 개종하는 원주민 수가 급격하게 늘어나기 시작했다. 개신교 인구는 1970년 4.8%에서 1980년 11.46%로 급격히 증가한 반면,

---

9 George A. Collier(2005), *Land and the Zapatista Rebellion in Chiapas*, p. 56.

가톨릭 인구는 91.21%에서 76.87%로 급격히 감소했다. 개신교도 수도 1970년에 75,000명 정도이던 것이 1980년에 240여만 명으로 급증했으며, 1990년에 이르면 440만 명 정도가 되었다. 1960년에는 개신교도가 치아파스 북부 고지대 지역과 라칸돈 밀림 지역을 중심으로 한정된 지역의 소수에 불과했는데, 1990년에 이르면 치아파스 전역이 대부분 개신교로 개종했으며, 특히 북동부 지역과 밀림 지역은 개신교 인구 비율이 20-37%에 육박했으며, 그중에는 51%에 이르는 지역도 있었다. 개신교 인구 비율도 1990년에 이르면 16.3%로, 2000년에는 21.9%로 증가했으며, 증가율도 1970-1990년에 9.23%였고, 1990-2000년에는 5.03%로 다소 감소하기는 했지만, 여전히 증가 추세에 있었다. 개신교에는 장로교뿐 아니라, 오순절교, 안식일교, 몰몬교, 여호와의 증인 등 다양한 종교 집단이 포함되어 있었다.

2) 가톨릭교회의 대응과 공동체의 갈등

이렇게 개신교도의 수가 급증하게 되자, 그에 따라 가톨릭교회의 위기감도 커졌다. 그래서 가톨릭교회와 더 나아가 교황청까지도 원주민들이 개신교로 개종하는 것을 막기 위해서 적극적인 대응에 나섰다. 치아파스주에서는 이미 1974년에 주지사가 사무엘 루이스(Samuel Luis) 주교에게 원주민의 대변자였던 바르톨로메 데 라스 카사스 신부의 탄생을 기념해 원주민 대회를 소집할 것을 요구했다. 그것은 가톨릭교회가 권위주의를 탈피하고 가난한 원주민의 목소리에 좀 더 귀를 기울이려는 노력이었다. 대회를 준비하는 과정에서 원주민들의 요구사항을 듣고 그것을 얘기할 대표를 대회에 파견하도록 했다. 하지만 이러한 노력에도 불구하고, 개신교로 개종한 원주민의 수는 더 증가했다. 이 대회에 제시된 원주민의 요구가 실질적인 변화로 이어지지 않았기 때문이다.

로마 교황청도 위기에 대한 대응에 적극적으로 나섰다. 교황 요한 바오로 2세가 1979년부터 시작해서 2002년까지 무려 다섯 차례에 걸쳐서 멕시코를 방문했다. 1990년 이후 교황이 집중적으로 방문했던 것은 개신교로의 개종을 막으려는 교황의 적극적인 의지 표현이었던 것으로 보인다. 특히 2002년 7월 방문은 첫 번째 원주민 성인인 후안 디에고(Juan Diego)를 시성하고 오아하카 원주민 두 명을 시복하기 위한 것이었다. 교황이 후안 디에고를 성인으로 시성했던 것은 가톨릭교회가 원주민에게 관심이 있음을 보여 줌으로써 그들의 개신교로의 개종을 최대한 막아 보려고 했기 때문이었다.

원주민의 개신교로의 개종에 대한 위기감은 원주민 공동체 내에서 가장 크게 느껴졌고, 이는 공동체 내부의 갈등과 탄압으로 이어졌다. 공동체 내에서 가톨릭교도와 개신교도 간의 적대감은 상상을 초월할 정도였다. 가톨릭교도들에게 개신교로의 개종은 가톨릭의 지배적인 지위에 도전하는 것이었고, 나아가 공동체 생활을 정면 거부하는 것으로 여겨졌다. 개신교로 개종한 원주민들은 술을 마시지 않았고 카르고 제도에 참여하지 않았다. 그러한 행위는 공동체에 대한 통제권을 장악하고 있는 카시케에 대한 도전으로, 그들의 권한에 타격을 입히는 것이었다. 따라서 개종은 단순히 종교를 바꾸는 것을 넘어서 공동체의 기존 질서를 위협하는 정치적인 행위였다.

그리하여 원주민 공동체 내에서 개신교도들과 가톨릭교도들 사이에 심각한 갈등이 벌어졌다. 공동체 지도자들은 개신교로 개종한 원주민들의 집을 태워 버리기도 하고, 그들을 죽이기도 했으며, 토지가 있는 경우 토지를 몰수하고 심지어는 마을에서 추방하기까지 했다. 그것은 지배적인 종교로 자리 잡고 있는 가톨릭을 신봉하는 사람들이 이제 막 새로운 세력으로 등장하기 시작한 개신교 신자들을 탄압하는 행위였다. 공동체 지도자들은 공동체의 질서를 어기는 사람들을 관습법에 따라 추방하는 것이 당연하며, 공동체에 갈등이 생겼을 때 관습법을 통해서 해결하는 것이 원주민의 권리를 제대로 행사하는 것이라고 주장했다. 카시케를 비롯한 공동체의 지도자들은 관습법을 자신들의 이해관계에 도전하는 사람들을 추방하기 위한 구실로 이용했다. 토지가 부족했기 때문에 개신교도들의 토지를 빼앗으려고 개종을 이유로 추방하기도 했다. 이렇듯, 개신교로의 개종은 원주민이 생존 기반을 송두리째 잃어버리게 되는 목숨을 건 행위였다.

　　치아파스주의 경우, 이러한 종교적 탄압과 추방으로 인한 갈등이 가장 극심하게 나타났던 대표적인 곳이 바로 산 후안 차물라(San Juan Chamula)였다. 이 지역 원주민들은 가톨릭 신자로서 철저하게 배타적인 입장을 취했다. 그들은 개신교를 원주민 사회의 전통과 관습에 대한 도전과 위협으로 받아들였고, 그만큼 반응도 격렬했다. 차물라에서 개신교도들에 대한 탄압이 시작되었던 것은 1938년 하계 언어연구원 선교사들이 치아파스주 북부에 들어오면서부터였다. 1944년에 마르코 복음이 그 지역 원주민 언어인 첼탈어로 번역되면서 개종자 수는 늘어갔다. 1960년대 말에 개종자 수가 100명이 넘게 되자 개종자의 집을 불태우는 등 탄압이 심해졌다. 개종자 수가 더 늘어나면서 추방도 더 심해져서, 1973년 이후에는 2,000명 이상이 투옥되거나 쫓겨났다. 이 지역에서는 1990년대 말까지 약 30년 동안 30,000명 정도가 개신교로 개종했다는 이유로 추방당했다.[10]

치아파스주의 다른 지역도 마찬가지였다. 옥스축(Oxchuc), 미톤틱(Mitontic), 아메테낭고(Ametenango) 같은 공동체에서도 개신교로 개종했다는 이유로, 카르고 제도에 반대한다는 이유로 수백 가정이 추방당했다. 1999년 7월 18일에는 이칼룬틱(Icaluntic)에서 97명의 개신교도가 마을에서 쫓겨났으며, 2000년에는 플란 데 아얄라(Plan de Ayala)에서 약 70여 프로테스탄트 가정이 추방당했다가 나중에 경찰의 호위를 받으며 마을로 돌아갔다. 2001년에는 미친톤에서 공동체 구성원들이 개신교도 3명에게 마을을 떠날 것을 요구하는 문서에 강제로 서명하게 했다.[11]

이렇게 강제로 마을에서 쫓겨난 사람들(explusados)은 밀림 지대나 인근 도시로 도피했다. 그들은 그곳에서 종교를 토대로 새로운 공동체를 형성했으며, 도시에서는 난민 거주지 콜로니아(colonia)를 형성해서 살았다. 1976년에 추방된 사람들 1,750명이 산 크리스토발 델 라스 카사스 교외에 최초의 콜로니아인 누에바 에스페란사(Nueva Esperanza)를 건설했으며, 1982년에는 두 번째 콜로니아인 베타니아(Betania)를

---

10 아주 낮게 잡아서 2,500명으로 추산하기도 하고, 멕시코 국가인권위원회는 약 15,000명 정도로 추정하고 있다.

11 주종택(2006), 「멕시코의 사회변화와 개신교의 발전」, 『라틴아메리카 연구』, 17(1), 33-34쪽.

건설했다. 그 후 1990년까지 콜로니아는 16개로 늘어났으며, 1998년에는 공식적으로 집계된 콜로니아 수가 23개였고 도시의 원주민 인구도 거의 4만 명으로 증가했다.[12] 마을에서 쫓겨난 사람들은 이렇게 새로운 곳에서 자신들만의 신앙공동체를 형성해서 살다가 종종 고향 마을로 가서 다른 사람들을 또 개종시키기도 했다.

공동체 내에서 갈등이 너무 심각해지자, 1990년대 후반부터 대화를 통해서 이러한 갈등을 해결하려는 노력이 여러 방면에서 이루어지기 시작했다. 이미 1985년에 치아파스 고지대 지역 원주민 조직(ORIACH)이 창설되었는데, 이 조직은 추방당한 원주민의 인권과 생존 문제를 해결하기 위해 만들어진 것이었다. 2000년에는 연방정부 차원에서 종교 분쟁이 많이 발생하는 치아파스를 비롯한 6개 주와 함께 종교적인 문제를 해결하기 위해 공동으로 노력하기 위한 공식 협약이 맺어졌다. 2001년 4월에는 치아파스주와 국가인권위원회가 산 크리스토발 델 라스 카사스에서 "종교적 다양성과 관용"에 관한 포럼을 열었다. 1997년에 창설된 일종의 성경학교인 세계교회주의 종교 조직인 상호문화 연구소(Instituto de Estudios e Investigación Intercultural, INESIN)는 원주민에게 종교 간 차이와 관용을 지속적으로 가르치고 있으며, 멕시코 복음주의 원주민 농민위원회라는 전국 조직의 치아파스 지부 격인 마야 상호문화 센터(Centro Intercultural Mayanse)는 원주민 문화를 존중하면서 침례교 복음화에 힘쓰고 있다. 이러한 노력은 결국 이제는 개신교의 성

---

12 Jan Rus(2005), "The Struggle against Indigenous Caciques in Highland Chiapas: Dissent, Religion and Exile in Chamula, 1965-1977", p. 199.

장을 받아들일 수밖에 없으며, 가톨릭 외에 개신교 등 종교적 다원주의를 인정해야 한다는 인식을 반영한 것이었다. 탄압과 갈등만으로는 이제 더 이상 종교 문제를 해결할 수 없는 상황에 이른 것이다.

5 맺음말

'가톨릭의 대륙' 라틴아메리카가 변하고 있다. 지배적인 종교로서의 가톨릭의 지위에는 아직 크게 변함이 없지만, 그 지위가 조금씩 흔들리고 있다. 그 견고한 지위에 균열이 생기기 시작했다. 라틴아메리카 가톨릭교회 내에서 진보와 보수의 갈등이 가시화되고 교회가 보수화되면서부터 균열의 움직임이 본격화되었다.

가톨릭이 보수화되는 가운데 경제 위기라는 사회경제적인 요인이 발생하면서 가톨릭의 한계가 더 심하게 드러나게 되었다. 경제 위기로 인해서 원주민의 양극화가 일어나고, 대다수가 극심한 빈곤에 시달리게 되었다. 기본적인 생존의 문제조차 해결되지 않은 상황에 직면한 원주민들은 정신적·육체적 고통까지 당하게 되었다. 하지만, 가톨릭교회는 원주민들의 현실을 개선하는 데 큰 도움을 주지 못했다.

이러한 상황에서 원주민에게 '구세주'로 다가갔던 것이 개신교였다. 개신교 선교사들은 가톨릭 사제들보다 적극적으로 원주민의 현실적인 문제를 해결하는 데 앞장섰다. 원주민의 마음을 가장 끌었던 것은 신과의 직접적인 관계를 통해서 질병과 경제적인 어려움에서 해방될 수 있고 구원을 받을 수 있다는 것이었다. 개신교가 가난한 원주민들이 경제적으로 가장 부담스러워하는 제도인 카르고 제도를 공격한 것도 원주민이 개신교로 개종하는 데 큰 영향을 미쳤다.

이처럼 라틴아메리카에서 개신교의 성장은 예수 복음의 전파라는 종교의 본질적인 문제보다는 정치적·경제적 요인과 밀접한 관련이 있다. 개신교는 정치적·경제적으로 피지배 관계에 놓여 있는 약자들, 특히 가난한 원주민의 종교로 성장하고 있다. 이렇게 라틴아메리카에서는 가톨릭과 개신교의 관계가 종교적 불평등의 관계를 맺고 있다. 신자 수가 개신교보다 압도적으로 많고 막강한 권력을 가지고 있는 가톨릭이 아직은 신자 수도 적고 권력도 없는 개신교보다 우월하고 지배적인 위치를 차지하고 있다.

그 결과, 개신교도들에 대한 탄압과 추방이 곳곳에서 나타나고 있다. 16세기에 유럽에서 일어났던 종교전쟁과 마찬가지로, 오늘날 라틴아메리카에서도 여러 지역에서 가톨릭교도들과 개신교도들 간에 충돌이 벌어지고 있다. 가톨릭이 기존의 정치 권력 및 다양한 경제적 이권과 결합해 있으므로, 가톨릭교회와 신자들은 그것을 지키기 위해서 종교적 약자인 개신교를 억압하며 탄압하고 있다. 종교적 다원주의를 인정하면서 종교 갈등을 해결하려는 노력이 이루어지고 있기는 하지만, 이러한 종교적 불평등 관계가 사라지지 않는 한, 앞으로도 종교적 갈등은 피하기 어려워 보인다.

제 8 장

브라질의 사회 불평등과 정치 도구로서의 복음주의 기독교의 부상

/

임두빈

/

1 들어가는 말

대항해시대 출범과 함께 유럽 문명의 종교는 자신의 종교 지형적 변화와 맞물려 북미와 중남미로 유입됐다. 이처럼 브라질에는 포르투갈인들이 식민지 개척의 명분으로 내세운 가톨릭이 상륙하게 되었다. 종교는 그 지역 사람들의 현실 세계와 현실 너머 세계를 잇는 세계관을 표방하기에 단지 신앙의 차원에 머무는 것뿐만 아니라 해당 지역 문화를 형성하고 대표하는 중요한 요소이다. 이런 시각에 비춰볼 때, 브라질로 유입된 가톨릭은 유럽의 로마 가톨릭에서 비롯된 것이지만 그 원형을 고수한다기보다는 식민지에서의 경제적 이익 창출에 초점을 맞춘 포르투갈 본국의 정치·경제적 논리와 종교적 명분에 맞춰 작동할 수밖에 없었다.

이처럼 가톨릭은 포르투갈 왕실의 해외 식민지 정책 실현에 보조를 맞추는 포괄적 동반자적 입장을 갖고 브라질에 정교일치의 권력으로 작동했다. 최영수(2000)는 브라질에서 종교의 역사적 진화를 아래와 같이 크게 세 가지 시대로 구분해 설명하고 있다.

식민지 시대(1500-1822)는 1500년 4월 26일 첫 번째 미사를 시작으로 가톨릭이 유일한 종교로 간주됐고 유럽의 종교재판을 피해 도망 온 유대인 개종 기독교인들은 비밀리에 유대교의 명맥만 이어갔고 프랑스와 네덜란드가 일으킨 개신교 정착 시도는 포르투갈 군대에 의해 추방당했다. 1810년 브라질에서 종교의 자유가 허용되면서 유대교가 아마존을 시작으로 전국으로 확산되기 시작했다.

제국시대(1822-1888)에는 브라질 독립을 시작으로 유럽의 계몽주의 사상과 실증주의, 심령주의 정령숭배사상의 유입으로 가톨릭의 권위가 과거보다 현저하게 줄어드는 시대적 변화상을 보였다. 개신교는 1823년 루터교회 집단 이주를 시작으로 1867년에 감리교, 1882년에 침례교, 1889년에는 장로교의 선교 활동이 본격화되기 시작했다.

공화주의시대(1889-1960)에는 1890년 헌법에 정교분리와 종교와 교육의 분리가 명시되면서 국교 수준의 지위를 가졌던 가톨릭의 특권이 상실되기 시작했다. 동시에 제설혼합주의적인 아프로-브라질 종교가 대중적으로 확산되고 이민자들의 종교들이 유입되는 시기를 맞게 됐다. 갈수록 추락하는 가톨릭의 위상을 살리기 위해 1952년에 브라질 가톨릭주교협의회(CNBB: Conferéncia Nacional dos Bispos do Brasil)가 설립되고 주로 농촌 지역을 중심으로 가톨릭교회가 적극적인 사회 지원 정책을 펴나갔다. 그러나 당시 브라질 정부의 산업화 정책으로 도시화가 급격하게 이뤄지면서 사제의 부족과 더불어 도심 외곽으로 이주자들이 몰리면서 농촌 중심으로 가동하던 가톨릭교회의 보호나 후원에서 대거 벗어났다. 반면, '번영신학'으로 무장한 복음주의 개신교는 도시를 중심으로 세력을 급속도로 확산시켜 이농해 도시에 유입된 노동자들의 영혼뿐만 아니라 생활의 어려움을 돕고 지원하는 보호자 역할을 맡으면서 1964년에는 오순절파가 개신교의 74%를 차지하게 됐다. 오랫동안 브라질 국민의 정신적 지주이자 생활관습의 지침이 되었던 가톨릭이 시대 변화를 좇지 못하고 과거의 권위에서 탈피하지 못하는 동안에 오순절파는 시대 환경적 변화와 그에 따른 국민들의 의식 변화를 잘 이해했던 셈이다.

2 브라질 정복에 나선 복음주의자들

1520년 독일의 마르틴 루터(Martin Luther)가 부패한 로마 가톨릭교회를 공개적으로 비판한 것을 시작으로, 유럽 각지에서 루터의 가르침을 따라 가톨릭교회에 반대해 로마교황청의 지배를 받지 않고 독자적인 신앙을 추구하는 기독교 종파인 이른바 프로테스탄트가 등장하는 종교개혁이 일어났다. 그중에서 프랑스인 장 칼뱅(Jean Calvin)은 사람이 죽고 나서 천국으로 갈지 지옥으로 갈지는 태어나기 전에 이미 신이 정해 놓았다는 예정설을 설파했다. 그러므로 "사람이 하는 착한 일이나 나쁜 일은 별로 의미가 없다"라며, 검소함과 근면함을 실천한다면 신이 외면하지 않으신다는 교리를 전파하면서 이제까지 로마 가톨릭교회가 가르쳐 왔던 "신이 사람에게 자유의지를 주었고, 그래서 착한 일을 하면 천국에 갈 수 있지만 나쁜 일을 하면 지옥에 간다"라는 교리를 정면으로 부정했다. 칼뱅주의자가 강조한 검소함과 근면함은 당시 수공업자와 상인이 추구하던 직업윤리와 일치했다. 권력과 결탁한 기존 가톨릭 교회의 부패와 타락에 환멸을 느끼던 사람들은 새롭고 참신하며 무엇보다 검소함과 근면함을 강조하는 위그노의 교리에 끌렸다.

이처럼 유럽에서 가톨릭교회는 자신이 갖고 있는 보수주의, 반근대주의, 중앙 집권형, 엄격한 위계질서 성향이 시대 변화에 따른 신자들의 기대에 부응하지 못했고 막스 베버(Max Weber)가 강조했듯이 가톨릭 윤리관은 점차 확장되어 가는 자본주의와 좋은 상생을 보여 주지 못했다. 가장 대표적인 사례가 바로 '가난한 자를 위한 우선적 선택'을 가르침의 중심에 놓았던 해방신학이었다. 제2차 바티칸 공의회(1962-1965)를 발판으로 등장한 해방신학은 신자들에게 당시 브라질을 위시하여 라틴아메리카에 만연했고 당연시됐던 '정치적 그릇됨'과 민중의 빈곤을 직시해 그 원인을 찾도록 했다. 이처럼 해방신학은 기존의 권위에 갇힌 가톨릭교회가 기득권 수호 차원에서 벗어나 구체적인 역사적 배경 속에서 민중과 빈자를 성경과 교회 가르침의 중심에 두게 하여 현실적 정치 참여를 표방했다. 조영현(2013)이 밝힌 것처럼 해방신학은 아직도 입장과 시각에 따라 해석의 여지가 분분하고 저자 역시 기독 교리에 정통하지 않은 만큼 쉽게 얘기하기 어려운 문제일 수밖에 없다.

페루의 해방신학자 구스타보 구티에레스(Gustavo Gutiérrez)는 본인의 신학 사상에 복음 이외에 무신론에 기반을 둔 마르크스주의 개념이 반영되어 있지 않다고 강변했다. 하지만 보수 신학자뿐만 아니라 적지 않은 신학자들이 해방신학이 인간해방의 성찰 도구로서 마르크스주의를 차용한 것에 비판과 거부감을 표방한 것도 사실이다.

여기서 잠시 김상근(2006)의 「해방신학의 시대는 가고 이제는 오순절 시대인가?」에서 수록된 시카고 로욜라대학 다니엘 바트넷(Daniel Bartnett) 신부가 인터뷰한 구티에레스 신부와의 대화를 일부 살펴보기로 한다. 대화 인용 분량이 좀 길더라도 우리의 논의를 이어가기 위해서 주요 부분(139-146)은 발췌해서 소개할 필요가 있다고 본다.

바트넷: 선생님은 언제나 가난의 문제를 신학적 논의의 핵심으로 삼아 왔습니다. 모든 신학자들은 선생님처럼 사회적 불평등에서 기인하는 고통의 현실에 주목해야 합니까? 아니면 이 가난의 문제는 이런 사회적 불평등과 가난에 속박되어 있는 사람들에게만 해당되는 문제입니까?

구티에레스: 저는 가난의 문제는 단순히 사회의 문제만이 아니라는 사실을 확신하고 있습니다. 우선 이 비인간적인 가난의 문제는 대부분의 인류가 지금 처한 현실이기도 합니다. 가난의 문제는 신학자뿐만 아니라 모든 양심적인 기독교인에게 가장 심각한 도전을 제기하고 있습니다. 사람들은 요즈음 상황 신학(Contextual Theology)에 대해서 자주 말합니다. 그러나 신학은 언제나 상황에 대한 반응이었습니다. 일부 신학자들이 이 상황에 더 민감한 것이 사실이고 또 공개적으로 이 문제를 거론하고 있습니다. 그러나 모든 신학적 탐구는 그 신학자가 속해 있는 구체적인 역사적 배경에 대한 진지한 탐구와 함께 진행되어야 합니다. 아우구스티누스가『신의 도성』을 저술했을 때 그는 자기 시대가 처한 심각한 역사적 변화를 진지하게 분석하면서 동시대인들이 복음의 의미를 어떻게 해석할 것인가에 대해 고민했습니다. 우리가 살고 있는 시대의 특징은 한마디로 부자와 빈자의 차이가 너무 현격하다는 것입니다. 양심적 기독교인이라면 누구도 이를 부정할 수 없습니다. 가난한 사람들이 겪고 있는 고통에 대해서 '저는 이런 실정인지 정말 몰랐습니다'라고 변명할 수 없습니다. 가난은 옛날

처럼 은폐되어 있지 않고 만천하에 적나라하게 드러나 있습니다. 가난의 모습은 이제 우리가 대면해야 할 모습입니다. 또 우리는 가난의 이유에 대해서 잘 알고 있고 그것이 지속되는 이유에 대해서도 잘 알고 있습니다. 가난의 문제가 아예 해결될 수 없는 문제로 치부될 때도 있었습니다. 그러나 이제 그런 견해는 더 이상 받아들여질 수 없고, 또 정확한 분석도 아닙니다. 이제 우리는 가난이 단순한 운명의 장난이 아님을 알고 있습니다. 가난은 결국 정의롭지 않음을 의미합니다. 물론 실제로 중요한 질문이 남아 있습니다. '그렇다면 어떻게 가난을 물리칠 수 있는가?'라는 질문입니다. 신학은 가난을 없애는 모든 기술적인 해결책을 제시할 수 없습니다. 그러나 우리는 신학을 통해서 절대로 가난의 문제를 도외시하지 말아야 한다는 것과 우리가 어떻게 가난의 문제를 다루는지에 따라 우리와 하느님의 관계가 설정된다는 것을 알 수 있습니다. 가난한 사람들의 문제에 적극적으로 관심을 기울이는 것은 정치가들의 전유물이 아닙니다. 모든 기독교인들이 정의와 평등의 문제에 관심을 가져야 합니다(……)(김상근, 139-146).

구티에레스 신부는 메데인(Medellín) 주교단회의(1968)에서 등장한 '가난한 자를 위한 우선적 선택'이 교회의 가르침에 중심이 되기 시작한 것은 라틴아메리카 교회의 경험에서 나왔다고 얘기하고 있다. 여기서 말하는 '가난'은 교회가 주로 얘기하는 '영혼'이 아닌 '물질적'인 가난임을 분명히 했다. 그리고 구티에레스 신부는 세계화와 더불어 게임의 규칙이 바뀌었기 때문에 가난을 해결하는 접근 방법을 달리해야 한다고 인식했음에도 불구하고 "그렇다면 어떻게 가난을 물리칠 수 있는가?"라는 스스로의 질문에 "신학은 (물질적인) 가난을 없애는 모든 기술

[그림 1] 브라질 기독교 신자 수 변화 추이(1940-2031)

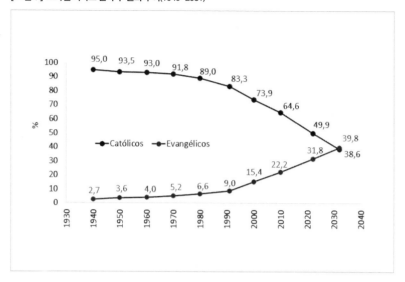

출처: 브라질국립지리통계청(IBGE). 위쪽이 가톨릭, 아래쪽이 개신교.

적인 해결책을 제시할 수 없습니다"라는 원론적인 답만 내놓는 것으로 보인다.

1980년대 중반 이후 세계화의 이름으로 불어닥친 신자유주의라는 게임의 법칙이 라틴아메리카에 상륙해 양극화 심화와 사회경제적 불평등을 확산시킬 때, 가톨릭은 위에서 살펴본 것처럼 해방신학이라는 처방을 내놓았다. 그러나 위 〈그림 1〉에서 확인할 수 있듯이 라틴아메리카에서 진행되는 종교 간 이동은 가톨릭에서 오순절파로 대표되는 복음주의 개신교로 이루어지고 있다.

20세기 초까지 남미 대륙 인구의 94%가 가톨릭 신자였고 개신교 신자의 비율은 1%에 그쳤다. 그러나 1991년부터 2010년까지 가톨릭 신자가 연평균 1%씩 감소한 반면에, 개신교 신자는 0.7%씩 증가하는 추세를 보였다. 1970년 브라질에서는 거의 국민의 92%에 달했던 가톨릭 신자가 2010년에는 64%대로 줄어들었다. 2022년에는 가톨릭 신자 비중이 50% 이하로 떨어지고 있으며, 이런 추세로 간다면 2023년에 가톨릭 신자가 38.6%, 개신교가 39.8%로 역전될 가능성이 클 것으로 관측되고 있다. 이런 역전 현상에 대한 원인으로 1990년대 시장 개방의 충격이 제대로 흡수되지 못해 실업자 증가와 소득 감소에 따른 사회적 불만이 커졌으며, 이런 심리가 각종 선거에 반영되면서 개신교 세력이 확대됐다는 주장이 설득력을 얻고 있다.

이처럼 약 6세기 전 유럽이 중세를 벗어나 근대로 가면서 종교개혁을 잇는 제2의 종교개혁처럼 브라질에서는 20세기 들어 발생한 기독교 내 종교 이동이 오순절 교회를 통해 점점 폭발적인 성장세를 보이고 있다. 그렇다면 왜 오순절 교회가 500년 선교 전통의 가톨릭을 넘어서서 이처럼 빠른 속도로 성장하는 것일까?

브라질에서 초기에 유입된 일반 정통 개신교는 가톨릭 교리가 중심이 됐던 지역 문화와 잘 연계되지 않는 한계가 있었다. 국산인 가톨릭에 비해 일반 국민들에게 개신교는 수입산이라는 느낌이 강했다. 그리고 가톨릭 측에서도 브라질에서의 개신교의 약진을 미국으로 대표되는 어떤 외국의 불순한 의도가 개입된 것이라는 식의 음모론으로 오도해 온 영향도 크다. 반면에 브라질에서 급성장에 성공한 개신교는 다름 아닌 복음주의를 바탕으로 한 오순절파이다.

오순절파의 부흥은 1980-1990년대 세계화를 등에 업은 신자유주의의 파고가 브라질 사회를 덮치면서 일어났다. 외부의 영향으로 발생한 브라질의 사회 변화와 시장 개방으로 인한 충격이 실업자의 증가와 소득 감소로 나타났고, 사회 양극화에 따라 커진 사회적 불만이 점차 정치적 목소리로 반영되어 나타나기 시작했다. 과거 대농장을 중심으로 형성된 가족 관계와 상부상조하던 전통적인 가치관이 급격한 도시화로 파괴되었고 지금으로 치면 능력주의(meritocracia)로 부르는 개인의 자아 발전과 진취적 기상이 장려됐다. 과거 이베리아반도에서 넘어온 정신적 유산의 일부로써 과거에 형벌로 여겼던 노동을 신성시하게 되었고 돈을 버는 행위가 죄악이 아닌 신의 축복에 다가가는 길이라고 생각하게 됐다. 이런 세계관의 급격한 전환의 중심에 바로 오순절 교회가 있었다.

초기의 오순절 교회 신자의 대부분은 저학력에 저소득층이었다. 해방신학에서 해방의 대상으로 본 '물질적으로 가난한 자'에 해당된다. 그런 이들이 '해방'을 선택하지 않고 오순절 교회가 내세우는 '성령의 은혜'를 선택한 이유는 무엇일까? 앞서 구띠에레스의 인터뷰에서 봤던 것처럼 해방신학이 '가난의 원인과 문제'를 지적하고 있지만 '그 물질적인 가난을 없애는 기술적인 해결책'을 오순절 신앙이 보여 줄 수 있었던 것일까? 김상근(2006)은 이 질문에 대해 아래와 같이 설명하고 있다.

첫째는 에밀 뒤르케임의 '아노미 이론'과 막스 베버의 '근대화 이론'에 바탕을 두고 오순절 신앙을 도시 빈민의 내면적인 근대화 과정으로 본 에밀리오 빌렘스(Emilio Willems)의 종교사회학적 해석을 빌려 온 것이다. "급변하는 가치관의 부침과 정치·경제적 혼란의 와중에서 라틴아메리카의 가난한 사람들은 삶의 기준과 도덕적 가치의 규범을 상실한 아노미 상태에 이르게 되었고, 사회적 약자인 이들은 오순절 신앙이 확고하게 제공해 주는 새로운 삶의 가치와 규범 가운데서 종교적, 심리적 안정감을 찾고 있다는 것이다(김상근, 2006, 151). 두 번째는 종교현상학적 분석의 시각에서 볼 때 도시로 이주한 빈농들이 고향에서 믿었던 주술적이고 기복 신앙적인 제설혼합주의적 가톨릭 신앙을 도시적 환경에서 '성령의 역사'라는 오순절 신앙 형태를 빌려 재현하고 있다는 분석이다. 세 번째 해석은 라틴아메리카의 오순절 신앙은 도시 빈민 계층이 직면한 사회 불평등에 대한 저항적인 성격을 지닌다는 것이다.

개인적으로 브라질 사람들의 종교관을 이해하려면 이 두 번째 해석에 대한 추가적인 이해가 더 필요하다고 생각한다. 20세기 남미 최고의 작가 중 한 명이자 브라질 국민 작가로 추앙받는 조르지 아마드(Jorge Amado)의 장편소설 『도나 플로르와 그녀의 두 남편』이 2008년 번역 출간됐다. 브라질 현지에서는 1976년에 영화화되어 대중의 사랑을 많이 받았던 작품이기도 하다. 이 책은 브라질에서 흑인과 빈자의 고향이라는 바이아(Bahia) 지방의 향토색이 짙은 작품으로 죽은 사람이 살아 있는 사람들의 세계로 돌아와 장난치고 농간을 부리는 장면이 만화같이 등장하지만, 로마 가톨릭과 아프리카에서 건너온 지역 신앙이 혼합된 마꿍바(Macumba)를 통해 삶과 죽음의 경계, 현실과 비현실의 경계를 허물어뜨리면서 죽음도 되돌아올 수 있는 기나긴 여행일 뿐이라는 그들의 종교관을 보여 주고 있다. 제설혼합주의적인 민간 신앙에서 등장하는 신비로운 힘과 자신이 섬기는 신과 직접 소통하는 영적 능력은 중간에 사제를 거쳐야 하는 가톨릭보다 오순절 교회에서 말하는 하나님과 직접적인 영적 대화가 가능하다는 '성령의 은사'와 쉽게 결합했을 것이다.

결론적으로 김상근(같은 글, 153)은 "결국 급성장하고 있는 라틴아메리카의 오순절 신앙은 사회적 약자들의 상실감과 위기를 극복해 줄 수 있는 보다 높은 차원의 영적인 힘을 제공하고 있으며, 라틴아메리카의 사회적 약자들은 이 새로운 '높은 차원의 영적인 힘'을 자기 자신의 힘과 능력으로 개인화하는 과정을 통해 오순절 운동이 급성장하고 있는 것으로 보인다"로 결론짓고 있다.

이런 시대적 변화에 따라 급성장하게 된 복음주의 개신교는 2018년 대선을 계기로 강력한 정치적 영향력을 띤 캐스팅 보트(Casting vote)로 떠오르게 됐다. 실제로 2018년 대선에서 총 1,100만 명에 달하는, 복음주의 기독교 신자의 70%가 보우소나루(Bolsonaro) 대통령 당선에 결정적인 역할을 한 것으로 분석되었다. 브라질은 아주 독특한 케이스로써 그 큰 나라에서 오랫동안 고착됐던 종교적 판도가 이렇게 짧은 시간 만에 뿌리 깊게 바뀐 경우는 드물다는 평가를 받고 있다. 실제로 브라질 도시 시내를 다녀보면 개신교 교회들이 가톨릭 성당보다 훨씬 들어가기 쉽다. 성당은 대부분 계단을 통해 '위로' 올라가야 하지만, 개신교 교회의 문턱은 비록 허름하지만 발걸음 높이와 같은 경우가 많다. 개신교 교회의 문턱은 공간 지각 차원에서조차 가난한 사람들의 접근성을 높여 준다.

브라질에서의 개신교 확산을 언급하면서 먼저 복음주의라는 용어를 정리해 볼 필요가 있다. 벨케이드 외(2020)는 복음주의 개신교를 16세기 종교개혁으로 생겨난 루터교와 같은 전통적인 개신교와 구분해 사용하고 있다. 그에 따르면, 개신교는 지난 4세기에 걸쳐 나이지리아부터 브라질, 한국에 이르기까지 전 세계적으로 극단적인 보수 세력을 형성해 정치, 사회, 경제를 망라하는 모든 사회 분야에 영향력을 넓혀 왔다.

오순절주의는 1910년대 미국에서 태동했는데 이때부터 이 교단의 선교사들은 전 세계를 누비며 오순절주의의 핵심 교리를 설파하기 시작했다. 이 핵심 교리란 '성령 세례'를 통한 개인적인 개종에 의한 부활 또는 새로운 삶의 시작, 성경이 중심을 차지하는 일상생활, 그리고 성경은 오류가 없다는 믿음이다. 1960년대 '제2의 물결', 즉 '은사주의시대'를 거친 '오순절주의'는 20년 후 미국에서 또다시 새로운 부흥기를 경험한다. 그 결과로 생겨난 것이 성령의 제3의 물결인 '신오순절주의'다. 이 '신오순절주의'는 신자들이 일상생활에서 악과 악마와의 싸움을 의무로 여긴다. 또한 신의 상징과 계시에 각별한 중요성을 부여한다. 기적, 질병의 치료, '예언', '방언'은 공개적인 포교를 추구하는 이 교단의 주축이다(벨케이드 외, 2020).

이와 동시에 신오순절주의자들은 믿음으로 경제적 부를 이룩할 수 있다는 '번영신학'을 설파한다. 이 이론에 따르면, 예전의 가톨릭 교리와는 다르게 경제적 부는 단죄의 대상이 아니라 건강한 영적 상태의 상징이자, 가난은 '신이 내린 벌'이 된다. 그리고 신도들은 교회에 주기적인 기부를 독려받는다. 번영신학은 기부를 하면 악에서 멀어지고 개인적인 문제들을 해결할 수 있으며, 병을 치료할 수 있다고 가르친다. 그러나 신오순절주의의 비약적인 성장은 곳곳에서 터져 나온 재정 및 도덕성과 관련된 대형 스캔들로 얼룩졌다. 넷플릭스에서 2019년에 제작한 브라질 시리즈 「신토니아」는 상파울루 파벨라(favela)안에서 살지만 각자 음악, 마약, 종교라는 각자의 꿈을 좇는 세 친구의 이야기를 담고 있다. 그중에서 종교의 길을 선택한 히따(Rita)의 시선을 따라가 보면 개신교, 특히 오순절 교회의 겉모습과 속 모습을 현지인의 시선을 따라 우회적으로 바라볼 수 있다.

복음주의자들의 예배는 음악적 자산을 풍부하게 이용하며, 홍보와 대중 매체 설립은 거리 포교나 소셜미디어상에서 핵심적인 포교 수단으로 활용됐다. 이들은 또 극단적인 보수주의 성향을 유지하는 특징을 보인다. 이런 성향을 바탕으로 근래 브라질 정치인들의 정치적 담화 속에는 종교적 인용구가 빈번하게 드러난다. 신오순절주의는 사형 제도에 찬성하고 낙태를 완강하게 반대하며, 전통적인 가족을 지키기 위해 동성애자, 양성애자, 트랜스젠더 및 다른 성소수자 집단에 호의적인 법제를 거부하는 진보성에 적대적인 성향을 공통적으로 보인다. 그들은 세속주의와 정교분리 원칙에 반대하며 신과 가족을 중시하는 중세시대로의 복귀를 희망하는 모습을 보인다. 개신교 신학자 발데마르 피게레이도(Valdemar Figuereido)가 설명하는 바처럼, 신앙 차원을 넘어 이런 목표를 현실화하기 위해서 정치를 끌어들인다. "사람들은 더 이상 민주주의적인 맥락에서의 보수와 진보를 논하지 않는다. '가장 높으신 하나님'이 정부의 구호가 되는 순간부터 모든 것이 재검토된다."[1]

브라질처럼 불평등이 심화된 사회에서 천주교가 위계질서의 현상 유지를 위해 요구하는 일은 사람들에게 점점 더 설득력을 잃어 갔다. 현재를 희생하고 내세의 영광만을 바라보는 가톨릭의 가르침보다, 지금 바로 여기서 성공하라고 가르치는 신오순절주의 교회의 번영신학 설교가 사람들에게 더 와닿기 때문이다. 그리고 사회적 · 정치적 · 경제적 방식을 통해 불평등과 같은 고질적인 사회 문제를 해결하기 불가능하다고 여겨질 때, 예전 같으면 인내하거나 숙명처럼 받아들이고 또는 '제

---

1 Pastor Valdemar Figueredo, "Evangélicos na política são oportunistas?", https://youtu.be/rhYJ5U5XB_Y(검색일: 2022. 01. 22.).

이칭뉴(jeitinho)'라는 편법으로 임시방편적 해결을 꾀했었다. 복음주의 기독교는 고질적인 사회 문제에도 초자연적인 성격을 부여한다. 그리고 목사의 힘을 빌려 문제를 제거한다. 국가, 대통령, 국회의원, 학자들 같은 엘리트 계층들도 해결하지 못하는 일을 신오순절주의 교회는 기적을 통해 이룬다. 이런 기적을 교회에서만 볼 수 있는 게 아니라 교회가 소유한 공중파 TV, 인쇄 매체, 인터넷 매체를 통해 시간과 장소에 구애받지 않고 접할 수 있게 된 것이다. 그러나 대가는 치러야 한다. 신자들은 복을 받고 자신의 문제점을 제거하는 보장을 받으려면 매달 소득의 10%에 해당하는 십일조(Dizimo)를 교회와 목사에게 바쳐야 한다. 특히 브라질 정부의 무능함과 정치인들의 부패 정도를 익히 알고 있는 신자들은, 정부 부재와 전통적인 가족 관계가 파괴된 상황에서 자신이 일자리를 잃거나 아플 때 도움 받을 수 있는 유일한 수단으로 생각하고 기꺼이 헌금한다. 정부 개입과 직계 가족 없이도 기댈 수 있는 일종의 상부상조 협동조합 같은 생태계가 복음주의 교회를 중심으로 성립된 것이다. 더군다나 룰라(Lula) 집권 시기 적극적인 분배 정책을 통해 극빈층에서 벗어나 중산층으로 편입된 신중산층의 교회 편입과 충성도는 매우 높아졌다. '부자는 천국을 못 간다'는 가톨릭의 가르침에서 물질적인 성공이야말로 신에게 선택받았다는 징후라는 가르침으로 바뀌면서 복음주의 교회는 브라질 사람들의 세계관을 통째로 바꿔 놓고 있다. 실제로 경찰에 체포된 강도 현행범이 브라질 현지 TV 방송에서 "부자는 천국에 못 간다고 배웠다. 내가 비록 법을 어겼더라도 결국엔 저 사람이 천국에 갈 수 있게끔 도와준 것이기도 하다"는 궤변을 내놓기도 했다.

3 브라질 정치 변화의 신 전환기[2]와 정치 도구로서의 종교의 영향력

역사적으로 종교가 지배와 억압을 자행하거나 그런 목적에 이용된 적이 종종 있었는데, 이는 아브라함에게서 갈라진 세계 3대 유일신교만 보더라도 알 수 있다. 기독교는 사랑의 종교임에도 불구하고 인류 역사에 기록된 거의 모든 전쟁에 연루되었다. 가톨릭교의 십자군 운동과 신세계 정복, 이슬람교의 정복 포교 등은 본래의 영적 메시지에 역행하는 사건들이다. 냉전 시대만 해도 미국은 공산주의를 배격하는 도구로서, 소련은 자본주의를 배격하는 목적으로 종교를 대했다. 냉전 종식 후, 20세기 이데올로기의 붕괴는 국제무대에 '종교의 금의환향'을 불러왔다고 할 수 있다. 로마 가톨릭으로 시작한 브라질은 현재, 믿음으로 경제적 부를 이룰 수 있다는 번영신학을 내세운 (신)오순절주의를 중심으로 종교전쟁을 벌이고 있다.

인류는 왜 이렇듯 유난히 종교에 심취할까? 중세를 넘어 근대, 이성이 중심이 된 이후부터 맹목적으로 종교를 맹신하는 경향은 줄었지만 원초적으로 인간의 삶 자체가 불확실성을 내포하고 있기 때문에 초자연적인 현상에 대한 경외와 두려움은 여전히 존재한다.

종교의 굴레로부터 벗어나려고 했던 것이 근대였다면, 현대는 인간이 맞닥뜨리는 어떤 불확실성을 맹목적인 신앙으로 해결하고자 했던 중세시대와 다르게 종교를 하나의 집합적 무의식으로 받아들인다. 브

---

2 임두빈(2022), 「신 전환기 브라질 정치 지형 변화의 문법에 대한 소고」, 『인문사회21』 제13권 1호를 부분 변경하여 활용했다.

라질 사람들이 기억하는 끔찍한 불확실성은 경제침체와 고인플레이션
으로 고통받았던 시절이다. "Brazil take off." 2009년 영국의 시사주간
지『이코노미스트』표지에 브라질을 상징하는 예수상이 로켓 추진을 달
고 하늘로 이륙하는 이미지와 함께 실린 머리기사다. 그리고 2013년에
는 예수상이 동력을 잃고 추락하는 모습과 함께 "Has Brazil blown it?"
이 표지를 장식했다. 가장 최근 2019년에는 브라질의 상황을 암시하듯
이 머리기사로 "Deathwatch for the Amazon"이 등장했다.

[그림 2] 브라질 정치 지형 신 전환기의 변곡점

2009	2013	2019

출처: The Economist

  2009년은 룰라 대통령의 집권 2기 말, 2013년은 임기를 채우지 못하
고 2016년에 탄핵된 호세피(Rousseff) 대통령 집권 1기 후반이었다. 그
리고 2019년은 보우소나루(Bolsonaro) 현직 대통령이 취임한 원년이다.
모두 브라질 신 전환기의 중요한 변곡점에 해당된다.

노동자 출신의 룰라가 '미래'를 보고 위와 아래 계급을 아우르는 화해와 합의의 정치를 했다면(또는 정치적 이해관계에 따른 야합을 했다면), 군부 출신인 보우소나루는 정치 전략으로 막말로 도발해서 기존의 사회시스템을 '증오'와 '분열'을 통해 파괴하고(반대를 위한 반대를 하는 파시즘적 성향으로) 새로운 가치를 중세를 좌표로 하는 '과거'에서 찾으려 했다. 일반적으로 좌파 인사인 룰라를 진보주의자 그리고 극우 발언을 일삼는 보우소나루를 보수주의자로 구분한다. 그러나 관점을 달리하면 협치란 명분으로 기득권과 타협한 룰라가 보수주의자로, 새로운 변화를 위해 기성의 질서를 파괴하려는 보우소나루를 진보주의자로 부를 수 있다. 아니면 서로 방향과 철학은 다르지만 변화를 추구한다는 공통점에서 두 사람 모두 진보주의자로 볼 수 있다. 이처럼 진보와 보수적 세계관은 이중 개념에 불과하고 프레임에 갇힐 때 고정되는 것이다(레이코프, 2012).

그렇다면 식민시대, 구공화국, 신국가와 군부독재를 거쳐 재민주화를 이루고 기아퇴치(Fome Zero)정책으로 국제사회의 찬사를 받으며 선진국의 꿈을 키웠던 브라질에게 왜 이런 정치 지형의 변화가 생겼는지, 보우소나루가 택한 '브라질의 길'은 과연 무엇인지에 대한 탐색이 필요하다. 2018년 대선에 이어 2022년 대선 역시 '브라질의 약화된 민주주의'가 다시 시험대에 오르는 중요한 변곡점으로 역사에 기록될 것이다.

여기서 우리는 보우소나루 대통령의 정치 담화 분석을 통해 그 안에 드러나는 중심 가치를 파악하고 '브라질의 신 전환기 정치 지형 변화'에 있어 앞서 언급한 '종교의 금의환향'과 어떤 관계를 가지며 브라질의 사회 불평등 논쟁에는 어떤 영향을 미쳤는지 탐색하고자 한다.

일반적인 언어학 분석 방법과는 달리 '비판적 담화 분석(critical

discourse analysis)'은 언어를 사회적 경험을 전달하는 도구적 기능에 그치지 않고 특정 맥락 안, 즉 하나의 '담론구성체'안에서 사람의 행위에 해당하는 사회적 실천의 하나로 본다. 그리고 사회적 부정(social wrong)의 근원과 원인, 이에 대한 저항 방식과 극복할 가능성을 분석함으로써 이러한 사회적 부정을 드러내고 사회에 기여하는 것을 목표로 한다(워닥 & 메이어, 2021, 169). 구체적인 방법론으로 보우소나루 대통령이 사용하는 언어의 특성 분석을 통해 접근해 본다. "정치적 담화에 대한 언어적 분석은 특정 국가가 처한 정치적 상황이나 사회, 문화 및 역사적인 특수성에 따라 모습을 달리하기 때문이다(이원표, 2015, 29)." 어떤 한 사람이 같은 단어를 사용한다면 그 단어 하나에도 자신의 이념이나 가치판단이 생물처럼 동반된다. "글쓰기나 말하기에서 나타나는 차이, 즉 단어 사용 스타일의 차이는 가장 흔하게 쓰이며 대수롭지 않게 여겨지는 짧은 단어들과 관련 있다(Pennebaker, 2016, 9-10)."

우리가 관심을 둔 보우소나루 대통령의 언어 사용 특성을 분석하기 위해 1) 제38대 대통령 취임사, 2) 유엔총회 개막식 연설문의 주요 키워드를 빅데이터 분석 방법으로 추출하고, 3) 소셜미디어에서 사용한 언어 자료를 분석에 활용했다(임두빈, 2022).

1) 브라질 38대 대통령 취임사

고빈도 단어 중심의 내용분석(content analysis)을 위해 대통령궁에서 제공하는 연설문을 번역해 워드스미스 8.0를 통해 분석에 큰 영향이 없는 조사, 형용사 등의 불용어를 제거하는 전처리 작업을 수행한 뒤, 단어

빈도 분석을 진행했다. 군사 정권(1964-1985년) 이후 처음으로 등장한 군 출신 대통령 취임사에서 추출된 단어를 분류한 결과, 주요 키워드는 〈표 1〉과 같이 '브라질', '민족', '하나님', '가족', '경제', '무기', '치안' 그리고 '이데올로기'로 요약됐다. 국명인 '브라질(Brasil)'과 관련 파생어들이 모두 37회 등장해 가장 높은 출현 빈도를 보였다.

[표 1] 제38대 대통령 취임사 주제별 빈도

키워드	브라질	하나님	이데올로기	민족	국가	민족의 (민주화후기시기)
멕시코	20회	10회	9회	8회	7회	6회

아래는 취임사의 일부분을 발췌해 연구자가 번역한 부분이다.

(……) 국민을 단합하고 가족의 가치를 중시하고 종교들과 우리의 유대-기독교 전통을 존중하고, 우리의 가치를 수호하면서 젠더 이데올로기를 거부합시다. 브라질은 이데올로기 투쟁에서 벗어나 자유 국가의 모습을 되찾을 것입니다.

주요 키워드를 살펴보면, '국민'은 무엇인가. 포르투갈어 'povo'에 해당하는 우리말을 찾기는 쉽지 않다. '인민'은 북한 탓에 우리 사회에서 암묵적으로 금기어에 해당한다. '국민'은 개인이 국가에 귀속된 집단주의적 개념을 갖고 있다. 그 둘을 피하기 위해 1980년대에는 '민중'이라는 무산계급의 명칭을 쓴 바 있다. 포르투갈어로 'povo'는 영어의 'people'과는 그 의미가 또 다르다. 기본적으로 한 민족의 모든 구성원을 가리키는 데 사용하지만 사회경제적 구분을 통해 엘리트나 부자의 반대말로 그 의미를 전달하기도 한다(바디우 외, 2014)

'우리'는 대통령 담화문에서 보통 화자와 청자를 모두 포함하는 일반적 의미로 많이 사용된다. 화자인 대통령과 청자인 국민 사이의 친밀감을 형성하고 국민들이 정부와 한 편이 되도록 해 국민들을 정부의 일에 동원시키는 합법화 전략을 위해 사용되는 것이다(유희재, 2017). 보우소나루가 사용하는 '우리'는 표면적으로 브라질 시민권을 가진 모든 국민을 가리키지만 '그들'과 구분하는 배타성을 띤다. 그에게 있어 '우리'의 사회적 정체성에 들지 않는 '그들'은 더 나은 브라질 건설을 위해 제거해야 할 대상으로 간주된다.

[표 2] 보우소나루 대통령의 '우리'와 '그들'의 이분법

우리	그들
모범시민: 준법적, 윤리적	좌파: 도둑놈, 비윤리적, 부패
가부장제	게이, 동성애자
정직한 국민	부패한 엘리트 기득권
산아 제한 및 촉법 소년 보호 반대	인권 옹호
보수적 복음주의 기독교 가치 옹호	사회주의, 사회민주주의 옹호
남성 중심	여성 중심
이데올로기 주입 없는 학교	파울로 프레이리, 그람시의 세례를 받은 공산주의자
자위적 무장, 자경단 옹호	무기 소지 반대
경찰, 군대	지식인, 언론인, 마약상, 강간범, 인권옹호주의자
대농장주	원주민, 킬롬부, 무토지운동(MST)

재산권자	사유지 침입자, 사회주의, 공산주의자
능력주의	사회적 배려 대상, 장학생, 난민
애국자	부패 정치인, 사법부

출처: 임두빈(2022)

또한 그가 주장하는 브라질의 전통적 '가치'는 그간 브라질이 식민지, 구 공화국, 군부독재, 재민주화를 거쳐 온 진보의 길목에서 급격한 유턴을 요구한다. 단순히 좌파 정권에서 이전의 전통적인 엘리트 우파 보수주의로의 회귀가 아니다. 또 전임 대통령들의 취임사와 비교해서 '하나님'의 출현 빈도가 높은 것과 '유대-기독교 전통'에 주의를 기울일 필요가 있다. 브라질과 유대 전통이 무슨 상관이 있어서 언급할까. 그 바탕에는 브라질 복음주의 개신교의 급부상이 있다. 거대 공중파 방송국까지 보유한 오순절파 기독교 세력은 당시 무명에 불과했던 보우소나루가 정권을 창출하게 한 실질적인 조력자였다. 2018년 10월, 복음주의 의회 전선(PEF)은 세부적인 경제 의제와 명확한 보수적 의제를 담은 선언문 「브라질인을 위한 브라질」을 공표했으며, 당시 후보인 자이르 보우소나루(Jair Bolsonaro, PSL당)를 공식적으로 지원했다. 약 1,100만 명에 달하는 복음주의 기독교 신자의 70%가 보우소나루 대통령 후보자를 지지한 것이다(Belkaid & Oualalou, 2020). 이들의 궁극적인 목표는 브라질의 몸에 맞지 않는 형식주의 민주주의 체제를 파괴하고 궁극적으로 중세시대와 같은 하나님, 조국을 섬기고 전통적인 남성 중심의 가부장 가족 체제를 수호할 수 있는 국가를 지향한다. 이런 목적을 달성하기 위해 제1차 십자군 전쟁에서 사용했던 구호 'Deus Vult!(하나님께서 (성전을) 원하신다!)'와 'Deus acima de tudo(하나님은 모든 것을 우선하신다)'를 정권의 모토로 동원했다. 이들에게 현행 민주주의 시스템과 그 안에서 진보와 보수의 구분은 관심 밖이다. 하나님이 국가의 정점에 있으면 모든 게 완성된다고 보기 때문이다. 따라서 전통적인 가부장제를 파괴하는 젠더 이데올로기와 같은 '정치적 올바름'도 투쟁과 제거의 대상이 된다. 또한 국가는 개인의 자유를 일정 부분 침해하더라도 국민의 안전을 보장하는 능력으로 정당성을 인정받는다. 그러나 이 정당성은 우리를 항상 위협하는 공포의 대상을 끊임없이 증폭시켜야 하며, 경찰과 군대의 역할이 강화된다. 브라질을 대표하는 오순절 교회 '하나님의 왕국 보편교회(Igreja Universal do Reino de Deus: IURD)'에서 보유한 공중파 방송국 '헤꼬르지(Rede Recorde)의 「Cidade Alerta(도시 경고)」 프로그램이 그런 역할을 맡고 있다.

2) 브라질 역대 대통령 유엔총회 개막식 연설문

유엔총회 개막식 연설문은 국제 무대에서 각국 대통령의 국정 철학과 비전 그리고 국제사회에서의 책임에 대한 의지를 분석하는 데 활용이 된다. 이 글에서는 보우소나루가 참가한 2019년, 2020년, 2021년 연설문을 대상으로 삼았고, 각 연설문에서 추출한 키워드를 '워드클라우드'로 시각화한 자료를 활용했다(QUEST, 2021).

[표 3] 보우소나루 대통령 유엔총회 개막식 연설문 워드클라우드

2009   2013   2019

출처: QUAEST

2019년 연설문에서 추출한 키워드의 출현 빈도 순서는 브라질(39), 국가(들)(24), 원주민(23), 세계(12), 자유(10), 권리(9) 2020년은 브라질(27), 세계(12), 정부(7), 평화(7), 환경(6), 자유(6), 국가(6), 민족(5), 협력, 국제, 생산, 보호, 치안(4), 2021년은 브라질(16), 정부(10), 미국(6), 세계(5), 투자, 자유, 역사, 치료 그리고 수십억, 수백만의 순서로 나타났다. 앞서 살펴본 취임사에서 나타났던 것처럼 세 번의 유엔 연설 모두 '브라질'이 가장 높은 빈도수를 기록했다. 또 동일한 어휘를 서로 다르게 재맥락화하는 표상전환 전략을 통해 언론이나 일반인이 이해하는 '자유'와 보우소나루 지지자가 알아듣는 '자유'는 동일하지 않은 효과를 만들어 낸다. 결국 보우소나루가 말하는 '자유'란 국가를 우선시해 사회적 배려 같은 정치적 올바름을 거부할 수 있는 자유, 대를 위해 소를 희생할 수 있는 자유를 의미한다.

3) 보우소나루 대통령의 소셜미디어 사용 언어

사람들은 본인이 사용하는 단어를 통해 자신의 다양한 욕구를 투영해 낸다. 대통령의 언어는 더 특별하다. 그래서 각국 지도자들의 연설로 리더십 유형, 심리 상태 등을 분석해 전쟁 위협 등을 판단하는 데 활용한다. 보우소나루는 취임 전에도 막말로 유명했지만, 당선 후에도 각종 막말을 통한 도발 정치를 '뚜렷한 목적의식', '지속성', '정치적 비올바름' 그리고 '용맹함'을 통해 이어가고 있다. 2021년 9월 26일 기준으로 연설문에서 1만 8천 단어를, 트위터 같은 소셜미디어에서 2만 6천 개의 단어를 사용한 것으로 집계됐다(Dantas, 2021). 국내에서는 포르투갈어 웹 크롤링이 용이하지 않은 관계로 현지 분석 자료를 활용하기로 했다. 분석 결과, 실제로 '민주주의'보다 '군대'를 더 많이 언급했다. '평화'가 120번 등장한 데 비해, '군대'가 362번, '다수', '남자'가 '소수'와 '여성'보다 훨씬 많은 빈도로 등장했다. 국명 '브라질'은 취임사와 유엔총회 연설문과 동일하게 압도적으로 많이 사용되고 있음을 재확인했다.

브라질은 짧은 역사와 국가가 먼저 수립되고 난 뒤에 민족과 국민의 정체성이 인위적으로 만들어지는 역사를 겪었다. 1500년 포르투갈에 의한 식민지 시대를 시작으로 제정시대(1822년-1889년), 제1공화국(1889-1930년/1930-1937년), 신국가(1930-1945년), 제2공화국(1945-1964년), 군사 정권(1964-1985년)을 거쳐 재민주화 과정을 거치고 1988년 신헌법이 제정과 함께 1989년 역사상 처음으로 직접 선거를 통한 대통령을 선출하는 민주주의 제도를 확립했다.

전술했듯이 브라질은 보우소나루의 등장과 함께 군사 정권 이후 처음으로 그동안 쌓아 올린 민주주의의 성과를 무위로 돌릴 만한 심각한 사회적 위기에 직면했다. 좌파 정부를 몰아낸 반정부 시위 참여자들의 절대 다수는 고학력 백인이었고, 소득도 중산층 이상이었다. 이들이 반부패, 반정부 시위에서 내건 슬로건들은 주로 세금 정책에 대한 불만, 정치적 올바름과 좌파의식에 함몰된 공교육을 향한 거부감, 빈곤층 유권자들에 대한 공격, 장난을 빙자한 인종차별, 심지어 군부의 개입까지 촉구했다. 2018년 보우소나루 집권 이래 행정부, 입법부와 사법부 할 것 없이 군부와 복음주의 기독교인이 대거 영입되었다. 브라질 국민을 소득 수준 기준으로 상위 10%, 중위 40%, 하위 50%로 나눴을 때, 브라질은 정권을 좌파가 잡던 우파가 잡던 간에 상관없이 총소득의 60% 이상이 상위 10%의 특정 엘리트 계층에게 고정비로 묶여 있다(피케티, 2014). 다시 말해서, 좌/우, 진보/보수 이데올로기를 떠나 브라질 국민의 90%가 나머지 국부의 40%만 나눠 가져야 한다. 브라질의 소득 상위 10%는 누가 정권을 잡던 간에 자신들의 이익을 위해 제도가 불공정하게 기능할 수 있게 만드는 힘과 영향력을 갖고 있다. 노동자당 집권 13년조차 상위 10%가 차지한 소득 규모에 변동이 없었다. 경제가 악화되면 가장 큰 고통을 분담하고 상실감을 느끼는 계층은 대부분 도시에 거주하는 백인 계통의 고학력 중하위 계층이 되어 버렸다. 빈곤층은 정부가 보호하고 지원함으로써 실질소득이 향상됐지만 중산층의 경우, 위는 항상 상위 10%에 막혀 있고, 아래로부터의 계층 상승을 목격하면서 이중으로 박탈감과 소외감을 느끼게 됐다. 이런 분노가 2018년 대선에서 표출된 것이다. 이런 움직임은 '가족과 신과 자유를 위한 행진'을 모토로 걸었던 1964년 군사 쿠데타와 판박이다. 보우소나루 이전에도 '보우소나루들'은 존재했던 것이다.

다른 진영에 서는 것은 아주 쉬운 일입니다. 그러나 나는 하나님을 믿는 사람으로서, 만약에 우리가 그 반대편에 서 있었더라면, 우리는 아마 선택되지 못했을 것입니다. 나는 여러분이 원하는 방향으로 국정을 이끌어 나갈 것입니다.[3]

4) 복음주의자들의 TV 미디어 정치 도구화

비정부기구(NGO)인 ANDI[4]와 인떼르보지스(Intervozes)[5]가 합동으로 작성한 보고서는 보우소나루 대통령이 했던 막말이 브라질에서 시청률 2위를 기록하는 공중파 TV 방송국 헤꼬르지의 프로그램을 통해 재현되어 중계되고 있다고 고발했다. 헤꼬르지 TV는 브라질에서 세 번째로 많은 복음주의 교회이자 전 세계 95개국에 퍼져 있는 '하나님의 왕국 보편교회'의 창설자 에지르 마쎄두(Edir Macedo)가 소유한 방송국이다. 그는 1977년에 한 장례식장에 '보편교회'를 처음 세웠고, 신도들을 끌어들이기 위해 재빠르게 라디오 방송에 이어 TV 방송을 갖춘, 브라질 복음주의 개신교의 입지전적인 인물이다. 1989년에는 4,500만 달

---

3 2022년 3월 9일, 보우소나루 대통령이 2022년 대선 지지를 받기 위해 기독교 지도자들을 대통령궁에 초대해서 브라질이 직면한 '사회주의의 위협'에 대해 눈물까지 글썽이며 이야기한 내용 중에서 발췌하여 번역함. https://youtu.be/q-e8X6GNeNs

4 구조적인 사회불평등과 맞서 포용적 사회를 위한 미디어발전을 위해 1993년 브라질에 창립된 비영리 목적의 비정부단체. www.andi.org.br

5 민주적인 미디어와 무료 인터넷을 통해 모든 사람들이 차별없는 표현의 자유를 누릴 수 있는 세상을 만들기 위해 브라질에서 결성한 비정부단체.

러를 모금해 '헤꼬르지 TV(1953년 설립)'를 인수했다. 그는 벌거벗은 여자와 술이 등장하지 않는, 유해하지 않은 공중파 TV라는 이미지를 만들어 냈고, 출퇴근 고정 시간대에 성령의 은사를 강조하는 신오순절주의 교회의 예배를 송출했다. 사실 교회 홍보에는 공중파 TV 방송만한 것도 없었다. 더군다나 당시 높았던 문맹률도 사람들을 일하는 시간을 제외하고 TV 앞에 끌어모으기 안성맞춤인 환경을 제공했다. 이처럼 '보편교회'는 마쎄두의 놀라운 사업 수완을 거쳐 헤꼬르지 TV와 함께 동반 성장했다. 그의 영향력이 얼마나 크냐면, 2018년 넷플릭스(Netflix)에서 그의 자전적인 이야기를 소재로 영화 「더 이상 잃을 게 없다(Nada a perder)」를 1, 2편으로 만들어 냈을 정도이다. 브라질국립지리통계청(2010년)은 '보편교회'의 신자 수를 180만 명으로 집계하지만 자체 집계로는 700만 명으로 추산하고 있다. 2020년 기준으로 브라질 국내에 8,773개, 해외에는 약 127개국에 3,559개의 교회가 건립되어 있다. 보편교회는 헤꼬르지 TV뿐만 아니라 브라질 영토 내 75% 지역에 송출되는 라디오 방송 64개(헤지 알렐루이아, Rede Aleluia), 출판사(우니프루, Unipro), 음반사(라인 레코즈, Line Records), 인터넷 TV 및 무료 신문(폴랴 우니베르사우, Folha Universal)을 소유하고 있다. 교회가 다양한 미디어 사업 장악을 통해 교세 확장에 필요한 미디어 커뮤니케이션 수단과 마케팅 정책을 확립한 것이다. 여론조사에서 복음주의 개신교 교회나 신자를 특정 정당이나 정치인보다 더 신뢰할 수 있다는 조사 결과가 나오기도 했다. 그런 영향력의 예를 들자면, 보우소나루 대통령의 셋째 아들 에두아르두 보우소나루(Eduardo Bolsonaro)는 복음주의자들의 지지로 하원의원 역사상 가장 높은 득표인 200만 표를 얻어 연방 하원의원에 당선되었고, 또한 가톨릭 성당과 복음주의 교회 예배를 모두 참석하는 자나이나 빠스꼬아우(Janaína Pascoal)[6] 변호사는 연방 하원을 포함해서 브라질 역사상 통틀어 가장 많은 득표를 얻어 상파울루주 의회 의원으로 당선된 기록을 갖고 있다.

앞서 우리가 살펴보았듯이 과거에 해방신학은 '가난한 자를 위한 우선적 선택'을 교회의 가르침으로 삼아 현실 정치에 참여하려 했다. 그렇다면 '돈을 벌면 벌수록 신의 은총'이라는 가르침을 담은 복음주의 개신교가 현실 정치에 참여한다면 과연 '누구를 위한 우선적 선택'을 하기 위해서일까?

사회적 영향력을 키운 복음주의 개신교 세력은 상원 81명, 하원 513명으로 구성된 브라질 국회 의석 중 118석을 차지할 정도로 정치적 영향력이 커졌다. 모태 가톨릭 신자였던 현직 대통령조차 복음주의 개신교로 개종했고, 좌파의 아이콘인 룰라 전 대통령까지 옥중에서 오순절파의 지지를 받을 만한 전략 수립에 고심할 정도로 개신교 세력이 선거에 미치는 영향도 점점 커지고 있는 형편이다. 이들의 기본적인 정치사상은 복음주의, 번영신학, 신자유주의, 작은 정부, 자수성가, 공권력 옹호를 기반으로 한다.[7]

---

6 현재 브라질 노동재건당(PRTB)소속 의원. 2018년 사회자유당(PSL) 소속으로 역사상 최다 득표를 얻어 상파울루 주의원으로 당선된 기록을 보유하고 있다. 2016년 지우마 호세피 대통령의 탄핵에 결정적인 역할을 맡았다.

7   Financial Times, "Bolsonaro evangelical church preaches the Bolsonaro revolution"(2019.12.16). https://www.ft.com/content/e7a47196-1817-11ea-9ee4-11f260415385?fbclid=IwAR0cxCuvnQpq0lCGY_mOFKScgukfXuJOPtzazcGXn9Bm FrQRMXX0iLkMoAc

우리는 앞서 브라질 사회의 불평등과 이를 해소하기 위한 현실 세계에 참여하는 가톨릭과 복음주의 개신교의 퇴진과 약진을 살펴보았다. 찰스 킴볼(Charles Kimball)은 그의 저서 *When religion becomes evil*을 통해 타락한 종교의 다섯 가지 징후를 짚어 냈다. 그는 종교의 목적이 원래 선해도, 타락했을 때 그 무엇보다 위험할 수 있다고 경고하고 있다. 왜냐하면 종교란 현실 세계뿐만 아니라 현실 너머 세계까지 관장하기 때문이다. 종교는 수많은 시간 동안 인류의 삶에 의미를 부여하고 생명을 소중히 하는 가르침을 이어 왔다. 그러나 첫째, '자신만이 절대적인 진리를 알고 있다는 시각', 둘째, '맹목적인 복종을 요구', 셋째, '현실을 외면하고 이상적인 시대만을 확립하려는 자세', 넷째, '종교적 목표를 실현하기 위해 모든 수단을 정당화하는 태도' 그리고 다섯째 '종교의 이름으로 전쟁을 선포하는 것'을 타락의 징후로 묘사했다. 보우소나루 대통령의 담화를 분석한 결과와 그의 정치 행보를 살펴보면 그는 브라질의 '새로운 질서와 진보'를 찾는 수단으로 복음주의 개신교를 홍위병으로 내세우고 있다는 사실을 부정하기 어렵다. 무엇보다도 '우리'와 '그들'을 구분하는 이분법적 태도는 브라질에 만연한 사회적 불평등 문제를 비난하면서 원인을 외면하는 태도라고 밖에 볼 수 없다. 킴볼이 가리킨 세 번째 징후처럼 '모두를 위한 나라'가 아닌 '특정한 우리를 위한 나라'를 확립하려는 태도는 고장난 사회적 엘리베이터를 거칠 의지나 능력이 없음을 명확하게 보여 준다고 할 수 있다. 그렇다면 이미 현실 세계에서 정치적 도구로써 막강한 영향력을 지닌 브라질 복음주의 개신교가 이번 2022년 10월 대선에서 어떤 선택을 할지 귀추가 주목된다. 2018년과 같은 선택을 할 것인지 아니면 다른 선택을 할 것인지에 따라 '기득권을 우선으로 하는 선택'을 한 타락한 종교의 길을 가는지, 아니면 '모두를 우선으로 하는 선택'을 하는 종교로 거듭날 것인지 두고 볼 일이다.

4 맺음말

이 글은 브라질 사회 불평등 문제를 정치 도구로서의 현실 세계에 개입한 종교의 패러다임 변화를 통해 살펴보는데 그 목적을 두었다. 브라질에 이식된 주요 종교의 패러다임 변화를 살펴본 뒤, 중요한 역사적 변곡점에서 현직 대통령의 언어 사용을 분석함으로써 브라질 정치 지형 변화에 개입한 종교의 영향에 어느 정도 접근할 수 있었다. 보우소나루 대통령은 브라질의 재민주화 이후 겨우 수립됐던 좌파 진보 정권을 부패 척결의 이름으로 타파하고 '새로운 브라질'을 재건한다는 취지로 지지를 받고 등장했다. 그러나 그가 말한 새로운 브라질은 아직 가보지 않은 미래가 아니라 특정한 종교의 종교관이 지향하는 과거로 회귀함에 불과하다는 사실을 확인했다. 대통령의 공식적 발언에 대한 담론분석을 통해 이분화 전략, 배제, 긴박감 조성, 근접화 전략, 위협과 경고, 책임 전가 등의 담화 전략으로 보편타당성이 결여된 정치 행위의 합법화를 꾀하면서 민주주의 체제와 절차에 정면으로 충돌하는 모습을 보았다. 그리고 기득권이 자신들의 이익을 대변해 줄 수 없다는 판단한 사람들이 동종 선호 성향에 따른 집단의 이익을 보장받기 위해 포퓰리즘의 술책으로 다가와 민주주의 탈을 쓴 파시즘이 획책되는 위험성도 엿보았다. "민중은 엘리트가 지배하는 체제보다 자신들의 이익에 더 우호적일 것으로 기대하면서 책임성이 없는 독재자에게 권력을 넘겨주는 쪽을 택할 수 있다."(애스모글루 로빈슨, 2020).

더 중요한 것은 이런 상황이 한 개인의 권위주의적 인격과 일탈로 평가되기 쉽다는 점이다. 그러나 이 문제는 개인의 일탈 문제가 아니다. 진짜 문제는 이전부터 존재했지만 정체를 숨기고 있던 이름 없는 사상이 '보우소나루'라는 인물을 만나게 됐고, 그 입을 통해 '보우소나리즘(Bolsonarismo)'으로 공식화된 것이다. 보우소나리즘은 국민의 단일성을 배타적인 '우리'로 강화시켜, 반동적인 초국가기구로서 기독교 복음주의를 기반으로 극단적이고 배타적인 국가를 구축하는 시도인 만큼, 보우소나루의 말을 거쳐 군중에게 동조효과를 낳으면서 공식적으로 등장했다. 이제 브라질이 좌우 표퓰리즘이 연결되어 무한 회귀하는 뫼비우스의 띠 안에 갇혀버린 것인지, 아니면 기울어진 운동장이 다시 균형을 잡은 것인지 지켜봐야 한다. 이번 2022년 10월에 치러질 대선 결과 예측에서 노동자당(PT) 룰라 전 대통령의 당선이 유력시되고 있다. 우리는 이번 사례를 통해 좌우 진영에 상관없이 국가가 국민의 신뢰를 잃을 때, 그리고 정교분리 원칙이 흔들릴 때 민주주의가 위협받을 수 있고, 그 결과 대중의 인기를 얻은, 그러나 검증되지 않은 위험 인물이 얼마든지 민주주의 절차에 따라 지도자로 선출될 수 있다는 교훈을 얻었다. 향후, 현재의 연구가 가진 한계를 넘기 위해서, 즉 브라질 정치 지형의 변화와 종교 개입을 좀 더 거시적 관점에서 보고 규칙성을 파악하는 연구가 필요할 것이다.

제 9 장

라틴아메리카의 불평등과
역사적 개신교의 역할
/

이남섭
/

1 들어가는 말

이 글의 주제는 라틴아메리카의 역사적 개신교가 불평등 개선에 어떠한 역할을 했는가이다. 이 질문에 대한 대답의 요지는 다음과 같다. 역사적 개신교는 해당 나라의 조건에 따라 경제적 불평등의 상황을 개선하기 위한 개혁적 또는 급진적 역할을 했다. 특히 미비하나마 구조적 불평등의 개선에 공헌했다. 이 글의 구성은 다음과 같다. 1장 서론에서는 개념과 방법을 간단히 정리한다. 2장에서는 라틴아메리카의 불평등에 대한 역사적 개신교의 시대별 대응과 그 사회적 성격을 살펴본다. 3장에서는 대표적인 국가별 사례를 주요 인물과 주요 기관을 통해 소개한다. 마지막 4장은 이 글의 결론으로 요약과 시사점을 제시한다.

일반적으로 역사적 개신교는 16세기 종교개혁의 전통을 따르는 개신교회를 말한다. 이 글에서는 역사적 개신교의 개념을 16세기의 종교개혁의 전통과 20세기의 에큐메니컬 정신을 받아들이는 개신교회로 정의한다. 지면의 제약으로 이 글에서는 진보적인 장로교, 감리교, 침례교로 제한한다. 또 나라도 멕시코와 브라질 사례로만 한정한다. 따라서 이글에서 다루는 역사적 개신교의 특징은 하나의 흐름이지 라틴아메리카전체 개신교를 대변하는 것은 아니라는 점을 밝혀 둔다.

이 글의 집필 방법으로는 새로운 이론의 전문적인 학술 논의 대신에 역사적인 사실을 사회학적 관점에서 설명하는 방법을 선택했다. 그리고 추상적인 신학적 담론과 논의보다는 실천적 사건과 주요 인물 및 대표 기관을 중심으로 다룬다.

2 라틴아메리카 역사적 개신교의 시대별 대응과 사회적 성격: 개혁에서 해방으로

라틴아메리카의 경제적 빈곤과 불평등 문제와 관련해 역사적 개신교의 역할은 간단히 말해 개혁의 입장에서 해방의 입장으로 발전되어 왔다고 정의할 수 있다. 이 변화는 일반적으로 크게 1959년 쿠바 혁명을 전후로 구분한다. 그러나 여기서는 좀 더 세분해 다음 여섯 시기로 나눈다(〈표1〉 참고).

첫 번째 시기는 1810년 멕시코의 독립선언 이후 1920년대까지의 자유주의 시기이다. 이 시기의 역사적 개신교는 유럽의 개신교와 미국의 개신교가 동시에 선교하던 시기의 개신교이다. 라틴아메리카는 1492년 스페인과 포르투갈이 정복한 이후 300년 이상 가톨릭이 완벽히 지배하던 대륙이었다. 16세기 종교개혁의 열풍도 라틴아메리카에는 도달

[표 1] 라틴아메리카의 역사적 발전 시기와 사회경제적 및 종교적 특징

시기	자유주의시기 독립과자유화	민중주의시기 산업화도시화	개혁주의시기 근대화	군사정부시기 근대화세계화	민주정부시기 세계화2	사회정부시기 반세계화
년대	1810-1920	1930-1950	1960-1970	1970-1980	1990-2000	2000-2021
경제	단작 농업 수출자본주의	수입 대체 자본주의1	수입 대체 자본주의2	신자유주의1 수출자본주의	신자유주의2 시장자본주의	공동체 사회경제
정치	과두제	양당제	양당제	군부독재	다당제	다당제
사회	사회 개혁1	사회 개혁2	사회혁명	민주화운동	참여민주주의	대안사회 운동
종교	자유주의신학	사회복음신학	발전의 신학	해방신학1	해방신학2	해방신학3

하지 못했다. 유럽과 달리 대서양이 가로막고 있었기 때문이기도 하고 스페인 가톨릭이 종교재판소를 통해 엄격하게 사상적·종교적 통제를 하고 있었기 때문이다. 사실상 가톨릭교회의 독점 시대였으며 개신교의 무풍지대였다. 개신교가 라틴아메리카 대륙에 공개적으로 발을 딛기 시작한 것은 1810년경 라틴아메리카의 독립 이후 자유주의 정부가 수립되면서이다. 스페인의 권력과 자본의 빈자리를 차지하기 위해 유럽(특히 영국)의 자본주의와 미국의 자본주의가 동시에 침투하던 시기이기도 했다. 유럽은 경제적 침투와 달리 종교적 개입에는 조심스러운 태도를 보였다. 1910년 이전까지 유럽의 개신교는 라틴아메리카를 선교의 대상으로 간주하지 않았다.[1] 이 점에서 1910년의 영국 에든버러 세계선교대회는 상징적인 사건이다. 이 대회는 아프리카와 아시아를 선교 대상 지역으로 결정했고 라틴아메리카는 제외했다. 다만 라틴아메리카 지역으로 이주한 기업과 외교관 등 유럽의 이주 개신교 신자들을

---

1 라틴아메리카는 가톨릭교회가 이미 오래전에 기독교를 선교한 지역으로 인정했기 때문이다(Bastian, 1990, 158).

대상으로 한 매우 제한된 목회는 허용했다(Bastian, 1990, 129). 이에 대해 미국 개신교는 다른 입장을 견지했다. 미국 개신교는 가톨릭교회에 의한 기독교 선교를 복음화로 인정하지 않았다. 가톨릭교회 자체를 미신으로 부정했다. 미국 개신교회는 라틴아메리카를 성경에 의해 다시 복음화해야 하는 비기독교 대륙이라 선언했다. 미국 선교사들은 "라틴아메리카는 야만적 상황에서 근대 문명의 시대로 전환되어야 한다"고 이해했다(Bastian, 1990, 131).

1914년 미국 자본주의의 대중남미 전진기지인 파나마 운하가 개통하면서 라틴아메리카는 공식적으로 미국 개신교 선교의 대상이 되었다. 이때부터 미국의 라틴아메리카 선교는 미국의 자본주의 발전 방향과 병행했다. 남북전쟁을 통해 미국 내부를 연방으로 통일한 미국은 상품시장을 대외로 팽창하는 제국주의 또는 신식민주의 단계에 있었다. 중남미 국가들은 단작 농업 중심의 수출 자본주의 모델을 받아들이기 시작했다. 1823년의 '먼로 독트린(Monroe Doctrine)'과 1845년의 '명백한 운명(manifest destiny)'을 통해 유럽의 라틴아메리카 개입을 억제하고 그 대신 미국이 라틴아메리카를 군사적, 경제적, 정치적으로 지배했다. 마지막으로 미국은 종교적으로 가톨릭의 종교 시장 독점에 도전하기 시작했다. 미국은 개신교를 통한 새로운 영적 정복 전쟁을 시작했으며 개신교 내의 역할은 다음과 같이 분담되었다. 라틴아메리카의 큰 나라들(멕시코, 브라질, 아르헨티나 등)에는 대형 교단의 역사적 개신교들이 주로 진출했다. 중미와 같이 작은 나라(과테말라와 니카라과 등)들은 작은 선교 단체들이 주로 진출했다. 이 당시의 라틴아메리카의 주요한 정치적 이슈는 1810년의 독립 이후 탄생한 자유주의 정부와 가톨릭교회를 배경으로 한 보수주의 정치 세력 간의 갈등이었다. 신생 자유주의 정부는 가톨릭교회의 종교적 영향력을 약화하기 위해 개신교를 활용하려 했고 개신교는 이를 통해 선교의 자유를 획득하기 위해 자유주의 정부의 협조 요청에 호응했다(이남섭, 2001b; 2003). 경제적·정치적 성공에서의 미국의 우월성, 민주주의와 발전의 종교인 개신교로 개종시키고 문명화하고 발전시키는 것이 라틴아메리카 선교의 과제가 되었다.

이 시기 라틴아메리카 선교의 방향을 결정하고 영향을 준 미국인 선교사는 사무엘 인만(Samuel Guy Inman)이고 역사적 전환점은 1916년이다. 그는 '라틴아메리카협력위원회(El Comité de Cooperación en América Latina: CCLA)'를 조직하고 1916년의 파나마 대회, 1925년의 몬테비데오 대회, 1929년의 아바나 대회를 주관했다. 이 세 복음대회는 미국의 역사적 개신교가 중남미에 뿌리내리는 배경이 되었으며 이 시기는 라틴아메리카 개신교의 정체성이 형성되는 시기였다. 그는 당시 미국 교회에서 유행하던 '사회복음(Evangelio social)' 운동의 영향을 받아 잡지 *Nueva Democracia*(새로운 민주주의)를 발간하고 교육을 통한 사회 개혁을 주장했다. 이 새로운 민주주의 개념은 당시 가톨릭교회가 사용한 '기독교 민주주의(Democracia Cristiana)'의 민주주의 개념과의 차별성을 강조하기 위한 목적이 있었다. 그는 1800년대 후반기 내내 일상이었던 미국의 군함과 해병대에 의한 군사 개입주의를 반대하고 프랭클린 루스벨트 대통령의 '선린(Good Neighbor)' 정책의 '범미주의(panamericanismo)'를 지지했다(Bastian, 1990, 162).

역사적 개신교는 선교지 나라의 상황에 따라 적극적으로 참여하거나 소극적으로 참여했다. 가장 적극적으로 참여한 나라는 멕시코와 브라질이다. 멕시코의 경우는 매우 특수하다. 1910년에 시작해 거의 20년간 계속된 멕시코 혁명에 많은 역사적 개신교(장로교와 감리교) 목회자들과 평신도들이 혁명 군대의 일원(장군과 사병)으로 적극적으로 참여했다(이남섭, 2001b, 345-346). 이것은 라틴아메리카에서 해방신학이 나오기 50년 전이다. 해방신학 대신 자유주의 신학의 영향을 받은 개신교는 가난한 농민과 원주민의 해방과 개신교 선교의 자유를 위해 무장투쟁에 가담했다. 그러나 이 당시 역사적 개신교가 직면한 최대의 불평등은 가톨릭교회와의 종교적 불평등 관계였다. 가톨릭교회는 독립 후에도 보수당의 지지를 받아 종교적 영향력을 독점하고 있었고 개신교는 이 관계를 파괴하는 것이 필요했다. 이러한 이유로 역사적 개신교는 가톨릭교회의 종교적 무관용에 영향을 줄 수 있는 유일한 대안으로 자유주의 정치 세력이 주도하는 사회혁명에 참여하게 되었다(Bastian, 1990, 135-138).

두 번째 시기는 1930년대 이후 1950년대까지의 민족적 민중주의(Populismo) 운동이 일어나던 시기이다. 1929년 미국발 세계 대공황이라는 경제적 위기를 극복하는 데 기존의 자유주의 정부로는 한계가 있었다. 이 시기 민족적 민중주의 운동의 대표적인 사례는 당시 사회주의 운동의 영향을 받은 브라질 소장파 장교(tenente)들의 '1930년 혁명 운동'과 페루의 빅토르 라울 아야 데 라 토레(Victor Raul Haya de la Torre)의 '아메리카민중혁명동맹(Alianza Popular Revolucionaria Americana: APRA)' 운동이다. 역사적 개신교는 이 두 운동에 적극적으로 참여했다. 장로교 선교사 존 멕케이(John A. Mackay)는 페루의 개신교 목회자들과 평신도들이 APRA 운동을 지지하고 참여하도록 지원했다. 페루 감리교는 '개종보다는 시민으로의 변화'를 촉구했다(Dove, 2016, 297). 또 브라질에서는 장로교 학생들과 감리교 출신의 소장파 장교들이 연대해 '1930년 혁명 운동'에 참여했다(Bastian, 1990, 174-175).

선교사들은 미국의 남미 침략 상징이었던 미 해병대를 대체하는 범미주의의 전도사가 되었다. 미국식 민주주의와 자유는 개신교 선교의 깃발이 되었다. '우리 세대에 세계를 그리스도로' 운동의 지도자인 존 모트(John R. Mott)는 라틴아메리카를 미국 대외 선교의 최우선 지역으로 고려하도록 강력히 요청했다. 그리하여 1930년대와 1940년대 중국 선교를 주도했던 역사적 개신교 교단의 선교사 5,000명이 중국의 공산화로 철수하면서 선교사의 일자리 대책으로 선교의 방향을 바꾸어 남미로 대거 투입되었다(Bastian, 1990, 199). 루스벨트의 '선린' 정책은 미국 선교사들의 선교 과제를 긍정적으로 도왔다. 이때 미국이 파송한 선교사들 다수는 사회 계층적으로 중산층 출신이었다. 이 요인은 이들이 사회 선교에 몰두할 수 있는 배경이 되었다. 이 결과 라틴아메리카에서 제1차 개신교의 성장 현상이 일어났다(Meyer, 1989, 282).[2]

유럽과 미국 교회는 1차와 2차 세계대전에 대한 회개와 반성을 하면서 1948년 네덜란드의 암스테르담에서 세계교회협의회(WCC)가, 1950년에는 미국의 교회협의회(NCC)가 결성되었다. '책임사회론'에 입각한

---

2 라틴아메리카 개신교회의 급성장 시기는 크게 1차(1940-1950년대)와 2차(1960-1980년대)로 구분한다. 성장 원인의 분석 이론과 해석은 다양하다(Meyer, 1989; Bastian, 1990; Stoll, 1990). 이들의 해석이 일치하는 점은 2차 시기에 가장 급속히 성장했으며 군사독재 정부와 오순절 교회가 다수였다는 점이다.

사회 참여의 신학이 나오면서 역사적 개신교는 세계평화와 사회 문제에 관심을 보이기 시작했다. 이 당시 중미를 제외한 라틴아메리카의 큰나라들에서는 수입 대체 자본주의 정책에 의한 산업화와 근대화가 진행되었다. 농민의 도시 이주로 노동 문제가 발생하고 도시 빈곤 현상이 발생하기 시작했으며 불평등 문제가 사회적 문제로 대두되었다. 이 당시 라틴아메리카의 역사적 개신교는 개혁적 변화를 시도했다. 브라질의 장로교와 아르헨티나의 감리교가 그 대표적인 사례이다. 역사적 개신교는 책임사회론과 사회 참여 신학의 입장에서 사회 문제에 관심을 가지고 활동하기 시작했다. 그러나 역사적 개신교의 일부는 중산계층이 되면서 보수화의 과정도 발생했다(Bastian, 1990, 199-206).

이러한 활동의 정점인 1959년에 쿠바 혁명이 발생했다. 세 번째 개혁주의 시기(1960-1970)가 시작되었다. 이 시기는 미국의 근대화를 위한 발전주의 이론이 위기를 받는 시기였다. 가톨릭교회가 쿠바 혁명을 전적으로 반대했다면 일부의 개신교인들은 혁명에 적극적으로 참여했다. 쿠바 혁명 이전부터 쿠바 개신교에는 스페인에 대항한 독립운동의 민족주의 전통이 축적되어 있었다. 처음에 이들은 스페인에 대항한 독립운동 과정에 미국이 도와주는 것을 보고 미국을 믿었으나, 독립 후 독재자를 앞세운 미국의 신식민지 침략 행위를 보면서 반미 민족주의 운동과 민주화 운동을 하기 시작했다. 많은 역사적 개신교 목회자들과 평신도들이 군사독재자에 대항하는 야당에 합류했다(Bastian, 1990, 176). 쿠바는 카리브 지역에서 가장 부패하고 불평등한 사회가 되어 가고 있었다. 쿠바는 미국 마피아와 부패한 미국 정치인의 낙원이었다. 미국의 마피아 영화 「대부(Godfather)」는 이 시대를 배경으로 하고 있다. 1959년의 쿠바 혁명은 이러한 반미 민족주의와 민주주의 운동의 결실이었다. 이 당시 쿠바 민족주의 운동을 대표하는 인물은 1953년 7월 26일 피델 카스트로(Fidel Castro)의 몬카다 병영 무장 공격에 참여한 복음주의 의사인 마리오 뮤뇨스 몬로이(Mario Muñoz Monroy)와 장로교 의사인 파우스티노 페레스(Faustino Pérez)이다. 또 다른 이는 침례교 출신의 교사인 프랑크 이삭 파이스 가르시아(Frank Isaac País Garcia)와 침례교 목사인 아구스틴 곤살레스 세이스데도스(Agustín González Seisdedos)이다. 이외에도 장로교 목사인 라울 페르난데스 세바요스(Raúl Fernández Ceballos)와 라파엘 세페다 클레멘테(Rafael Cepeda Clemente)가 있다. 이들은 혁명이 진행될 때 수도 하바나와 쿠바의 두 번째 도시 산티아고에서 독재 정권에 반대하는 시민 저항 운동을 이끌었다. 혁명이 성공했을 때 혁명 초기 정부에 여러 명의 개신교 평신도와 목사들이 각료로 참여했다. 쿠바 개신교는 혁명 정부의 농지 개혁과 문맹 퇴치 운동 그리고 행정 관료의 부패와의 투쟁 등을 지지했다. 그러나 1961년에 미국의 피그만(쿠바에서는 히론 해변이라고 부름) 침략으로 혁명이 공산주의 혁명으로 방향 전환되면서 다수의 개신교 지도자들이 혁명 정부를 비판했고 이들은 미국의 마이애미로 도피했다(Bastian, 1990, 211-212).

쿠바 혁명에서 주목할 놀라운 사회적 성과는 교육과 의료 등 여러 가지가 있다. 그중에서도 의료 불평등 문제의 해결은 단연 세계적으로 가장 주목받는 분야이다. 혁명 후 의사 대부분은 미국으로 도피했으며 쿠바에 남은 의사는 극소수였다. 혁명 전 쿠바의 의료 상황은 열악했으며 쿠바의 농촌과 도시 간 의료 불평등은 심각한 수준이었다. 그러나 현재 쿠바의 의료는 불평등 수준의 개선을 넘어 세계에서 가장 의료 복지 시스템이 뛰어난 유럽 복지국가 수준으로 발전했다. 쿠바의 의료 수준은 전 세계에서 쿠바의 의료 서비스를 받기 위해 의료 관광이 유행할 정도로 높은 인정을 받고 있다. 쿠바를 방문한 일본의 국가 공무원과 한국의 사회복지학 교수의 현지 보고서는 쿠바의 의료 실태를 잘 요약하고 있다.[3] 최근 코로나 전염병의 전 세계적인 대유행 사건에도 쿠바는 중남미 국가에서 가장 잘 대응하고 있을 뿐만 아니라 중남미와 유럽 나라까지 지원하고 있다(경향신문, 2020.6.16). 의료 불평등 구조의 개선 성공 사례 하나만으로도 중남미 국가들이 쿠바의 길을 따르는 이유가 되고 있다. 이것은 혁명에 참여했던 개신교 민족주의 의사인 몬로이와 페레스가 후배 의사들에게 남긴 유산이다.

1960년대 라틴아메리카는 쿠바 혁명의 영향으로 미국의 반공주의 정책이 정치와 사회를 지배하기 시작했다. 이 당시 라틴아메리카의 정치경제는 대부분 미국 자본을 중심으로 한 다국적 기업이 지배하고 있었다. 제2의 쿠바를 막기 위해 미국의 케네디 행정부는 '발전을 위한 동맹(Alianza por Progreso)'을 통해 근대화 이론에 기반한 개혁 정책을 시도했다. 그러나 기독교민주당을 중심으로 추진한 이 발전주의와 개혁주의는 실패했고 사회는 더욱 급진적인 변화를 요청했다. 라

---

3 일본의 생태 농업 담당 공무원인 요시다 다로의 쿠바 현지 리포트(『의료천국, 쿠바를 가다』, 2007)와 한국의 전주 예수대학교 사회복지학과 교수인 배현주의 쿠바 1년 체류 현장 보고서(『거꾸로 가는 쿠바는 행복하다』, 2019)는 쿠바의 교육과 의료 분야 등 쿠바 사회의 현실을 이데올로기를 떠나 사실대로 이해하는 데 매우 유용한 안내서이다. 배현주 교수는 1년간 경험한 쿠바의 어려운 일상생활을 생생하게 기록했다. 최근에는 한국의 신세대들이 미국이 아니라 쿠바의 국립 의과대학으로 유학을 가는 놀라운 일이 일어나고 있다. 쿠바 국립 의과대 한국 유학생의 코로나 대응 현장보고서는 지구촌 시대의 또 다른 신선한 소식이고 시대변화의 현상이다(한겨레, 2020.9.19).

틴아메리카의 사회과학계에서는 '종속 이론(Teoría de dependencia)'이 형성되었다. 이들은 서구 선진국을 모델로 한 '근대화 이론(Teoría de modernización)'을 근본적으로 거부했다. 서구의 근대화 종속 모델을 따르는 한 라틴아메리카의 가난과 경제적 불평등은 더욱 심화될 것이라고 비판했다. 1960년대는 유럽과 미국에서 베트남전쟁 반대와 제3세계 민족해방 운동을 지지하는 1968년 학생혁명이 일어났다. 이러한 운동의 영향으로 당시 미국의 주류인 역사적 개신교단은 개혁적이고 급진적인 성향을 띠었다. 라틴아메리카의 역사적 개신교도 급진적인 변화를 선택하고 있었다. 1960년대 말에 해방신학이 탄생했고 칠레에서는 라틴아메리카에서 최초로 선거를 통해 살바도르 아옌데(Salvador Allende)의 '인민 연합정부(Unidad Popular: UP, 1970-1973)'가 수립되었다. UP 정부 동안에 개신교와 가톨릭교회 대부분은 중립 또는 침묵을 지켰다. 오직 역사적 개신교의 일부만이 사회주의 연합정부를 공개적으로 지원했다(이남섭, 1992, 340).

칠레의 인민 연합정부 출현에 대항해 남미에서는 네 번째 단계인 군사독재 정부의 시기(1973-1989)가 시작했다. 브라질의 경우는 이미 10년 전인 1964년에 군사 쿠데타가 일어났으며 이것은 그 후 남미 국가로 확대되었다. 즉 1973년에 칠레와 우루과이, 1976년에는 아르헨티나에서 군사독재 정권이 연속적으로 수립되었다. 칠레의 군사 정권은 신자유주의 정책을 추진했고 이 결과 빈부의 격차와 사회적 불평등은 더욱 심화되었다. 신자유주의 정책은 '작은 정부'라는 미명으로 중요한 국영 기업을 대부분 민영화했다. 국가의 주요 자원과 공기업은 외국 기업의 손으로 넘어갔다. 무엇보다 먼저 다국적 기업과 대기업의 횡포에 맞서 국가의 재산과 약자와 노동자의 권리를 보호하는 많은 법적 규제들을 철폐했다. 신자유주의 복지 정책은 구조적 변동 없이 빈곤층에만 약간의 혜택을 주는 선별적 복지 정책으로 빈곤과 불평등의 문제를 해결하려 했다. 이 결과 가난과 경제적 불평등은 악화되고 있었다. 이 시기의 역사적 개신교는 가톨릭교회와 연대해 인권 운동과 민주주의의 회복을 위해 투쟁하고 군사독재에 저항하는 단계로 전환했다(이남섭, 1992, 333). 경제 정책의 변경도 독재 정권의 퇴진 이후에야 가능했기 때문이었다. 따라서 역사적 개신의 민주화 운동 방향은 '선 군사독재 타도' '후 경제민주화'였다. '혁명'보다는 '인권 보호' 운동이 우선이었다(이남섭, 1992, 333).

남미와 달리 사회적, 정치적 조건이 더 나쁜 중미에서는 민족해방을 위한 무장혁명의 바람이 일어났다. 군부독재 정권이 장기집권하고 있던 과테말라, 니카라과, 엘살바도르 등 중미에서 민족주의 무장혁명 운동이 전개되었다. 대표적인 운동은 니카라과의 '산디니스타 민족해방전선(Frente Sandinista de Liberación Nacional: FSLN)'과 엘살바도르의 '파라분도 마르티 민족해방전선(Frente Farabundo Marti de Liberación Nacional: FMLN)'이다. 그리고 1979년에 니카라과의 산디니스타 혁명이 성공했다. 니카라과의 역사적 개신교인 침례교가 산디니스타 혁명 운동에 적극적으로 참여했다. 사실 중미의 경우는 대형 역사적 개신교의 개입과 선교 활동이 활발하지 않은 곳이었다. 대형 역사적 개신교는 주로 카리브해와 남미 지역에 집중했고 중미는 근본주의적인 경향의 소규모 선교 그룹이 주로 활동했다. 니카라과의 경우 역사적 개신교로는 침례교가 유일하게 오랫동안 선교 활동을 했다. 니카라과의 개신교가 연합해 활동한 사건은 1972년 12월 수도 마나과에 지진이 발생했을 때이다. 개신교회는 지진 희생자를 돕기 위한 긴급구호 활동과 전 세계에서 보내온 기부금을 공정하게 관리하고 효과적으로 배분하기 위해 '발전지원을 위한 개신교 복음 단체 위원회(Comité Evangélico para la Ayuda al Desarrollo: CEPAD)'의 조직에 성공했다. CEPAD에 참여한 개신교 목회자 그룹은 단순히 구호 활동에만 제한하지 않고 혁신된 지도력을 육성했다. 이들은 세미나와 성찰의 포럼 행사에서 민주주의 요구와 소모사 독재 정권에 대한 비판을 표출했다. 1979년 7월 산디니스타 혁명의 승리와 함께 이 개신교 조직은 문맹 퇴치 운동과 같은 정부의 사회개발 프로그램에 참여하면서 혁명을 적극적으로 지원하는 조직의 하나로 전환했다. 혁명 정부는 이외에도 소득 재분배, 의료 교육의 장려 등 불평등한 사회구조 개선을 위한 개혁 정책을 추진했으며 개신교는 이러한 개혁 정책에 적극적으로 참여했다. 이를 통해 개신교의 신도 수는 증가했으며 국가공동체의 개신교에 대한 인식은 매우 긍정적으로 변화했다(Bastian, 1990, 248-249). 즉 니카라과 개신교는 소모사 독재 정권에 대항한 대중의 저항 운동에 참여했으며 국가 재건 과정에서도 중요한 역할을 했다(이남섭, 1992, 341). 동시에 미국 신보수주의 지원을 받은 극우 복음주의 교회의 반혁명 활동도 전개되었다. 과테말라에서는 극우 복음주의 군부에 의한 마야 원주민과 가톨릭 사제와 교인에 대한 대학살(제노사이드)전쟁이 일어났다(Löwy, 1999, 152-155; Garrard-Burnett, 2010, 127; 박구병, 2018, 287).

다섯 번째 단계는 민주화의 결실로 시작된 민주 정부 시기(1990-2000)이다. 1989년 동구 공산권의 몰락으로 '자본주의가 유일한 대안이라는 이론(There is No Alternative: TINA)'이 제시되었다. 이 이론은 신자유주의라고 명명되었다. 이 신자유주의 단계는 세계화라는 이름으로도 전개되었다(이남섭 외, 2019, 244-246). 이 새로운 자본주의 체제는 금융자본과 생산의 자동화 및 전문화 그리고 세계화를 통해 노동의 힘을 파편화했다. 그리고 국내 시장의 전면적인 대외 개방, 경제에 대한 국가 간섭을 철폐하는 작은 정부론, 국영 기업의 민영화, 재정 긴축 등 복지국가의 포기로 이끌어갔다. 교회에서는 '자본주의의 신학적 정당화'가 노골적으로 유행하기 시작했다(이남섭, 2002a, 14-15). 신자유주의는 "시장 또는 소비가 인류를 위한 유일한 해결책이다"라는 주장을 했다. '시장(Market)'이 신이 되는 세상이 된 것이다(Cox, 2016).

세계화와 함께 경제적으로는 노동 시장의 국제화가 진행되고 문화적으로는 포스트모더니즘이 논의되었다. 또 이 시기는 이주노동자의 시대이기도 했다. 또 신용카드의 대량 발급으로 출현한 '카드 시민'에 의한 대규모 소비사회와 해외여행의 시대가 전개되었다. 그러나 이 단계에서 가난과 불평등의 문제는 해결되기는커녕 더욱 심화되었다. 사회에는 양극화 현상이 발생했고 가난과 불평등의 세계화가 발생했다(이남섭 외, 2019, 249). 라틴아메리카에서도 중산층은 더욱 가난해졌다. 즉 중산층이 과반수 정도였던 사회에서, 어느 날 중상층이 20대 80의 사회로 축소되더니 그다음에는 10대 90의 사회로 급속하게 전락해 가고 있다는 암울한 평가가 나올 정도였다(이남섭, 2000a, 15). 비공식부문(한국의 경우 비정규직)에 종사하는 중산층이 증가하기 시작했다. 사회 빈민층은 잉여 인간으로 간주되었고 이들은 생존을 위한 극단적인 선택(마약과 범죄 등)을 하거나 미국으로 불법 이민의 길을 선택했다. 이 당시 라틴아메리카에 유행한 경제 구호는 '비공식부문의 혁명'이었다. 정부는 신자유주의 경제 정책으로 정규직에서 대량 해고되고 실직한 중산층에게 샐러리맨이 되지 말고 1인 기업가가 되라는 선전을 했다. 창의적인 구멍가게 주인이 대기업의 직원보다 나으며 '모두가 사장이 되어 부자가 되라'는 이론이었다. 미국의 레이건 대통령과 IMF 및 세계은행 관료들이 제3세계에서 이 '비공식경제 혁명론'을 찬양하던 시대였다. 그러나 결과는 비참한 실패의 연속이었다. 이 이론의 대표적인 이데올로그였던 페루의 노벨문학상 수상 소설가이자 좌파 지식인에서 극우 정치인으로 변신한 마리오 바르가스 요사(Mario Vargas Llosa)가 대통령 선거에서 무명의 일본인 이민 2세의 야당 후보에게 대패하면서 '비공식 부문의 혁명' 깃발은 사라졌다. 라틴아메리카 대중은 불확실한 길거리 포장마차 사장의 화려한 성공보다 최소한의 인간적인 기본 생활이 보장되는 사회를 요구하고 선택했다. 동일 업종 간의 경쟁에서 성공할 수 있는 사장은 극소수라는 것을 라틴아메리카 대중들은 이미 간파하고 있었다. 과거 오랫동안 단작 농업으로 착취하던 자본가의 속임수에 속아 넘어갈 순수한 대중들이 아니었다. 이제 라틴아메리카 대중들은 각성하고 있었다.

민주화 이후 라틴아메리카의 역사적 개신교는 독재와 싸우는 정치의 최전방에서 후방으로 후퇴했다. 정당정치가 회복되었고 사회 운동이 교회의 역할을 대신하기 시작했기 때문이다. 그러나 역사적 개신교가 완전히 정치의 영역에서 이탈한 것은 아니고 참여 민주주의라는 새로운 방식으로 경제사회의 민주적 변화를 지원했다. 사회는 신자유주의라는 보이지 않는 괴물로 인해 고통받고 있었다. 역사적 개신교는 신자유주의가 초래한 가난과 불평등의 극복을 위한 대안적인 사회 운동의 인재 교육과 다양한 사회개발 프로그램을 지원했다(이남섭, 2001a, 34-35). 미시적으로는 공동체의 실업 대응 NGO 활동을 후원하고 거시적으로는 신자유주의 정책을 대체하는 대안적 정책을 개발했다. 구체적으로는 공동체의 협동조합 운동과 신자유주의 경제 위기로 발생한 부채자의 채무탕감 운동을 전개했다(이남섭 외, 2005; 2010). 그러나 신자유주의의 긴축정책에 따라 발생한 극심한 빈부격차와 무분별한 민영화로 인한 물가상승에 반대하는 시위는 빈번해졌다. 신자유주의 정책에 대한 라틴아메리카 대중의 저항은 민주화에 대한 환상으로 오랫동안 온건한 방법을 선택하고 있었다. 그러나 민주화가 정당정치라는 정치적 변동으로만 제한되고 경제적 민주화는 지체되면서 대중의 반응은 달라졌다. 즉 과격화되거나 기존의 정치 기득권 세력인 보수와 자유당 대신 새로운 급진적인 정당을 선택하기 시작했다. 1989년 '카라카소(caracazo)'라고 불리는 베네수엘라 수도에서의 민중 봉기와 1999년 우고 차베스의 당선은 이 시기의 급격한 정치 변동을 상징하는 사건이다. 베네수엘라의 급진적 기독교인들은 우고 차베스를 '가난한 자의 구원자 예수'와 비교했고, 1994년 멕시코에서는 신자유주의 세계화를 정면으로 거부하는 원주민의 무장반란이 일어났다. 2001년에는 미국의 세계화를 주도하는 쌍두마차의 상징인 뉴욕의 세계무역센터와 국무성 건물을 붕괴시킨 9 · 11 테러가 발생했다. 21세기의 방향을 세계화에서 반세계화로 바꾼 결정적 사건이었다. 9 · 11은 상징적인 숫자이다. 이날은 1973년 개장한 세계무역센터에 입주한 미국의 다국적 기업과 칠레의 군부가 연합해 전투기로 인민연합 정부의 대통령 집무실을 폭격하면서 쿠데타를 일으킨 날이다. 오랫동안 쿠데타 승리를 축하한 날이 2001년에는 비극의 날이 되었다. 이 두 날의 테러를 회상하며 1973년의 9 · 11 쿠데타로 희생당한 칠레의 기독교인 가족들은 하나님의 경이로운 섭리에 무섭고 놀라워하며 테러로 희생한 이들을 위한 기도를 드렸다고 한다.

마지막 여섯 번째 단계는 포스트 신자유주의 단계로서 사회주의 정부 시기(2000-2021)이다. 이것은 참으로 놀라운 시대적 전환기이다. 21세기 라틴아메리카는 진보적 정부 또는 사회주의 정부의 수립 열풍으로 시작했다. 왜 이렇게 되었을까?

라틴아메리카에서 자본주의는 유럽이 1492년에 신대륙을 정복한 이후 500년 이상 지배해 왔다. 라틴아메리카는 온갖 종류의 자본주의 실험은 다 겪었다. 상업자본주의, 산업자본주의, 금융자본주의, 자유주의 자본주의, 신자유주의 자본주의, 관료 자본주의, 카지노 자본주의와 심지어는 동양 자본주의인 일본식 자본주의와 한국식 자본주의의 축소판인 마낄라 자본주의도 수입해 경험해 보았다. 영국의 옥스퍼드대학과 미국의 하버드대학 등 서구 최고의 엘리트가 만든 온갖 종류의 자본주의를 다 실험해 보았지만 결국 성공하지 못했다. 그리고 마지막으로 놀랍게도 20세기 말에 구소련과 동구에서 공산주의 모델이 실패했음에도 21세기에 고대 안데스 원주민의 공동체적 사회주의 방식을 선택했다(Ellner, 2020, 218).

라틴아메리카 사회주의 정부의 시기는 1999년 차베스의 베네수엘라로 시작해 칠레(2000), 브라질(2003), 아르헨티나(2003), 우루과이(2005), 볼리비아(2006), 니카라과(2006), 에콰도르(2007), 파라과이(2008), 과테말라(2008), 엘살바도르(2009), 온두라스(2009), 페루(2011)

등으로 이어지는 1차 주기가 있다(Barret, Chavez y Rodríguez, 2005; Cannon y Kirby, 2012). 2차 주기는 2018년 멕시코로 시작해 코스타리카(2018), 아르헨티나(2019), 파나마(2019), 도미니카(2020), 볼리비아(2020), 페루(2021), 니카라과(2021), 온두라스(2021), 칠레(2021)로 이어지는 시기로 현재까지 진행 중이다(Ellner, 2020; 한겨레, 2022.6.21.). 이 시기 진보적 사회 운동은 신자유주의의 경제적 민주화와 선별적 복지 정책이 빈곤과 불평등을 더욱 심화하기 때문에 폐기해야 한다고 주장하면서 '반세계화' 대안사회 운동을 시작했다(이남섭 외, 2010).

라틴아메리카의 역사적 개신교도 1971년 극소수의 자본가들이 주도한 스위스 다보스 '세계경제포럼(World Economic Forum: WEF)'에 대항해 2001년 브라질에서 시작한 '다른 세계가 가능하다(Otro Mundo es posible)'는 '세계사회포럼(Foro Social Mundial: FSM)'의 세계적 확산과 연대를 위해 적극적으로 참여했다. 라틴아메리카의 역사적 개신교는 2006년 브라질의 포르투 알레그레에서 제9차 세계교회협의회(WCC) 총회를 개최했다. 브라질 대통령 룰라는 이 총회에 참석해 축하강연을 했다. 브라질의 집권당인 '노동당(Partido de Trabajadoras: PT)'에는 오순절 교인을 포함해 역사적 개신교인들이 이미 집권 이전부터 많이 참여하고 있었다(Freston, 2008, 168-182). 이 총회에서 라틴아메리카 교회는 라틴아메리카 개신교회 보고서를 발표했다. 이 보고서에서 개신교회는 지난 1940-1980년이 근대적 사회 변동을 위한 외침의 시기였다면, 1980년 이후는 근대적 변동 과정에서 배제된 이들을 위한 포용을 요구하는 시기였다고 규정했다. 북쪽 자본주의의 물신숭배 종교에 맞서 생명과 정의 그리고 평화의 복음을 전하는 성서의 하나님을 선포했다

(이남섭, 2011, 30-33). 라틴아메리카의 역사적 개신교는 이러한 상생의 연대 활동을 통해 새로운 세계를 향한 대안적 종교 운동을 시작하고 있었다. 그리고 라틴아메리카 다수의 나라에서 사회주의 정당 또는 진보적인 사회민주당이 선거로 정권을 장악했다. 이것은 불과 20년도 되지 않은 기간 동안 일어난 변화이다. 신자유주의 세계화 정책은 폐기되거나 수정되는 과정에 있다. 더 놀라운 것은 빈곤과 사회 · 경제적 불평등을 극복하는 대안으로 라틴아메리카의 대중들이 부자가 되는 길 대신에 가난해도 다수가 최소한의 인간적인 삶을 누릴 수 있는 길을 선택한다는 점이다. 특히 오랫동안 근대적 변동 과정에서 배제되어 온 라틴아메리카의 원주민들은 인간 존엄성에 기반한 대안적인 공동체 생명 사상을 발전시켜왔다(이남섭, 2002b, 321-325). 이것은 2008년 에콰도르 안데스 원주민들이 '부엔 비비르(Buen Vivir: 좋은 삶)' 또는 '수막 까우사이(Sumak Kawsay)'라는 고대 원주민의 공동체 정신을 21세기 민주국가의 헌법에 명시하는 것으로 명문화되었다(조영현 · 김달관, 2012). 유토피아가 현실에 가까워지는 순간이었다.

2020년 초 전 세계를 강타한 '코로나 팬데믹(Pandemic)'과 이에 대한 서구 기독교 선진국의 이기적 대응은 라틴아메리카의 대중이 서구의 신자유주의적 발전 모델을 완전히 포기하고 사회주의 정당을 선택하는 데 결정적 사건이 되었다. 지난 2021년의 페루, 온두라스, 칠레의 선거 결과가 그 대표적인 사례이다. 온두라스에서는 정치를 몰랐던 가정주부 출신 신진 여성 정치인이 미군기지가 있는 가난한 나라에서 친중적인 좌파정당의 후보로 나와 대통령에 당선되었다. 페루에서는 안데스 산맥의 가난한 원주민 농민 출신의 시골 학교 선생이, 칠레에서는 30대의 지방의 급진적 학생 운동 출신이 좌파연합의 후보로 나와 대통령에 당선된 것이다. 코로나 백신을 공유하지 않으려는 이기적이고 위선적인 서구 기독교 선진국의 태도와 정반대로 코로나 백신을 공유하려는 러시아와 중국의 태도는 라틴아메리카 대중이 사회주의에 대한 우호적인 선택을 취하는 결정적인 계기가 되었다. 이 두 나라가 제공하는 백신은 무료로 주는 것도, 효과가 검증된 좋은 약도 아니었다. 그러나 절체절명의 국가적 위기 상황에서 도움의 손길을 내미는 나라에 호감을 보이는 것은 너무나 당연한 반응일 것이다. 콩 한 쪽도 나누려는 성경의 정신을 부자 기독교 국가가 아니라 가난한 무신론 국가에서 경험한 라틴아메리카 기독교인들의 심정은 어떠했을까? 1959년 쿠바 혁명이 성공하고 사회주의의 길을 선택했을 때 미국은 쿠바가 굶주림으로 곧 망할 것이라고 단언했다. 그러나 현실은 미국의 바람과는 다른 방향으로 진행되고 있다. 쿠바 혁명 60년이 지난 지금 라틴아메리카에서 20개국 이상의 나라가 쿠바와 니카라과 또는 베네수엘라의 길을 선택했거나 또 선택하고 있다.

다음 〈표 2〉에서 보듯이 보수적인 개신교인 오순절 교인 비중이 높은 중미의 나라가 못살고 불평등 지수도 높고 민주주의 지수는 낮다. 그리고 보수적인 오순절 교인 비중이 낮은 남미의 나라가 잘사는 나라이고 불평등 지수는 낮으며 민주주의 지수는 높은 나라들이다. 이것은 지난 100년간 소수의 역사적 개신교가 이룬 성과라고 할 수 있다. 라틴아메리카에서 좌로의 정치 변동은 이제 가능한 하나의 선택지가 되었다. 정치의 영역에서 유일한 하나의 길은 없다. 왜냐하면 '자본주의와 다른 세계'는 소수의 작은 나라에서만 가능한 것이 아니라 이제 라틴아메리카 대부분의 큰 나라에서도 대세이고 현실이 되어 가고 있기 때문이다. 오늘 역사적 개신교회의 관심은 부자 교회가 아니라 가난한 사람들이 최소한의 기본적인 생활을 보장받을 수 있는 사회가 되는 것에 있다. 성경은 소수자, 예언자의 길을 걷는 것이 예수의 제자가 되는 길임을 가르치고 있다. 라틴아메리카의 역사적 개신교는 소수이지만 20세기와 21세기의 역사 변동 과정에서 대안적인 사회적 길을 제시한 지역의 종교가 되었다(Dove, 2016, 302-303).

[표 2] 라틴아메리카의 종교 분포도와 1인당 GDP, GDI 지수, IHDI 지수 비교[4] (기준 : US$)

항목/국가	아르헨티나	브라질	칠레	우루과이	과테말라	온두라스
가톨릭 인구비	71%	61%	64%	42%	50%	46%
개신교 인구비	15%	26%	17%	15%	41%	41%
1인당 GDP	9,929$ (69위)	8,570$ (82위)	16,799$ (50위)	16,965$ (48위)	4,864$ (106위)	2,925$ (133위)
세계 민주주의 지수(GDI)	50위	42위	25위	13위	99위	92위
세계 인간개발 지수(IHDI)	42위	73위	32위	54위	125위	130위

출처 : PRC 2014; Guadalupe, 2017, 54; UNDP, IHDI 보고서, 2019; IMF, GDP 보고서, 2022; The Economist Intelligence Unit, GDI 보고서 2021에서 재편집

4 여기서 개신교 인구비 항목에는 역사적 개신교와 오순절 교회를 포함한다. 그러나 조사 기관들은 개신교 전체에서 오순절 교인의 비중이 다수이고 역사적 개신교인은 소수라고 대체로 추정한다. 또 IHDI는 불평등 조정 지수를 포함하고 있기에 여기서는 지니계수를 사용하지 않는다.

3 진보적 역사적 개신교의 국가별 사례와 대표 인물 및 대표 기관

역사적 변동은 저절로 이루어지지 않는다. 한 사회의 변화는 창조적 소수에 의해 시작한다. 그러나 변화가 지속되고 사회 전체의 변화가 이루어지기 위해서는 많은 개인과 단체들의 헌신적 노력이 필요하다. 여기서는 이를 가능하게 한 역사적 개신교의 몇몇 국가별 사례를 주요 인물과 주요 기관을 중심으로 간단히 살펴본다.

1) 멕시코 개신교 사례:
장로교의 모이세스 사엔스와 감리교의 루벤 하라미요

멕시코에서 빈곤과 사회 불평등 문제의 해결을 위해 노력한 역사적 개신교인은 많다. 그중에서 대표적인 인물은 다음 두 사람이다. 장로교 평신도인 모이세스 사엔스(Moises Sáenz: 1888-1940)와 감리교 목사인 루벤 하라미요(Rubén Jaramillo: 1890-1961)이다. 1910년대 멕시코의 무장혁명 군대에 역사적 개신교인들이 적극적으로 참여했다(이남섭, 2001b). 이 두 사람도 멕시코 무장혁명에 참여했다. 그러나 전자가 혁명의 제도화 과정에서 교육을 통한 개혁의 길을 선택했다면 후자는 무장투쟁의 지속과 독립정당을 통한 급진적 개혁의 길을 추구했다.

모이세스 사엔스는 1910년대의 멕시코 사회혁명에 참여한 자유주의 개혁파 지식인이었다. 그는 1916년 혁명 정부의 교육을 담당했고 1926년에는 혁명 정부의 교육부 차관에 임명되어 혁명 정부의 교육 정책을 주도했다. 그의 동생인 아론 사엔스도 혁명 정부에 참여했으며 멕시코 시장에 임명되었고 후에는 누에보레온(Nuevo Leon)의 주지사가 되었다. 그러나 가장 주목을 받는 이는 모이세스 사엔스이다. 그는 멕시코 북부 지역 누에보레온 마을의 중소 규모 농업 가정에서 태어났으며 당시 개신교 개종자들에게 초중등 과정을 무료로 가르치던 미국 장로교 선교사들이 세운 개신교 학교(초등학교, 중학교, 고등학교)를 졸업했다. 이후 미국 장로교의 장학금을 받아 미국 워싱턴의 제퍼슨 대학을 졸업하고 뉴욕의 컬럼비아대학에서 존 듀이(John Dewey)의 지도를 받아 교육학 박사학위를 취득했다. 1915년 귀국 후 개신교 기독 청년 운동에 참여했으며 곧 북부 구아나후아토(Guanajuato)주의 교육 담당 책임자로 임명되었다. 1919년에는 카란사 혁명 정부의 교육 책임자인 그의 친구의 추천으로 국립고등학교의 교장으로 임명된다. 동시에 그는 멕시코 복음주의 학교의 전국사무 총무 직책을 병행하면서『기독교 세계(*Mundo Cristiano*)』라는 잡지의 편집인과 멕시코 YMCA의 회장직도 수행했다. 사엔스는 북부 지역, 국경 지역의 사람이었으며 미국 선교사들이 운영하는 개신교 학교에서 교육을 받은 개화파 지식인이었다(Bastian, 1984, 159).

그는 1916년에서 1926년까지 혁명 정부의 교육 정책 시스템을 책임지는 직책을 맡았다. 그의 정치철학의 기본은 존 듀이의 교육학이었으며 그의 교육 정책은 실용주의 교육 방법론을 확산하는 것에 중점을 두었다. 개신교는 진보의 종교임을 강조했다. 종교는 단순히 추상적인 것이 아니라 실제적이고 효율적임을 선언했다. 따라서 그는 개신교가 멕시코를 청교도 정신으로 혁신하는 사회의 정신적 기반이 될 수 있다고 믿었다. 사엔스는 멕시코의 혁신을 선도하는 복음주의 청년의 새로운 세대를 상징했다. 그는 멕시코 혁명 국가가 제공하는 다양한 공식 통로를 통해 개신교의 이상적 덕과 정신을 선전하는 과제를 개신교 청년들에게 제공했다. 그들 중 하나가 공립학교였다. 공립학교는 가난한 이웃들에게 복음주의자들이 봉사할 수 있는 교회의 특권적인 공간이다. 혁명 시대의 근대교육을 확산하기 위해 교회는 게토에서 나와 공립학교를 통해 새로운 사회의 건설에 참여해야 한다. 그러나 이 학교는 가톨릭 교회가 독점하고 있는 사립의 종교적 학교가 아니라 공립의 세속적 학교여야 함을 강조했다. 그는 교육의 세속화를 주장했다. 특별히 그는 근대교육에서 제외된 수백만 명의 원주민과 농민들의 교육 혜택을 강조했다. 그는 교육을 하나의 문화적 선교 행위로 간주했다. 그의 이러한 교육 정책은 10년 후 카르데나스의 혁명 정부 때 남부 치아파스에서 미국인 선교사 윌리엄 타운센드(William Townsend)가 세운 '여름 언어학교(Instituto Lingüístico de Verano: ILV)'를 통해 마야 원주민들에게 적용되었다. 이후 이 정책은 멕시코 전체와 안데스 및 아마존 원주민 선교의 기본 방법이 되었다. 존 듀이의 철학을 통해 해석된 개신교의 윤리는 농촌 교육의 모델로 그의 교육부 차관 임기 내내 적용했다. 개인 존중, 학교 노동의 활성화, 교육을 통한 민주주의는 멕시코 혁명 정부의 새로운 교육학의 기본이 되었다. 이 교육 철학은 라틴아메리카와 세계로 팽창하고 있던 미국 자본주의의 이익에 완벽하게 일치하고 있었다. 이러한 교육 철학은 영미 자유주의 개신교 윤리의 핵심이었으며 멕시코 사회의 자본주의 근대화에 필요한 이념이었다. 이런 의미에서 사엔스는 멕시코의 자본주의 발전을 추진하던 혁명 정부에 필요한 인물이었다. 그의 개신교 윤리는 개인의 윤리를 기업의 정신으로 전환하는 자본주의의 정신과 일치했다(Bastian, 1984, 161). 멕시코 혁명기 동안 이들 개신교 교사들은 전국의 농촌으로 가서 농민들에게 혁명 사상 교육을 하다가 가톨릭 교도들에 의해 무신론자, 공산주의자, 사탄의 자식이라는 비난을 받으며 죽임을 당하기도 했다. 이런 이유로 사실상 혁명 군대의 개신교인과 반혁명 가톨릭 교도 사이의 내전은 3년간 지속되었다. 멕시코 역사에서 이 내전은 '기독교도 전쟁(la guerra de los cristeros)'으로도 기록되었다(Meyer, 1989; 이남섭, 2001b, 330-340). 그러나 혁명 정부의 교육 정책이 사회주의 교육으로 전환하면서 교육부에서 그의 역할은 중단되었다. 그 후 그는 페루 대사로 발령받아 안데스 원주민의 교육을 위해 활동하다 페루에서 풍토병으로 젊은 나이에 사망했다. 멕시코 연방정부는 그를 멕시코의 뛰어난 근대 지성인으로 기록했다.

그와 정반대의 길을 선택한 이가 감리교 목사인 루벤 하르미요이다. 그는 남부 사람이었다. 멕시코 농민혁명의 영웅, 에밀리아노 사파타(Emiliano Zapata)의 고향 모렐로스(Morelos)주의 가난한 개신교 농민의 아들이었다. 1910년 북부에서 자유주의 혁명이 시작되고 1911년 남부에서 농민혁명이 일어났을 때 그는 남부의 사파티스타 농민혁명군에 합류했으며 많은 전투에 참여했다. 1918년 농민혁명의 지도자 사파타가 암살당한 이후 후일을 도모하며 일상으로 후퇴했다. 10년에 걸쳐 진행된 혁명은 성공의 마지막 단계에 있었으며 개혁주의 세력이 혁명을 주도하고 있었다. 1926년에 가톨릭교회가 일으킨 3년간의 '기독교도 반란'도 진압되면서 멕시코 혁명은 제도화 단계에 돌입했다. 이 시기에 그는 모렐로스주의 농장에서 그를 따르는 사파티스타 농민군과 함께 혁명의 약속이 집행되기를 지켜보았다. 한편으로는 시골교회의 목사로서 역할도 병행했다. 교회에서 설교도 하고 농사도 지었다. 진보적인 라자로 카르데나스(Lazaro Cardenas) 장군이 대통령으로 선출되면서 하르미요의 요구는 경청되었고 이행 약속을 받았다. 그러나 아빌라 가마초(Avila Camacho) 대통령 시대가 오면서 카르데나스와의 약속은 폐기되었다. 그는 1943년 3월 24일 혁명가 사파타의 깃발인 '토지 개혁과 자유'를 내세우고 무장혁명을 다시 시작했다. 미완성의 농지 개혁에 찬성하는 지역의 농민들이 이 봉기에 합류했다. 봉기 직후 하라미요 농민군은 모렐로스주의 3개 주요 지역을 점령했다. 그리고 1년간 정부군과 투쟁했다. 1944년 그는 아빌라 카마초 대통령의 특사에 의해 사면되고 '모렐로스의 농민노동자 정당(Partido Agrario-Obrero Morelense: PAOM)'을 조직했다(Bastian, 1984, 197). 1945-1952년 동안 두 번의 모렐로스 주지사 선거에 참여했으며 사탕수수 농장의 파업을 주도했다. 1958년 로페스 마태오(Lopez Mateo) 정부는 모렐로스주의 농민 문제를 해결하기 위한 약속을 했고 하르미요는 이 약속을 믿고 파업 해산을 수락했다. 그러나 1959년 쿠바 혁명의 성공 이후 멕시코 혁명 정부는 이의 국내 파급을 저지할 필요를 느꼈다. 1960년 1월 로페스 마태오 대통령은 다시 하르미요 농민군과 협상을 했고 하르미요는 평화로운 시민의 일상으로 돌아왔다. 그러나 1962년 3월 23일 그와 그의 가족들은 정부군이 보낸 군대에 의해 모두 암살되었다. 그의 농지 개혁을 위한 투쟁은 여기서 중단되었다. 그의 죽음 후 혁명에 참여했던 개신교 세력도 주변화되었다. 이후 멕시코의 개신교는 종속자본주의 질서의 현상 유지를 정당화하는 이데올로기로 전락했다. 사파타의 혁명 정신을 계승하려는 그의 투쟁은 그 후 1968년의 학생혁명으로 계승되었다(Bastian, 1984, 198-201). 그리고 거의 40년 후 남부 치아파스에서 '사파티스타 민족해방군대(Ejércíto Zapatista de Liberación Nacional: EZLN)'의 무장봉기가 발생하면서 그의 혁명 정신은 되살아났다. 이 혁명에 치아파스의 개신교인들이 다시 참여했다(Macín, 1994, 30).

그는 정규 교육을 전혀 받지 못했다. 그의 혁명 정신을 형성한 것은 그의 아내와 교회였다. 그는 혁명에 참여하면서 혁명의 대의를 실천적으로 이해하기 시작했다. 그를 혁명으로 이끈 정신은 교회 활동, 즉 성경에서 발견했다. 그는 성경을 읽으며 혁명의 정신을 형성했다(Macín, 1984, 61).

> 신앙은 단순히 교회 건물 또는 기도 모임의 문제가 아니라 가난하고 착취당한 희망 없는 민중의 눈물과 피 그리고 고통의 문제이다. 하나님의 말씀이 나의 영감의 근원이었고 나의 유일한 방패였다(Macín, 1984, 65).

그는 새로운 땅, 새로운 창조, 새로운 인간을 위한 길을 성경에서 발견했다.

> 나는 기독교인이며 목사이다. 나의 모든 정치적 이상은 성경에서 영감을 받았다. 성경의 내용과 공산주의 이념은 많은 점에서 비슷하다. 그러나 그뿐이다. 나는 단 한 번도 공산주의자가 된 적이 없으며, 되지도 않을 것이다. 그것은 공산주의를 과소평가해서가 아니라 예수의 말씀에서 내가 가진 질문의 대답을 만났기 때문이다. 특별히 나의 이웃의 사회적 문제에 대한 대답을 나는 성경에서 발견했다. (……) 나의 투쟁에서 나의 유일한 안내자는 그리스도이다(Macín, 1984, 72).

그는 예언자 아모스를 존경했으며 사회정의를 위해 투쟁하는 방식
이 그의 모델이 되었다. 그는 소수의 국내 매판 자본과 외국인의 소유가
된 모든 국가 자원의 국유화를 주장했다. 1910년 멕시코 혁명의 미완성
으로 남아 있던 농지 개혁의 완성을 주장했다. 그는 당시 멕시코와 라틴
아메리카 노동 운동의 지도자였던 공산주의자 빈센트 롬바르도(Vicent
Lombardo)를 변절자로 비판했다. 그 때문에 멕시코 민중은 공산당을 믿
지 않는다고 비판했다. 그의 급진적 농지 개혁 요구와 그의 농민운동 세
력은 안정적으로 정착되어 가던 멕시코 자본주의의 질서를 위협하고
있었고 쿠바 혁명의 성공 이후 라틴아메리카 국가로 전파되고 있던 새
로운 게릴라 운동의 시발점이 될 수 있었다. 그는 혁명 정부가 제안한 고
위직을 거부했다. 혁명이 제도화된 단계에서 그는 혁명 정부에는 위험
한 혁명가였다. 그는 쿠바의 체 게바라(Che Gevara)와 같은 이상주의 혁
명가였으며 콜롬비아의 카밀로 토레스(Camilo Torres) 사제와 같은 혁
명적 예언자였다. 그러나 그는 오랫동안 망각된 예언자였다. 후에 그의
고향 모렐로스주 의회는 의사당 건물에 그를 위대한 민중의 정치인으
로 기록했다(Macín, 1984).

2) 브라질 개신교 사례: 장로교의 리차드 숄과 루벰 알베스

브라질의 역사적 개신교는 중남미에서 가장 오래되었고, 가장 인구
가 많으며, 가장 특이하다. 1810년경 브라질에 개신교가 유입된 이후
1964년의 브라질의 개신교 인구는 250만 명이었다(이때 브라질 전체 인
구는 9천만 명이었다. 2022년 현재는 전체 인구가 2억 1천만 명이고 이 중 개신

교 인구는 15%인 약 3,200만 명으로 추산된다). 남부는 독일 및 유럽 이민자들이 중심이고 북부는 아마존 원주민과 다양한 이민자들의 세계였다. 남부가 유럽풍 도시라면 북부는 도시 빈민과 노동자들이 모여 있는 가난한 자의 도시이다. 우리에게 '대중 교통혁명 도시'와 '세계생태수도'로 잘 알려진 쿠리치바(Curitiba)가 남부의 대표적인 도시이고, 헤시피(Recife)는 북부의 대표적인 도시이다. 따라서 남부의 브라질 개신교는 부자이고 북부의 개신교는 가난한 개신교였다. 북부는 그리스도 재림교, 침례교 그리고 오순절 교회가 중심이고 남부는 장로교, 성공회, 감리교가 중심이었다. 북부의 가난한 개신교는 영적이었다. 특히 독립장로교와 오순절 교회는 급진적이었으며 더욱 가난했다(Meyer, 1989, 289-291).

멕시코의 역사적 개신교가 19세기 말의 자유주의 혁명과 20세기 초의 사회혁명에 적극적으로 참여했다면 브라질의 역사적 개신교도 1930-1950년대에 개혁적 정치인들이 추진하고 있던 사회혁명 과정에 적극적으로 참여했다. 브라질은 1959년 쿠바 혁명 발생 전에 이미 급진적 변화를 겪고 있었다. 즉 1920년대 말에 발생한 세계 대공황은 브라질에도 영향을 주었다. 자유주의적 사회경제 정책에서 민족주의적이고 민중주의적인 형태로 변화했다. 제툴리우 바르가스(Getúlio Vargas) 정권(1937-1945/1950-1954)이 탄생해 민중주의 정치를 시작했다. 바르가스는 자살이라는 비극적 죽음으로 생을 마감했다. 그러나 그의 국가 발전주의와 사회 개혁주의 경향은 주셀리누 쿠비체크(Juscelino Kubitschek) 대통령에 의해 보존되고 강화되었다. 쿠비체크 정부(1956-1960)와 주앙 굴라르(Joáo Goulart) 정부(1960-1964)는 강력한 국가 개입주의에 바탕을 둔 자립적인 경제 발전 프로젝트를 추진했다. 이러한 정치 변동에 브라질 개신교는 적극적으로 참여했다(Peitoza, 2019, 49-50).

브라질의 역사적 개신교의 대표적인 인물로는 브라질 장로교 목회자이자 신학자인 왈도 세사르(Waldo Aranha Lenz Cesar: 1922-2007)와 미국 장로교 선교사인 리차드 숄(Richard Shaull) 그리고 그의 제자 루벰 알베스(Rubem Alves)이다. 왈도 세사르는 1942년 기독 학생 운동과 기독 청년 운동을 거쳐 세계교회협의회(WCC)와 브라질 교회협의회(NCC) 창립에 많은 영향을 준 개신교 지도자였다. 그는 『Paz e terra: 평화와 토지』라는 에큐메니컬 잡지의 편집자로 활동했다. 그는 장로교 목사, 신학자, 사회학자, 작가, 언론인 등 다방면에서 활동한 브라질 에큐메니컬 운동의 지도자였다. 그는 유엔식량농업기구(FAO)의 기아 반대 세계 캠페인의 행동 코디네이터로도 활동했다. 그의 잡지는 브라질의 '토지가 없는 농촌 빈민들의 운동(Movimento dos trabalhadores rurais Sem Terra: MST)' 형성에도 큰 영향을 주었다. 이 때문에 그는 군사 정부에 의해 구속되어 고문을 받기도 했다. 무엇보다 그는 리차드 숄의 신학적 입장을 지지한 가장 강력한 친구이자 멘토였다(Feitoza, 2019, 56).

리차드 숄은 브라질의 상파울루주의 캄피나스(Campinas) 신학교에서 12년간(1952-1964) 교수로 활동했으며 동시에 브라질 개신교 대학생 연맹에서도 활동했다. 이 대학생 연맹은 1950년대 말 '가톨릭대학생회(Juventud Universitaria Católica: JUC)'와 비슷한 급진화 과정을 거쳤다. 숄은 1940년대 말 중국의 공산화를 보면서 기독교의 전통적인 선교 방식에 대한 비판적 성찰을 한 신학자 중의 한 사람이었다. 중국의 공산화는 기독교의 제국주의적이고 개인 구원 위주의 선교로 인해 중국 대중의 버림을 받은 결과라고 성찰했다. 따라서 숄은 그의 저서『기독교와 사회혁명(*Cristianismo y revolución social*, 1960)』에서 자본주의나 공산주의에 대한 대안으로서 더 정의롭고 평등한 사회를 위한 투쟁에 참여하도록 학생들을 고무했다. 그리고 1962년 북동부 도시 헤시피에서 '그리스도와 브라질 혁명 과정'에 관한 진보적인 개신교 대회를 조직했다. 당시 헤시피에는 돔 헬더 까마라(Dom Helder Camara) 추기경과 같은 진보적인 가톨릭 그룹이 활동하고 있었다. 그는 마르크스주의자들이나 진보적인 가톨릭교 사제(도미니크회 사제들)들과 에큐메니컬 정신으로 함께 일하고 있었다. 이로 인해 그는 브라질 장로교회 총회와 갈등을 빚었고 1964년에 극우 군사 쿠데타가 발생하면서 브라질을 떠나야 했다. 그러나 그는 이미 개신교 대학생들과 신학생들 사이에 새로운 혁명 이념의 씨앗을 뿌렸고, 이들은 나중에 브라질과 라틴아메리카 기독교 운동에서 중요한 역할을 했다(Löwy, 1999, 139).

루벰 알베스는 리차드 숄의 제자였다. 알베스는 브라질 장로교 출신으로서 숄의 캄피나스 신학교에서 신학을 공부했다. 그는 기독 학생 운동에 참여했으며 지역 공장에서 노동 활동도 했다. 그 후 알베스는 그의 스승 숄이 있는 프린스턴 대학교에 유학을 가 1968년에 '해방신학을 향해'라는 선구적인 제목의 논문으로 박사학위를 받았다. 이 박사학위 논문은 영어로는『인간희망의 신학(*A theology of Human hope*)』으로, 스페인어로는『기독교, 아편이냐 또는 해방이냐(*Cristianismo, ¿opio o liberación?*)』로 번역되었다. 알베스는 가톨릭교회의 해방신학자들과 달리 계급투쟁이나 자본주의 같은 사회과학적 개념을 사용하지 않았다. 그러나 그의 책은 해방신학을 위한 하나의 출발점이었고, 특히 개신교 청년들에게 결정적인 영향을 끼쳤다(Löwy, 1999, 139-140). 그는 1969년 스위스 제네바에서 개최된 바티칸과 WCC의 '사회개발 평화 위원회(Joint Committee for Society, Development and Peace: SODEPAX)'라는 에큐메니컬 모임에서 가톨릭 해방신학자 구스타보 구티에레스(Gustavo Gutierrez)와 처음으로 만났다. 이 모임에서 둘은 서구 신학이 제시한 '발전의 신학'을 해방 개념에 바탕을 둔 새로운 신학으로 대체할 필요가 있다는 데 의견이 일치했다(Löwy, 1999, 140). 이를 계기로 이들은 해방신학이 라틴아메리카 교회의 목회 방향이 되는 운동에 앞장서게 되었다. 숄과 알베스 이 두 사람은 최근에 세상을 떠났다. 그러나 정의와 평등 세상을 향한 이 두 사람의 노력은 지금도 전 세계의 진보적인 기독교 운동에 영향을 주고 있다.

3) 역사적 개신교의 대표 기관:
에큐메니컬 교회 기관과 신학교 및 연구소

가난과 불평등은 한 개인의 사상(담론)이나 노력으로 해결되지 않는다. 많은 이들의 헌신과 기관의 협력과 연대로 가능하다. 무엇보다 연속적인 노력이 중요하다. 이것은 기독교 인재의 지속적 발굴과 육성 및 재교육을 통해 이루어진다. 이 점에서 라틴아메리카에서 역사적 개신교의 에큐메니컬 교회 기관과 신학교 및 연구소는 그 모범적인 모델을 보여 주었다. 여기서는 대표적인 사례만 간단히 살펴본다.

첫 번째로 라틴아메리카 개신교 사회 운동의 출발에 가장 중요한 기관은 1950년대 세계교회협의회가 주도한 '세계기독학생연맹(World

Student Christian Federation: WSCF)'의 라틴아메리카 자매 기관인 '기독학생운동연맹(Federación Universitario del Movimiento Estudiantil Cristiano: FUMEC)'과 '라틴아메리카의 복음주의 청년단체(Unión Latinoamericana de Juventudes Evangélicas: ULAJE)이다. 이 두 학생 청년 단체의 활동을 통해 라틴아메리카의 역사적 개신교 지도자들이 많이 형성되었다. 앞에서 말한 브라질의 루벰 알베스, 카리브해의 필립 포트(Philip Potter), 우루과이의 에밀리오 카스트로(Emilio Castro)와 아르헨티나의 호세 미게스 보니노(José Míguez Bonino)는 그 대표적인 인물들이다. 필립 포트와 에밀리오 카스트로는 WCC의 총무를 역임했으며 미게스 보니노는 WCC의 회장단 임원을 역임했다. 이 세 사람의 공통점은 감리교 출신이라는 점이다. 이들은 역사적 개신교가 초기에 카리브 지역과 남미를 집중적으로 선교한 결실이기도 하다.

두 번째로 중요한 기관은 1961년 페루 리마 근처 우암파니(Huampaní)에서 열린 한 모임에서 조직된 '라틴아메리카 교회와 사회(Iglesia y Sociedad en América Latina: ISAL)'이다. ISAL은 신학자 훌리오 산타아나, 리차드 숄, 루벰 알베스, 호세 미게스 보니노와 에밀리오 카스트로의 신학적 지도를 받았다. 실무는 루이스 오델(Luis E. Odell)과 이베르 콘테리스(Hiber Conteris)와 같은 평신도 인사들이 주도했으며 ISAL은 가톨릭 좌파나 마르크스주의자들과도 대화했다. ISAL은 1963년 기독교 종합 시사 학술지『기독교와 사회(*Cristianismo y Sociedad*)』의 창간을 통해 개신교인들이 민중 운동에 참여할 것을 촉구했고 성경에 대한 새로운 해석을 제시했다(Löwy, 1999, 140). ISAL은 사오 파울로-몬테비데오-부에노스아이레스를 연결하는 이 지역 기독 학생과 청년들의 지적, 문화적 통로가 되었다. ISAL의 지식인들은 당시 대학사회를 지배하던 발전주의 이론 대신에 종속 이론을 라틴아메리카 사회구조를 분석하는 이론으로 대체했다. 또 엘리트가 에큐메니컬 운동을 주도하는 방향에서 대중적 기반의 확산을 위한 실천을 강조했다. 교회가 현실에서 소외된 기독교 대중의 의식과 억압의 불의한 구조를 극복하는 장이 되어야 한다고 인식했다. ISAL과 학술지 『기독교와 사회』는 1960년대와 1970년대 라틴 아메리카 에큐메니컬 운동을 대표하는 가장 상징적인 조직이 되었으며 기독교인들의 사회적 책임의 각성을 목표로 한 비판적 사회사상과 신학을 발전시켰다(Bastian, 1990, 227-229).

1967년 우루과이의 수도 몬테비데오(Montevideo) 근처에서 열린 모임에서 ISAL은 파울로 프레이리(Paulo Freire)의 새로운 교육론을 활용한 민중 교육 프로그램에 집중하기로 결정했다. 민중의 의식화를 위한 이러한 실천은 거의 자연스럽게 주민의 참여로 이어졌다. 1970년 대 초 ISAL의 지도자들과 활동가들은 당시 권력을 장악한 남미의 군부독재 체제에 의해 가혹한 탄압을 받았다. 그들 가운데 일부는 살해되었고 어떤 이들은 감옥에 갇혔으며 많은 이들이 망명을 강요당했다. 마침내 1975년 군사독재 정권의 압력으로 ISAL은 활동을 중단했다 (Löwy, 1999, 140-141). ISAL의 지도부는 코스타리카로 망명했고, 기관지인 『기독교와 사회』는 1980년대에 멕시코의 신학공동체(Comunidad Teológica de México: CTM)로 이전해 출판 활동을 지속했다(Bastian, 1990, 229).

세 번째로 역사적 개신교회의 역사에서 중요한 기관은 '라틴아메리카교회협의회(Consejo Latinoamericano de Iglesias: CLAI)'이다. CLAI는 라틴아메리카 19개 나라들을 대표하는 110개 개신교회와 10개의 에큐메니컬 단체들이 참가한 가운데 1978년 멕시코 오아스테펙(Oaxtepec)에서 열린 복음주의 교회 총회에서 창립된 진보적인 에큐메니컬 협의 기구이다. 이 총회는 아주 급진적인 몇 가지 문서들을 채택했다. 그 가운데 권력 구조에 관한 연구 그룹이 작성한 문서에 따르면,

군사독재 정권의 '국가 안전보장 이론(La doctrina de seguridad nacional)'은 제1세계 자본가들과 각 나라의 지배적인 사회계급이 주도하는 권력에 정당성을 제공한다. 이 권력 구조는 궁극적으로 영양실조, 유아사망률, 실업, 짧은 평균 수명, 불안전한 보건 서비스, 공립학교의 부족과 치안 부재 등 모든 사회 문제의 근원이자 불평등의 기원이 되고 있다고 지적했다(Löwy, 1999, 141).

이 문서는 또한 바울이 로마서에서 정부에 복종하라고 한 말은 거부해야 한다고 주장했다. 다시 말해 독재 체제와 협력하는 교회는 파라오와의 동맹을 의미하고, 해방을 찾는 모세와 하나님의 백성을 거부하고 파라오를 지지하는 것이라고 비판했다(Löwy, 1999, 141-142). 교회는 가난한 이와 함께 한 예수의 길을 따라야 하며 불의의 공범자가 아니라 정의와 연합해 연대해야 한다고 강조했다. 총회를 마치면서 CLAI는 니카라과의 소모사 독재 정권을 비판하고 또 탄압받던 엘살바도르의 민중들과 연대하는 목회 서신을 발표했다(Bastian, 1990, 222).

네 번째로 중요한 기관으로는 아르헨티나의 '연합신학대학원(ISEDET)', 코스타리카의 수도 산호세(San José)에 있는 '라틴아메리카 성서학교(Seminario Bíbilico Latinoamericano: SBLA)', '멕시코의 신학공

동체(CTM)'와 같은 에큐메니컬 신학교들이다. 아르헨티나의 ISEDET 은 남미의 신학 교육을 전담했고 SBLA는 중미의 신학 교육을 전담했다. SBLA의 교수로는 카르멜로 알바레스(Carmelo E. Alvarez)와 여성주의 신학자 엘사 타메스(Elsa Tamez), 브라질의 성서학자 밀톤 스반테스(Milton Schwantes)가 있다.

'멕시코 신학공동체(Comunidad Teológica de México: CTM)'는 1970년대 남미에서 군사 쿠데타가 발생해 남미의 ISEDET과 같은 진보적인 신학 교육 기관이 활동하지 못했을 때 대안으로 설립된 에큐메니컬 신학 교육 기관으로 1970-1980년대 라틴아메리카를 대표하는 진보적인 국제신학대학원이다. 이 신학공동체의 특징은 교수진 구성과 교육 방법론에 있다. 교수진은 가톨릭과 개신교를 대표하는 전 세계의 진보적인 신학자들로 구성되고 학생들도 전 세계에서 참여했다. 교육 방법론은 주중에는 교수와 학생이 강의와 토론에 공동으로 참여하는 열린 세미나를 진행하고 주말에는 멕시코 주변 원주민 지역 공동체를 방문해 현장실습을 병행하는 시스템이다. 특히 교수와 학생이 같은 신학공동체 지역의 기숙사에서 공동 생활하는 점과 학교 행정을 공동으로 논의하여 운영했다. 무엇보다 신학공동체 건물에 입주하고 있는 중남미의 NGO 인권 단체들과의 주기적인 교류 프로그램은 현장성을 강조하는 신학 교육의 새로운 모습이었다. 이 신학공동체의 가장 대표적인 개신교 학자로는 호르헤 픽스레이(Jorge Pixley)와 장피에르 바스티앙(Jean Pierre Bastian)이 있으며 가톨릭 학자로는 엔리케 듀셀(Enrique Dussel)이다. 바스티앙은 WCC의 인턴 프로그램을 통해 라틴아메리카로 왔으며 멕시코에서 박사학위를 취득한 스위스 장로교 출신의 평신도 역사학자이다. 그는 정치적, 사회적으로 소외된 계층을 위한 라틴아메리카 개신교의 사회적 저항과 민족주의적 성격을 매우 실증적으로 분석함을 통해 역사적 개신교의 진보적 위상을 분명하게 부각했다. 그는 ISAL의 후신인 '라틴아메리카의 에큐메니컬 사회 행동(Acción Social Ecuménica Latinoamericana: ASEL)'이 출판하는 에큐메니컬 신학 잡지 『기독교와 사회』의 편집책임자로도 활동하고 있다. 픽슬레이는 니카라과 파송 미국 침례교 선교사의 아들이었으며 시카고대학에서 성서학 박사학위를 취득했다. 그 후 그는 푸에르토리코 복음주의신학교, 아르헨티나의 ISEDET, 니카라과 침례교 신학교에서도 교수로 활동했다. 그는 해방신학 관점을 취하는 침례교 출신의 구약성서 신학자이자 목사이다. 픽슬레이의 많은 저술 가운데 가장 주목받는 책은 해방신학의 관점에서 본 이스라엘 역사이다. 그는 이 책에서 예수를 자유와 평등사회를 지향하는 민족주의 운동가로 분석했다(Pixley, 1989, 116).

이외에도 중요한 역사적 개신교 학자로는 푸에르토리코 장로교신학대학의 사무엘 실바 고타이(Samuel Silva Gotay)가 있다. 그는 기독 학생운동 출신으로 예일대학에서 종교사회학을 공부하고 멕시코의 국립자치대학(UNAM)에서 해방신학의 사상 연구로 박사학위를 취득했다. 그는 귀국해 푸에르토리코 장로교신학대학에서 교수와 에큐메니컬 단체의 지도자로 활동하고 있다. 그는 미국의 푸에르토리코 신식민화 과정에서 개신교와 가톨릭교회가 수행한 미국화의 이데올로기 기능을 비판적으로 분석했다(Gotay, 1985, 7-34; Bastian, 1990, 180).

마지막으로 라틴아메리카에서 가장 활발한 에큐메니컬 연구단체로 코스타리카의 DEI(Departamento Ecuménica de Investigaciones: 에큐메니컬 조사연구소)가 있다. DEI는 중남미의 사회 발전을 지원하는 조사와 연구를 전담한 에큐메니컬 연구 기관이다. DEI는 1976년 칠레에서 망명한 진보적인 가톨릭 사제와 개신교 신학자들을 중심으로 창립했다. 1985년에는 에큐메니컬 신학 잡지 *PASOS*(발자취)를 발간했으며 해방신학의 관점에서 사회과학과 신학 논평을 게재하고 있다. 이 연구소는 해방신학의 관점에서 라틴아메리카의 가난과 불평등 현실에 대한 분석과 대안을 제시했다. 이 연구소의 특징은 라틴아메리카 사회의 불평등과 정치사회 문제를 성서적, 신학적, 목회적 관점에서뿐만 아니라 사회과학적 관점을 포괄해 학제적으로 다룬다는 점이다. DEI의 중요한 연구자로는 경제신학의 프란츠 힌켈라메르트(Franz Hinkelammert)와 라울 비달레스(Raul Vidales) 그리고 훌리오 데 산타 아나(Julio de Santa Ana), 사회윤리 신학의 우고 아스만(Hugo Assmann), 성서학과 사회윤리학의 파블로 리차드(Pablo Richard), 국제정치학의 하비에르 고로스티아가(Xabier Gorostiaga), 국제경제학의 빔 디럭캔센스(Wim Dierckxsens), 교회사의 로베르토 크라이그(Roberto Craig), 이론 신학의 빅토리오 아라야(Victorio Araya), 정치학의 엘리오 가야르도(Helio Gallardo), 문화인류학의 페르난도 미레스(Fernando Mires), 그리고 한국계 브라질 이민 2세 출신 성정모(Jung Mo Sung) 등이 있다. 특히 성정모는 힌켈라메르트의 제자로 경제 신학 분야의 차세대 해방신학자로 주목받고 있다. 2010년대 이후 DEI는 젊은 연구진으로 세대 교체를 하고 있다.

4 맺음말: 자유와 평등사회를 향한 예언자적 소수

　지금까지의 내용을 요약하면 라틴아메리카의 진보적인 역사적 개신교는 가난과 불평등의 개선을 위해 노력했으며 무엇보다 근대적 교육 기관의 변화와 같은 제도적 개선을 위해 헌신했다. 처음에는 개혁적 입장에서 접근했으나 후에는 더 급진적 입장인 해방의 관점으로 발전했다. 라틴아메리카의 역사적 개신교는 가난과 불평등 그리고 인권 개선 및 민주주의의 옹호를 위한 사회적 연대 활동과 시민과 민주적 인재 육성의 방법을 통해 참여했다. 이를 통해 다양한 경향의 개신교 지도자들이 배출되었다. 기본적으로 라틴아메리카의 역사적 개신교는 신도의 외형적 증가에는 관심이 없었다. 교회가 신도를 끌어모아 부자가 되는 것을 거부했다. 교회는 기본적으로 소수의 제자 공동체이어야 한다고 생각했기 때문이다. 대신에 그들은 사회가 하나님의 나라에 가까운 나라가 될 수 있도록 불평등한 사회 제도 개선 활동에 더 많은 관심을 보였다. 라틴아메리카의 역사적 개신교는 유럽의 역사적 개신교와 마찬가지로 라틴아메리카가 민주주의와 사회복지가 발전된 나라가 될 수 있도록 사회적 약자들과 연대하고 지지했다. 역사적 개신교는 '자유와 평등사회를 향한 예언자적 소수'의 역할을 하였다.

　라틴아메리카 역사적 개신교의 모습은 한국의 역사적 개신교에 어떠한 시사점을 주는가? 비슷한 점과 차이점이 있다. 다음 네 가지 점에서 비슷하다. 첫째는 선교 초기에 역사적 개신교가 멕시코 혁명에 적극적으로 참여해 자유파 혁명 세력의 신뢰를 받아 멕시코 사회에 뿌리내린 점이다. 이것은 한국 개신 교회가 민족의식을 가지고 독립운동에 적극적으로 참여해 한국 민중의 신뢰를 받아 뿌리내린 것과 비슷하다. 둘째는 멕시코와 한국 개신교 선교 대상이 사회 계층적으로 빈곤층에서 시작해 중산층으로 변해 갔다는 점이다. 셋째는 둘째의 결과로서 멕시코 혁명이 제도화되는 과정에서 개신교회가 혁명 정부의 정책에 흡수되어 급진적 개혁성이 상실되어 간 점이다. 그리고 1968년 학생혁명의 영향으로 다시 비판적 개혁 성격을 회복해 에큐메니컬 운동을 주도한 점이다. 한국 개신교회도 독립 후 민족 독립운동의 정신을 망각하고 자유당 정권의 독재를 용인하다가 1960년 학생혁명으로 회개하고 각성해 민주화 운동과 민중 운동을 전개한 점에서 유사하다. 마지막 네 번째는 극우 반공 독재 정부와 그 후 민주 정부의 신자유주의 정책에 대한 대응에서 진보적 개신교와 보수적 개신교로 분열되어간 점이 유사하다. 이 시기 빈곤과 사회적 불평등의 문제에 대한 인식도 비슷하다. 진보적 개신교가 불평등을 사회구조의 문제로 본다면 보수적 개신교는 개인의 문제로 인식하는 점이 동일하다.

　중요한 차이점은 두 가지가 있다. 첫째는 한국의 역사적 개신교는 라틴아메리카 교회처럼 '소수 중의 소수'가 아니라는 점이다. 둘째는 사회주의 정당 또는 이념에 관한 입장이다. 라틴아메리카의 역사적 개신교는 이념의 문제에 대해 매우 실용적 입장을 택한다. 라틴아메리카의 역사적 개신교는 사회주의 또는 심지어 공산주의에 대한 두려움이 없다. 이와 반대로 한국 개신교는 공산주의뿐만이 아니라 사회민주주의에 대해서도 적대적이다. 심지어는 자유민주주의도 두려워 '한국적 민주주의'라는 유신독재 체제를 지지했다. 한국 교회는 아직도 냉전 이데올로기에 갇혀 있다. 아마도 이것은 역사적 경험의 차이에 기인할 수 있다. 한국 개신교는 한국전쟁을 통해 공산당에 의해 피해를 받았다. 이와 달리 라틴아메리카 개신교는 공산당에 의해 피해를 받은 적이 없다. 오히려 멕시코 개신교의 경우 공산당으로 비판받은 멕시코 혁명 정부에 참여했고 혁명 정부의 보호 및 혜택을 받았다. 라틴아메리카 역사 전체를 볼 때도 구공산주의 소련이나 중공이 라틴아메리카를 침략한 적이 없다. 오히려 자유민주주의를 내세우는 미국이 라틴아메리카 나라들을 삼십 번 이상이나 침략하고 국토를 뺏어갔으며 자유민주주의를 파괴하는 악랄한 군사독재 정권을 세우거나 옹호했다(Smith, 2010, 38-116). 이 결과 라틴아메리카 공산당 엘리트들이 소련으로 유학을 갔다 오면 혁명을 포기하고 개혁주의 입장을 택한다면, 보수군인과 엘리트들은 미국 유학을 갔다 오면 대부분 쿠데타를 해 자유민주주의를 파괴하고 극우 군사독재 정권을 세운다는 통설이 나오게 되었다. 따라서 라틴아메리카에는 공산당에 대한 두려움이 없다. 또 1990-2000년대 민주화와 포스트 민주화 시기에 진보적인 사회민주당 또는 사회주의 정권이 선거에 패배하면 자유주의 보수당으로 정권을 깨끗하게 이양한다. 이와 달리 자유주의 보수당 정권은 선거에 패배하면 쿠데타를 사주해 정권을 곱게 넘겨주지 않는다는 점이다. 어떤 때는 차기 선거에서 패배할 가능성이 있으면 미리 쿠데타를 해 정권을 유지하는 사례도 있다.

라틴아메리카에서 폭력과 불법은 공산당보다는 자유주의 보수당의 특징이었다. 이러한 이유로 사회당 또는 공산당보다는 자유주의 보수당에 대한 불신과 두려움이 크다. 이 점이 동구 공산권이 몰락한 21세기에 라틴아메리카 대중이 선거에서 사회주의 정당을 선택해 전 대륙에 사회주의 정부 바람이 부는 배경이 되고 있다. 심지어 멕시코의 경우 극우 복음주의 정당이 좌파정당과 선거 연합을 맺을 정도로 사회주의에 대한 두려움이 없다(이남섭, 2020). 라틴아메리카의 역사적 개신교는 가난과 불평등의 나라에서 선진 민주주의와 복지 선진국인 북유럽의 나라로 변화하기 위해 북유럽의 모델을 라틴아메리카에 적용하려고 노력하는 것으로 보인다. 역사적 개신교(루터교)가 다수인 북유럽의 진보적인 개신교인들은 30년 이상 사회 민주당이 장기집권할 수 있도록 연속적으로 지지해 세계에서 가장 선진적인 복지국가로 정착하는 데 성공했다. 이들은 진보 정권이 5년 또는 10년의 단기적 집권으로는 최소 30년 이상 장기 집권한 보수층이 구축한 뿌리 깊은 기득권 구조를 바꿀 수 없다는 것을 알고 있기 때문이다. 한때 불가능한 미래의 유토피아로만 간주했던 대안사회 운동이 이제는 가능한 현실이 되어 가고 있다(이남섭, 1998). 더욱 놀라운 사실은 쿠바와 베네수엘라 그리고 니카라과의 오늘이 사회주의 천국은커녕 경제 생활의 수준이 매우 빈궁하고 열악하다는 점을 TV 뉴스를 통해 매일 확인하고 있다는 점이다. 이런 상황에도 불구하고 라틴아메리카 다수의 대중은 좌파정부를 선택한다. 청빈이 기본인 성직자도 선택하기를 망설이는 가난의 길을, 평범한 대중들이 자발적으로 선택하는 것이다. 참으로 경이로운 변화이다.

200년 전 라틴아메리카 대륙에 전파된 역사적 개신교는 스페인과 프랑스 가톨릭교회가 식민지 유산으로 남긴 빈곤과 사회적 불평등의 문제를 개선하기 위해 여러 가지 정치혁명에 참여했다. 최근에는 지난 100년간 영국과 미국의 신식민주의 지배가 남긴 불평등의 구조를 해방신학과 같은 진보적 기독교의 지적·도덕적 혁신 사상과 대안 세계화 운동을 통해 해결하려고 노력했다. 라틴아메리카의 역사적 개신교는 21세기의 대안사회를 향한 대변혁의 전환기에서 '소수 중의 소수'로서 새로운 종교개혁의 길을 선포하고 있다. 여기에 세속 욕망으로 가득한 한국 교회에 주는 놀라운 시사점이 있을 것이다.

제 10 장

라틴아메리카의 불평등과 보수적 개신교의 역할

/

이남섭

/

1 들어가는 말: 연구 주제와 범위 및 방법

이 글의 주제는 라틴아메리카의 보수적 개신교는 불평등의 개선에 어떠한 역할을 했는가이다. 대답의 요지는 다음과 같다. 보수적 개신교는 처음에 무관심 또는 사회 문제 개입 반대의 입장을 택했다. 그러나 나중에는 사회 문제와 정치 문제에 적극적으로 개입해 불평등 문제의 해결을 주장하는 방향으로 완전히 전환했다. 그 결과, 교회는 외형적으로 성장했으나 사회는 더 가난해지고 불평등해졌다. 이를 논의하기 위한 이 글의 구성은 다음과 같다. 1장 서론에서는 분석 범위와 방법을 간단히 정리한다. 2장에서 보수적 개신교의 역사적 대응 방식과 사회적 성격을 살펴본다. 3장에서는 국가별 사례를 시기별로 분석해 알아본다. 마지막 4장 결론에서는 요약과 시사점을 제시한다.

라틴아메리카의 보수적 개신교는 다양하다.[1] 이 글에서는 크게 다음 세 가지로 구분한다. 첫째는 16세기 종교개혁의 전통을 보수적으로 해석하는 복음주의 개신교회이고 둘째는 근본주의 분파(교회형과 선교 단체형)이다. 셋째는 오순절 교회 분파이다. 둘째와 셋째의 공통된 특징은 미국이 기원이고 16세기 종교개혁 전통과 20세기 에큐메니컬 정신을 완전히 거부한다는 점이다. 특히 순종을 강조하는 보수적 교회의 성향으로 저항의 성격이 강하게 드러나는 개신교(Protest-tantism)라는 말을 사용하지 않고 복음주의자(Evangélico)라는 말을 선호한다. 라틴아메리카의 보수적 교회는 선교 초기에는 무비판적으로 미국의 입장을 수용했다. 그러나 시간이 지나면서 민족주의적인 입장이 강한 독립 교단을 만들어 분리했다. 그 대표적인 교회가 현재 라틴아메리카 개신교의 다수가 된 오순절 교회 분파이다. 지면의 제한으로 이 글에서 다루는 보수적 개신교 범위는 오순절 교회와 근본주의 개신교로 제한한다. 그리고 이 글에서 다루는 오순절 교회와 근본주의 개신교도 전체가 아니고 일부임을 밝혀 둔다.

이 글의 서술 방법은 새로운 전문적인 학술 논의보다는 역사적인 사실을 사회학적 관점에서 설명하는 방법을 선택했다. 즉 추상적인 신학적 담론과 논의보다는 실천적 사건과 주요 인물 및 대표 기관을 중심으로 분석한다.

---

1 미국의 신흥 종교인 제7일 안식교, 여호와의 증인, 모르몬교 등도 있다(Galindo, 1994, 365-369).

2 라틴아메리카 보수적 개신교의 시대별 대응과 사회적 성격: 무관심에서 적극적 참여로

빈곤과 불평등 문제와 관련해 라틴아메리카의 보수적 개신교의 태도는 무관심에서 적극적 참여로 변화·발전했다고 정리할 수 있다. 이 변화 과정은 크게 다음 네 단계로 나누어 진행되었다(〈표 1〉 참고). 1단계는 자유주의와 민중주의 시기(1810-1950)이다. 산업화와 도시화가 시작되었고 교회는 사회 문제에 무관심했다. 2단계는 쿠바 혁명 이후 개혁주의 시기(1960-1970)이다. 이 시기에 근대화가 진행되었고 보수 교회 다수는 무관심의 입장을 유지했다. 3단계는 칠레의 사회주의 정부와 니카라과 혁명 정부 시기(1970-1990)이며 동시에 군사독재 정부의 근대화 시기이다. 사회 문제에 대한 무관심과 함께 정치 참여를 선택적으로 부정하는 시기였다. 4단계는 동구 공산권의 붕괴와 민주화 이후 신자유주의 세계화 시기(1990-2021)이다. 사회적·정치적·경제적인 문제 해결에 적극적 참여로 전환하는 민주/진보 정부 시기이다.

[표 1] 라틴아메리카의 역사적 발전 시기와 보수적 교회의 대응 및 사회경제적, 종교적 특징

시기	자유주의와 민중주의 시기 독립/자유화/산업화/도시화	개혁주의 시기 근대화	군사 정부 시기 근대화/세계화	민주/진보 정부 시기 세계화/반세계화
년대	1810-1950	1960-1970	1970-1980	1990-2021
경제	단작수출/수입대체 자본주의	수입대체 자본주의	수출자본주의	수출/시장자본주의
정치	과두제-양당제	양당제	군부독재	다당제
사회	사회 개혁	사회혁명	민주화 운동	대안사회 운동
종교1 진보	자유주의 신학/사회복음 신학	발전의 신학 WCC/CLAI	해방신학1 (정치경제 중심)	해방신학2 (사회문화 중심)
종교2 보수	근본주의 신학/오순절 교회 사회 문제 무관심	보수주의 신학 ICCC/CONELA 무관심/소극적	신보수주의 신학 신오순절 교회 정치 개입 반대	번영의 신학 보수의 국제화 정치경제 개입 찬성

1단계(1810-1950)는 자유주의와 민중주의 시기이다. 역사적 개신교의 대형 교단이 큰 관심을 갖지 않는 중미와 오지의 원주민을 대상으로 소규모 선교 단체가 선교에 전념하던 시기이다. 1910년경 이후로는 미국의 오순절 교회가 조용히 도입되었다. 이들은 주로 성경 번역을 통한 선교에 전념했다. 이 시기 보수적 선교 단체는 불평등과 같은 사회 문제를 부질없는 세상의 일로 간주하고 무관심한 태도를 보였다. 1906년 미국 서부의 애주사(Azusa) 거리의 오순절 교회 집회에 참여한 멕시코와 중남미계 원주민들이 이 지역의 다양한 업종에서의 한시적 노동을 끝내고 본국으로 돌아가면서 중남미 오순절 교회가 확산되었다. 오순절 교회는 1907년에는 칠레, 1910년에는 브라질, 1911년에는 중미와 멕시코, 1919년에는 페루, 1929년에는 쿠바로 전파되었다(Guadalupe, 2017, 453; Garma, 2017, 447). 1907년의 칠레 사례는 아시아의 인도를 통한 예외적인 전파 현상으로 기록된다(Sepúlveda, 1992, 38).

2단계(1960-1970)는 쿠바 혁명에 대응한 개혁주의 시기로 산업화와 도시화가 진행되었다. 농촌 인구의 도시 이동으로 도시 빈민이 많이 발생했다. 이 시기에 라틴아메리카 보수적 개신교회는 빈곤과 불평등의 문제를 사회구조적 문제가 아니라 개인의 문제로 규정하고 개인의 능력 개선을 해결책으로 제시했다. 사실상 이들은 사회·정치적 문제에 관심이 없었다. 오히려 믿음의 선교에 초점을 둔 회심주의 개신교가 일어나던 시기였다(Bastian, 1990, 200). 이들은 동서냉전의 시작과 함께 경건주의와 반공산주의 노선을 분명하게 표현하고 있었다. 대표적 기관이 라틴아메리카 선교(la Misión Latinoamericana: LAM)이다. 이 단체는 이미 1921년에 코스타리카에서 창립되어 있었으며 1948년에 '세계교회협의회(World Council of Church: WCC)'에 반대하기 위해 새롭게 창립되었다. 1951년에는 WCC의 에큐메니컬 노선에 반대하는 '세계복음주의연맹(la Comunión Evangélica Mundial: ICCC)'이 네델란드에서 회심주의 분파와 믿음의 선교 그룹에 의해 조직되었다. 이 연맹은 인종적으로 앵글로 색슨계가 지배적이었다. 이들은 기본적으로 미국 남부의 성경벨트 지역의 분파인 근본주의 그룹과 깊이 연결되어 있었다. 이들은 반공주의 노선을 지니고 있으며 역사적 개신교와 대립했다(Bastian, 1990, 200). 이러한 대립은 미국 남북전쟁의 유산이기도 했다. 남북전쟁에서 승리한 북부는 동부를 중심으로 거대한 산업자본을 형성했다. 넬슨 록펠러는 북부와 동부를 대변하는 자본가 세력이었으며 역사적 개신교의 대형 교단과 그의 자유주의 신학은 이들의 이념적 배경이 되었다. 북부의 대형 교단은 미국의 거대 산업자본이 진출한 브라질과 남미의 큰 나라로 집중적으로 진출했다(Bastian, 1990, 125-140). 패배한 남부는 자유주의 신학에 반대하는 근본주의 신학으로 이념적 정체성을 형성했다. 이 당시 남부로 진출한 미국의 과일 회사인 '유나이티드 프루츠 컴퍼니(United Fruits Company)'는 남부를 대표하는 신흥자본가 세력이 되었다. 또 서부 캘리포니아 남부에서는 '유니온 오일 컴퍼니(Union Oil Company)'를 배경으로 근본주의 성향의 복음주의 선교 운동이 일어났다(Stoll, 1990, 68). 그리고 제2차 세계대전이 종결되고 냉전이 시작하면서 남부의 장로교와 침례교를 기원으로 한 작은 선교 단체들이 많이 생겨났다. 이 단계의 절정에 1958년 남부 출신인 빌리 그램(Biliy Graham)의 십자가단이 설립되었다. 이들은 '유나이티드 프루츠'가 진출한 카리브와 중미의 작은 나라인 자마이카, 바르바도스, 트리니다드, 푸에르토리코, 파나마, 코스타리카, 과테말라, 멕시코 8개국에 지부를 두었다(Bastian, 1990, 203).

이 시기 동안에 라틴아메리카 오순절 교회가 급속히 팽창하기 시작했다. 복음주의 개신교와 근본주의가 미국화의 특징을 지니고 있었다면 오순절 교회는 정반대로 순전히 라틴아메리카 토착화의 성격을 지니고 있었다(Bastian, 1990, 205). 오순절 교회의 토착화 과정은 기존 가톨릭교회 조직보다는 덜 권위주의적이고 보다 평등한 질서를 획득하기 위해 스스로 조직하는 과정이거나 중앙 집권적인 관계의 사회에서 벗어나려는 일종의 사회적 충격이었다(Willems, 1967, 249). 이 토착화 과정은 라틴아메리카 민중 종교를 대표하고 있었다. 즉 오순절 교회는 전통적인 '대농장 모델'의 형식을 지니고 있었다. 목자는 농장주이고 신도는 양이다. 그러나 하나님의 은총이 있다면 누구든지 목자가 될 수가 있다는 주장으로 가톨릭교회의 전통적인 농장 모델과 차별성을 두었다. 이러한 지도자의 강한 개성은 오순절 교회의 성장에 도움을 주었다(Lalive D'Epinay, 1969, 83). 이러한 변화는 '주인과 하인의 기존 질서에서 이탈해 자유롭고 평등한 관계를 확인하고 실현하는 새로운 혁명적 변화의 과정이었다(Martin, 1990, 229). 이 시기는 전통적인 오순절 교회의 시기로 구분된다(Bastian, 1990, 205).

3단계(1970-1980)는 군사독재 정권의 시기이다. 이 시기의 보수 교회는 여전히 기존의 무관심한 태도를 유지했고 정치적 차원에서는 독재 체제를 지원했다. 빈곤과 불평등은 개인의 문제라는 것과 이를 해결하는 책임은 정부에 있으며 정권에 복종해야 한다고 가르쳤다. 개인은 정치에 관심을 가져서는 안 된다는 입장이었다. 1959년에 라틴아메리카 개신교는 세 개의 흐름으로 분열되고 있었다. 하나는 선교사들의 지도로 중산층으로 구성된 역사적 개신교인데, 이들은 변혁의 과정에 있던 대륙을 위해 대안적이고 대중적인 프로젝트를 추구했다. 다른 하나는 미국 선교사의 주도로 근본주의에 가까운 신복음주의 노선에 의한 갱신을 추구하고 있었다. 마지막으로 순전히 토착 지도력을 지닌 오순절 그룹은 대중적 복음주의 기독교를 형성하고 있었다. 첫째가 자유주의 유산을 회복하고 있었다면, 둘째는 모든 형태의 자유주의와의 결별을 추구했다. 보수적 복음주의 그룹의 혁명적 세력에 대한 지속적인 공격은 미국식 민주주의 이름으로 1970년대 독재 정권에 대한 무조건적인 지지로 나타났다(Bastian, 1990, 206).

이외에도 이들은 군사독재자들과 사회적 홍보 차원에서 조찬 기도 모임 또는 만찬 기도 모임을 조직했다. 그리고 각 나라에서 반공주의 십자군 운동에 복음주의 대중을 도구로 동원했다. 이러한 활동의 절정은 1969년 11월에 콜롬비아 보고타에서 제1차 라틴아메리카복음화대회(Congreso Latinoamericano de Evangelización: CLADE)를 조직하는 것으로 나타났다. 이 대회는 1968년 가톨릭교회의 라틴아메리카 주교단 총회에 대응하기 위한 대회이기도 했다. 이미 1966년에 빌리 그램의 잡지인 『크리스천투데이(Christian Today)』는 WCC가 같은 해 조직한 '교회와 사회(Iglesia y Sociedad)' 총회를 비판하기 위해 베를린에서 복음화에 대한 제1차 세계 대회를 소집했었다. 이때부터 국제 에큐메니컬 운동에 반대하는 투쟁 전략으로 보수적 복음주의자들에 의해 조직된 대회들이 생겨났다(Bastian, 1990, 225). 1969년에 조직된 CLADE는 전 라틴아메리카와 미국의 중남미인들까지 포함해 920명의 대표들이 참여하는 엄청난 규모의 대회였다(Bastian, 1990, 225). 이 운동은 이후 10년간 라틴아메리카 대륙을 결정한 미국식 복음주의의 표현이었다. 이것은 복음화의 효과를 양적 증가로 증빙해야 한다는 강박관념을 가져왔다. 이를 위해 미국 캘리포니아의 풀러 신학교는 시장주의 기술을 도입한 교회 성장 추구 세미나 그룹을 만들었다. 수단이 목적을 결정했다. 중요한 것은 라틴아메리카 사람을 사회 개혁의 주체로 변혁하는 것이 아니라 교회의 개인으로 전환하는 것이었다. 즉 대륙의 위기는 하나님에게서 멀어진 반역의 상태이며 라틴아메리카 사람의 위기로 인식하는 것이다. 이들은 사회혁명을 거부하고 개인의 영적 혁명을 제시했다. 폭력은 기독교적인 것이 아니라는 이유로 사회혁명을 단죄했다(Bastian, 1990, 225). 이 근본주의 그룹은 진보적 개신교 그룹이 1982년에 창립한 '라틴아메리카교회협의회(El Consejo Latinoamericano de Iglesias: CLAI)'에 대응해 같은 해에 '라틴아메리카복음주의협회(Confraternidad Evangélica Latinoamericana: CONELA)'를 조직했다(Bastian,1990, 218).

이들 보수적 신학교에서 교육받은 라틴아메리카 도시의 보수적 복음주의 엘리트들은 미국의 빌리 그램을 추종했다. 이들은 국가별 보수주의 복음주의 연맹을 조직하고 칠레와 과테말라의 군사 정권을 확실하게 지지했다. 동시에 미국의 전자교회가 만든 기술을 이용해 라디오와 TV 프로그램을 통해 복음을 전파했다. 특히 팻 로버트슨(Pat Robertson)이 미국의 남부 도시에서 만든 방송 프로그램인 「CLUB 700」은 카리브와 중미 지역에서도 방영되었다. 이 시기에 가톨릭교회는 칠레와 브라질의 군사 정부에 대한 투쟁과 인권 운동을 하고 있었으며 이와 반대로 보수주의 개신교 그룹들은 군사 정권을 지지했다(Bastian, 1990, 225-226).

1982년 페루의 우암파니(Huampani)에서 개최된 제2차 라틴아메리카 복음화대회(CLADE II)는 이러한 경향을 강화했다. 이 대회에서 이들은 "반그리스도의 왕국에 대한 투쟁은 정부를 종교적 언어로 비판하는 것이 아니라 (……) 하나님 없는 하나님의 왕국을 세우려는 모든 시도를 폭로하는 것"이라고 선언했다. 이들의 이론은 마르크스주의와 공산주의에 대항하는 기독교와 서구 문명을 방어하는 정치 체제의 이념을 포장하는 종교적 이원론의 일부였다. 이들 보수적 복음주의 지도자들은 미국 제국주의 정치의 이념적 전위대로서 군사 정권을 반대하는 시민 사회의 모든 자율적·민중적 조직을 파괴하는 목표를 지니고 있었다. 칠레의 산티아고 공원에 피노체트가 만든 보수적 복음주의 설교자의 동상은 라틴아메리카에서 보수적 복음주의 운동이 수행한 역할을 보여 주는 상징이다(Bastian, 1990, 226).

4단계(1990-2021)는 동구 공산권의 붕괴와 민주화 이후 신자유주의 세계화가 진행되는 시기이다. 시장 자본주의 논리가 교회의 영역까지 영향을 끼치기 시작했다. 이 시기에 보수주의 개신교의 조직과 신학적 담론에서 큰 변화가 일어난다. 동구의 몰락은 공산주의의 실패와 자본주의 승리라는 인식을 가져왔다. 라틴아메리카 정치와 사회를 지배해 왔던 좌파정당은 큰 충격을 받았고 이어진 선거에서 대패했다. 이미 1982년 과테말라 개신교 군부독재자의 가톨릭 원주민 학살, 1983년 미국의 그라나다 침공과 1989년 미국의 파나마 침공 그리고 1980년대 내내 미국의 니카라과 산디니스타 혁명 정부에 대한 직간접적인 침략으로 중남미 대중들은 생존 전략으로 개신교로의 개종이라는 불가피한 선택지로 내몰리고 있었다. 민주화로 정치적 공간이 확대되자 오랫동안 사회 문제에 무관심하거나 정치 개입의 금지를 주장했던 보수적 개신교는 이제는 입장을 180도 바꾸어 정치 현실에 뛰어들기 시작했다. 좌파가 남긴 빈 공간을 기독교 우파가 차지했고, 신학적 담론의 변화도 따라왔다. 가난과 불평등은 개인의 문제이기는 하나 개신교 정당(복음주의 정당)을 통해 해결할 수 있다는 입장이었다. 따라서 이들은 개신교 정당의 창당을 통해 적극적으로 정치에 참여하기 시작했다. 아래 〈표 2〉에서 볼 수 있듯이 1980년대부터 개신교 정당이 창당되었고 민주화가 정착된 1990년대부터 여러 나라에서 정당 창당이 본격화되었다. 나라별로 각각 다른 특징을 지니고 있으나 브라질과 페루, 멕시코 등에서 부분적으로 개신교 정당이 성공하는 사례가 발생했다.

[표 2] 국가별 개신교/복음주의 정당 창당 과정[2]

	1980년대 (민주화 전환기)	1990년대 (민주화 정착기)	2000년대 (민주화 후기 시기)
멕시코		멕시코(1996)	멕시코(2006)
중미	코스타리카(1982) 엘살바도르(1988)	파나마(1992) 코스타리카(1995) 엘살바도르(1993) 니카라과(1991/1992/1996)	코스타리카(2004/2014) 니카라과(2006/2015) 과테말라(2015)
안데스	페루(1980/1985) 볼리비아(1989)	볼리비아(1992/1995) 에콰도르(1998)	페루(2005/2006)
남미	베네수엘라(1988)	콜롬비아(1990/1992/1994) 아르헨티나(1991) 칠레(1995)	콜롬비아(2000/2007) 베네수엘라(2010)/2012) 아르헨티나(2007/2009)
브라질		브라질(1990/1997)	

출처: Bastian, 1999, 157; Ortega Gómez, 2018, 440-441에서 재구성

2 여기서 각 나라의 개신교 정당 이름은 생략한다. 자세한 명칭은 위의 Ortega Gómez 의 책(2018, 440-441)에서 참고할 수 있다.

1980년대 신오순절 교회의 출현도 중요한 현상이다. 이 시기의 오순절 교회는 TV 등 대중 정보통신 수단의 사용과 제도적 정치권으로의 진입을 통해 공공의 영역에 참여해 사회적 출현과 권력의 공간을 확대했다. 자본주의 세계화의 영향을 받은 신오순절 교회는 다국적 조직으로 발전하면서 세계적 현상이 되었다. 브라질의 '하나님 나라의 보편적 교회(Iglesia Universal del Reino de Dios: IURD)', 멕시코의 '세상의 빛(Luz del Mundo)' 등이 출현했다(Preston, 2003, 17; Oro, 2018, 413).

　　신오순절 교회의 주요 특징은 다음과 같다. 관습의 유연화, 국제적 개방-다국적 차원, 영적 전쟁 신학의 강조, 번영신학의 강조, 정치와 정보통신 수단을 통한 공적 영역의 참여 등이다(Oro, 2018, 414-417). 미국 복음주의 신학이 만든 번영신학의 내용은 다음과 같다. 하나님은 그의 자녀들이 행복하고 번성한 존재가 되기로 창조했다. 따라서 가난은 사탄의 작업이다. 하나님을 두려워하는 이들은 이 세상에서의 완전한 행복을 누릴 권리가 있다. 가톨릭 전통에서 귀하게 여겨지는 가난은 신적 계획의 일부가 아니라 오히려 정반대로 하나님은 부와 건강 그리고 행복을 그의 자녀들에게 나누어 주기를 원한다. 하나님은 그들이 머리가 되고 꼬리가 되지 않기를 원한다. 주인이 되고 고용되기를 원하지 않는다(Oro, 2018, 416).

　　신오순절 교회는 전통 오순절 교회가 가졌던 역사적 입장인 '이 세상에서의 최소한의 참여'에서 완전히 다른 입장을 취했다. 그들은 진정한 기독교인은 악마적 세력을 자신에게서 몰아내기 위해서 이 세상 속에서 활동해야 한다고 주장했다. 이러한 방법으로 공적 공간은 교회 건물과 함께 있어야 할 필요가 있으며, 도시의 중심부에 설립되어야 하고, 제도적 정치와 정보통신 수단의 투자에 참여해야 한다. 과거 전통적 오순절 교회가 농촌과 도시의 주변부에 아주 검소한 규모로 있었다면, 오늘의 신오순절 교회는 대도시 중심부의 주요 도로에 엄청난 규모로 건설된다(Oro, 2018, 417).

또 라디오 방송국, TV, 유튜브 등과 같은 다양한 디지털 방송은 신오순절 교회가 종교적 개종을 위한 유용한 도구로 사용된다. 이들 방송은 매일 24시간 라틴아메리카 전역으로 전파된다. 제도적 정치권에의 참여는 신오순절 교회의 중요한 전환을 구성한다. 전통적 오순절 교회는 신자들이 정치에 참여해서는 안 된다는 입장을 견지해 왔기 때문이다. 그러나 신오순절 교회는 "형제는 형제에게 투표"라는 정반대의 정치 슬로건을 채택했다. 몇 년 전만 해도 오순절 교회의 정치 참여가 소심했다면 현재는 평신도 정치인을 지지할 뿐만 아니라 자신들의 후보를 내세운다. 따라서 이 신도들이 목사, 장로, 주교, 또 다른 종교적 지도자들을 선택하고, 많은 경우 교회의 공식적 후보로 나선다. 브라질의 경우 의회에서 다수의 복음주의 의원의 출현은 복음주의 진영으로 불릴 만큼 아주 상징적인 사건이었다(Oro, 2018, 418).

오순절 교회의 정치 참여에는 두 가지 동기가 있다. 첫째는 오순절 논리와 일치해 정치를 정화할 필요로 참여한다는 동기이다. 현재의 정치는 악마에 의해 비도덕화되어 있어 부패하고 공적 자원의 횡령 사건이 일어난다는 것이다(Oro, 2018, 418). 그러나 현실은 오순절 교회에 속한 국회의원들도 정치에 참여하면서 반윤리적 행위로 공금의 유용 또는 타락한 사건에 참여해 물의를 일으키고 있다(Oro, 2018, 418).

둘째는 보다 실제적인 이유이다. 즉 교회 자신의 이익을 의회에서 방어하고 라디오와 TV방송국 설립, 사회적 프로젝트 등 여러 가지 유리한 혜택을 보장하기 위해 공적 권력과의 관계를 수립할 필요가 있기 때문이다. 브라질의 경우에서 보듯이, 종교적 성향의 정치가들은 그들 교회의 관리자로서 활동한다(Oro, 2018, 418).

그러나 오순절 교회의 실상을 보여 주는 아래 〈표 3〉의 객관적 지표를 살펴보면 정치 참여의 성과는 오순절 교회의 과장 또는 허상에 가깝다. 오순절 교인이 다수인 나라들의 삶의 질은 오순절 교인이 소수인 나라보다 현저히 낮다. 불평등 지수는 높고 민주주의 지수는 매우 낮다. 따라서 "중남미 오순절 운동 현상은 빈곤한 이베로아메리카 문화에 대항한 청교도적인 앵글로 색슨계의 문화 혁명이다"는 주장(Martin, 1990, 27-46)은 과장된 표현이다. 성장의 정치적 배경은 참혹했고 결과는 초라하기 때문이다. 오래전에 브라질의 사회학자가 "지금까지 복음주의 교회가 가장 번창한 지역에서 자본주의의 진보를 나타내는 어떠한 징후도 발견할 수 없다"는 지적(Löwy, 1999, 150)은 20년이 지난 지금도 유효함을 〈표 3〉이 증명하고 있다.

[표 3] 라틴아메리카의 종교 분포도와 1인당 GDP, GDI 지수, IHDI 지수 비교 (기준 : US$)[3]

항목/지역	남미			중미			
항목/국가	아르헨티나	칠레	우루과이	코스타리카	엘살바도르	과테말라	온두라스
전체 인구	4560만	1921만	348만	512만	682만	1710만	945만
가톨릭 인구	71%	64%	42%	62%	50%	50%	46%

3 여기서 개신교 인구비 항목에는 역사적 개신교와 오순절 교회를 포함한다. 그러나 조사 기관들은 개신교 전체에서 오순절 교인의 비중이 다수이고 역사적 개신교인은 소수라고 대체로 추정한다. 또 IHDI는 불평등조정지수를 포함하고 있기에 여기서는 지니계수의 국가별 순위 자료를 사용하지 않는다.

개신교 인구	15%	17%	15%	25%	36%	41%	41%
IMF 1인당 GDP	9,929$ (69위)	16,769$ (50위)	16,965$ (48위)	11,800$ (61위)	4,689$ (111위)	4,864$ (106위)	2,925$ (133위)
세계 민주주의 지수(GDI)	50위	25위	13위	20위	79위	99위	92위
세계 인간개발 지수(IHDI)	42위	32위	54위	51위	124위	125위	130위

출처 : PRC 2014; Guadalupe, 2017, 54; UNDP, IHDI 보고서, 2019; IMF, GDP 보고서, 2022; The Economist Intelligence Unit, GDI 보고서 2021에서 재편집

1990년대 초 오순절 교회의 성장이 절정에 있을 때, 한 브라질 장로교 목사가 "가톨릭교회는 가난한 자를 선택했으나 가난한 자는 복음주의 교회를 선택했다"고 한 말(*New York Times*, July, 4, 1993)이 한동안 유행한 적이 있었다. 이 말에는 "진실의 일면이 담겨 있을 수 있다. 그러나 금광 근처에서 발견되는 돌덩어리에서 금가루의 일부가 발견될 수도 있으나 정반대로 아무것도 없는 돌덩어리일 수도 있다"고 한 가톨릭 사회학자가 부연 논평한 적이 있다(Berryman, 1996, 3). 아마도 그는 황철광(Iron pyrite)의 사례도 있음을 간접적으로 지적했다고 본다. 그 후 30년이 지났다. 지금 라틴아메리카의 오순절 교회를 포함한 개신교는 폭발적 성장 추세를 멈추고 진정 국면으로 진입하고 있다. 또 보수 우파정당을 선택하던 흐름에서 이제는 좌파정당을 선택하는 방향으로 전환하고 있다. 최근 20년은 좌파정당이 라틴아메리카의 정치 지형을 지배하고 있다. 2013년 라틴아메리카의 해방신학 사제 출신의 교황 선출은 가난한 가톨릭 대중에게 새로운 희망을 주었다. 이후 가톨릭교회 신도의 감소세도 진정되고 있다. 지금은 가난한 대중이 자신을 위해 진정으로 헌신해야 할 대상이 누구인지를 모색하는 과정이라고 보인다.

3 보수적 개신교의 국가별 사례와 대표 인물 및 대표 기관

역사적 개신교의 사례와 마찬가지로 보수적 개신교도 운동의 대표 인물과 기관이 존재한다. 여기서는 보수적 개신교의 몇몇 국가별 사례를 주요 인물과 주요 기관을 중심으로 간단히 살펴본다.

1) 과테말라의 근본주의 교회 사례:
군사독재자 리오스 몬트와 엘리아스 세라노

과테말라는 보수적 근본주의 개신교가 군사독재자를 지지함을 통해 교회의 이익을 추구한 대표적인 사례이다. 과테말라는 극우 개신교 독재자의 지지를 통해 중남미에서 가장 빠르고 높은 개신교 인구 증가율과 점유율을 갱신한 나라로 주목받았다(Stoll, 1990; Martin, 1990). 놀라움은 여기서 그치지 않았다. 극우 개신교의 경제적 부흥 열정에 감탄한 미국의 종교사회학자 피터 버그는 "과테말라는 막스 베버의 이론이 잘 작동하고 있는 나라"라는 찬사를 할 정도에 이르렀다(Berger, 1999, 34; *The Economist*, 2006, 12. 19). 이 말은 아마 한국의 강남에 해당하는 과테말라의 부촌 지역 한가운데 있는 대형 교회를 보고 나온 감탄사일 것이다. 그러나 이러한 찬사는 증빙되지 않았고 오히려 객관적 지표는 정반대로 나타나고 있다(〈표 3〉 참고). 이 시대 라틴아메리카 오순절 교회의 성장 배경을 상징적으로 대표하는 두 사람이 있다. 군사독재자 에프라인 리오스 몬트(Efrain Ríos Montt)와 호르헤 엘리아스 세라노(Jorge Elías Serano)이다. 이 두 사람은 군사 쿠데타 동료로서 정권을 장악했다. 리오스 몬트는 쿠데타로, 세라노는 선거를 통해 대통령이 되었다.

리오스 몬트는 1926년 6월 16일 서부 고원지대 우에우에테낭고 (Huehuetenango) 농촌의 중산층 가정에서 태어났다. 그의 아버지는 소매상인이었으며 그의 어머니는 프랑스계 이민자의 후손으로 가정주부였다. 인종적으로 그는 백인의 피가 흐르는 혼혈 라디노였다. 이 점은 그가 순수 원주민을 무시하는 요인이 되기도 했다. 그의 가족은 부자는 아니었으나 지역에서 영향력은 있었다. 1930년대 세계 경제 위기로 아버지의 사업이 파산한 후에 그의 가족은 도시로 이사를 했다. 그 당시 귀족계층이 아닌 야망 있는 청년이 선택할 수 있는 직업은 군인과 가톨릭 성직이었다. 리오스 몬트는 16세 때 군에 입대했다. 그의 동생 마리오 엔리케(Mario Enrique)는 가톨릭 사제의 길을 선택했다. 그는 1943년에 과테말라 육군사관학교에 입학하고 23세에 장교가 되었다. 40대 초에 그는 군 고위직으로 진급했다. 그는 당시 많은 중남미의 군 장교들이 한 것처럼 냉전 시기 미국의 지원을 받은 중남미의 전쟁에 비밀리에 참여했다. 또 파나마 운하에 있던 미군기지에서 모택동 이론에 기반을 둔 게릴라 운동의 퇴치 전략 과정을 이수했다. 이 전략은 후에 그가 1982년 마야 원주민을 학살할 때 적용했다. 이어 1961년에는 미국 북카롤리나의 군사기지에서 반 게릴라 전술과 전략 훈련을 철저하게 받았다(Garrard-Burnett, 2010, 54-55). 이러한 훈련을 마치고 과테말라로 돌아온 1970년에 그는 오소리오(Carlos Arana Osorio) 군사 정부의 군 최고 실무자로 임명되었고 2년 후 장군으로 승진했다. 1974년에는 그의 동생이 가톨릭 주교로 서품을 받았다. 이때 리오스 몬트는 기독교민주당의 후보로 대통령 선거에 나갔다. 그의 첫 번째 정치권 진출이었다. 그는 선거에서 승리했으나 군부와 보수층은 이 선거를 무효로 했고, 다른 장군을 대통령으로 임명했다. 이 과정에서 받은 실망과 좌절은 그가 개신교로 개종하게 되는 계기가 되었다(Garrard-Burnett, 2010, 55-56).

1977년 그는 스페인으로 '전출 형식의 외교적 망명'을 했다. 그 후 한 교회 수련회 모임에 갔고 여기서 '말씀의 교회(Iglesia de Vervo)'라는 오순절 교회로 개종했다. 이 교회는 미국 캘리포니아에 본부를 두고 있던 '가스펠아웃리치(Gospel Outreach)'라는 작은 교단의 미션 교회였다. 이 교회는 후에 보수적인 신복음주의 교회로 변모한다. 1982년 새로운 쿠데타 세력은 그를 대통령으로 영입했고(Garrard-Burnett, 2010, 56) 다시 정치의 전면에 나섰다. 이번에는 '말씀의 교회'의 지지를 받으며 정권을 행사했다. 이 교회는 그들의 주 회원을 기자, 전문가 그룹, 군부 가운데에서 찾았으며 군부의 대표적인 이가 리오스 몬트 장군이었다. 이외에도 이를 지지하는 그룹은 기존의 전통적이고 보수적인 개신교회의 목회자들과 평신도 청년들이었다. 이들은 1979년에 수도인 과테말라시의 가장 큰 호텔 연회장에서 800-1,000명이 모인 대회를 개최했다. 신문, 라디오, TV를 이용해 그들의 모임을 선전했으며 과테말라 복음주의 목회자협회를 결성했다(Bastian, 1990, 250).

1982년 쿠데타 세력들이 리오스 몬트를 그들의 지도자로 선택했을 때 보수 개신교 집단은 이것을 개신교 선교 100년 만에 내린 신적 계시의 사건으로 찬양했다. 리오스 몬트는 신이 보낸 과테말라 최초의 복음주의 대통령이라고 축하를 보냈다. 리오스 몬트가 대통령이 되면서 여러 명의 개신교 지도자들이 군사 정권의 고위관료로 입각했다. 그리고 말씀의 교회의 지도자들은 미국 개신교회와 목회자들에게 리오스 몬트 정부에 대한 경제적 지원을 요청하는 서한을 보냈다(Bastian, 1990, 251).
그들은 리오스 몬트는 니카라과 산디니스타의 마르크스주의 정권에 대
항해 자유를 쟁취하기 위한 하나님의 대안이라고 선언했다. 리오스 몬
트 정권은 이렇게 과테말라 개신교와 미국의 극우 복음주의 그룹의 지
원을 받았다. 이러한 지원을 배경으로 군부는 마야 원주민 지역의 익실
(Ixil) 삼각주 공동체 학살 작전을 주도했다. 이 작전에는 개신교 사회 자
원봉사 그룹과 개신교 군사 자문단이 적극적으로 참여했다. 학살의 전
략적 지역은 개신교 조직들에 의해 조직되었다. 이 학살 작전을 통해 약
2만 명의 원주민과 가톨릭 사제 그리고 진보적 개신교인들이 학살되었
다(Pixley, 1983, 9-11; Canton Delgado, 2011, 254-258). 최근 연구에 의하
면, 과테말라 극우 개신교 학살 군대의 형성은 매우 체계적으로 계획되
었다(Vela Castañeda 2012, 105). 즉 체포와 침입을 기획하는 1단계 조직
과정, 말과 이미지로 교리화(의식화)시키는 2단계 과정, 마지막으로 전
쟁에 동원하는 과정으로 계획되어 있었다. 이 과정에서 원주민과 가톨
릭 교인은 모두 죽이고 살아남은 자는 오순절 개신교로 개종시키는 것
이 중요한 목표였다(Löwy, 1999, 152-155; Vela Castañeda 2012, 106-139).
미국 서부 개척시대의 원주민 학살처럼 과테말라 원주민을 학살하는
계획이었다.

　군대에 의한 초토화 전쟁 상황에서 개신교로의 개종은 가톨릭교회
로부터 분리되는 것을 의미했다. 가톨릭 교인은 군대로부터 위험 세력
또는 불순 세력으로 낙인되어 있었다. 리오스 몬트가 쿠데타로 정권을
장악한 이후에 군대의 개신교화는 더욱 심화되었다. 즉 군인의 절대다
수는 오순절 개신교인으로 구성되었다. 신부는 오지 못하게 했다. 그리

고 주일에는 한 명이 아니라 여러 명의 목사가 왔다. 목사들의 역할은 매우 간단했다. 원주민과 농민 학살 행위는 정당하며 하나님의 명령이라고 주입하고 군인들이 윤리적으로 흔들리지 않게 세뇌했다. 학살에서 생존자들이 선택할 수 있는 종교는 군대가 건설한 오순절 교회가 유일했다. 교회의 건설과 음식 배분은 군대에 의해 집행되었다. 즉 군대는 국내외의 NGO 단체들이 보낸 구호 물품들을 모두 오순절 교회를 통해 배분했다. 과테말라 정부가 공식적으로 언급하지 않았지만 이 전쟁은 가톨릭교회에 대항한 일종의 종교전쟁이었다(Vela Castañeda 2012, 137-138). 종교사회학자는 이를 "신들의 전쟁"이라고 정의했다(Löwy, 1999). 유엔의 후원으로 설립된 '역사적진실규명위원회'는 조사 보고서인 『과테말라, 침묵의 기억』에서 과테말라의 대량학살은 인종차별과 사회경제적 불평등의 결과였다는 점을 강조했다(박구병, 2018, 33).

리오스 몬트 정부(1982/3-1983/8)는 이전 군사 정권보다 훨씬 더 심각한 군사적 잔학 행위들을 자행했다. 마을 전체가 초토화되었고 수천 명의 남자와 여자와 어린아이들이 모골이 송연해지는 집단살육으로 죽어 갔다. 유엔의 과테말라 '역사진실규명위원회'와 '과테말라 인권위원회' 보고서에 의하면, 1960년에서 1996년까지 20만 명 이상이 희생되었으며, 전쟁 고아가 25만 명, 난민이 150만 명이 되었다. 또 1981년부터 1985년 사이에는 초법적인 집단 처형을 통해 14,934명이 죽었다. 그 처형 가운데 78%는 1982년 리오스 몬트 정권 기간에 발생했다(Löwy, 1996, 207: Garrad-Buurnet, 2010; 박구병, 2018, 21). 과테말라군과 경찰은 미국인 가톨릭 수녀도 체포하여 고문하고 강간하였다(Frener, 2021). 과테말라 역사진실규명위원회는 이 원주민 학살을 제노사이드로 규정했다. 중미의 히틀러 부활이었으며 20년 후에 중동에서 이슬람국가(IS) 폭력 또는 탈레반 정권 테러의 모델이 되었다. 뉴스위크는 그를 "중미의 아야 툴라(Ayatollah)"라고 보도했다(Newsweek, 1982, 12; Garrard-Burnett, 2010, 24). 즉, 미국 극우 개신교의 종교적 폭력은 과테말라의 극우 개신교 집단에서 반복되었고 이를 중동의 이슬람 과격주의가 그대로 모방했다.

마야 원주민 대학살(제노사이드)을 비난하는 미국 교회를 포함한 국제적 여론에 직면해 1983년 8월에 과테말라 군부는 결국 리오스 몬트 정권을 대체하는 새로운 극우 쿠데타를 일으키고 반게릴라 전략의 개신교 단계에 종지부를 지었다. 리오스 몬트는 법정에서 80년형을 선고받고 복역 중 법률적 미비 사항으로 형 집행이 일시 중단되었으나 2018년에 여러 가지 복합 병으로 죽으면서 재판은 중단되었다. 불의한 권력의 순간은 짧았고 고통은 길었다.

호르헤 엘리아스 세라노는 과테말라 오순절 교회 정치인을 대표하는 인물이다. 그도 군 쿠데타 출신 장군이나 리오스 몬트와 달리 선거를 통해 대통령에 당선되었다(Bastian, 1990, 251). 그는 가톨릭 신자였으나 오순절 교인으로 개종했다. 그의 성경 이름 때문에 교회에서 그는 '예언자'라는 별명도 받았다(Freston, 2003, 273). 오순절 복음주의자들은 도덕성을 강조했다. 그들은 부정부패와 투쟁할 것이며 사회 문제에 대한 기독교적 해결을 제시할 것이라고 선전했다. 이것을 그들은 '도덕적 우파(la derecha moralizante)'라고 불렀다(Levine & Stoll, 1997, 86). 그러나 이들의 문제는 구조적 변화를 반대하는 기득권 엘리트로 인해 건설적 프로그램의 정책이 없다는 점이다. 이 결과 최초로 선거로 대통령에 당선된 전직 쿠데타 군부 지도자이면서 오순절 개신교인 엘리아스 세라노 장군은 집권 3년(1991-1993) 만에 고도의 부패 혐의로 중도 하차했다 (Levine & Stoll, 1997, 87). 그는 1993년 부패 혐의와 쿠데타 시도 혐의로 해외 망명을 했다. 이는 오순절 개신교인이라고 다른 정치인들보다 더 깨끗하지 않다는 것을 증명한 사건이 되었다(Freston, 2003, 276; Samson, 2008, 70-72).

2) 브라질 극우 오순절 교회 사례: FPE와 두 명의 여성 운동가 실바

보수적 개신교 그룹이 직접 정당을 창당해 성공한 사례는 브라질이 최초이다. 브라질에서 민주화가 진행되면서 복음주의 교회 출신 정치 인이 나타나기 시작했다. 1986년의 의회 선거부터 제헌의회가 구성되 면서 복음주의 계열의 국회의원이 다수 당선되었다. 특히 복음주의 정 당 소속 국회의원들로 구성된 '복음주의 의회 전선(El Frente Parlamentar Evangélico: FPE)'은 20개의 다양한 정당에 소속되어 있으며, 68명의 국 회의원으로 구성되어 있다. 이 조직의 목적은 정의롭고 평등한 사회와 종교적 자유, 가족, 인간의 삶, 윤리의 방어를 위한 단결에 있다(Ortega Gómez, 2018, 438-439). 숫자는 많지 않았다. 그러나 이들은 국회에서 복 음주의 전선을 형성했으며 항상 보수적인 진영을 지지했고 의회 내에 서 극단적 대립이 있을 때 논쟁을 종결 짓는 역할을 했다. 공공 교육 기 관에서 종교 교육, 낙태 문제, 아프리카 전통혼합 브라질 종교에 대한 차 별 방지 등의 문제에서 개신교의 입장을 대변했다. 좌파 노동당 정부 때 는 공공 교육 기관의 교육 방향으로 개신교와 가톨릭의 대립이 나타났으며 복음주의 개신교는 좌파 노동당 정부를 지지했다(Antonio Cunha, 2018, 558). 개신교의 복음주의 정치 안에서도 다양한 경향이 있었다. 즉 보수적 복음주의 그룹에는 이념적으로 중도 또는 제3의 길을 선택하는 다양한 흐름이 존재했다(Morgan & Pereira, 2019, 71-73). 복음주의 교회 출신 주요 정치인으로는 에베랄도 디아스(Everaldo Dias)와 프란시스코 실바(Francisco Silva) 그리고 안토오니 가로티호(Antohony Garotinho) 등이 있다(Freston, 2008, 166-170).

브라질 오순절 교회의 정치적 다양성을 보여 주는 두 사람의 여성 운동가가 있다. 베네디타 다 실바(Benedita da Silva)와 마리나 실바(Marina Silva)이다. 오순절 교회의 상층부 목사 그룹의 정치적 입장이 대부분 보수적이라면 이 두 사람은 진보적 평신도를 대표하는 상징적 인물이다. 베네디타 다 실바가 도시 빈민을 대표한다면 마리나 실바는 농촌의 빈민을 대표한다. 또 이들은 신앙은 보수이나 정치는 진보를 선택하는 오순절 교회의 가난한 교인을 대표한다.

베네디타 다 실바는 1943년에 리우데자네이루의 빈민가에서 태어났으며 반문맹인 부모의 품에서 자랐다. 그녀는 인종적으로 흑인이었고 여성이었다. 할머니는 한때 노예였고, 아버지는 벽돌공이었으며 어머니는 빈민가 판자촌에서 맞은편 부촌에 사는 사람들의 옷을 세탁해 주는 일로 생계를 유지했다. 어린 시절 그녀는 피가 검다는 이유로 검둥이라 불리는 수모를 당했다. 그녀는 거리 행상을 하며 생계를 유지했다. 자립을 위해 그녀는 간호보조원 과정을 밟아 간호조무사가 되었다. 그리고 자원봉사 활동에 참여했다(Cox, 1996, 238-239). 그녀는 고급 호텔과 콘도미니엄들이 줄지어 늘어선 코파카바나 해변에서 얼마 떨어져 있지 않은 빈민굴 어귀의 가파른 언덕 위의 목조 가옥에서 가족들과 함께 살았다(Cox, 1996, 240-241).

그녀는 16세까지는 아프리카 토착 종교의 영향을 받은 움반다(Umbanda) 종교의 여성 지도자였다. 그녀가 살던 빈민촌 지역 가톨릭 교회의 목회 영향을 받아 그녀는 가톨릭 교인으로 개종하였고 기초공동체에서 해방신학 훈련을 받았다. 어린 시절 매일 겪은 사회적 불평등은 그녀가 정치에 참여하는 결정적 요인이 되었다. 그러나 남편의 술중독과 빈곤을 해결하기 위해 26세가 되던 1969년에 그녀는 '하나님의 성회'의 오순절 교인으로 개종하였다 (Preston, 2008, 165; Reynolds, 2019, 188).

그녀는 1955년 이후부터 살아온 빈민가의 마을위원회 위원으로 활동했으며 1978년에 위원회의 의장으로 선출되었다(Preston, 2008, 165). 그녀는 이러한 사회 활동에 한계를 느끼고 새로 창당된 노동당(PT)에 가입했다. 그녀는 오순절 교인이면서 열성적으로 노동당 활동을 했다. 1982년 그녀는 리우데자네이루 시 의원에 당선되었으며 정치인의 길을 시작했다. 그리고 1986년 선거에서 브라질 연방의회 의원으로 당선된 최초의 흑인 여성이 되었다. 1993년 그녀는 리우데자네이루 시장 선거에 노동당 후보로 출마했으며 약간의 차이로 낙선했다(Löwy, 1999, 156). 1994년에는 상원에 당선되었으며 1998년에는 리우주의 부지사가 되었다. 2003년에는 룰라 노동당 정부의 사회행동부 장관을 역임했다(Preston, 2008, 165).

그녀는 성령 운동이 신학을 배울 수 있게 해 줄 뿐 아니라 성경을 살돈조차 없는 가난한 사람들에게 관심을 표명하기 때문에 그것에 친숙

함과 편안함을 느낀다고 말했다. 또 사람이 사는 것이란 하나님의 뜻으로 정해진 각자의 운명에 따른 것이라는 숙명론이 지배적인 문화 속에서, 사람은 변화될 필요가 있으며 또 변화될 수 있다는 것을 가르치는 성령 운동에 그녀는 매력을 느낀다고 하였다(Cox, 1996, 242).

마리나 실바는 여성이며, 인종적으로 포르투갈인과 원주민 및 아프리카의 피가 흐르는 혼혈인이며, 아마존 원주민이며, 환경론자이며 좌파 노동당원이자 오순절 교인이다. 그녀는 35세의 나이로 브라질 최연소 상원의원(1995-2003)에 당선되었고 좌파 노동당 정부의 환경부 장관(2003-2008)을 역임했다. 그 후 3차(2010, 2014, 2018)에 걸쳐 대통령 후보로 나왔다. 2014년 선거에서는 노동당의 딜마 호세프 후보와 경쟁해 20%의 지지를 받은 입지적인 정치인이다. 놀라운 것은 16세가 되기 전까지는 그녀는 문맹이었다는 점이다(Morgan, 2019, 244).

그녀는 1958년에 아마존 지역의 고무나무 채취 노동자의 가정에서 태어났다. 하루 16시간 이상의 중노동을 하면서 생존했다. 당시 아마존 지역에 창궐한 질병으로 가족들을 모두 잃고 16세에 고아가 되었다. 그녀는 가톨릭 사제의 도움을 받아 독학했다. 성인이 되어 아크리 지역 연방 대학교에 진학해 역사학으로 학사학위를 받았다. 이 대학에서 그녀는 환경운동가 치코 멘데스(Chico Mendes)를 만나 환경운동을 시작했다. 1970년대와 1980년대 동안 그녀는 아마존 원주민들과 함께 아마존 밀림의 보호를 위한 환경보호 활동을 했다. 치코 멘데스와 그녀는 평화적 시위 운동을 주도해 풀뿌리 저항 운동의 상징이 되었다. 1988년의 치코 멘데스의 암살에도 불구하고 그녀의 평화적 저항 운동은 정치적 각성을 가져왔고 브라질 연방정부가 '아마존에서의 지속가능한 보호 지역 설정 조치'를 발표하는 데 성공했다(Morgan, 2019, 244).

그녀는 "문명의 구조적 위기"를 제기했다. 그녀는 경제발전과 환경 보호는 배치되지 않는다고 강조했다. 인간 존재는 우리의 병든 지구를 치유할 수 있는 기술을 가지고 있으나 그것에 대해 너무나 모른다고 지적한다. 그녀는 오늘의 가치의 위기는 이러한 환경에 대한 무관심에 있다고 강조한다. 그녀는 "인간 존재의 좋은 길"을 구약의 전도서 4장 6절에서 찾는다. "바람을 잡으려고 두 손을 허우적거리느니 한 움큼으로 만족하는 것이 더 낫다"(대한성서공회, 1977, 1080)는 이 성경 말씀 안에 서구의 개인주의적 모델에 대한 대안이 있다고 강조한다(Morgan, 2019, 245).

그녀는 처음에 가톨릭 교인이었다. 그러다 기초 공동체에서 해방신학의 사회적 가르침을 받고 사회 행동을 시작했다. 그러나 1997년에 그녀는 정신적 고통을 겪었고 '하나님의 성회' 교인이 되었다. 그 후 정치의 길에 들어섰으나 다른 오순절 정치인과는 다른 길을 선택했다. 정파 정치를 하지 않았다. 그녀는 '지구를 위한 희년 운동'에 가톨릭과 오순절 교인이 협력하는 파트너가 되도록 이끌었다. 그녀는 이 두 교회의 교인이 생태학적 각성과 생태학적 시민이 되는 운동을 했다(Morgan, 2019, 245). 이러한 열정으로 그의 아마존 환경보호 운동이 좌절했을 때 그녀는 "나는 낙관주의자도 비관주의자도 아니다. 나는 끊임없이 주장하고 행동하는 자이다"라고 선언했다. 그리고 정치적 입장에 대해서도 "나는 좌파도 우파도 아닌 전방(front)에서 행동하는 그룹에 속한다"고 표명했다. "모든 소유와 행위에는 한계가 있다. 그러나 존재에는 한계가 없다. 이것이 우리가 해야 하는 변화"라고 그녀는 강조했다(Miller, 2019, 127).

브라질 오순절 교회의 부유한 목사들은 군사독재자를 지지했다. 그러나 가난한 다수의 오순절 교인은 좌파정당인 노동당(PT)을 지지했다. 이러한 지지의 결과 PT는 15년간(2003-2018) 4회 연속으로 집권에 성공했다. 이러한 현상은 칠레에서도 이미 나타났었다. 1970년대 오순절 교회 지도자들은 좌파정당인 인민연합전선(UP)을 반대하고 가톨릭의 정치적 기반인 기독교민주당을 지지했다. 그러나 대부분이 빈민층인 오순절 교회 교인들은 그들 교회 목사들의 기독교민주당 지지의 권고에도 불구하고 좌파정당을 선택했다(Cox, 1996, 248).

1990년대 초에 브라질 오순절 운동의 이러한 현상을 두고 대조적인 해석이 있었다. 어떤 이는 오순절 운동이 소외가 아닌 저항의 역할을 하고 있다고 주장했다. 그는 오순절 운동을 남미 대륙의 사회 변화를 주도할 핵심 세력으로 보았다(Cox, 1996, 259). 또 다른 이는 오순절 운동은 사회 변화를 위한 사회 세력이 될 수 없다고 전망했다(Stoll, 1990, 331; Cox, 1996, 264). 30년이 지난 지금 브라질 오순절 교회는 신앙은 보수, 행동은 진보를 선택하고 있다. 또 다른 이는 이러한 입장을 '복음적 진보주의'로 정의했다(Löwy, 1999, 156-157).

3) 멕시코 극우 개신교 교회 사례: PES와 우고 에릭 플로레스

'사회적 만남당(el Partido Encuentro Social: PES)'과 '우고 에릭 플로레스(Hugo Eric Flores)'는 사회 문제에 대응하는 멕시코 극우 개신교 그룹의 매우 독특한 사례이다. 특히 PES는 이념 문제에 있어서 실용주의 입장을 택한다. 멕시코 정당법은 종교 정당을 허용하지 않는다. 따라서 가톨릭 정당인 PAN과 마찬가지로 개신교 정당인 PES도 기독교 명칭을 사용하지 않는다. PES는 정치적으로 보수적이며 기독교의 가치인 '가족의 안전과 애국주의'를 강조한다. 다른 구체적인 이념은 제시하지 않는다. 그러나 정책은 실용주의를 구사한다. 멕시코 개신교 정당은 창당 이후 3년도 되지 않은 짧은 시간에도 불구하고 개신교 공동체로부터 등록에 필요한 충분한 지지(3.3%)를 받고 국회의원 당선자도 급증했다. 2018년 마지막 선거에서는 좌파와의 연합전선으로 인해 일약 제4당의 지위에 올랐다. 전국에서 200만 표 이상의 지지를 받았으며 50명의 하원과 8명의 상원을 확보했다(이남섭, 2020, 267). 이외에도 PES는 1명의 주지사와 40명의 도의원, 100명의 시장을 당선시켰다. PES는 우파뿐만 아니라 좌파정당과도 선거 연합을 하는 이념적 유연성을 보여 주었다. 이러한 정치적 행태를 기회주의라 비판하기도 하지만 이것은 멕시코 사회의 개방적이고 실용주의적 문화의 결과라고 볼 수 있다. PES의 성공은 기회주의라고 보기보다는 지역에서 개신교 대중의 신뢰를 받고 있다는 점에서 성공의 원인을 찾아야 할 것이다(이남섭, 2020, 267-268). 이 점은 PES의 대표이자 오순절 교회의 전직 목사인 우고 에릭 플로레스의 다음과 같은 말에서 분명히 확인된다.[4]

우리는 정치꾼이 아니다. PES는 사회봉사 활동을 하는 시민사회 단체로 출발했다. 우리가 하는 일이 아무것도 근본적으로 바꾸지 않고 암을 일시적으로 치

---

4 우고 에릭 플로레스는 멕시코국립자치대학교(UNAM)와 하버드대학교(Harvard Uni.)에서 교육받았다. 그는 어릴 때부터 종교가 그의 가족을 구원했다고 고백했다(Garcia, 2018).

료하려고 주는 진통제(아스피린)에 불과하다는 것을 인식하고 우리는 오늘의 정당을 만들었다. 지금 우리는 교회에서 형성한 기독교 지도자로 구성된 기독교 플랫폼을 만들었으며, 거리로 나가 '좋은 사마리아인의 비유'를 효과적으로 실천하고자 한다(Garcia, 2018).

PES는 처음에 시민사회 운동으로 시작했다. 그리고 시민사회 운동만으로는 사회를 변화할 수 없어 정당을 만들었다. 또 개신교회와 이념적으로 정반대되는 좌파정당과의 선거 연합에 대해서도 다음과 같이 설명한다.

우리는 좌파와 우파의 이분법을 좋아하지 않는다. 우리가 가족의 가치를 방어하는 입장을 취하고 있다고 우리를 보수라고 비판한다. 그러나 우리는 보수는 부를 생산하는 것은 잘하나, 나누는 것은 잘하지 못한다고 생각한다. 좌파는 가난한 자를 잘 대변한다고 한다. 그러나 그들은 부유하게 살고 있기 때문에 우리는 좌파를 신뢰하지 않는다. 우리는 원칙, 충성, 애국주의를 지니고 있는 정부를 원한다(Garcia, 2018).

우파의 약점을 개선하기 위해 부의 분배를 잘하는 좌파와 연합했다는 것이고 좌파의 약점을 개선하려는 명분이 있었다는 것이다. 그리고 동성애와 낙태 같은 기독교 정신과 완전히 다른 노선을 취하고 있는 좌파와의 연합에 대해 그는 다음과 같이 분명하게 설명한다.

우리는 동성애에 대해 혐오주의자가 아니다. 우리는 그렇게 될 수가 없다.

우리는 소수 종교에 기원을 두고 있다. 우리 세대에는 소수라는 이유로 아직도 종교적 박해를 받았다. 우리 아이들은 개신교인들과 놀지 말라는 가톨릭 부모의 말을 듣고 상처를 받고 자랐으며 나는 개신교인이라는 이유로 직장에서 해고당하기도 했다. 따라서 우리는 소수라는 이유로, 성적 소수자라는 이유로 차별과 박해를 받게 할 수는 없다(Garcia, 2018).

멕시코 개신교는 동성애에 대한 사회적 입장을 소수자의 관점에서, 특히 멕시코 개신교가 겪은 역사적 차별의 경험에서 제시한다. 이 점이 개신교 정당이 사회의 지지를 받는 지점이다. 그러나 PES는 신학적으로 동성애와 낙태 등과 같은 교리 문제에 대해서는 분명하게 거부의 입장을 표현한다. 이 점에서 멕시코 보수 개신교는 미국의 극우 보수 개신교와 입장이 분명히 다르다. 미국 극우 보수 개신교는 인종차별과 박해의 기반에서 성장했다. 미국 극우 보수 개신교는 인종차별과 유색인종 박해를 강조해야 교육 수준이 낮고 가난한 백인이 다수인 극우 개신교인들의 지지를 받는다. 이 점을 미국의 극우 보수개신교는 절대적으로 이용한다.

멕시코 개신교 정당은 멕시코판 강남의 대형 교회 극우파도 비판하고, 언행이 일치하지 않고 안락한 수도에 거주하는 멕시코판 강남 좌파도 비판한다. 이 점이 대부분의 가난한 개신교 대중이 PES를 신뢰하는 이유가 된다. PES는 현재 북부에서 시작해 중부와 남부 지역에 거점을 확보하고 있다. 북부의 소노라, 산루이스 포토시, 중부의 모렐로스, 남부의 유카탄이 대표적인 지역이다. 이 지역들은 대부분 개신교 인구가 상대적으로 많은 곳이다. 수도권보다는 지역에 뿌리를 내리고 있다는 점이 수도권에서 소외된 가난한 대중의 신뢰를 받는 이유이다. 무엇보다 멕시코 보수 개신교 정당은 반미의 역사적 전통과 급진자유주의 개혁 운동과 사회혁명의 전통을 계승하는 민족주의 이념이 분명하며 평화적인 운동을 지향한다는 점에서 멕시코 대중에게 신뢰를 주고 있다(이남섭, 2020, 269-270).

4) 콜롬비아의 보수 개신교 사례

멕시코의 사례와 비교해 볼 때 콜롬비아의 사례는 가장 비극적이면서도 역동적인 경우이다. 콜롬비아는 종교적 불평등 관계가 폭력적 종교 내전으로 발전한 비극적 사례이다. 이 결과 콜롬비아의 극우 개신교 그룹이 멕시코의 경우처럼 극좌 정당의 대통령 후보를 지지하려는 움직임이 있는 것이다(Sarkar, 2021). 이를 이해하기 위해서는 약간의 역사적 배경을 살펴볼 필요가 있다. 멕시코의 개신교는 초기 혁명 과정에서 가톨릭교회로부터 박해를 받았지만 급진 자유파의 혁명이 성공해 개신교는 제도적으로 혁명 정부의 보호뿐만 아니라 많은 혜택도 받았다. 이와 달리 콜롬비아의 개신교는 자유주의 혁명(1930-1946) 과정에서 자유파가 패배하고 가톨릭이 지지하는 보수파가 승리하면서 엄청난 박해를 받았다. 1946-1948년의 '폭력(La Violencia)시기'에 약 15,000명의 시민이 암살당했다. 이때 보수당 정부는 폭력의 책임을 흑인과 원주민들에게 떠넘겼다. 그리고 1948년 4월, 자유 개혁파의 대중적인 지도자이자 보고타 시장이며 차기 대선의 유망 당선 후보인 가이탄(Jorge Eliezer Gaitan)이 백주에 보고타 거리에서 암살되면서 1949년 보수당은 권력 유지를 위해 내전(1949-1958)을 일으켰다. 이 내전은 1958년까지 진행되었으며 자유파의 경우 85,000명 이상이 죽임을 당했다. 이때 보수파는 자유파에 대한 투쟁의 도구로 가톨릭교회를 이용했다. 그 이유는 개신교가 자유파의 입장을 지지하고 있었기 때문이다. 보수파의 반개신교 폭력으로 공식적으로 약 126명이 죽임을 당했다. 여기에 270개의 개신교 학교가 보수당 정부의 명령으로 폐쇄되었다. 60개의 개신교회가 가톨릭 신도들에 의해 파괴되었다. 도시와 시골 마을에서는 매일 반개신교 집회가 개최되었고 개신교인을 협박하는 노래와 재산의 파괴 및 갈취와 같은 행위가 일상이 되었다(Bastian, 1990, 207).

개신교와 자유파의 연합은 19세기 교회와 국가의 분리를 선언하는 헌법 작성 과정에서 시작했다. 그러나 1886년 보수파가 정권을 장악하면서 1887년 바티칸과의 협약을 맺어 반자유주의 이데올로기 전선을 형성했다. 즉 이 헌법에서 개신교는 법의 보호를 받지 못하게 법적으로 제외되었다. 보수파는 가톨릭을 유일한 국가종교로 헌법에 명시했다. 이후 보수파와 가톨릭교회에 의한 개신교에 대한 박해는 끊임없이 발생했다. 가톨릭과 보수파는 개신교를 미제국주의의 오열이며, 공산주의자들이며, 민족통일의 파괴자들이라고 비난했다(Bastian, 1990, 208). 그리고 1903년 자유파가 내전으로 파나마를 미국에 뺏기면서 보수파는 자유파를 나라를 팔아먹은 매국노들이라고 비난하면서 더욱 증오했다. 사실 미국은 콜롬비아의 내전을 이용해 파나마를 분리 독립시키는 방식으로 손쉽게 얻을 수 있었다.

콜롬비아의 개신교와 가톨릭 사이의 종교적 갈등에는 이러한 비극적 배경이 있었다. 따라서 개신교는 1990년대 민주화가 되면서 가톨릭교회의 박해로부터 해방되고 개신교의 선교 자유를 보장받을 수 있는 새로운 정치적 선택을 하게 된다. 특히 최근에는 지지율이 낮은 자유파가 아니라 대중적 지지를 많이 받는 급진 게릴라 운동의 후신인 좌파정당과의 연합을 고려하는 상황이 된 것이다. 최근 여론조사에서는 2022년 5월 말 대통령 선거에서 좌파가 승리할 가능성이 높은 것으로 나타나고 있다(한겨레, 2021, 7. 27; 르몽드 디플로마티크, 2022, 5). 이는 급진 사회주의당이 보수당보다는 소수자의 입장을 대변하기 때문이다. 개신교는 소수자로서 '소수자 차별금지법'이 필요하고 멕시코와 콜롬비아의 좌파는 이 법을 지지한다. 이 점이 한국의 보수와 달리 멕시코와 콜롬비아의 극우 개신교가 급진좌파를 지지하는 이유이다. 5월 선거에서 콜롬비아 좌파가 승리할지 또는 극우개신교가 좌파 후보를 계속 지지할지 아직 장담할 수는 없다. 그러나 개신교가 이념의 노예에서 해방되어 실질적으로 소수 종교의 자유를 위해 실용적으로 대응하는 것은 한국 교회에 주는 시사점이 크다.

5) 보수적 개신교의 연합 기관, 신학교 그리고 연구소

라틴아메리카의 보수적 개신교는 진보적 개신교의 신학과 활동에 대항하는 보수 이념의 생산과 확산을 위한 제도적 기반을 지니고 있다. 크게는 두 가지 흐름이 있다. 하나는 미국의 근본주의 영향을 받아 형성된 보수주의 그룹이고 다른 하나는 중남미에서 독립적으로 형성된 오순절 그룹이다. 전자의 특징은 미국에서 먼저 담당 기관과 신학 담론이 형성되고 그 후 중남미로 지부가 설립되어 담론을 전파하는 종속적 관계에 있다. 후자의 특징은 외국 선교사로부터 독립하려는 민족적 자부심과 자립의식이 강한 오순절 그룹이다. 실지로 중남미 개신교의 주류는 이들 독립적인 오순절 그룹이다. 이 두 그룹의 대표적 기구를 살펴보면 다음과 같다. 특별히 가난, 불평등과 같은 사회 문제를 다루는 기관은 그렇게 많은 편이 아니다. 전자를 대표하는 그룹은 대부분 미국 보수 개신교의 주도로 조직되었다. 후자를 대표하는 그룹은 주로 중남미 보수 개신교의 주도로 만들어졌다. 이들의 특징은 신앙은 보수적이나 정치 문제는 때때로 좌파정당을 지지할 정도로 진취적인 입장도 취하는 매우 실용주의적 태도를 나타내고 있다는 점이다. 도시의 보수 중산층과 상류층이 다수인 대형 교회(Mega Church)는 정치적으로는 보수가 주류이다. 그러나 농촌과 도시 주변부의 가난한 교인이 다수인 군소형 오순절 교회는 좌파를 지지하는 추세이다. 최근 브라질에는 사회 정책과 관련해 가톨릭, 영성주의자, 유대인을 포함하는 '보수적인 교회의 에큐메니컬 활동'이 성장하고 있다(Fonseca, 2019, 85).[5]

라틴아메리카 보수적 교회의 국내외 네트워크를 구축하는 첫 번째 기관은 교회 연합기구이다. 대표적인 기관으로 미국 교회가 주도하는 것과 라틴아메리카 교회가 주도하는 기관이 있다. 전자는 ICCC이고 후자는 '심층복음주의운동(Evangelismo a Fondo: EVAF)'와 CONELA이다. 1945년 냉전이 시작되면서 미국은 라틴아메리카에서의 냉전을 위한 준비를 했다. 이것은 선린정책과 미주국가기구(OEA)의 창설을 통해 시작

---

5 1969년에는 '그리스도를 위한 브라질(Brasil para Cristo)'이라는 진보적인 브라질의 독립 오순절 교단이 WCC에 가입하여 1991년까지 활동하였다(Stoll, 1990, 320; Berryman, 1996, 30).

되었으며 미국 자본주의의 팽창을 보장하는 장치였다. 종교 특히 미국의 보수적 개신교 측에서는 근본주의 신학으로 무장한 일련의 독립된 선교사 그룹의 설립으로 진행되었다(Bastian, 1990, 199). 대표적인 것이 WCC의 에큐메니컬 교회 기구에 반대해 1951년에 세계 극우 보수교회가 조직 설립한 ICCC이다. 또 1958년에는 미국의 TV 부흥 강사인 빌리 그램의 십자군이 조직되었다.

라틴아메리카 보수 교회는 1960년에 EVAF를 조직했고 기독교 반공 운동을 위해 라틴아메리카 각 나라에서 근본주의 성경 담론으로 평신도와 목사를 훈련했다(Bastian, 1990, 223-234). CONELA는 라틴아메리카의 진보적인 개신교들이 창립한 CLAI에 대항해 1982년에 근본주의 신학을 배경으로 라틴아메리카 보수적 복음주의 교회가 만든 연합기관이다. 이들은 군사 정부의 핵심 관료와의 만남과 교류를 위해 조찬 기도회와 저녁 만찬 모임을 조직했다(Bastian, 1990, 224; Stoll, 1990, 132-134).

두 번째 기구는 신학교와 신학 운동이었다. 미국의 보수 교회는 캘리포니아에 풀러 신학대학원을 설립하고 교회 성장 강좌를 제공하는 연구소를 조직했다. 라틴아메리카의 보수적인 개신교회는 이를 모델로 교회 성장 강좌를 개설해 많은 라틴아메리카 목사들을 대상으로 근본주의적 신학 관점에서 교육하기 시작했다(Bastian, 1990, 225). 그리고 중도적인 개혁 성향의 지식인들은 '라틴아메리카 신학적 우애(Fraternidad Teológica Latinoamericana: FTL)'라고 불리는 운동을 조직했다. FTL은 진보적인 개신교 그룹인 ISAL에 대한 대안으로 제시된 중도 신학자 그룹의 신학 운동이었다(Bastian, 1990, 225; Stoll, 1990, 131-132).

근본주의 계열 보수 교회와 달리 오순절 교회는 자체의 간단한 목회 훈련에 만족하고 형식적인 신학 교육에 우선순위를 주지 않았다. 대부분의 교육은 신학적 탐구보다는 교리의 주입식 교육 수준이었다 (Berryman, 1996, 175-176). 브라질 IURD 교회의 목사는 "신학은 교회를 분열시키기 때문에 신학으로부터 해방되어야 한다"는 내용의 책 (*Liberation of Theology*)까지 출판했다. 이 책의 제목은 우루과이 해방신학자 후안 루이스 세군도(J.L. Segundo)가 출판한『신학의 해방』책과 정반대의 내용을 지니고 있었다(Berryman, 1996, 37).

세 번째 기관은 최근 라틴아메리카에서 가장 영향력 있는 교회 형태인 '전자교회(la Iglesia electrónica: The Electronic Church)'라는 미디어 교회이다. 이 교회의 기원은 미국이다. 1930년대 미국인 원주민 선교사 윌리엄 타운센터의 ILV를 시작으로 1950-1970년대 빌리 그램의 TV 부흥시대를 거쳐 1980년대 전자교회 시대로 발전해 왔다. 매주 교회에 가기 어려운 광대한 미국의 지리적 조건의 대안이 전자교회의 탄생을 가져왔다고 볼 수 있다. 그리고 이 매체는 중미의 마야와 아마존 밀림 및 안데스 고산 지대에 거주하는 중남미 원주민 선교에서도 효과적인 선교 방식이었다. 여기서 문제는 내용과 방식이다. 세 가지 심각한 문제가 있는데, 종교의 상업화, 신앙의 상품화, 메시아의 전자화가 그것이다(Assmann, 1988, 20-21). 이들의 특징은 '기독교 자본주의(Capitalismo cristiano)'의 전위대를 분명히 한다는 점이다. '성공한 경영자 예수', '기업으로서 교회'를 강조하며 번영의 신학을 주장한다. 가난은 죄악이며 게으른 개인의 결과라고 설교했다(Assmann, 1988, 20-21).

네 번째 기관은 대학생 선교 단체이다. 대표적인 기관이 미국의 빌 브라이트(Bil Bright)의 '그리스도를 위한 대학 캠퍼스 십자군(Campus

Crusade for Christ: CCC)'과 이 기관의 경제적 지원을 받아 멕시코에서 조직된 '알파와 오메가 운동(el Movimiento Alfa y Omega)'이다. 이들은 멕시코를 시작으로 라틴아메리카 30개 나라로 대학 캠퍼스 십자군을 파송했다. 이들은 가난한 대학생을 중심으로 대학과 대학 주변에서 극우 이데올로기를 확산했다(Bastian, 1990, 231).

다섯 번째 기관은 연구소이다. 라틴아메리카 보수적 개신교의 사상과 활동에 영향을 준 가장 중요한 연구 기관은 1981년 미국의 신보수주의 정치권에서 만든 '민주주의와 종교연구소(the Institute on Religion and Democracy: IRD)'이다. 이 기관은 1979년 니카라과에서 산티니스타 혁명이 성공하면서 미국과 라틴아메리카의 진보적 기독교의 신학—해방신학과 민중교회—의 확산에 대한 이데올로기적 대항의 목적으로 설립되었다. IRD는 두 가지 우선적인 목표로 산디니스타 정부에 대한 반대와 핵무기동결에 대한 반대를 선언했다(Ezcurra, 1984, 50-51; Stoll, 1990, 246-247). 1989년 산디니스타 정부가 선거에서 패배한 이후 IRD의 활동은 다른 주제로 변경해 활동을 계속하고 있다.

종합하면 보수적인 복음주의 선교 단체들은 국내외 정치권의 도움과 대규모 달러의 투자를 통해 눈부신 성장을 이루었다. 자금이 풍부한 많은 미국 복음주의 단체들은 이른바 라틴아메리카에서 "밥그릇 기독교(cristianismo del plato de arroz)"를 통해 자선, 개발 프로젝트, 교회 건축, 재난 구조 등에 막대한 자금을 제공하면서 가난한 이들의 환심을 사려고 했다(Löwy, 1999, 147). 또 1990년대에는 신자유주의 세계화 열풍이 불면서 라틴아메리카 오순절 교회가 역으로 미국의 라틴계 및 전 세계를 대상으로 한 대규모 선교 활동을 진행하고 있다. 심지어 2000년 초에는 세계화와 함께 제3세계에서 일어나는 이러한 오순절 열풍을 '제4차 민주화 물결'이라고 불렀다(Freston, 2003, 299).

이러한 라틴아메리카 보수 교회의 세계화와 관련해 주목해야 할 현상이 한국 보수 교회의 라틴아메리카 선교 활동과 라틴아메리카 교회와의 협력 관계이다. 대표적인 것이 통일교와 여의도순복음교회의 활동이다. 통일교는 1970년대부터 라틴아메리카에 진출했다. 주로 중남미와 독재 국가가 있는 나라로 진출해 독재 국가를 지지하는 선교 활동을 했다(Pixley, 1983, 12; Stoll, 1990, 14-15; Galindo, 1994, 370-374). 1990년대 민주화 이후에는 세계화 바람으로 보수적인 개신교와 독립적인 선교 단체들도 NGO의 이름으로 진출해 활동하고 있다. 특히 여의도순복음교회의 메가 교회와 소그룹(Cell)조직을 통한 교회 성장 모델은 중남미 교회 성장의 모델이 되고 있다. 이들이 통일교와 어떤 연관이 있는지 아직 알려진 것은 없다. 그러나 어떤 경우는 한국 교회의 무분별한 해외 선교 활동이 해당 나라에서 독재로 지탄받고 있는 국가들을 간접적으로 지원하고 있다는 지적은 심각하게 재고할 사항이다.[6] 라틴아메리카에서의 빈곤의 세계화와 불평등의 고통을 해소하는 데 공헌하는 선교 활동과 긍정적 협력 관계가 필요하다.

---

6 1990년대는 한국 정부의 세계화 전략으로 한국 기업도 많이 진출했다. 특히 멕시코와 중미 및 카리브 지역의 마낄라 산업단지로 한국 기업들이 직접 투자했다. 이 과정에서 지역 노동법을 준수하지 않아 세계적 물의를 일으키기도 했다. 필자는 멕시코와 과테말라 등의 현지 조사연구를 통해 한국 기업의 현지 노동 문화 존중과 시민사회와 협력하는 기업의 사회적 기여활동(CSR)이 필요함을 제안했다(이남섭 외, 2000; 2011; 2012). 한국 교회도 지역 시민사회와 협력하여 민주주의 회복과 강화, 인권 옹호, 환경보호에 공헌하는 선진국형 해외 선교 및 NGO 활동이 필요하다.

4 맺음말: 부자가 된 교회와 가난해진 사회

빈곤과 불평등에 대한 라틴아메리카 근본주의 교회와 오순절 교회의 입장은 단순했으나 다양했다. 무관심에서 적극적 개입으로 변화·발전되어 왔다. 적극적 개입의 경우 다양한 방식으로 참여해 왔다. 기독교 정당을 통한 직접 참여, 기독교 정치인 지지를 통한 간접 참여 그리고 지역의 사회봉사와 같은 시민사회 활동을 통해 개입해 왔다. 또 이를 재생산하고 지지하는 국내외의 네트워크는 매우 튼튼했다. 이를 통해 신도의 양적 성장과 대형 교회의 설립 등 교회의 외형적 성장을 이루었다. 그러나 이러한 외적 성장에 대한 주관적 찬사와는 달리 사회의 객관적 지표는 우울한 수준이다. 소수의 교회는 부자가 되었는데 다수의 사회는 가난해졌다. 교회와 개인의 영적 성장과 사회의 질적 성장이 일치하지 않는 점이 2020년 라틴아메리카의 보수적 개신교가 직면한 현황이다.

1990년대 중반에 필자는 라틴아메리카의 사회경제적 불평등 현상을 분석한 적이 있다. 신자유주의 10년(1982-1992) 동안 중남미는 불균형 성장의 결과, 빈곤이 증가했음을 확인했다(이남섭, 1996, 64). 다시 20년이 지난 2010년에 유엔보고서(PNUD)는 라틴아메리카가 세계에서 가장 불평등한 지역임을 보고했다(Zalpa, 2018, 521). 오순절 교회의 놀라운 양적 성장과 영적 혁명에도 불구하고 해당 나라의 사회경제적 성과는 미비하다. 오순절 개신교 인구가 많은 나라일수록 반민주적인 나라이고 가장 불평등한 가난한 나라에 속한다는 점이 이를 확인해 주는 구체적 사례이다(앞의 〈표 3〉 참고). 중미의 세 나라(과테말라, 온두라스, 엘살바도르)는 보수적 개신교 인구가 중남미에서 가장 높은 30-40%인데 중남미에서 가장 가난한 나라군에 속하며 군사 쿠데타의 나라 또는 독재국가 아래 살았다. 남미의 수준은커녕 최소한 같은 중미 나라인 코스타리카의 수준은 되어야 '자본주의 발전의 영적 혁명'이란 표현이 가능할 것이다(〈표 3〉 참고). 이와 반대로 오순절 인구가 적은 남미의 경우 경제적으로 불평등 지수는 낮고 잘산다. 인간개발 지수와 민주주의 지수도 높다. 오순절 인구가 아주 적은 유럽의 경우 모두가 삶의 사회경제 지표나 실제 만족도에서 가장 잘사는 선진국 국가 유형에 속한다. 여기에 라틴아메리카의 보수적 개신교의 성장 실태 사례를 통해 배울 수 있는 교훈이 있다.

사회 문제와 관련해 한국의 보수적 개신교와 라틴아메리카 보수 교회의 공통점과 차이점은 무엇일까? 공통점은 세속적 성공 욕망이 강하며 권력 지향적이라는 점이다. 특히 이들의 비즈니스(경제적) 감각과 판단은 매우 뛰어나다. 로또 기업형 성장 전략을 잘 구사한다. 경제적 이익 변동을 가져올 사회적 변동과 함께 신학적 담론과 정치적 행동도 변화했다. 보수적 국가 권력의 요구사항을 매우 신속히 파악하고 대응했다. 보수적 국가 권력이 정치에 대한 무관심과 정치 참여에 대해 단죄를 요구할 때는 무관심과 단죄의 담론을 형성했다. 이와 정반대로 보수적 국가 권력이 적극 참여를 요청할 때는 단죄 또는 무관심에서 적극 참여로 변화했다.

차이점으로는 다음 두 가지를 생각할 수 있겠다. 첫째 무엇보다 민족주의적 입장이다. 라틴아메리카의 보수적 개신교, 특히 오순절 교회는 한국의 보수적 개신교와 정반대로 민족주의 의식이 분명하며 이 점이 라틴아메리카 대중의 지지를 받은 성공 요인 중의 하나이다. 중남미의 오순절 교회는 미국의 신학과 재정으로부터 완전히 독립되어 있다. 따라서 강대국의 눈치를 보지 않고 불평등과 같은 사회경제적 문제의 접근 방식이 좀 더 유연하다. 무엇보다 라틴아메리카 보수적 개신교인들은 독립기념일 때 성조기를 들지 않는다.

둘째는 실용주의적 관점이다. 라틴아메리카 보수적 개신교는 정치 이념과 불평등 등의 문제를 실용주의적 관점에서 접근하고 현실적으로 대응한다. 이러한 방식은 구조적 문제를 근본적으로 해결하지 못하는 기회주의적이고 임기응변적이라는 지적도 가능하다. 그러나 이념이 다른 진영 간 극단적 대응을 해소한다는 장점이 있다. 이러한 실용주의적 접근은 극단적 근본주의를 완화하는 작은 문화적 변화가 될 수 있다. 특히 추상적인 신학적 담론보다 구체적인 삶의 문제로 접근하는 방식은 사회 문제 해결을 위한 매우 현실적인 대응이다. 또 이들은 서두르지 않고 한 걸음씩 전진하는 길을 선택한다. 이 두 가지 차이점에서 라틴아메리카의 보수적 개신교 사례가 한국 개신교에 주는 시사점이 있다고 생각한다.

참고문헌

제1부 1장 라틴아메리카 가톨릭교회와 불평등 문제

구스타보 구티에레스(1990), 『해방신학』, 성염 옮김, 왜관: 분도출판사.

_____(1987), 『가난한 사람들의 역사적 위력』, 김수복 옮김, 서울: 성요셉출판사.

라틴아메리카주교회의(1989), 『메델린 문헌』, 김수복 · 성염 옮김, 왜관: 분도출판사.

미카엘 뢰비(2012), 『신들의 전쟁: 라틴아메리카 종교와 정치』, 김항섭 옮김, 서울: 그린비.

레오나르도 보프(1996), 『생태신학』, 김항섭 옮김, 서울: 가톨릭출판사.

조영현(2009), 「중남미 해방신학과 유토피아: 구스타보 구티에레스의 신학을 중심으로」, 『이베로아메리카연구』 20(1), 183-207쪽.

에두아르도 갈레아노(1999), 『수탈된 대지』, 박광순 옮김, 서울: 범우사.

한상봉(2014), 『행동하는 교황 파파 프란치스코』, 파주: 다섯수레.

홍인식(2016), 『해방신학 이야기』, 서울: 신앙과 지성사.

Berryman, Phillip(1989), *Teología de la liberación*, México: Siglo XXI.

Jo, Young Hyun(2005), *Sacerdotes y transformación social en Perú(1968-1975)*, México: UNAM.

Jürgen Burchardt, Hans(2012), ¿Por qué América Latina es tan desigual? Tentavias de explicación desde una perspectiva inusual, *Nueva Sociedad*, No. 239.

Smith, Christian(1994), *La teología de la liberación. Radicalismo religioso y compromiso social*, Barcelona: Paidos.

〈제2차 바티칸 공의회 문헌과 교황의 회칙들〉

제2차 바티칸 공의회(1965), 〈사목 헌장(*Gaudium et Spes*)〉.

교황 바오로 6세(1967), 〈민족들의 발전(*Populorum Progressio*)〉.

교황 프란치스코(2014), 『복음의 기쁨(*Evangelii Gaudium*)』.

교황 프란치스코(2015), 『찬미 받으소서(*Laudato Si*)』.

2장 식민시대 가톨릭교회와 원주민: 종교적 불평등과 그 양상

김세건(2010), 『우리는 빠창게로!: 멕시코 사람들의 축제와 의례』, 서울: 지식산업사.

루이스 리베라(2020), 『복음 전도를 빙자한 폭력과 수탈의 역사: 아메리카는 어떻게 기독교 세계의 희생제물이 되었는가?』, 이용중 옮김, 서울: 새물결플러스.

송영복(2006), 「16세기 아메리카 대륙 원주민 선교의 기본 원리: 에스파냐 가톨릭의 누에바 에스파냐(Nueva España) 선교와 오늘날 한국기독교의 해외 선교의 기본개념 비교를 위한 식민지 시대 사료 연구」, 『선교와 신학』, Vol. 18.

이성형(2000), 「'영혼의 정복': 신학적-정치적 논쟁의 계보」, 『국제지역연구』, Vol. 8, No. 4.

이성훈(2014), 「왕권과 교권의 대립을 통해서 본 신대륙의 가톨릭 전파과정 연구」, 『비교문화연구』, Vol. 37.

_____(2017), 「라틴아메리카 종교재판과 원주민: 누에바 에스파냐 지역을 중심으로」, 『국제문화연구』, Vol. 10, No. 1.

이영효(2007), 「아메리카 원주민에 대한 스페인의 초기 인식과 태도: 세풀베다(Juan Ginés de Sepúpveda)와 라스 카사스(Bartolomé de Las Casas)의 논쟁을 중심으로」, 『역사학연구』, Vol. 31.

조영현(2014), 「16세기 누에바 에스파냐 지역 가톨릭교회의 선교 전략과 '원주민적 그리스도교 문명권에 대한 기획'」, 『이베로아메리카연구』, Vol. 7, No. 1.

_____(2014), 「16세기 누에바 에스파냐(Nueva España) 지역 선교 방법에 대한 고찰: 탁발수도회의 문화 예술적 선교 방법을 중심으로」, 『중남미연구』, Vol. 33, No. 1.

장준철(2015), 「중세의 성인숭배와 성유물 비하(humiliation of relics) 의식」, 『이화사학』, Vol. 52.

주종택(2004), 「라틴아메리카의 사회변화와 축제: 겔라겟사와 카니발의 사례」, 『라틴아메리카연구』, Vol. 17, No. 3.

Burkhart, Louise M.(1989), *The Slippery Earth: Nahua-Christian Moral Dialogue in Mexico*, Tuscon.

Burkholder, Mark A. and Lyman L. Johnson(1975), *Colonial Latin America*, Oxford.

Carrasco, Pedro(1975), "La Formación de la Cultura Indígena durante la Colonia", *Historia Mexicana*, México, Vol. 25, No. 2.

Chance, John K.(1989), *Conquest of the Sierra: Spaniards and Indians in Colonial Oaxaca*, Norman.

Chance, John K. and William B. Taylor(1985), "Cofradías and Cargos: An Historical Perspective on the Mesoamerican Civil-Religious Hierarchy", *American Ethnologist*, Vol. 12, No. 1.

Chuchiak IV, John F.(ed.)(2012), *The Inquisition in New Spain 1536-1820: A Documentary History*, Baltimore.

Collier, George A., Renato I. Rosaldo, and John D. Wirth(1982), *The Inca and Aztec States 1400-1800*, New York.

Duverger, Christian(1996), *La Conversión de los Indios de Nueva España*, México.

Eechtloff, Dagmar(1993), "La Formación de una Sociedad Intercultural: Las Cofradías en el Michoacán colonial", México: Historia Mexicana, Vol. 43, No. 2.

Farriss, Nancy M.(1984), *Maya Society Under Colonial Rule: The Collective Enterprise of Survival*, Princeton.

Friede, Juan and Benjamin Keen eds.(1971), *Bartolome de las Casas in History: Toward an Understanding of the Man and His Work*, Dekalb.

Ganedo, Lino Gómez(1988), *Evangelización y Conquista. Experiencia Franciscana en Hispanoamerica*, México.

Gibson, Charles(1964), *The Aztecs Under Spanish Rule*, Stanford.

Griffiths, Nicholas and Fernando Cervantes(1999), *Spiritual Encounters: Interactions between Christianity and Native Religious in Colonial America*, Birmingham.

Gruzinski, Serge(1993), *The Conquest of Mexico*, Cambridge.

Haring, C. H.(1947), *The Spanish Empire in America*, San Diego.

Lockhart, James(1992), *The Nahuas After the Conquest: A Social and Cultural History of the Indians of Central Mexico, Sixteenth Through Eighteenth Centuries*, Stanford.

Medrano Enríquez, Angélica María(2014), "Estimating the Number of Combatants during the Mixtón War in the Peñol de Nochistlán", *Journal of Conflict Archaeology*, Vol. 9, No. 2.

Morales, Franscisco(2008), "The Native Encounter with Christianity: Franciscans and Nahuas in Sixteenth-Century Mexico", *The Americas*, Vol. 65, No. 2.

Nutini, Hugo G.(1988), "Pre-Hispanic Component of the Syncretic Cult of the Dead in Mesoamerica", *Ethnology*, Vol. 27, No. 1.

Ricard, Robert(1966), *The Spiritual Conquest of Mexico: An Essay on the Apostolate and the Evangelizing Methods of the Mendicant Orders in New Spain 1523-1572*, Berkeley.

Schroeder, Susan and Stafford Poole ed.(2007), *Religion in New Spain*, Albuquerque.

Antonovsky, A.(1960), *The Social Meaning of Discrimination*, New York: Phylon.

Barbier, Maurice(1995), *La laïcité*, París, Ediciones Le Harmattan.

Bauman, Zigmunt(2003), *Comunidad*, Buenos Aires, Siglo XXI.

Berger, Peter. y Luckmann, Thomas(2006), *La construcción social de la realidad*, Buenos Aires: Amorrortu.

Bidart Campos, Germán(1992), *Tratado Elemental de Derecho Constitucional*, Buenos Aires: Ediar.

Blancarte, Roberto(2003), "Discriminación por motivos religiosos y Estado laico: elementos para una discusión", en *Estudios Sociológicos*, vol. XXI, núm. 62, mayo-agosto, El Colegio de México.

Blancarte, Roberto(2008), "Libertad religiosa, Estado laico y no discriminación", *Cuadernos de la igualdad* Nº 9, Consejo Nacional para prevenir la discriminación, México.

Cipriani, Roberto(2004), *Manual de Sociología de la Religión*, Buenos Aires: Editorial Siglo XXI.

Contreras Mazarío, José María y CELADOR ANGÓN, Oscar(2007), *Laicidad, manifestaciones religiosas e instituciones públicas*, Madrid, Fundación Alternativas, Documento de trabajo 124/2007.

Domenech, Eduardo(2003), "El multiculturalismo en Argentina: Ausencias, ambigüedades y acusaciones", Centro de Estudios Avanzados, Universidad Nacional de Córdoba, en *Estudios*, Nº 14, pp. 33-47.

Durkheim, Émile(1993), *Las formas elementales de la vida religiosa*, Madrid: Alianza Editorial.

Feagin, J. R., and C. B. Feagin(1986), *Discrimination American Style: Institutional Racism and Sexism*, 2d ed. Malabar, Fla.: Krieger.

Feierstein, Daniel(2008), *Seis estudios sobre genocidio*, Buenos Aires: Editores del Puerto.

Giddens, Anthony(1995), *Modernidad e identidad del yo. El yo y la sociedad en la época contemporánea*, Barcelona: Península.

Grüner, Eduardo(2010), "Racismo/modernidad: una historia solidaria", en *Cuadernos del INADI*, Nro. 1, Abril 2010.

Hepple, B., Chourdhurry, T.(2001), "Tackling religious discrimination: practical implications for policy makers and legislators", *Home Office Research Study* 221, London: Home Office.

Lischetti, Mirta(comp.)(2006), *Antropología*, Buenos Aires: Eudeba.

Luckmann, Thomas(1973), *La religión invisible: el problema de la religión en la sociedad moderna, Salamanca*, Editorial Sígueme.

Mallimaci, Fortunato(2002), "Religión, catolicismo y sociedad civil en Argentina: entre la nación católica y la reconstrucción plural de los lazos sociales" en *Revista Argentina de Ciencia Política*, nro. 5/6, Buenos Aires: Eudeba.

Muchnik, Maira(2002), "Nouvelles religiosités argentines", en *Archives des Sciences Sociales des Religions*, Nro. 118.

Pettigrew, T. y Taylor, Marylee(2001), "Discrimination", en *Encyclopedia of Sociology*, Vol. 1, New York: Gale, Cengage Learning, 2001.

Robbers, G.(2000), *Key Issues Tackling Discrimination on Grounds of Religion*, Institute for European Constitutional Law, University of Trier.

Scharf, M.(2003), *Belief and exclusion. Combating religious discrimination in Europe*, Northumbria University, London: European Commission and European Network Against Racism.

Solé, Carlota(1994), *Discriminación racial en el mercado de trabajo*, Madrid: Consejo Económico y Social.

Todorov, Tzvetan(1991), *Nosotros y los otros*, México D.F., Siglo XXI.

Van Dijk, Teun(2003), *Dominación étnica y racismo discursivo en España y América Latina*, Barcelona: Gedisa.

Villalpando, Waldo et al.(2006), *La discriminación en Argentina. Diagnósticos y propuestas*, Buenos Aires: Eudeba.

Weber, Max.(1998), *Ensayos sobre sociología de la religión*, Tomo 1, Madrid: Taurus.

Weller et al.(2001), "Religious Discrimination in England and Wales", *Home Office Research Study* 220, London: Home Office.

4장 종교로 본 브라질의 사회적 불평등의 기원

강석영·최영수(2005), 『스페인 포르투갈사』, 서울: 대한교과서.

김상준(2021), 『붕새의 날개 문명의 진로: 팽창문명에서 내장문명으로』, 파주: 아카넷.

끌라스뜨르, 삐에르(2002), 『폭력의 고고학』, 변지현 옮김, 서울: 울력.

다마따, 호베르뚜(2015), 『브라질 사람들』, 임두빈 옮김, 서울: 후마니타스.

다이아몬드, 재레드(2013), 『총, 균, 쇠』, 김진준 옮김, 서울: 문학사상사.

다카시, 사이토(2009), 『세계사를 움직이는 다섯 가지 힘』, 홍성민 옮김, 서울: 뜨인돌.

다쿠에이, 우야마(2021), 『종교 권력은 세계 역사를 어떻게 움직였나』, 안혜은 옮김, 서울: 시그마북스.

도킨스, 리처드(2007), 『만들어진 신』, 이한음 옮김, 서울: 김영사.

들라강파뉴, 크리스티앙(2013), 『인종차별의 역사』, 하정희 옮김, 고양: 예지.

브라질 첫 미사 그림, https://www.infoescola.com/historia/primeira-missa-no-brasil/

뢰비, 미카엘(2012), 『신들의 전쟁』, 김항섭 옮김, 서울: 그린비.

뤼팽, 장 크리스토프(2005), 『붉은 브라질』, 이원희 옮김, 서울: 작가정신.

지 올란다, 세르지우 부아르끼(2017), 『브라질의 뿌리』, 김정아 옮김, 서울: 후마니타스.

이광윤(2015), 『브라질 흑인의 역사와 문화』, 부산: 산지니.

임두빈(2010), 「일상에서 교환되는 '브라질 제이칭뉴'의 사회·문화적 기능에 관한 고찰」, 『포르투갈-브라질 연구』 제7권 1호, 179-201쪽.

스타노비치, 키스 E.(2022), 『우리편 편향』, 김홍옥 옮김, 서울: 바다출판사.

카너먼, 대니얼(2018), 『생각에 관한 생각』, 이창신 옮김, 김영사.

홍익희(2019), 『문명으로 읽는 종교 이야기』, 서울: 행성B.

히베이루, 다르씨(2016), 『브라질 민족』, 이광윤 옮김, 서울: 한국문화사.

푸코, 미셸(2020), 『담론의 질서』, 이정우 옮김, 서울: 중원문화.

A Carta de Pero Vaz de Caminha, Fundacao Biblioteca Nacional, Ministério da Cultura, http://objdigital.bn.br/Acervo_Digital/Livros_eletronicos/ carta.pdf(검색일자: 2022.03.08)

Heid, Markham(2020), "Science Explains Why Uncertainty is so hard on our brain", https://elemental.medium.com/science-explains-why-uncertainty-is-so-hard-on-our-brain-6ac75938662(검색일: 2022. 04. 14.)

Ferraz Gerardi, Fabrício and Reichert, Stanislav(2021), "The Tupí-Guaraní Language Family: A Phylogenetic Classification", *Diachronica* 38, pp. 1-38.

Tacca, Fernado de.(2002), "Rituães e festas Bororo: a construção da imagem do índio como 'selvagem' na Comissão Rondon", *Revista Antropologia* 45(1).

5장 쿠바 혁명 정권과 가톨릭교회의 관계 변화: 적대와 차별의 대상에서 대화 상대자로

레오 휴버만 · 폴 M. 스위지(1984), 『쿠바혁명사』, 지양사 편집부 옮김, 서울: 지양사.

바니아 밤비라(1985), 『큐바혁명의 재해석』, 김현식 옮김, 서울: 백산서당.

박구병(2016), 「라틴아메리카의 '뜨거운 냉전'과 종속의 심화(1945-1975)」, 『이베로 아메리카연구』, 27(3), 133-157쪽.

페니 러녹스(1996), 『로마 교황청과 국제정치: 카이사르의 교회와 그리스도의 교회』, 안규남 옮김, 서울: 한국신학연구소.

한용희(1987), 『그리스도교와 정치』, 서울: 크리스천.

Alba Silot, John(2015), *Cuba: Iglesia y Revolución, la deconstrucción de un mito. Una relectura historiofráfica sobre el desarrollo de la relación política social entre Catolicismo y Estado en la Cuba del 1959-1969*, Tesis de Maestría, Universidad Nacional de Quilmes, Argentina.

Alvarez Cuartero, Izaskun(1998), "Yo pasé, sereno entre los viles: Estado, revolución e Iglesia en Cuba, 1959-1961", *América Latina Hoy*, pp. 83-90.

Antonio da Silva, Marcos(2016), "Conflicto, diálogo y mediación: un balance de las relaciones la Iglesia y el Estado en la Revolución Cubana", *Anuario Latinoamericano Ciencias Políticas y Relaciones Internacionales*, Vol. 3, pp. 35-52.

Arias Calderón, Ricardo(2007), *Cuba, hoy y mañana*, México: IMDOSOC.

Betto, Frei(1988), *Fidel Castro y la religión. Conversación con Frei Betto*, México: Siglo XXI.

Castro Figueroa, Abel(2008), *Las religiones en Cuba. Un recorrido por la revolución*, México: ITESO.

Contreras García, Delia(2013), "Iglesia católica y Estado en la república de Cuba: Pasado y presente de sus relaciones", *América Latina Hoy*, vol 63, pp. 177-195.

_____(2015), "El papel de la Iglesia católica en el futuro de Cuba: su misión ante la sociedad y el Estado", en Katarzyna Kambicz(ed), *Cuba: ¿quo vadis?*, Polonía: Warszawa, pp. 169-193.

Esquivada, Gabriela(2015), "De Juan Pablo II a Francisco: el rol clave del Vaticano en las relaciones entre EEUU y Cuba", INFOBAE, https://www. infobae.com/2015/05/03/1726279-de-juan-pablo-ii-francisco-el-rol-clave-del-vaticano-las-relaciones-eeuu-y-cuba/(검색일: 2015. 05. 03.)

Farber, Samuel(2012), "La Iglesia y la izquierda crítica en Cuba", *Nueva Sociedad*, No. 242, pp. 123-138.

Festano Fernández, Alexis(2007), "Iglesia católica y la revolución cubana", *Espacio Laical*, 2, 1-5.

Hugo Ramírez, clemente(1998), "Religión y socialismo en el pensamiento de Fidel Castro", *Archivo Chile*. www.archivochile.com

Lampe, Armando(1995), "Las iglesias a la hora de la revolución cubana", en Armando Lampe y Samuel Silva Gotay(ed), *Historia general de la Iglesia en América Latina* Tomo IV, Salamanca: Sigueme, pp. 396-418.

López Oliva, Enrique(2009), "La Iglesia católica y la revolución cubana", The Latin Americanist, september. https://onlinelibrary.wiley.com/doi/abs/10.1111/j.1557-203X.2009.01044.x

Montenero González, Augusto(2009), "Historia e historiografía de la Iglesia en Cuba(1959-1976)", *AHIg* 18, pp. 261-293.

Segrelles Álvarez, Carmen(2018), "La revolución cubana y la iglesia católica: Historia de un desencuentro", *Revista Digital GeoGraphos*, Vol 9, No. 102, pp. 1-47.

Torreira Crespo, Ramón(2005), *La Iglesia católica en la primera oleada migratoria cubana,* La Habana: Editora Política.

Vivero, Nazario(1999), *La Iglesia en Cuba: Después de la visita de S.S. Juan Pablo II,* México: IMDOSOC.

제2부 6장 라틴아메리카 신은사운동과 신사도개혁운동의 권력 불평등 구조에 관하여

Arce Borja(2006), *Luis VOZ REBELDE,* Lima, Peru, 2006. 8. 3.

Batista, Ismael(2006), "presentacion", en *Freddy Guerrero Fanino Nuevas Formas de Poder,* Movimiento apostolico y mesianico evangelico, Quito: Editorial FLEREC, 2006.

Baudrillard, Jean(1993), *Cultura y simulacro,* Barcelona: Editorial Karios.

Baudrillard, Jean(1997), *Las estrategias fatales,* Barcelona: Editorial Anagrama, 5ta. edición(primera edición en 1984).

Bosca, Roberto(1993), *New Age: la utopia religiosa del fin del siglo,* Buenos Aires: Atlantida, p. 83.

Cannistraci, David(1996), *Apostles and The Emerging Apostolic Movement, Ventura,* California: Renew Books, pp. 116-120.

Christian Lalive d'Epinay(1968), *El Refugio de las Masas, Estudio Sociologico del Protestantismo Chileno,* Santiago: El Pacifico, p. 276.

Cleary, Edward(1996), "Latin American Pentecostalism" in *The Globalization of pentecostalim, a Conference for Pentecostal Leaders and Scholars,* June 10-14, San Jose, Costa Rica, p. 5.

Costas, Orlando(1982), *Christ Outside the Gate, Maryknoll,* N.Y.: Orbis Books.

Deiros, Pablos(1997), *Protestantismo en America Latina, ayer, hoy y manana*, Nashville TN, USA: editorial Caribe, p. 1.

Deiros, Pablo, Mraida, Carlos(1994), *Latinoamerica en llamas*, Miami, Florida: editorial Caribe.

Frankl, Viktor(1986), *El hombre en busca de sentido*, Barcelona: Herder, p. 8.

Garcia Canclini, Néstor(1992), *Culturas híbridas: estrategias para entrar y salir de la modernidad*, Buenos Aires, Argentina: Sudamericana.

Gonzalez, Justo(2001), *Mapas para la historia futura de la iglesia*, Buenos Aires, Argentina: Editorial Kairos.

GONZÁLEZ-CARVAJAL(1993), *Luis Ideas y creencia del hombre actual*, Santander: Editorial SAL TERRAE(primera edición en 1991), p. 17.

Hamon, Bill(1997), *Apostles, Prophets and the Coming Moves of God, Shippensburg*, PA: Destiny Image, p. 40-41.

Hervieu-Leger, Daniele(1987), "Secularizacion y Modernidad religiosa", en *Selecciones de Teologia*, vol. 23. no. 103, 217-227.

Klaiber, Jeffrey(2000), "Iglesia católica y poder político en el siglo XX", La religión en el Perú al filo del milenio / Marzal, Manuel. éd; Romero, Catalina. éd; Sánchez, José. éd, Lima: Pontificia universidad católica del Perú, p. 87-108.

Mackay, John(1991), *El Otro Cristo Espanol*, Lima: Colegio San Andres.

Mardones, Jose Maria(1996), *A donde va la religion?: cristianismo y religiosidad en nuestro tiempo*, Santander: Sal Terrae.

Mardones, Jose M.(2005), *Análisis de la sociedad y fe cristiana*, Madrid: PPC, p. 249.

Miguez Bonino, Jose(1995), *Rostos del Protestantismo latinoamericano*, Buenos Aires, Argentina: ISEDET.

Plutarco, Bonilla(2005), *Reflexiones en torno al libro Nuevas formas de poder*, Movimiento.

Scott Horton(1991), *Michael Made in America: The Shaping of Modern American Evangelicalism. Grand Rapids*, Michigan: Baker Book House.

The Globalization of pentecostalism(1996), *a Conference for Pentecostal Leaders and Scholars*, June 10-14, San Jose, Costa Rica.

Wagner, Peter(1986), "The Key to Victory is Binding the 'Strong Man'" in *Ministries Today*, november-december, p. 84.; in *How to have a healing ministry without making your church sick*, pp. 201-202.; in *The Third Wave of the Holy Spirit*, pp. 60-61; Warner, *Timothy Guerra espiritual*, p. 134; Charles Kraft(1994), *Behind the enemy lines: an advanced spiritual guide to spiritual warfare*, in Dealing with demonization, edited by Charles Kraft and Mark White, Ann Arbor, MI: Servant Books, pp. 60-61.

7장 라틴아메리카 개신교의 성장과 가톨릭의 대응

김세건(2010), 『우리는 빠창게로!: 멕시코 사람들의 축제와 의례』, 서울: 지식산업사.

김윤경(2011), 「외채위기 이후 멕시코 치아파스 원주민의 개종: 가톨릭에서 프로테스탄티즘으로」, 『역사문화연구』, 제39집, 291-336쪽.

김항섭(2013), 「라틴아메리카 가톨릭교회의 역사와 현실」, 『사목정보』, 제6권 6호, 7-11쪽.

박구병(2016), 「1970년대 말-1980년대 초 미국의 '기독교 우파'와 과테말라 오순절파의 동반 성장」, 『라틴아메리카연구』, 제29권 1호, 247-269쪽.

조영현(2020), 「라틴아메리카 해방신학과 해방철학 비교연구: 주요 개념을 중심으로」, 『중남미연구』, 제39권 4호, 95-128쪽.

_____(2011), 「21세기 라틴아메리카 가톨릭교회의 당면문제」, 『트랜스라틴』, 제17권, 13-25쪽.

_____(2009), 「중남미 해방신학과 유토피아: 구스타보 구티에레스의 신학을 중심으로」, 『이베로아메리카연구』, 제20권 1호, 183-207쪽.

주종택(2006), 「라틴아메리카의 종교변화와 개신교의 역할」, 『중남미연구』, 제24권 2호, 157-184쪽.

_____(2004), 「멕시코의 사회변화와 개신교의 발전」, 『라틴아메리카연구』, 제17권 1호, 5-48쪽.

_____(2000), 「라틴아메리카의 사회경제적 변화와 종교: 천주교와 개신교의 관

계」, 『한국문화인류학』, 제33권 2호, 331-360쪽.

Adams, Abigail(2001), "Making One Our World: Protestant Q'eqchi' Mayas in Highland Guatemala", in James W. Dow and Alan R. Sanderstrom(eds.), *Holy Saints and Fiery Preachers: The Anthropology of Protestantism in Mexico and Central America*, Westport, CT: Praeger, pp. 205-233.

Bastian, Jean Pierre(1990), *Historia del Protestantismo en América Latina*, México: CUP S. A.

_____(1994), *Protestantismo y Modernidad Latinoamericana: Historia de Unas Minorias Religiosas Activas en América Latina*, Méxicio: Fondo de Cultura Económica.

_____(1983), *Protestantismo y Sociedad en México*, México: CUP S. A.

Bonner, Arthur(1999), *We will not be stopped: Evangelical Persecution, Catholicism and Zapatismo in Chiapas*, Mexico.

Bowen, Kurt(1996), *Evangelicalism and Apostasy: The Evolution and Impact of Evangelicals in Modern Mexico*, Montreal: McGill-Queen's University Press.

Cahn, Peter S(2003), *All Religions Are Good in Tzintzuntzan: Evangelicals in Catholic Mexico*, Austin: University Press.

Cancian, Frank(1965), *Economics and Prestage in a Maya Community: The Religious Cargo System in Zinacantan*, Stanford: Stanford University Press.

Chance, John K. and Taylor, William B(1985), "Cofradías and Cargos: A Historical Perspective on the Mesoamerican Civil-Religious Hierarchy", *American Ethnologist*, 12-1, pp. 1-26.

Clarke, Colin(2000), *Class, Ethnicity, and Community in Southern Mexico: Oaxaca's Peasantries*, Oxford: Oxford University Press.

Collier, George A.(2005), *Land and the Zapatista Rebellion in Chiapas*, California: Food First Books.

Collier, George A., Pablo J. Farias Campero, John E. Perez, Victor P. White(2000), "Socio-economic Change and Emotional Illness among the Highland Maya of Chiapas, Mexico", *Ethos*, 28-1, pp. 20-53.

Cook, Guillermo(1994), "Introduction: The Changing Face of the Church in

Latin America", in Guillermo Cook(ed.), *New Face of the Church in Latin America: Between Tradition and Change*, Maryknoll, N. Y.: Orbis: ix-xiv.

Dow, James W(2001), "Protestantism in Mesoamerica: The Old within the New", in James W. Dow and Alan R. Sanderstrom(eds.), *Holy Saints and Fiery Preachers: The Anthropology of Protestantism in Mexico and Central America*.

_____(2005), "The Expansion of Protestantism in Mexico: An Anthropological View", *Anthropological Quarterly*, 78-4, pp. 827-851.

Foster, George M.(1979), *Tzintzuntzan: Mexican Peasants in a Changing World*, revised ed., N. Y.: Elsevier.

Friedlander, Judith(1981), "The Secularization of the Cargo System: An Example from Postrevolutionary Central Mexico", *Latin American Research Review*, 16-2, pp. 132-143.

Garrard-Burnett, Virginia(1993), "Conclusion: Is This Latin America's Reformation?", in Virginia Garrard-Burnett and David Stoll(eds.), *Rethinking Protestantism in Latin America*, Philadelphia: Temple University Pr.

Jones, Katie(2005), "Evangelization and Religious Conflict in Chiapas: In Search of Common Ground", *ISP Collection*, Paper 441. http://digitalcollections.sit.edu/isp-collection/441.

Kirk, John(1995), "Whither the Catholic Church in the 1990?", in Sandor Halebsky and Richard L. Harris(eds.), *Capital, Power, and Inequality in Latin America*, Boulder, CO: Westview, pp. 233-252.

Kovic, Christine(2005), *Mayan Voices for Human Rights: Displaced Catholics in Highland Chiapas*, Austin: University. of Texas Pr.

Peterson, Anna L. and Vázquez, Manuel A.(ed.)(2008), *Latin American Religions: Histories and Documents in Context*, New York: New York University Press.

Robledo Hernández, Gabriela(1997), *Disidencia y Religión: Los Expulsados de San Juan Chamula*, México: Univ. Autónoma de Chiapas.

Rowland, Christopher(ed.)(1999), *The Cambridge Companion to Liberation Theology*, Cambridge University Press.

Rus, Jan and Wasserstrom, Robert(1980), "Civil-Religious Hierarchies in Central Chiapas: A Critical Perspective", *American Ethnoligist*, 7-3, pp. 466-478.

Stoll, David(1982), *Fishers of Men or Founders of Empire: The Wycliffe Bible Translators in Latin America*, Cambridge: Zed Press.

_____(1990), *Is Latin America Turning Protestant?: The Politics of Evangelical Growth*, California: Univ. of California Pr.

Turner, Paul R.(1979), "Religious Conversion and Community Development", *Journal for the Scientific Study of Religion*, 18-3, pp. 252-260.

Westmeier, Karl-Wilhelm(1999), *Protestant Pentecostalism in Latin America: A Study in the Dynamics of Missions*, London: Associated University Press.

Whitecotton, Joseph W.(1977), *The Zapotecs: Princes, Priests and Peasants*, Norman, OK: University of Oklahoma Press.

8장 브라질의 사회 불평등과 정치 도구로서의 복음주의 기독교의 부상

김상근(2006), 「해방신학의 시대는 가고 이제는 오순절 시대인가?」, 『기독교사상』 통권 제574호, 137-158쪽.

레이코프, 조지(2007), 『프레임 전쟁』, 나익주 옮김, 파주: 창비.

바디우, 알랭 외(2014), 『인민이란 무엇인가』, 서용순 외 옮김, 서울: 현실문화.

벨케이드, 아크람·우랄랄루, 라미아(2020), 「기독교 복음주의, 반동적인 초국가」, 『르몽드 디플로마티크』, http://www.ilemonde.com/news/articleView.html?idxno=13239

애쓰모글로, 대런·로빈슨, 제임스(2020), 『좁은 회랑』, 장경덕 옮김, 서울: 시공사.

워닥, 루스·메이어 외(2021), 『비판적 담화 연구의 방법들』, 김현강 외 옮김, 서울: 경진.

유희재(2017), 「정치적 담화에서 나타나는 '우리'의 의미와 대통령의 전략적 위치 짓기」, 『이화어문논집』 제43권, 119-142쪽.

이원표(2015), 『한국정치담화의 언어학적 분석』, 서울: 한국문화사.

임두빈(2022), 「신 전환기 브라질 정치지형 변화의 문법에 대한 소고」, 『인문사회21』 제13권 1호, 2852-2860쪽.

조영현(2013),「구스타보 구티에레스의 해방신학」,『트랜스라틴』 24호, 2013, 44-60쪽.

최영수(2000),「브라질인의 종교와 종교의식」,『국제지역연구』 제4권 4호, 91-145쪽.

페니베이커, 제임스(2016),『단어의 사생활』, 김아영 옮김, 서울: 사이.

피케티, 토마(2014),『21세기 자본』, 장경덕 옮김, 파주: 글항아리.

BBC News Brasil(2019), "역대 브라질 대통령 유엔총회 개막식 연설문 말풍선", https://oglobo.globo.com/epoca/nuvem-de-palavras-os-termos-mais-usados-por-presidentes-brasileiros-em-discursos-na-onu-desde-1982-23970577 (검색일: 2022. 03. 09.)

"Bolsonaro chora durante encontro com pastores evangélicos e fala em 'ameaça socialista'", https://youtu.be/q-e8X6GNeNs(검색일: 2022. 03. 09.)

D. Dantas, "Bolsonaro usa mais o termo 'militar' que 'democracia'", 2021,https://oglobo.globo.com/politica/bolsonaro-usa-mais-termo-militar-que-democracia-em-discursos-falas-publicas-1-25213226(검색일: 2022. 03. 26.)

Kimball, Charles(2008), *When Religion Becomes Evil*, HarperCollins.

Financial Times, https://www.ft.com/content/e7a47196-1817-11ea-9ee4-11f260415385?fbclid=IwAR0cxCuvnQpq0lCGY_mOFKScgukfXuJOPtzazcGXn9BmFrQRMXX0iLkMoAc(검색일: 2022. 03. 26.)

Pastor Valdemar Figueredo, "Evangélicos na política são oportunistas?", https://youtu.be/rhYJ5U5XB_Y(검색일: 2022. 01. 22.)

QUEST, Discurso de Bolsonaro na ONU em 2021

http://blog.quaest.com.br/discurso-de-bolsonaro-na-onu-em-2021-tem-maior-indice-de-reprovacao-nas-redes-desde-o-inicio-de-seu-mandato/ (검색일: 2022. 03.21.)

https://www.economist.com/leaders/2009/11/12/brazil-takes-off(검색일: 2022. 03.21.)

https://www.economist.com/leaders/2013/09/27/has-brazil-blown-it(검색일: 2022. 03.21.)

https://www.economist.com/weeklyedition/2019-08-03 (검색일: 2022. 03.21.)

박구병(2018), 「과테말라의 '열민 냉전'과 제노사이드: 1980년대 초 원주민 학살」, 『4.3과 역사』 18, 267-297쪽.

배현진(2019), 『거꾸로 가는 쿠바는 행복하다』, 서울: 시대의 창.

요시다 다로(2011), 『의료천국, 쿠바를 가다』, 위정훈 옮김, 서울: 파피에.

이남섭(2020), 「포스트 신자유주의 시대 멕시코의 정치변동과 종교의 역할-복음주의 우파정당 사례를 중심으로」, 『중남미연구』 제39권 2호, 2020, 245-278쪽.

_____(2011), 「전환기에 있는 라틴아메리카 개신교」, 『트란스라틴』 17, 26-36쪽.

_____(2003), 「역사적 변동과 종교: 사회적 성격을 중심으로」, 『라틴아메리카의 역사와 문화』, 소화.

_____(2002a), 「최근 라틴아메리카 해방신학의 경향」, 『민중과 신학』 8, 12-24쪽.

_____(2002b), 「멕시코 원주민신학에 나타난 생명 사상」, 『제3세계 신학에 나타난 생명 사상의 비교연구』, 서울: 생각의 나무.

_____(2001a), 『멕시코 NGO의 실업대응전략』, 서울: 나눔의 집.

_____(2001b), 「멕시코 혁명과 종교」, 『라틴아메리카연구』 제14권 2호, 317-356쪽.

_____(1998), 「중남미 종교변혁 운동의 유토피아 사상: 아이티의 라발라스 선거혁명과 멕시코 원주민운동을 중심으로」, 『신학과 사회』 12, 357-363쪽.

_____(1992), 「최근 라틴아메리카 민중의 사회운동과 기독교 사회운동의 현황」, 『신학사상』, 77호, 324-345쪽.

이남섭 외, 총회 한국교회 연구원 편(2019), 『21세기 사회변동과 한국교회의 혁신』, 서울: 한들 출판사.

이남섭 외 공저(2010), 『라틴아메리카의 대안사회운동과 참여민주주의 I, II』, 서울: 높이깊이.

이남섭 외 공저(2005), 『신자유주의 시대 라틴아메리카 시민사회의 대응과 문화변동』, 서울: 오름.

조영현 · 김달관(2012), 「에콰도르 원주민 사상과 세계관의 복원, 수막카우사이(Sumak Kawsay)에 대한 이론적 고찰」, 『중남미연구』 제31권 2호, 127-160쪽.

Barrett, Patrick, Chávez, Daniel y Rodríguez, César(eds.)(2005), *La nueva*

Izquierda Latinoamericana, Bogotá: Grupo Editorial Norma.

Bastian, Jean Pierre(1990), *Historia del Protestantismo en América Latina*, México: Casa Unida de Publicaciones.

_____(1984), *Protestantismo y sociedad en México*, México: CUPSA.

Cannon, Barry and Kirby, Peadar(ed.)(2012), *Civil Society and The State in the Left-Lead Latin America*, London: Zed Books.

Cox, Harvey(2016), *The Market as God*, Cambridge: Harvard University Press. (번역서: 『신이 된 시장』 유강은 옮김, 서울: 문예출판사, 2018).

Dove, Stephen(2016), "Historical Protestantism in Latin America", in *The Cambridge History of Religion in Latin America*, New York: Cambridge University Press, 286-303.

Ellner, Steve(2020), *Latin America's Pink Tide, Breakthroughs and Shortcomings*, New York/London: Rowman & Littlefield.

Feitoza, Pedro(2019), "Historical Trajectories of Protestantism in Brazil, 1810-1960", in *Brazil Evangelicalism in the Twenty-First Century*, Eric Miller and Ronald Morgan (ed.), Switzerland: Palgrave Macmillan, 31-63.

Freston, Paul(2008), *Evangelical Christianity and Democracy in Latin America*, Oxford/New York: Oxford University Press.

Garrad-Burnett, Virginia(2010), *Terror in the land of the holy spirit*, New York: Oxford University Press.

Gotay, Samuel Silva(1985), "La Iglesia Católica en el proceso político de la americanización en Puerto Rico 1898-1930", *Cristianismo y Sociedad*, No. 86.

Guadalupe, José Luis Pérez(2017), *Entre Dios y el César. El impacto político de los evangélicos en el Perú y América Latina*, Lima: Instituto de Estudios Social Cristianos/Konrad Adenauer Stiftung.

Löwy, Michael(1999), *Guerra de Dioses*, México: Siglo XXI. (번역서 『신들의 전쟁』 김항섭 옮김, 서울: 그린비, 2012).

Macín, Raul(1994), "Chiapas, los cristianos y la democracia", *Memoria*, abril, No. 65.

_____(1984), *Ruben Jaramillo, profeta olvidado*, México: Siglo XXI.

Meyer, Jean(1989), *Historia de los cristianos en la América latina*, México: Vuelta.

Smith, Peter H(2000), *Talons of The Eagle: Latin America, the United States, and the World*, New York: Oxfrod University Press. (번역서 『라틴아메리카, 미국, 세계』, 이성형·홍욱헌 옮김, 서울: 까치, 2010).

Pixley, Jorge(1989), *Historia de Israel desde la pesrpectiva de los pobres*, México: Palabra Ediciones.

경향신문, "노벨평화상 받을 만하죠. 쿠벤저스의 달라진 위상", 2020.6.16.

한겨레, "지금 의사가 만나러 갑니다", 2020.9.19.

한겨레, "콜롬비아 첫 좌파 대통령 당선 중남미 '핑크 타이드' 계속된다", 2022.6.21.

IMF, 「2022 GDP(세계 일인당 국민소득) 보고서」, www.imf.org(검색일: 2022.06.05.)

http://namu.wiki/w/국가별%201인당%명목%20GDP%20순위(검색일: 2022.06.08.)

Pew Research Center(PRC), 「Religion in Latin America」, November 13, 2014. www.pewesearch.org(검색일: 2022.06.05.)

The Economist Intelligent Unit, 「2021 GDI(세계 민주주의 지수)보고서」, https://www.docdroid.net/xCeDvHc/eiu-democracy-index-2021-pdf#page=9(검색일: 2022.06.05.)

UNDP, 「2019 IHDI(세계 불평등지수) 보고서」, https://hdr.undp.org/en/composite/IHDI(검색일: 2020.06.05.)

10장 라틴아메리카의 불평등과 보수적 개신교의 역할

박구병(2018), 「과테말라의 내전 종식 이후, 평화협정 이행의 험로」, 『라틴아메리카 연구』, Vol. 31, No. 4.

이남섭(2020), 「포스트 신자유주의 시대 멕시코의 정치변동과 종교의 역할—복음주의 우파정당 사례를 중심으로」, 『중남미연구』, Vol. 39, No. 2.

_____(2012), 「한국ODA의 시민사회 협력정책과 시민사회지표의 활용」, 『국제

개발협력』, 3호.

_____(1996), 「중남미의 사회경제적 불균형」, 『지역경제』, 5권 4호.

_____외(2011), 『중남미진출 한국기업의 사회적 공헌 제고 방안 연구』, 대외경제정책연구원.

_____외(2000), 『멕시코 한국기업의 노동문화적응』, 고려대노동문제연구소/미래인력연구센터.

Antonio Cunha, Luiz(2018), "Religión y política: Brasil", Blancarte, Roberto(coord.), *Diccionario de religiones en América Latina*, México: FCE, 553-559.

Assmann, Hugo(1988), *La iglesia electrónica y su impacto en America Latina*, San José: DEI.

Bastian, Jean Pierre(1990), *Historia del Protestantismo en América Latina*, México: Casa Unida de Publicaciones.

Berger, Peter(1999), *The Desecularization of the World: Resurgent Religion and World Politics*, Grand Rapids: William B. Eerdmans.(번역서 『세속화냐? 탈세속화냐?, 종교의 부흥과 세계정치』, 김덕영·송재룡 옮김, 서울: 대한기독교서회, 2021).

Berryman, Phillip(1996), *Religion in the Megacity*, Oregon: Wipt & Stock Pub.

Canton Delgado, Manuela(2011), "Guatemala: Protestantismos, violencias y heteroglosías en perspectiva", en Ortiz, Olga Odgers(coord.), *Pluralización religiosa de América Latina*, Tijuana: El Colegio de la Frontera Norte.

Cox, Harvey(1995), *Fire from Heaven*, Massachusetts: Addison-Wesley Pub. Comp. (번역서 『영성, 음악, 여성: 21세기 종교와 성령운동』, 유지황 옮김, 서울: 동연, 1996).

Ezcurra, Ana María(1984), *El vaticano y la administración reagan*, México: Nuevomar.

Fonseca, Alexandra Brasil(2019), "Evangelicals in Brazil: Analysis, Assessment, Challenge", in Miller & Morgan(ed.), *Brazilian Evangelicalism in the Twenty-Fist Century*, Switerland: Palgrave Macmililan, pp. 119-135.

Frener, Sergio Palencia(2021), "Dianna Ortiz, sobreviviente y testigo del genocidio en Guatemala(1958-2021)", *NACLA*, February 26.

Freston, Paul(2008), *Evangelical Christianity and Democracy in Latin America*, Oxford/New York: Oxford University Press.

_____(2003), *Evangelicals and Politics in Asia, Africa and Latin America*, Oxford/New York: Oxford University Press.

Galindo, Florencio. CM.(1994), *El fenómeno de las sectas fundamentalistas. La conquista evangélica de América Latina*, España: Ed.Verbo Divino.

Garcia, Jacobo, "El matrimonio homosexual en México es una moda", *El País Internacional*, 25 de Mayo. http://elpaís.com/international/2018/05/24/mexico/1527189-881619.html?rel=mas(검색일: 2018.07.12.)

Garma, Carlos(2018), "Pentecostalismo", Blancarte, Roberto(coord.) 2018, *Diccionario de religiones en América Latina*, México: FCE, pp. 446-451.

Garrard-Burnett, Virginia(2010), *Terror in the Land of the Holy Spirit: Guatemala under General Efrain Rios Mont 1982-1983*, Oxford/New York: Oxford University Press.

Guadalupe, José Luis Pérez(2017), *Entre Dios y el César. El impacto político de los evangélicos en el Perú y América Latina*, Lima: Instituto de Estudios Social Cristianos/Konrad Adenauer Stiftung.

Lalive D'Epinay, Christian(1969), *Haven of the Masses*, London: Lutterworth Press.

Levine, Daniel H. & Stoll, David(1997), "Bridging the Gap Between Empowerment and Power in Latin America", in Hoeber Rudolph, Susanne & Piscatori, James(ed.), *Transnational Religion & Fading States*, Oxford: Westview Press.

Löwy, Michael(1999), *Guerra de Dioses*, México: Siglo XXI.(번역서 『신들의 전쟁』, 김항섭 옮김, 서울: 그린비, 2012).

Martin, David(1990), *Tongues of Fire: The Explosion of Protestantism in Latin America*, Oxford: Blackwell.

Miller, Eric(2019), "What I Saw at the Revolution", en *Brazilian Evangelicalism in the Twenty-Fist Century*, Switerland: Palgrave Macmililan, pp. 119-135.

Morgan, Ronald J. & Pereira, Henrique Alonso(2019), "Which Evangelicos? Probing the Diversities Within Brazilian Protestantism and the Case for a 'Middle Way'", in *Brazilian Evangelicalism in the Twenty-Fist Century*, Switerland: Palgrave Macmililan, pp. 65-82.

Oro, Ari Pedro(2018), "Neopentecostalismo", Blancarte, Roberto(coord.), *Diccionario de religiones en América Latina*, México: FCE, 413-420.

Ortega Gómez, Bibinaldana Astrid(2018), "Partidos políticos evangélicos", Blancarte, Roberto(coord.), *Diccionario de religiones en América Latina*, México: FCE, pp. 438-445.

Pixley, Jorge(1983), "Algunas lecciones de la experiencia Rios Montt", *Cristianismo y Sociedad*, No. 76, pp. 7-12.

Samson, C. Mathew(2008), "From War to reconciliation: Guatemalan Evangelicals and the Transition to Democracy, 1982-2001", en Paul Freston (ed.), *Evangelical Christianity and Democracy in Latin America*, Oxford: Oxford University Press, pp. 63-96.

Sarkar, Radha(2021), "The Alliances of Leftists and Evangelicals in Latin America", https://nacla.org/alliance-leftist-and-evangelicals-latin-america(검색일: 2021.10.28).

Sepúlveda, Juan(1992), "Breve síntesis histórica del movimiento pentecostal en Chile", en Alvarez, Carmelo(ed.), *Pentecostalismo y liberación, Una experiencia lationamericana*, San José: DEI/CEPLA.

Stoll, David(1990), *Is Latin America Turning Protestant? The Politics of Evangelical Growth*, Berkeley: University of California Press.

Vela Castañeda, Manolo E(2012), "En defensa de la civilización occidental: La formación de las tropas genocidas del ejército de Guatemala(1981-1982)", en Saavedra, Marco Estrada y Batailon, Gilles (eds.), *Cruzadas seculares. Religión y luchas (anti)revolucionarias*, México: El Colegio de México, pp. 103-160.

Willems, Emilio(1967), *Followers of the New Faith: Culture, Change and the Rise of Protestantism in Brazil and Chile*, Nashville: Vanderbilt University Press.

Zalpa, Genaro(2018), "Religión, Desigualdad y pobreza", en Blancarte, Roberto(coord.), *Diccionario de religiones en América Latina*, México: FCE, pp. 521-526.

Pew Research Center(PRC), 「Religion in Latin America」, November 13, 2014, www.pewesearch.org(검색일: 2022.06.05.)

UNDP, 「2019 IHDI(세계 불평등지수) 보고서」, https://hdr.undp.org/en/composte/IHDI(검색일: 2022.06.05.)

IMF, 「2022 GDP(세계 일인당 국민소득) 보고서」, www.imf.org(검색일:2022.06.05.)

http://namu.wiki/w/국가별%201인당%명목%20ㅎ에%20순위(검색일: 2022.06.08.)

The Economist Intelligent Unit, 「2021 GDI (세계 민주주의 지수) 보고서」, https://www.docdroid.net/xCeDvHc/eiu-democracy-index-2021-pdf(검색일: 2022.06.05.)

대한성서공회(1977), 『공동번역성서』.

한겨레, "라틴아메리카 다시 핑크빛 바람이 분다", 2021.7.27.

경향신문, "콜롬비아 첫 좌파 대통령 페트로 불평등 깰 변화, 오늘부터", 2022. 6.21.

조선일보, "콜롬비아, 게릴라 출신 대통령 · 미혼모 흑인 부통령 택했다", 2022.6.21.

중앙일보, "친미국가 콜롬비아에 첫 좌파정권, 게릴라 경력 대통령 당선", 2022.6.21.

El País Internacional, "El voto evangélico prueba suerte en México", 2018.5.11. https://elpais.com/internacional/2018/05/11(검색일: 2018.07.12.)

르몽드 디플로마티크, "콜롬비아, 메데인이라는 장애물", 2022. 5월호.

NACLA, "Diana Ortiz, sobreviviente y testigo del genocidio en Guatemala (1958-2021)", 2021.2.26.

Newsweek, "Beans and Bullets Politics", 1982.12.13.

The Economist, "Christianity reborn", 2006.12.19. https://www.economist.com/special-report/2006/12/19/christianity-reborn(검색일: 2022.06.21.)

The New York Times, "Pragmatic Protestants win Catholic Converts in Brazil", 1993.7.4.

필자 소개

조영현

멕시코국립자치대학교(UNAM) 중남미지역학(정치사회학) 박사. 현재 부산외대 중남미지역원 교수로 재직 중에 있다. 주요 저서로는 *Sacerdotes y transformación social en Perú(1968-1975)*, 『라틴아메리카 명저산책』(공저), 『디코딩 라틴아메리카-20개 코드』(공저), 『인종과 불평등』(공저) 등이 있다.

임두빈

브라질 상파울루주립대학교(UNESP) 포르투갈어 응용언어학 박사. 부산외국어대학교 중남미지역원 교수로 재직 중이다. 주된 관심은 브라질(사람들)이 현실을 구성하고 인지하는 개별적인 방식과 생각의 문법을 '건설적 편집증'을 가지고 기록하고 분석하는 데 있다.

김윤경

서울대학교 서양사학과를 졸업하고, 동 대학원에서 문학박사 학위를 받았다. 현재는 한국외국어대학교 중남미연구소의 HK 연구교수로 재직 중이다. 저서로는 『다민족 다인종 국가의 역사 인식』(공저), 『여성의 삶과 문화』(공저), 『라틴아메리카 명저산책』(공저) 등이 있으며, 역서로는 『라틴아메리카, 만들어진 대륙』(공역), 『라틴아메리카 신좌파』(공역), 『메소아메리카 전통의 꼬스모비시온 '우주와 신성'』(공역), 『메소아메리카 전통의 꼬스모비시온 '신과 인간'』(공역), 『과거는 살아 있다: 라틴아메리카 환경사』(공역) 등이 있다.

이남섭

멕시코국립자치대학교(UNAM) 라틴아메리카지역학 사회과학 박사. 현재 한일장신
대학교 교양학과 명예교수이다. 주요 저서로는 『멕시코 NGO의 실업대응전략』, 『신
자유주의 시대 라틴아메리카 시민사회의 대응과 문화변동』(공저), 『신자유주의 시
대 라틴아메리카 대안사회 운동과 참여민주주의 I, II』(공저) 등이 있다.

홍인식

아르헨티나 개신교연합신학대학교(Instituto Universitario ISEDET) 신학박사(Doctor
en Teologia). 현재 새길기독사회문화원 원장. NCCK 인권센터이사장. 인터넷 언론
에큐메니안(www.ecumenian.com)의 대표로 있다. 『엘 까미난떼: 남미에서 해방자
예수와 함께 걷다』, 『창세기로 예배하다』, 『쉽게 쓴 해방신학 이야기』, 『우리 안의 가
짜 하나님 죽이기(호세 마리아 마르도네스)』, 『욕망사회(성정모)』 등 다수의 저서와
번역서를 출간하였다.

종교와 불평등

1판 1쇄 발행 2022년 6월 30일

지음 | 조영현, 임두빈, 김윤경, 이남섭, 홍인식
디자인 | 김서이
펴낸이 | 조영남
펴낸곳 | 알렙

출판등록 | 2009년 11월 19일 제313-2010-132호
주소 | 경기도 고양시 일산서구 중앙로1455 대우시티프라자715호

전자우편 | alephbook@naver.com

전화 | 031-913-2018, 팩스 | 02-913-2019

ISBN 979-11-89333-53-9 (93950)

* 이 저서는 2018년 대한민국 교육부와 한국연구재단의 지원을 받아 수행된 연구임.
  (NRF-2018S1A6A3A02081030)